GERD ALBERS

STADTPLANUNG

DIE GEOGRAPHIE

Einführungen in Gegenstand, Methoden und Ergebnisse
ihrer Teilgebiete und Nachbarwissenschaften

WISSENSCHAFTLICHE BUCHGESELLSCHAFT
DARMSTADT

GERD ALBERS

STADTPLANUNG

Eine praxisorientierte Einführung

WISSENSCHAFTLICHE BUCHGESELLSCHAFT
DARMSTADT

CIP-Titelaufnahme der Deutschen Bibliothek

Albers, Gerd:
Stadtplanung: e. praxisorientierte Einf. / Gerd
Albers. – Darmstadt: Wiss. Buchges., 1988
(Die Geographie)
ISBN 3-534-03166-0

wb Bestellnummer 03166-0

© 1988 by Wissenschaftliche Buchgesellschaft, Darmstadt
Satz: Maschinensetzerei Janß, Pfungstadt
Druck und Einband: Wissenschaftliche Buchgesellschaft, Darmstadt
Printed in Germany
Schrift: Linotype Garamond, 10/11

ISSN 0174-0865
ISBN 3-534-03166-0

INHALTSVERZEICHNIS

VERZEICHNIS DER ABBILDUNGEN

ABBILDUNGSNACHWEISE

Die Mehrzahl der Abbildungen ist mit freundlicher Genehmigung der Akademie für Raumforschung und Landesplanung dem von ihr herausgegebenen ›Grundriß der Stadtplanung‹, Hannover 1983 – und hier überwiegend den Beiträgen von Friedrich Spengelin –, entnommen.

Die übrigen entstammen folgenden Quellen:

Abb. 1:	Karl Gruber, Die Gestalt der deutschen Stadt.
Abb. 2 und 3:	Ebenezer Howard, Garden Cities of To-Morrow.
Abb. 17 und 22:	Göderitz, Rainer, Hoffmann, Die gegliederte und aufgelockerte Stadt.
Abb. 18:	London County Council, The Planning of a New Town.
Abb. 19:	Forschungsgesellschaft für Straßen- und Verkehrswesen, Empfehlungen für die Anlage von Erschließungsstraßen.
Abb. 20:	Gaston Bardet, Mission de l'urbanisme.
Abb. 21:	Frederick Osborn und Arnold Whittick, New Towns.
Abb. 23:	Fritz Jaspert, Vom Städtebau der Welt.
Abb. 24:	Ausstellungskatalog Brasilia.
Abb. 25:	Rudolf Hillebrecht, Städtebau und Stadtentwicklung.
Abb. 26:	Milton Keynes Development Corporation, The Planning of Milton Keynes.

VERZEICHNIS DER TAFELN

VERZEICHNIS DER ÜBERSICHTEN

VORBEMERKUNG

Wäre diese Einführung ein Vierteljahrhundert früher und dem damaligen Zeitgeist entsprechend geschrieben worden, so hätte sie vermutlich nicht nur ein optimistisches Bild der Zukunft für unsere Gesellschaft entworfen, sondern auch der Planung eine maßgebliche Rolle bei der Steigerung von Wachstum, Wohlstand und technischem Fortschritt zuerkannt. Und sie hätte auf einen reichen Bestand gerade fertiggestellter oder noch im Entstehen begriffener städtebaulicher Anlagen verweisen können, in denen sich die Zuversicht in die Gestaltbarkeit der Zukunft zu spiegeln schien. An ihnen wäre zugleich ein noch relativ breiter Konsens von Bauherren und Planern, von Fachleuten und Kritikern über die angemessene Struktur und Gestalt der städtischen Umwelt sichtbar geworden.

Dieser Konsens ist inzwischen zerbröckelt; Bauen gilt weithin als „Umweltzerstörung". Die Einsicht in die Begrenztheit und Gefährdung der natürlichen Hilfsquellen und in die Verantwortungslosigkeit, mit der die Industriegesellschaft mit ihren Rohstoffansprüchen und den Abfallprodukten ihrer Produktions- und Konsumprozesse diese Umwelt behandelt, ist gewachsen. Offenbar geht es weniger um die technische Perfektionierung von Gebäuden, Verkehrsmitteln, Produktionsverfahren als um eine neue Art des Umgangs mit der Umwelt, die nicht durch bescheidene Kurskorrekturen, sondern nur durch gründliches Umdenken zu erreichen ist.

Eine praxisorientierte Einführung in die Stadtplanung wird dieser Situation Rechnung tragen müssen. Die Praxis der Stadtplanung erschöpft sich nicht im Entwurf für die räumliche Entwicklung des Stadtgefüges und in der Handhabung der geeigneten Mittel, sondern sie muß sich dabei immer wieder Fragen stellen, die mit der Bewertung und Abwägung von Bedürfnissen, mit der Abschätzung der Wirkungen – auch der unbeabsichtigten Nebenwirkungen – geplanter Maßnahmen zusammenhängen.

Deshalb ist diese Einführung nicht allein auf die fachlich-technischen Aspekte der Stadtplanung gerichtet, sondern auch auf die Auseinandersetzung mit den ihr zugrundeliegenden Zielen und Wertmaßstäben. Worin solche Ziele heute liegen können, zu welchen konkreten Modellvorstellungen für die wünschenswerte städtische Umwelt sie führen und mit welchen Mitteln, unter welchen Bedingungen und gegen welche Hindernisse diese zu verwirklichen sind, soll in erster Linie dargestellt werden. Wohl wird auch auf die gleichsam handwerkliche Seite der Stadtplanung eingegangen, doch bliebe sie vordergründig ohne die Schärfung des Problembewußtseins.

Dabei soll nicht die Erwartung geweckt werden, als gäbe es für die Konflikte, die sich in der Stadt der Gegenwart niederschlagen, einfache Lösungen oder gar Rezepte; auch auf die Stadtplanung als kommunalpolitische Aufgabe trifft Max Webers Definition der Politik zu: sie ist ein beharrliches Bohren dicker Bretter mit Leidenschaft und Augenmaß.

1. STADTPLANUNG ALS BEITRAG ZUR ORDNUNG DES ZUSAMMENLEBENS

1.1 Vom Wesen der Stadtplanung

1.1.1 Die Stadt im Lebensraum des Menschen

Der Lebensraum des Menschen baut sich in gestuften Größenordnungen auf. Elementar und unmittelbar erfaßbar sind die Wohnung und das Haus, das sie umschließt – der Bereich individueller Ausdrucks- und Gestaltungsmöglichkeit. Zur täglichen Erfahrung schon des Kindes gehört die nähere Umgebung des Hauses: die Landschaft um den Einzelhof, das Dorf, das engere Stadtquartier – ein bald vertraut gewordener Bereich.

Den erwachsenen Stadtbewohner führt der Weg zur Arbeit, der Gang zur Behörde oder zum Einkauf, das Streben nach Erholung weiter in die Stadt hinein – oder aus ihr heraus. Was er dabei sieht, erlebt er vielleicht nur als Reihung beziehungsloser Eindrücke, doch kann es ihm auch Einsichten in den Zusammenhang des Stadtganzen erschließen.

Mag man hier schon an die Grenzen der Überschaubarkeit des erlebten Raumes stoßen, so pflegt diese in der weiteren Umgebung ganz verlorenzugehen. Allenfalls wird sie aus der erinnerten Zusammenschau vieler verschiedener Erfahrungen gleichsam zusammengesetzt oder aus dem abstrakten Kartenbild gewonnen.

In allen diesen Bereichen bedürfen wir der Orientierung, versuchen wir deshalb Ordnungsprinzipien zu erkennen. Das ist gewiß am einfachsten im Haus. Es ist, so weiß man, nach einem bestimmten Plan gebaut, vielleicht inzwischen auch nach einem anderen Plan verändert worden; jedenfalls war es zuerst in der Vorstellung und dann auf dem Reißbrett des Baumeisters, ehe die Handwerker an die Arbeit gehen konnten.

Den Gegenpol bildet die Landschaft. Sie ist in ihren großen Linien von Jahrtausenden natürlicher Entwicklung geprägt, in deren letzten von Rodung, Pflanzung, Siedlung des Menschen überlagert, aber ihre Formung erscheint im wesentlichen anonym, nicht einer bestimmten gestaltenden Hand zuzuschreiben.

Zwischen beiden Polen steht die Stadt: Werk vieler Geister und
Hände, über Jahrhunderte hin einige ihrer Formelemente bewah-
rend, andere schnell wechselnd – aber doch immer wieder aufs
Neue von den Zeitgenossen als Ganzes gesehen, überplant, neuen
Ordnungsprinzipien unterworfen. Insofern ist sie also Niederschlag vieler unterschiedlicher Bemühungen über lange Zeiträume,
bald als bauliches Chaos angeklagt, bald als Gesamtkunstwerk
gepriesen.

Aber jenseits aller Werturteile ist festzuhalten, daß die Stadt, soweit
wir ihre Entwicklung geschichtlich zurückverfolgen können, immer
auf die Einwirkung von Ordnungsvorstellungen angewiesen war und
niemals allein den individuellen Entscheidungen der Stadtbewohner
überlassen blieb. Die Dichte der Bewohner, die – zumindest relative – Knappheit des verfügbaren Raumes zwangen zu solchen Ordnungsmaßnahmen: der Vorgabe eines Straßennetzes, der Festlegung
von Grundstücksbreiten, der Begrenzung von Gebäudehöhen. Zu-
zeiten waren die Bindungen locker, zu anderen Zeiten strenger;
ganz konnte man auf solche Vorgaben aber nie verzichten.

Insofern führt die in der Literatur verbreitete Unterscheidung
zwischen „geplanten" und „gewachsenen" Städten in die Irre.
Auch die „gewachsene" Stadt ist in aller Regel aus Planungsschrit-
ten entstanden, wenn auch aus vielen verschiedenen, zeitlich ge-
trennten und sachlich meist unkoordinierten. Die „aus einem
Guß" geplante Stadt ist selten, und auch solche ursprüngliche Einheitlichkeit wurde stets bald durch spätere Entwicklungsphasen
überlagert, die anderen Ordnungsgrundsätzen folgten.

Außerhalb der Stadt jedoch, im größeren Raum, gab es solche
Probleme der räumlichen Beengtheit jedenfalls bis in unser Jahr-
hundert hinein kaum. Hier ging es vielmehr um eine andere
Dimension von Knappheit, die nicht den Raum selbst, sondern die
Mittel zu seiner Entwicklung und Gestaltung betraf. Arbeitskraft,
Geld, technische Mittel zur Besiedlung und Erschließung, zur
Urbarmachung und zum Bau von Verkehrswegen waren immer beschränkt, und deshalb bedurfte die Wahl geeigneter Siedlungsplätze
und günstiger Trassen für die Verkehrswege auch einer vorausschauenden und abwägenden Planung. Indessen ist seit einem halben Jahrhundert vor allem in den dichter besiedelten Ländern
Europas zunehmend deutlich geworden, daß auch in diesem weiteren
Raum konkurrierende Nutzungsansprüche aufeinanderstoßen und
eine planerische Einflußnahme ähnlicher Art erfordern, wie sie in
der Stadt seit langem besteht.

1.1.2 Zum Begriff der Planung

Planung ist ein schillernder Begriff: er kann einen Vorgang bezeichnen – den des Planens –, und er wird häufig auch auf das Ergebnis dieses Vorgangs angewandt: auf die „Pläne", die dann in die Wirklichkeit umgesetzt werden sollen. Diese Pläne wiederum können unterschiedlichen Zwecken dienen: der Darstellung eines zu schaffenden Objektes (eines Gerätes, eines Hauses, einer Siedlung) oder der Festlegung eines reibungslosen Ablaufs von Maßnahmen (eines Produktionsprozesses, einer Reise, eines Bauvorhabens) oder aber dem vorausschauenden Umgang mit begrenzten Hilfsquellen (Ressourcen), um deren vorzeitiger Erschöpfung oder ihrer unzweckmäßigen Nutzung vorzubeugen: Ressourcen wie Geld oder Rohstoffe oder Raum.

In der Stadtplanung treffen und vereinen sich diese unterschiedlichen Interpretationen von Planung: um ein neues Baugebiet zu entwickeln, braucht man einerseits einen Plan, der dieses Gebiet in seinem ausgebauten Zustand zeigt, an dem sich Funktion, Struktur und Gestalt nach Art eines „Modells" ablesen lassen – und man muß zudem in einem Ablaufplan klären, wie Finanzierung, Grunderwerb, Erschließung mit Straßen und Leitungen, Baumaßnahmen, Anschluß an das öffentliche Verkehrsnetz und vieles andere sachlich und zeitlich ineinandergreifen müssen.

Ein solches Vorhaben mag vielleicht fünf Jahre in Anspruch nehmen und kann dabei auch einige Veränderungen erfahren, aber es bleibt im Grundsatz übersehbar: Planung eines künftigen Zustandes. Will man weiter vorausschauen, will man das ganze Stadtgebiet ins Auge fassen, dann versagt dies Verfahren: eine Stadt ist nie fertig, für sie gibt es keinen „Endzustand", solange sie lebendig bleibt. Pläne, die den Versuch machen, das Stadtgebiet nach Ablauf von fünfzehn oder zwanzig Jahren zu zeigen (Entwicklungspläne, Perspektivpläne), sind Projektionen, sind Vermutungen, deren Voraussetzungen sich schon nach einigen Jahren so geändert haben können, daß die Vorstellungen revidiert werden müssen. Ein Rückblick auf den Wechsel der in die Stadtentwicklung gesetzten Erwartungen über die letzten vier Jahrzehnte hinweg belegt das. So kann es für die Stadt insgesamt nur darum gehen, Möglichkeiten für die Zukunft offenzuhalten, mit den räumlichen Ressourcen hauszuhalten, während die auf die Herstellung, auf Neubau oder Umbau gerichtete Planung zwangsläufig Ressourcen festlegt, Geld erfordert, Raum beansprucht. In der Begegnung dieser beiden Arten von Planung – die eine mehr der großräumigen Landesplanung und Raumordnung verwandt, die andere der Architektur, dem Bauen – liegt ein kennzeichnender Wesenszug der Stadtplanung. Aber auch beim objektbezogenen, auf baldige Verwirklichung gerichteten Plan trifft die Analogie zum Vorgehen beim Architekturentwurf und dessen Ausführung nur bedingt zu. Sie gilt im Grunde nur dann vollständig, wenn das Baugebiet in der Hand eines einzigen Bauträgers ist, der auch die städtebauliche Planung mit übernimmt, wenn also Planer und Investor identisch sind. Aber das ist heute eine seltene Ausnahme; meist gibt es viele Eigentümer und Investoren, deren Wünsche in die Planung einbezogen und miteinander abgeglichen werden müssen. Für den Planenden ist es offensichtlich ein Unterschied, ob alle für die Verwirklichung wichtigen Faktoren gleichsam in seiner Verfügung stehen – wie etwa bei einem technischen Funktionsablauf oder einem Hausbau – oder ob er mit wesentlichen Kräften rechnen muß, die außerhalb seiner Verfügungsmöglichkeit liegen, wie dies in der baulichen Entwicklung einer Stadt der Fall ist. Denn die Ziele der vielen privaten und öffentlichen Investoren und Nutzer müssen durchaus nicht immer mit denen der behördlichen Stadtplanung übereinstimmen; gleichwohl können ihre Interessen schon deshalb nicht außer acht gelassen werden, weil sie es sind, die letzten Endes mit dem Einsatz ihres Kapitals die Stadt bauen. Wollte die Planung allzuweit an diesen Interessen vorbeigehen, so entfiele der Anreiz für den Investor, seinerseits zu ihrer Verwirklichung beizutragen, und der Plan liefe gleichsam ins Leere.

1.1.3 Zur Rolle der Stadtplanung

Stadtplanung läßt sich auf eine sehr allgemeine Weise definieren als das Bemühen um eine den menschlichen Bedürfnissen entsprechende Ordnung des räumlichen Zusammenlebens – auf der Ebene der Stadt oder der Gemeinde. Für den größeren räumlichen Zusammenhang ist diese Aufgabe der Regional- und Landesplanung gestellt, für den Bereich des einzelnen Gebäudes der Architektur. Allerdings ist der gängige Begriff der Stadtplanung – ebenso wie der häufig im gleichen Sinne verwandte Begriff „Städtebau" – insofern unscharf, als üblicherweise auch diejenigen Siedlungen damit gemeint sind, die nicht den Status einer Stadt haben; der weniger gebräuchliche Begriff der „Ortsplanung" träfe den Sachverhalt besser.[1] Die Frage drängt sich auf, was denn nun das Wesen dieser Tätigkeit des Planens sei. Offenbar geht es um eine fachliche Leistung – um den Entwurf von künftigen Veränderungen der Umwelt –, die sich auf ein umfassendes Verständnis der Zusammenhänge innerhalb dieser Umwelt stützen muß und die zugleich zu ihrer Verwirklichung auf politische Entscheidungen einerseits, auf Rechts- und Verwaltungsverfahren andererseits angewiesen ist. So hat man bereits um die Jahrhundertwende den Städtebau als Kunst und Wissenschaft zugleich interpretiert,[2] und in einer amerikanischen Definition aus den dreißiger Jahren kommt dieses Verständnis deutlich zum Ausdruck:

„Stadtplanung ist eine Wissenschaft, eine Kunst und eine politische Bestrebung, die sich auf die Formung und Lenkung des physischen Wachstums und der Ordnung von Städten im Einklang mit ihren sozialen und wirtschaftlichen Bedürfnissen richtet. Wir betreiben sie als Wissenschaft, um Kenntnisse der Stadtstruktur, ihrer Dienstleistungen sowie der Beziehung ihrer Bestandteile und der Verkehrsbewegungen zu gewinnen; als Kunst mit dem Ziel der Bestimmung der Bodenordnung, der Anordnung von Flächennutzungen und Verkehrswegen und des Gebäudeentwurfs nach Grundsätzen, die Ordnung, Gesundheit und Wirtschaftlichkeit sichern; und als politische Bestrebung, um unseren Grundsätzen Wirksamkeit zu verleihen."[3]

Nun ließe sich vielleicht gegen den Begriff der Kunst einwenden, daß das Ergebnis der Planungstätigkeit doch allzusehr von der Fülle höchst unterschiedlicher und zum Teil recht zufälliger

---

[1] In Großbritannien wird offiziell von 'town and country planning' gesprochen, also der ländliche Raum mit einbezogen, während man sich in der Umgangssprache meist auf 'town planning' beschränkt; in den Vereinigten Staaten ist 'city planning' gängig, aber auch 'urban planning' oder 'community planning' werden verwendet. Die romanischen Sprachen leiten ihre Begriffe durchweg vom lateinischen Wort für Stadt (urbs) ab: «urbanisme» (frz.), «pianificazione urbanistica» (it.), «urbanisación» (span.). Der niederländische Fachausdruck heißt „stedebouw" – der Bau von Stätten –, also „Ortsbau".

[2] Theodor Goecke, im Vorwort zur Zeitschrift ›Der Städtebau‹, Jg. 1, Heft 1, 1904.

[3] Thomas Adams, Outline of Town and City Planning, New York 1935, S. 21 (Übers. Verf.; für „politische Bestrebung" steht "movement of policy").

Bindungen abhänge, als daß man es mit einer der freien Künste vergleichen könne; tatsächlich verfügt noch die Architektur über einen erheblich weiteren künstlerischen Spielraum als der Städtebau. Gleichwohl ist der Begriff gerechtfertigt, wenn man an ihn nicht die überhöhten Maßstäbe der Jahrhundertwende anlegt, sondern mit ihm die Qualität einer Tätigkeit verbindet – wie etwa beim Begriff der ärztlichen Kunst. Die Kunst im Städtebau besteht darin, das, was getan werden muß, gut zu tun.[4] Diese Formulierung kann auch heute noch Gültigkeit beanspruchen. Die Wissenschaft kann zur Erarbeitung der Planungsentwürfe unmittelbar wenig beitragen, aber sie stellt eine unerläßliche Kontrollinstanz für die Tragfähigkeit der Planungskonzepte dar. An seinen wissenschaftlichen Einsichten muß der Planer messen, ob das Ergebnis seiner schöpferischen Leistung den zu lösenden Problemen wirklich gerecht wird. Auch das ist keine neue Einsicht; auf den Städtebauer vor allem ist das gemünzt, was Theodor Fischer 1917 schrieb:

„Zum anderen fordere ich vom Architekten, daß er kein Ideologe sei, das will sagen, daß er nicht einer Laune, einer Mode, einer Kunstidee zuliebe dem Ganzen Gewalt antue."[5]

Um dieser Forderung gerecht zu werden, muß zunächst das beherrscht werden, was man das Handwerk der Stadtplanung nennen könnte und was den Hauptgegenstand dieser Einführung ausmacht. Die Verknüpfung dieser Aspekte untereinander kann kaum besser interpretiert werden als in einer wiederum aus amerikanischer Quelle stammenden Formulierung:

„Planung ist eine Kunst, die unter Anwendung wissenschaftlicher Mittel bemüht ist, das Handwerk zu verbessern."[6]

Es geht also um eine Einflußnahme auf die räumliche Entwicklung, auf die bauliche und sonstige Nutzung des Bodens im städtischen oder gemeindlichen Siedlungsbereich, auf die Art und die Gestalt der Gebäude, der Straßen, Plätze und anderen Anlagen.

---

[4] William R. Lethaby nach Raymond Unwin, Town Planning in Practice, London 1909 (deutsch: Grundlagen des Städtebaus, 2. Aufl., Berlin 1922, S. 4).
[5] Theodor Fischer, Sechs Vorträge über Stadtbaukunst, 2. Aufl., München u. Berlin 1922, S. 8.
[6] John W. Dyckman, The Practical Uses of Planning Theory, Journal of the American Institute of Planners, 1969, S. 300.

Der Wunsch nach einer solchen Einflußnahme setzt die Überzeugung voraus, daß sich sonst – wenn also jedermann sein Grundstück nach seinem Belieben nutzen könnte – Nachteile für die
Bewohner, gegenseitige Beeinträchtigungen, Fehlinvestitionen
ergeben würden; diese Überzeugung stützt sich auf die Erfahrung
zumindest der letzten hundert Jahre.

Andererseits gehört es gerade in einer freiheitlichen Gesellschaft
zu den Grundregeln der Politik, die Entscheidungsfreiheit des einzelnen möglichst wenig einzuschränken; deshalb wird die Planung
nach einem mittleren Weg suchen müssen, der die Berücksichtigung des Allgemeinwohls sichert und zugleich Freiraum für die
Entfaltung individueller Nutzungs- und Gestaltungswünsche läßt.
Damit ist ein für die Stadtplanung zentraler Begriff gefallen: das
Allgemeinwohl, auf das sich das öffentliche Interesse richtet. Die
inhaltliche Definition dieses Allgemeinwohls ist allerdings nicht
immer leicht, zumal es je nach den politischen Prioritäten unterschiedliche Interpretationen erlaubt. Zudem läßt sich vermutlich
von jedem mit dem Allgemeinwohl begründeten Planungsvorhaben nachweisen, daß sich seine Wirkungen keineswegs gleichmäßig
auf alle Betroffenen verteilen. Im Gegenteil: meist wird auch von
einer unbestritten im öffentlichen Interesse liegenden Planungsmaßnahme eine Personengruppe – vielleicht die Autofahrer – begünstigt, eine andere – vielleicht die Anwohner – benachteiligt;
und schließlich wird sie von einer dritten Gruppe – den Steuerzahlern – bezahlt.

1.1.4 Stadtplanung und Recht

Gleichwohl muß dieser Begriff des Allgemeinwohls die Rechtfertigung dafür liefern, mit Maßnahmen der Stadtplanung privaten
Interessen Beschränkungen aufzuerlegen. Solche Beschränkungen
aber können in einem Rechtsstaat nur verfügt und durchgesetzt
werden, wenn es hierfür klare gesetzliche Grundlagen gibt, die
sowohl die zulässige Reichweite der Eingriffe in die Rechte des
Grundeigentümers als auch das Verfahren regeln, mit dem über
solche Eingriffe entschieden werden kann. Hier liegt der Grund für
die große Bedeutung, die dem Planungsrecht sowohl als Rahmen
für planerisches Handeln wie auch als Instrument der Planverwirklichung zukommt. Das ist nur natürlich, denn das Recht ist ja auch
im allgemeinen Sinne das wichtigste Mittel zur Ordnung des

menschlichen Zusammenlebens. Zugleich spiegeln sich in der Entwicklung des Planungsrechts die sich wandelnden Auffassungen von der gesellschaftlichen Rolle der Planung, ihren sachlichen Aufgaben und ihren Regelungsinhalten.

So galt es lange als selbstverständlich, daß es sich bei den Maßnahmen der Stadtplanung rechtlich um nichts anderes handele als um die Einschränkung des dem Grundeigentümer zustehenden Rechtes, mit seinem Eigentum nach Belieben zu verfahren, also es auch beliebig zu bebauen. Folgerichtig hatten nur die von einem Plan betroffenen Grundeigentümer das Recht, gegen ihn Einspruch zu erheben. Erst in der zweiten Hälfte unseres Jahrhunderts hat sich mit der Einsicht, daß alle Bürger von der räumlichen Entwicklung ihrer Gemeinde betroffen sind, ein Recht für jedermann durchgesetzt, zu einem Plan Anregungen und Bedenken geltend zu machen.

In den siebziger Jahren trat dann die Erkenntnis hinzu, daß dem Bürger solche Gelegenheit zur Stellungnahme nicht erst nach vollständiger Ausarbeitung des Planes, sondern schon früher gegeben werden müsse, damit sie schon in die Erarbeitung des Planes einbezogen werden könne. Auf dieser Überlegung beruhen die heute gültigen Regelungen (vgl. Abschnitt 4.2).

1.1.5 Zum Auftrag der Stadtplanung

Das Recht klärt auch, wer der verantwortliche Auftraggeber der Stadtplanung ist, wer also die eingangs erwähnten menschlichen Bedürfnisse präzisiert und in politische Ziele umsetzt. In der Bundesrepublik Deutschland ist dies – wie in den meisten anderen europäischen Ländern – die politische „Stadtvertretung", in der Regel als „Stadtrat" oder „Gemeinderat" bezeichnet. Der Rat zieht zur Erfüllung der Planungsaufgaben Fachleute heran, sei es in Gestalt befristet unter Vertrag genommener Planungsbüros, sei es – und das ist der Normalfall in Städten – im Rahmen eines fest eingerichteten Stadtplanungsamtes als Teil der Stadtverwaltung. Auf die damit verbundenen organisatorischen Fragen wird später noch ebenso einzugehen sein wie auf die Ziele, die den räumlichen Ordnungsvorstellungen zugrunde liegen und auf deren Inhalte. Dabei wird sich zeigen, daß Ziele und Inhalte erhebliche Veränderungen im Zeitablauf erfahren haben und weiterhin in Bewegung sind.

Damit stellt sich die Frage, was denn in diesem Zusammenhang überhaupt „Ordnung" bedeuten könne. Offenbar nichts, was im Sinne einer abgeschlossenen, einer endgültigen Form präzisiert werden könnte – wie etwa bei einem Gebäude –, sondern eher eine in geordneten Bahnen verlaufende Entwicklung. Entwicklung aber bedingt Veränderungen, und so könnte man eine „geordnete Entwicklung" interpretieren als einen reibungslosen – und zu diesem Zweck koordinierten – Ablauf von Veränderungsprozessen. Aber auch das wäre noch zu hoch gegriffen, denn nicht alle Reibungen innerhalb einer Stadt lassen sich vermeiden, viele erwachsen vielmehr aus dem Wesen der Stadt, aus dem Nebeneinander unterschiedlicher Nutzungen und Tätigkeiten auf engem Raum. So kann es also schließlich nur um eine Verringerung der Reibungen gehen – oder, positiv gewendet, um eine Koordinierung der menschlichen Ansprüche an den Raum in der Stadt, um ihren möglichst weitgehenden Ausgleich auf der Grundlage sorgfältiger und vorausschauender Abwägung.

Diese Ansprüche erwachsen auf verschiedenen Ebenen – als Anforderungen an die unmittelbare Wohnumwelt, an das Quartier, an das städtische Gesamtgefüge. Auf allen solchen Ebenen ist deshalb Planung erforderlich, aber sie wird jeweils auf unterschiedliche Inhalte gerichtet sein: der visuell auf einen Blick erfaßbare Umraum der Wohnung – Baukörper, Dachform, Bepflanzung, Straßenpflaster – muß anders interpretiert und behandelt werden als das Quartier mit seinen Beziehungen zwischen der Wohnung und den Einkaufsmöglichkeiten, der Schule, der Haltestelle für den Nahverkehr und dies wieder anders als das Stadtgefüge in seiner Gesamtheit mit dem Stadtkern, den sonstigen Hauptnutzungsbereichen, dem übergeordneten Verkehrs- und Versorgungssystem und seiner landschaftlichen Einbindung.

1.1.6 Zum Handwerk der Stadtplanung

Gewiß gibt es keine scharfe Trennung zwischen solchen Maßstabsebenen; sie bilden vielmehr ein Beziehungssystem, bei dem die Auseinandersetzung mit Fragen des Stadtgefüges nicht ohne eine Vorstellung von der Ordnung im Quartier vor sich gehen kann. Gleichwohl haben solche Ebenen aber ihre eigenen Charakteristika, und für sie alle lassen sich gewisse Modellvorstellungen für die dem Menschen angemessene Umwelt entwickeln – nicht als allgemein anzuwendende Schemata, aber als Beispiele dafür, wie

etwa den Anforderungen an Wohnruhe, an sparsame Verkehrs-
erschließung, an leichte Erreichbarkeit von Erholungsmöglichkeiten
entsprochen werden könne. Die Grundsätze, nach denen hier und
bei der Übertragung solcher Modelle in die Wirklichkeit verfahren
wird, stellen gleichsam das Handwerkszeug der Stadtplanung dar.
Es erstreckt sich von den Fragen des Flächenanspruchs und der
wechselseitigen Zuordnung verschiedener Nutzungen – also strukturellen Fragen – bis zur dreidimensionalen Gestaltung städtischer
Baugruppen und Raumfolgen, bei der sich eine unmittelbare Beziehung zur Architektur ergibt. Hier lassen sich auch – wie bei Einzel-
bauvorhaben – genaue Programme aufstellen und in begrenzter
Zeit verwirklichen, während die größeren strukturellen Zusammenhänge immer unter dem Blickwinkel zeitlicher Veränderungen
gesehen werden müssen, die hierauf bezogenen langfristigen Planungen also stets für veränderte Bedingungen und neue Einsichten
offengehalten werden müssen. Dieser spezifischen Verbindung, ja
Durchdringung von langfristigen Dispositionen und kurzfristigen
Teilverwirklichungen einerseits, von struktureller Ordnung und
räumlicher Gestaltung andererseits muß die Arbeitsweise der
Stadtplanung Rechnung tragen. Diese Spannweite der Planungsaufgaben macht auch unterschiedliche Typen von Plänen erforderlich.
Einerseits nämlich geht es darum, langfristige Überlegungen zur
Entwicklung des Stadtgebietes, zum haushälterischen Umgang mit
der unvermehrbaren Ressource „Boden", zur Sicherung einer gesunden Umwelt im Sinne einer allgemeinen Richtlinie niederzu-
legen; andererseits müssen für künftige Straßen und Gebäude
genaue Festsetzungen vorgenommen werden, die unmittelbare
Ansatzpunkte für die Verwirklichung bieten. Zugleich gilt es zu
unterscheiden zwischen Plänen, die als rechtswirksame Dokumente bestimmte Bindungswirkungen für Behörden und Bürger
entfalten sollen, und solchen, die zunächst dem Planenden selbst
zur Vergegenwärtigung der Entwicklungsziele und -möglichkeiten
dienen und – im Zusammenhang damit – eine Diskussionsgrund-
lage zur Abstimmung mit Politikern und Öffentlichkeit bieten
können.

Die Erarbeitung solcher Pläne setzt ein methodisches Vorgehen
voraus, das sich als Folge miteinander verknüpfter Schritte darstellen läßt. Zur Vorbereitung gehören die Vergegenwärtigung der Ausgangssituation, die Klärung der Ziele und die Abgrenzung des
Handlungsspielraums, also der Spannweite möglicher Planungsalternativen. Dazu bedarf es auch der Kenntnis und Beherrschung

der verschiedenartigen Möglichkeiten zur Einflußnahme auf die Umwelt und damit zur Verwirklichung des Plans.

Die Planaufstellung selbst vollzieht sich dann als ein mehr oder weniger formalisierter Auswahlvorgang aus solchen Alternativen, deren Aufspüren und Durchdenken den Kern des Planungsvorgangs ausmacht. Die Entscheidung zwischen solchen Alternativen wird meist durch eine Reihe unterschiedlicher Gesichtspunkte bestimmt, die sorgfältiger Abwägung bedürfen. Schließlich sind diejenigen Maßnahmen zu ergreifen, mit denen der Plan verwirklicht werden soll; sie erfordern in der Regel den Einsatz rechtlicher, finanzieller und technischer Mittel.

Diese Fragen der Planungsmethodik werden im Kapitel 3, die eng damit verknüpften rechtlichen und organisatorischen Aspekte im Kapitel 4 behandelt. Das Kapitel 5 stellt die sachlichen Inhalte der Stadtplanung dar, nach den verschiedenen Aufgabenbereichen gegliedert, während das Kapitel 6 einem Ausblick auf die künftige Entwicklung gewidmet ist.

1.2 Zur Klärung der Begriffe

1.2.1 Stadt und Land

Mit dem Begriff der Stadt ist in unserem Sprachgebrauch der Begriff des Landes aufs engste verknüpft: „In Stadt und Land" ist eine sehr gebräuchliche Redewendung. Aber sie trifft die Wirklichkeit nicht mehr. Das Begriffspaar Stadt und Land entstammt der Agrargesellschaft, in der ein vergleichsweise geringer Anteil der Gesamtbevölkerung in Städten wohnte – in meist ummauerten, deutlich begrenzten Siedlungen, die nur einen verschwindend geringen Teil der Erdoberfläche einnahmen. Sie waren gleichsam Inseln in der weiten Landschaft, die durch Land- und Forstwirtschaft geprägt war, soweit sie nicht noch im Naturzustand verharrte. In ihr gab es dörfliche Siedlungen größerer oder kleinerer Art, die fast ausschließlich von Bauern, Waldarbeitern, Fischern und einzelnen Handwerkern bewohnt waren. Den unterschiedlichen Siedlungsformen entsprachen verschiedenartige Lebensweisen auch lange nachdem die strenge ständische Trennung von Bürgern und Bauern sich aufgelöst hatte.

Man braucht sich nur dies Bild zu vergegenwärtigen, um seinen fundamentalen Unterschied gegenüber der heutigen Siedlungsstruktur zu erkennen. Die Städte sind heute weit ausgeufert, erstrecken sich ohne scharfe Grenzen in die Landschaft, gehen auch häufig in dem Erscheinungsbild ihrer Baugebiete ineinander über, so daß die Verwaltungsgrenzen keine Entsprechung mehr in einer Trennung der Siedlungselemente besitzen. So ist es verständlich, daß der Begriff der Stadt sich nicht mehr recht zur Charakterisierung der heutigen Siedlungsstruktur eignet; das Raumordnungsgesetz von 1965 kommt deshalb ohne ihn aus, indem es sich auf die Kategorien des Verdichtungsraumes und des ländlichen Raumes beschränkt. Der Verdichtungsraum besteht in aller Regel aus einer oder mehreren zentralen Städten und den sie umgebenden „verstädterten" kleineren Gemeinden; mit diesem Begriff ist hier gemeint, daß die Formen der Bebauung weitgehend „städtisch" oder zumindest „vorstädtisch" geprägt sind.

Aber auch der Komplementärbegriff des Dorfes und der „ländlichen" Bauweise trifft die Situation heute nicht mehr recht. Die Fortschritte in der landwirtschaftlichen Produktivität haben die Zahl der Landwirte radikal verringert; zugleich ist die Landwirtschaft vom einst bestimmenden Faktor der Agrargesellschaft zunehmend zu einem Bestandteil der arbeitsteiligen Industriegesellschaft geworden. Damit hat auch das Dorf seinen überkommenen Charakter eingebüßt, und so ist es kein Wunder, daß in beschreibend-analytischen Texten eher von ländlichen Siedlungen oder – genauer – von Siedlungen im ländlichen Raum gesprochen wird.

Geht man nun von den Problemen aus, die sich in der räumlichen Entwicklung und damit auch in der räumlichen Planung solcher verschiedenartiger Bereiche stellen, so scheint noch eine weitere Untergliederung der beiden großen Kategorien notwendig. So zeichnen sich im Verdichtungsraum deutlich verschiedene Größenordnungen ab; die Planungsprobleme und die technische Ausstattung einer Halbmillionenstadt sind in aller Regel komplexer und differenzierter als die eines kleinen Verdichtungsraumes nahe der unteren Schwelle von 150 000 Einwohnern. Aber auch der ländliche Raum kann nicht als Einheit betrachtet werden; nicht nur, daß er nach dieser Definition Städte von 150 000 Einwohnern abwärts enthält, die als zentrale Orte ihres Raumes häufig einen ausgeprägt eigenständigen städtischen Charakter haben; auch die eigentlichen ländlichen Zonen unterscheiden sich in ihrem Siedlungscharakter und ihren Veränderungstendenzen sehr deutlich danach, ob sie im Ausstrahlungsbereich eines Verdichtungsraumes liegen oder nicht. Im ersten Fall führt der Zuzug von Städtern häufig zu Wachstum und räumlicher Ausdehnung, so daß es leicht zur Konkurrenz zwischen verschiedenen Nutzungsansprüchen kommen kann, die eine sorgfältige Planung erfordern. In den ballungsfernen Gebieten fehlt dagegen meist jeder Siedlungsdruck; eher besteht die Gefahr der Entleerung.

So wird die heutige Siedlungslandschaft nicht mehr, wie früher, durch den ausgeprägten Gegensatz von Stadt und Land bestimmt; vielmehr kann man ein Stadt-Land-Kontinuum beobachten, in dem eine Fülle verschiedenartiger Siedlungsformen – vom hochverdichteten Kern der Großstädte über ausgedehnte Bereiche spezifischer Nutzungen wie Wohn- und Gewerbegebiete bis zu den Randzonen der Verdichtungsräume mit einem eher zufällig wirkenden Gemisch städtischer und ländlicher Nutzungsflächen – nebeneinander anzutreffen ist.

Den Gegensatz von Stadt und Land aufzuheben, ist ein altes Thema gesellschaftlicher Wunschvorstellungen, das sich in der Utopie des Thomas Morus ebenso findet wie bei den utopischen Sozialisten des frühen 19. Jahrhunderts, bei William Morris ebenso wie bei seinem Landsmann Ebenezer Howard, der in der von ihm propagierten „Gartenstadt" dies Ideal verwirklicht sah.[7] Uns Heutigen mag es eher Sorge bereiten, in welchem Maße diese früher die Umwelt prägende Polarität verlorengegangen und durch eine großflächige, kaum akzentuierte Siedlungslandschaft ersetzt worden ist.

1.2.2 Plan und Markt

Die zentrale Aufgabe der Stadtplanung läßt sich dahin definieren, daß sie eine zweckmäßige räumliche Verteilung und wechselseitige Zuordnung für die unterschiedlichen Nutzungsbereiche, die eine Stadt ausmachen, finden und verwirklichen soll. Der Planung kommt also eine Verteilungsaufgabe zu, deren Ausführung sich auf politische Entscheidungen stützt. Solche Entscheidungen müssen offenbar an bestimmten Wertvorstellungen und Zielen für das Gemeinwesen orientiert sein; sucht man derartige Ziele ganz allgemein zu umreißen, so liegen sie einerseits in der Sorge für Sicherheit, Gesundheit und angemessene Lebensbedingungen der Bewoh-

---

[7] Ebenezer Howard, To-Morrow. A Peaceful Path to Real Reform, London 1898.

ner, andererseits in der Schaffung günstiger Verhältnisse für das
Funktionieren der Stadt als Wirtschaftsgefüge – um nur die beiden
augenfälligsten und wohl auch wichtigsten Aspekte zu nennen.
Solchen Planungsentscheidungen nun steht ein anderer Vertei-
lungsmechanismus gegenüber, der seit dem 19. Jahrhundert eine
beherrschende Rolle spielt: der Markt, das freie Spiel der wirtschaftlichen Kräfte, von dem man – in der volkswirtschaftlichen
Fachsprache – eine „optimale Allokation der Ressourcen" erwartete, also die wirtschaftlich günstigste Verteilung von Gütern aller
Art. Auch auf dem Gebiete der Bodennutzung schien diesem
Selbstregelungsmechanismus des Marktes ein hohes Maß an Ratio-
nalität innezuwohnen: wer in der Lage ist, aus einem bestimmten
Grundstück den höchsten Ertrag zu erwirtschaften, wird bereit
sein, dafür den höchsten Preis zu bieten, um das Eigentums- oder
doch das Nutzungsrecht zu erwerben. „Der Boden geht zum
besten Wirt" heißt der entsprechende volkswirtschaftliche Lehrsatz.
  Solange man mit Adam Smith meinte, damit werde auch der
allgemeine Wohlstand am besten gefördert, konnte dies Prinzip
uneingeschränkt gelten, und so empfiehlt noch 1874 der Verband
deutscher Architekten- und Ingenieurvereine in seinen „Grundsätzen für Stadterweiterungen"[8], Nutzungsvorschriften auf die
Aussonderung gefährdender Betriebe zu beschränken. Offenbar
glaubte man, daß im übrigen der Markt für eine sinnvolle Verteilung
der Nutzungen sorgen werde.
  Allerdings war schon damals klar, daß ein wichtiges Bedürfnis
vom Markt nicht erfüllt werden kann: die Sicherung von Freiflächen innerhalb der sich ausdehnenden städtischen Bebauung, und
so wurde hier zuerst das Eingreifen der öffentlichen Hand gefordert und verwirklicht. Hygienische Gründe führten dann zunächst
zur Begrenzung der Grundstücksausnutzung, später zu Bestimmungen über die Nutzungsdifferenzierung.
  Indessen wird der Bodenmarkt durch solche Bindungen nur
überlagert, und nach wie vor gibt es zahlreiche Markteinflüsse
– häufig spekulativer Art –, welche die planerische Ordnung
erschweren oder gar vereiteln können. Von besonderer Bedeutung
sind hier die Spekulationen auf Bodenwertsteigerungen, die sich
auf erwartete, vielleicht auch durch bestimmte Kanäle beeinflußte
Planungsmaßnahmen der Gemeinde richten.

---

[8] Abgedruckt bei Joseph Stübben, Der Städtebau, Darmstadt 1890,
S. 553 f.

Es ist deshalb nicht verwunderlich, daß man immer wieder erwogen hat, solche Einflüsse dadurch auszuschalten, daß man entweder das Privateigentum am Grund und Boden ganz beseitigen oder zumindest dessen planungsbedingte Wertveränderungen neutralisieren wollte. Die Einzelheiten solcher Vorschläge werden an anderer Stelle erörtert (vgl. Abschnitt 4.1); hier mag zunächst der Hinweis auf das gewichtigste Gegenargument gegen diese im Grunde sehr einleuchtenden Überlegungen genügen: daß nämlich alle solche Bemühungen um höhere soziale Gerechtigkeit einen großen und schwer kontrollierbaren Zuwachs an Bürokratie auslösen müßten, der mehr Probleme schaffen werde, als er lösen könne. Tatsächlich haben bisher alle Ansätze, den Selbstregelungsmechanismus des Marktes zu ersetzen, solche Folgen gehabt; dennoch rechtfertigt dieser Einwand nicht, auf alle Bemühungen um eine bessere Abstimmung von Markt und Plan zu verzichten. Gerade angesichts der immer dringenderen Notwendigkeit, die Inanspruchnahme neuen Baulandes zu begrenzen, ist die Bevorzugung der zufällig davon begünstigten Grundeigentümer nicht nur unter dem Blickwinkel der sozialen Gerechtigkeit unvertretbar, sondern sie führt auch infolge der hier in die Politik durchschlagenden Interessen häufig zu Verzerrungen der sachlich richtigen Entscheidung.

Eine weitergehende Erörterung dieses sehr komplexen Problems müßte den Rahmen einer Einführung sprengen; indessen ist festzuhalten, daß der Markt bei allen seinen Vorzügen einerseits „sozial blind" und andererseits für langfristige Dispositionen unempfindlich ist – zwei Eigenschaften, die angesichts ihrer Auswirkungen auf die Umwelt dringend korrekturbedürftig sind. Für die künftige Entwicklung wird es von vielleicht entscheidender Bedeutung sein, ob es gelingt, diese Schwächen im System der Marktwirtschaft durch sinnvolle Planung auszugleichen.

1.2.3 Struktur und Gestalt

„Struktur", ein in den letzten Jahrzehnten vielleicht allzu gängig gewordener Begriff, bedarf in unserem Zusammenhang einer genaueren Definition. Allgemein bezeichnet Struktur das Gefüge der Beziehungen, die zwischen den Teilen eines Ganzen bestehen. Sehen wir die Stadt als dieses Ganze an, so ergeben sich aus der Wahl der zu betrachtenden Teile verschiedene Arten von Struktur. Aus Personen, Familien, Haushalten formt sich die Sozialstruktur, aus

Betrieben mit ihren unterschiedlichen Größen und Arbeitsbereichen die Wirtschaftsstruktur. Auch eine physische Struktur läßt sich erkennen, aus Landschaftselementen und Baubereichen bestimmter Prägung zusammengefügt. Betrachtet man diese Baubereiche genauer, so weisen auch sie – noch jenseits der architektonischen Ausformung – häufig spezifische Strukturen auf, so die geschlossene Blockrandbebauung älterer Wohngebiete, die lockere Gruppierung freistehender Einfamilienhäuser oder die Häufung einander bedrängender Bürohochhäuser wie in Manhattan. Hier allerdings haben wir es auch schon mit Gestaltkategorien zu tun; visuell erfaßbare Struktur geht ohne feste Grenze in Gestalt über.

In der Regel enthält nun eine solche sichtbare Struktur auch schon Aussagen über oder zumindest Anhaltspunkte für die Gebäudenutzung und damit für eine Art von Struktur, die für die Stadtplanung von zentraler Bedeutung ist: die räumliche Verteilung der verschiedenen Bodennutzungsarten in der Stadt, also die Nutzungsstruktur. Sie hängt eng zusammen mit dem System der die einzelnen Nutzungsbereiche verbindenden Verkehrs- und Versorgungsnetze und deren Leistungsfähigkeit. Dabei spielt nicht nur die Standortverteilung der Nutzungen, sondern auch ihr Mischungsgrad, ihre „Körnung", und die Intensität der Nutzung, also ihre Dichte je Flächeneinheit, eine erhebliche Rolle (vgl. Abschnitt 5.2).

Eine planerische Einflußnahme auf die Entwicklung der Nutzungsstruktur wird seit dem letzten Viertel des 19. Jahrhunderts erstrebt; um die Jahrhundertwende werden die ersten diagrammatischen Modellvorstellungen entwickelt, die dann im 20. Jahrhundert zahlreiche Nachfolger finden. Das Kernproblem lag und liegt darin, zwei Forderungen gleichzeitig gerecht zu werden, die kaum zu vereinen sind: einerseits soll das Konzept aufnahmefähig für das Wachstum der Städte, also für die Inanspruchnahme neuer Bauflächen und für die Ausweitung von Verkehrs- und Versorgungssystemen sein, andererseits soll aber in jeder Phase das Gesamtgefüge ausgewogen und funktionsfähig sein.

Auch die Gestalt der Stadt wird von solchen Überlegungen beeinflußt, denn in den strukturellen Entscheidungen über Nutzung und Dichte sind in aller Regel gewisse Vorgaben für die Gestaltung insofern enthalten, als zumindest deren Spielraum eingeschränkt wird. Gewerbliche Nutzung oder eine hohe Wohndichte führt beispielsweise fast zwangsläufig zu relativ großen Baukörpern; über die Gebäudestruktur also werden wichtige Daten für die Gestaltung der Stadt gesetzt. Diese Gestaltung hat der Stadtplaner nur zu einem Teil in der Hand: mit der Verteilung und wechselseitigen Zuordnung der Baumassen kann er Raumeindrücke und Raumfolgen vorgeben, deren Ausprägung allerdings im Ergebnis maßgebend bestimmt wird durch die Hand des Architekten; er gibt den Gebäuden ihre endgültige Gestalt. Auch sie kann durch die Planung auf dem Wege über Rechtsvorschriften – Gestaltungssatzungen – beeinflußt werden, doch bringen solche Überlagerungen der Architektenaufgabe durch die Planung häufig auch erhebliche Probleme mit sich. Aber auch wenn die Stadtplanung auf solche ins einzelne gehende Gestaltungsregeln verzichtet, bleibt ihr noch eine umfassende Verantwortung für die Stadtgestaltung erhalten, denn diese muß schon bei den strukturellen Entscheidungen berücksichtigt werden. Das gilt in besonderem Maße für Bereiche, in denen es um die Erhaltung und Sicherung von historisch geprägten Gestaltwerten geht (vgl. Abschnitt 5.6). Hier begegnen sich Aufgaben der Bewahrung und der Veränderung auf besonders engem Raum, manchmal sogar in unvereinbarer Gegensätzlichkeit. Dies aber ist nur die spezifische Ausprägung eines allgemeinen Sachverhalts: Stadtstruktur und Stadtgestalt werden maßgeblich geprägt durch die relative Bedeutung, die den Kräften der Veränderung und den Werten der Bewahrung jeweils zuerkannt wird.

1.2.4 Theorie und Praxis

Stadtplanung ist eine handlungsorientierte Disziplin, sie ist also auf die Praxis – das griechische Wort für Handeln – gerichtet. Die Praxis, das sind Lenkungsmaßnahmen für die Stadtentwicklung, deren Erfolg weitgehend davon abhängt, inwieweit ihre Wirkungen zutreffend vorweg abgeschätzt werden können. Erfahrung ist dafür eine unerläßliche Voraussetzung – aber nicht nur im Sinne der Sammlung von Einzelfällen, die untereinander meist große Unterschiede aufweisen, sondern auch als Grundlage für die Gewinnung allgemeiner Einsichten in bestimmte Regelmäßigkeiten des Geschehens. Aus solchen Einsichten lassen sich dann gegebenenfalls generelle Grundsätze des Handelns ableiten, eben weil sie sich auf die Erwartung stützen können, daß solche Regelmäßigkeiten auch künftig gelten.

Eine „Theorie der Stadtplanung" wird also nicht den Präzisionsansprüchen naturwissenschaftlicher Theorien entsprechen können,

zumal ihr das jederzeit unter gleichen Verhältnissen wiederholbare
Experiment als Beweismittel nicht zur Verfügung steht. Deshalb ist
es wohl richtiger, vom Anteil der Theorie an der Stadtplanung zu
sprechen, und diese Theorie kann kaum etwas anderes sein als die
systematische Aufbereitung von Beobachtungen und Erfahrungen,
die sich auf die Entwicklung der Städte, auf Methodik und Inhalte
möglicher Steuerungsmaßnahmen und auf deren Auswirkungen
beziehen. Zwar liegen zahlreiche wissenschaftliche Aussagen analytischer Art zur historischen Entwicklung und zu den sozioökonomischen Zusammenhängen, also zum allgemeinen Wirkungsgefüge
der Stadt vor, die von anderen Disziplinen – etwa den Sozial- und
Wirtschaftswissenschaften wie auch den Geowissenschaften – geliefert werden, aber dies sind Facetten, die sich nur bedingt zu einer
Wissenschaft von der Stadt und schwerlich zu einer umfassenden
Theorie der Stadt zusammenfassen lassen.

Gleichwohl ist der Handelnde, der Planende darauf angewiesen,
zu einer Vorstellung vom Gesamtgefüge der Stadt zu gelangen, an
der er die künftigen Wirkungen der von ihm ins Auge gefaßten
Maßnahmen abschätzen kann. Er wird dabei zwangsläufig zu Vereinfachungen kommen, die Komplexität der ihm gegenübertretenden
Wirklichkeit reduzieren müssen. Er geht damit – ob er sich dessen
bewußt ist oder nicht – von einer Modellvorstellung der Zusammenhänge in der Stadt aus, also einer theoretischen Konstruktion,
und erst die praktische Durchsetzung der Maßnahmen – von der
Beschlußfassung durch die Stadtvertretung über die Diskussion mit
anderen Behörden und mit den Bürgern bis hin zum etwa notwendigen Grunderwerb und zur technischen Durchführung – kann
einen ersten Schluß zulassen, inwieweit das Modell mit der Wirklichkeit übereinstimmt (vgl. Abschnitt 3.1).

Doch das ist erst die eine Seite der Planungspraxis; die andere,
wichtigere, erschließt sich mit der Klärung, ob denn nun die voll-
zogene Planungsmaßnahme auch die erwarteten Wirkungen nach
sich zieht: etwa die Verlagerung des motorisierten Verkehrs aus
besonders empfindlichen Stadtbereichen oder die Ansiedlung von
Betrieben in hierfür vorgesehenen Gebieten. Auch eine theoretisch
schlüssige und technisch fehlerlos durchgeführte Planungsmaßnahme kann fehlschlagen, wenn sich bestimmte Annahmen über
das voraussichtliche Verhalten der Personengruppe, an die sich die
Planung wendet – seien dies nun Investoren oder Verkehrsteilnehmer oder Wohnungssuchende –, als nicht oder zum Zeitpunkt der
Ausführung nicht mehr zutreffend erweisen.

Solche „Erfolgskontrolle" ist vor allem deshalb nicht ganz einfach, weil sie im Einzelfalle auf den Nachweis gegründet sein muß, daß bestimmte beobachtete Veränderungen ausschließlich auf die vorangegangene Planungsmaßnahme zurückzuführen seien – und das ist wegen der Vielfalt von Einflüssen, die auf einen Planungsraum einwirken können, nicht immer möglich; mit anderen Worten: die Auswirkungen einer solchen Maßnahme sind nicht immer zu isolieren von den Einflüssen, die aus anderen – vielleicht sogar unbekannten – Quellen stammen.

Empirisch begründete Theorie setzt naturgemäß voraus, daß die Wirklichkeit genügend Beispiele bietet, um aus ihnen Verallgemeinerungen ableiten zu können, und auch hier gibt es erhebliche Unterschiede. Zwar kann man beispielsweise das Verhalten der Verkehrsteilnehmer bei bestimmten Straßenbaumaßnahmen noch relativ leicht erfassen und sogar quantifizieren, aber die Reaktionen von Bewohnern etwa auf gestalterische Wirkungen bestimmter Gebäudegruppierungen sind schon im Einzelfall schwer zu erfassen und noch schwerer in verallgemeinernder Weise zu systematisieren. Hier zeigen sich also deutlich Grenzen einer theoretischen Durchdringung, die etwa unmittelbar in Entwurfsregeln – also praktische Handlungsanweisungen – umgesetzt werden könnte.

Zudem ist die inhaltliche Seite der Planung nicht von den zugrundeliegenden Wertvorstellungen zu trennen, die – wie uns die letzten Jahrzehnte gelehrt haben – dem Wandel unterworfen sind und den „Erfolg" einer Planung zu verschiedenen Zeiten in ganz unterschiedlichem Lichte erscheinen lassen. Deshalb dürfte Stadtplanung – bei aller Bedeutung der in ihr wirksamen theoretischen Elemente – weiterhin eine „heuristische", auf die stets von neuem geforderte Suche nach angemessenen praktischen Lösungen angewiesene Disziplin bleiben.

Literatur zu Kapitel 1

Akademie für Raumforschung und Landesplanung (Hrsg.): Grundriß der Stadtplanung, Hannover 1983.

Albers, G.: Was wird aus der Stadt? Aktuelle Fragen der Stadtplanung. München 1972.

Bahrdt, H. P.: Humaner Städtebau, Hamburg 1968.

Hillebrecht, R.: Städtebau als Herausforderung. Neue Schriften des Deutschen Städtetages, Heft 30, Köln o. J.

Mitscherlich, A.: Die Unwirtlichkeit unserer Städte. Frankfurt a. M. 1965.

Neuffer, M.: Entscheidungsfeld Stadt. Stuttgart 1973.
Pehnt, Wolfgang (Hrsg.): Die Stadt in der Bundesrepublik Deutschland.
    Stuttgart 1974.
Pfizer, T.: Kommunalpolitik. Stuttgart 1973.
Umlauf, J.: Vom Wesen der Stadt und der Stadtplanung. Düsseldorf 1951.

2. ZUR GESCHICHTLICHEN ENTWICKLUNG VON STÄDTEBAU UND STADTPLANUNG

2.1 Die frühe Stadt

In dem vorangegangenen Kapitel ist schon angeklungen, daß viele Wesenszüge der heutigen Stadtplanung nur aus ihrer Entwicklung in den vergangenen Jahrzehnten heraus verstanden werden können. Deshalb ist die Kenntnis dieser Entwicklungsgeschichte keineswegs nur für den Historiker von Interesse, sondern sie stellt eine unerläßliche Voraussetzung für sinnvolles Planen in der Gegenwart dar. Aus diesem Grunde wird im nachfolgenden Kapitel ein kurzer zusammenfassender Überblick über die Entwicklung der Städte und der Stadtplanung gegeben, wobei der Schwerpunkt der Darstellung auf der Zeit nach 1850, also auf der Stadtentwicklung in der Industriegesellschaft, liegen wird. Diese Zusammenfassung macht es jedoch nicht überflüssig, auch in die folgenden Kapitel orientierende Rückblicke auf die Entwicklungsgeschichte des jeweiligen Teilaspektes einzubeziehen, wobei gewisse Wiederholungen in Kauf genommen werden.

Über die Geschichte der Stadtentwicklung und des Städtebaues liegt heute eine sehr umfangreiche und vielfältig differenzierte Literatur vor, die gerade in den letzten Jahrzehnten erheblichen Zuwachs erhalten hat; auf sie sei der an vertiefenden Studien interessierte Leser verwiesen. Einige Hinweise enthält die Bibliographie am Ende dieses Kapitels.

Ursprung und frühe Entwicklung der Stadt liegen in einem Dämmerlicht, das durch geschichtliche Zeugnisse nur spärlich erhellt wird. Indessen besteht weitgehend Einigkeit darüber, daß die Stadt mehrere Wurzeln hat. Die eine ist der Markt, die Stätte des Austausches von – zunächst wohl landwirtschaftlichen – Gütern durch die Produzenten selbst; zu den Bauern kommen dann bald auch Handwerker im engeren Sinne, die sich nicht mehr der unmittelbaren Nahrungsproduktion aus dem Boden widmen, eben weil sie hier Kunden finden, und schließlich die reinen Vermittler, die Händler. So finden sich hier die ersten Ansätze einer arbeitsteiligen Gesell-

schaft – gleichsam in der Nußschale die drei großen Wirtschaftssektoren jeder heutigen Analyse:
– der primäre, auf die unmittelbare Gewinnung von Nahrung und Bodenschätzen gerichtete,
– der sekundäre, durch die Produktion von Gütern gekennzeichnete,
– der tertiäre, mit Dienstleistungen wie Verwaltung, Verteilung und Vermittlung beschäftigte.

Weitere Wurzeln der Stadtbildung sind sicher die Zwingburg und das Heiligtum – also der Sitz der weltlichen und der religiösen Macht, die häufig auch zusammenfielen. Auch hier ist es die Arbeitsteiligkeit, die zur Stadtbildung führt; erst der Herrscher, der Tribute oder Opfergaben fordern kann, besitzt damit die Hilfsquellen zur Ernährung seiner Gefolgsleute, die sich wiederum hierarchisch gliedern. Solche Hierarchien erlauben dann eine Differenzierung der Tätigkeiten, die der kulturellen Entwicklung zugute kommt. Hier liegen wohl auch die Ursprünge der Schrift, der Statistik, der Landvermessung.

Durch Ausgrabungen wissen wir, daß sich neben den eher zufällig erscheinenden, unregelmäßigen Gebäudeanordnungen schon früh in verschiedenen Kulturen das Ordnungsprinzip des rechten Winkels findet, das dem Menschen offenbar immanent ist. Für die griechische Welt wird die „Erfindung" des konsequent rechtwinkeligen Straßenrasters dem Hippodamos von Milet zugeschrieben; in Rom war es das Grundmodell des Castrums mit seinem Achsenkreuz von Cardo und Decumanus, das der Rechtwinkeligkeit zugrunde lag. Eine maßgebliche Rolle in der physischen Struktur der antiken Städte spielte der Platz der Volksversammlung, die Agora in der griechischen, das Forum in der römischen Kultur.

Die geschichtliche Entwicklung zeigt in den Städten sehr unterschiedliche Herrschaftsstrukturen; die freiheitlich organisierte Stadt der griechischen Antike war ebenso eine Ausnahmeerscheinung wie die selbständigen Stadtstaaten und „freien Städte" des europäischen Mittelalters. Indessen sind sie es gewesen, die durch Überlieferung oder unmittelbares Fortwirken maßgeblich zu dem beigetragen haben, was in der Neuzeit die Stadt als Lebensform geprägt hat.

Mit dem Wachstum der Städte, den gesellschaftlichen Veränderungen und der Entwicklung der Bautechnik wandelt sich auch die Gestalt der Stadt; eine gleichsam klassische Darstellung hat Karl Gruber mit den Zeichnungen von vier Entwicklungsphasen einer

idealtypischen Stadt geliefert (Abb. 1). Besonders auffällig dabei ist
der Einfluß der Kriegstechnik; er führt von der einfachen Stadt-
mauer über die verstärkten Befestigungsanlagen der Renaissance
bis zu den weiträumigen Erdbefestigungen des Barock, die zu
kaum überwindbaren Hindernissen für die räumliche Ausdehnung
der Städte wurden.

Eine maßgebliche Rolle in der frühen Stadtentwicklung spielte
das labile Gleichgewicht der rivalisierenden sozialen Institutionen
wie des Patriziats und der Zünfte im Mittelalter; in ihm hat man die
Voraussetzung für die Entwicklung der Demokratie in Europa
gesehen. Auch das Entstehen einer städtischen Öffentlichkeit im
heutigen Sinne, wie sie sich im 18. Jahrhundert ausformt, gehört in
diesen Zusammenhang.

Um diese Zeit allerdings war die Bedeutung der Städte schon hinter die der großen Flächenstaaten zurückgefallen, und so überdau-
ern in Deutschland den Reichsdeputationshauptschluß nur sechs
selbständige Städte, von denen Augsburg und Nürnberg wenige
Jahre später in Bayern aufgehen, während Frankfurt 1866, Lübeck
1937 an Preußen fällt.

Aber auch in anderer Hinsicht schafft das 19. Jahrhundert neue
Voraussetzungen für die Städte: Fortschritte in der Landwirtschaft
und hygienische Verbesserungen erlauben ein bisher nicht gekanntes
Bevölkerungswachstum, das im wesentlichen den Städten zugute
kommt; die beginnende Industrialisierung schafft dort die Arbeits-
möglichkeiten, die der ländliche Raum seiner wachsenden Bevölkerung nicht mehr zu bieten vermag. Damit ändert sich zugleich die
Siedlungsstruktur: war bis dahin die Stadt noch eine Ausnahmeerscheinung, gleichsam die Krone des agrarischen Wirtschafts- und
Siedlungsgefüges, so wird sie nun zum Normalstandort der Industriegesellschaft. Zugleich wandelt sie sich von der Bürger- zur
Arbeiterstadt; die Trennung von Wohn- und Arbeitsstätte wird zur
Regel, und über die aufgelassenen, weil durch die Kriegstechnik
überholten Befestigungsanlagen hinaus weitet sich die Stadt in die
Landschaft hinein aus.

Dabei verwandelt sich auch das Bild der Stadt: die vorindustrielle
Stadt ist – in Europa wie in anderen Kulturen – sehr deutlich geprägt durch den Maßstabsunterschied zwischen den Alltagsbauten
für den einzelnen Bürger und den Gebäuden der Gemeinschaft –
ein Blick auf Rothenburg oder Nördlingen zeigt das noch heute.
Kirche, Rathaus und Kornhaus heben sich aus dem Maßstab der
Bürgerhäuser heraus; in Bischofsstädten oder weltlichen Residen-

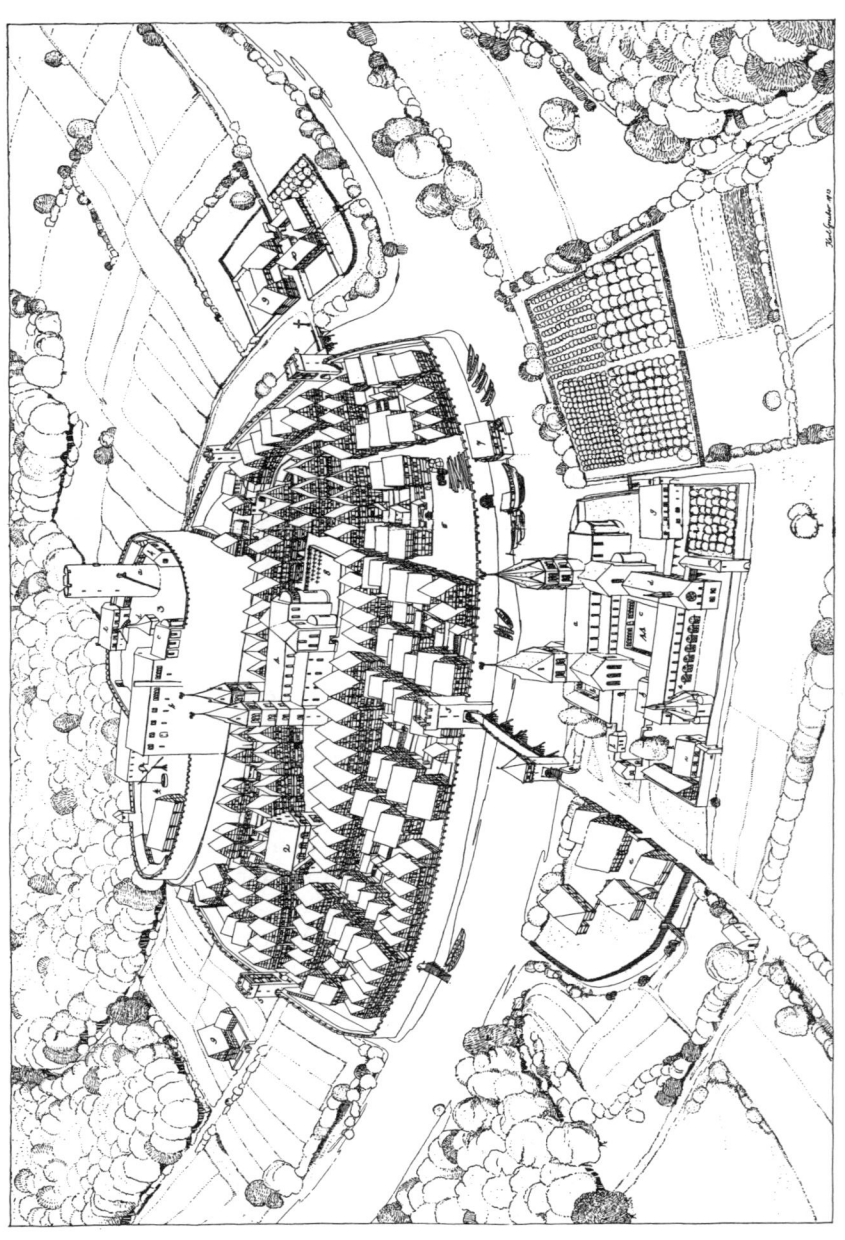

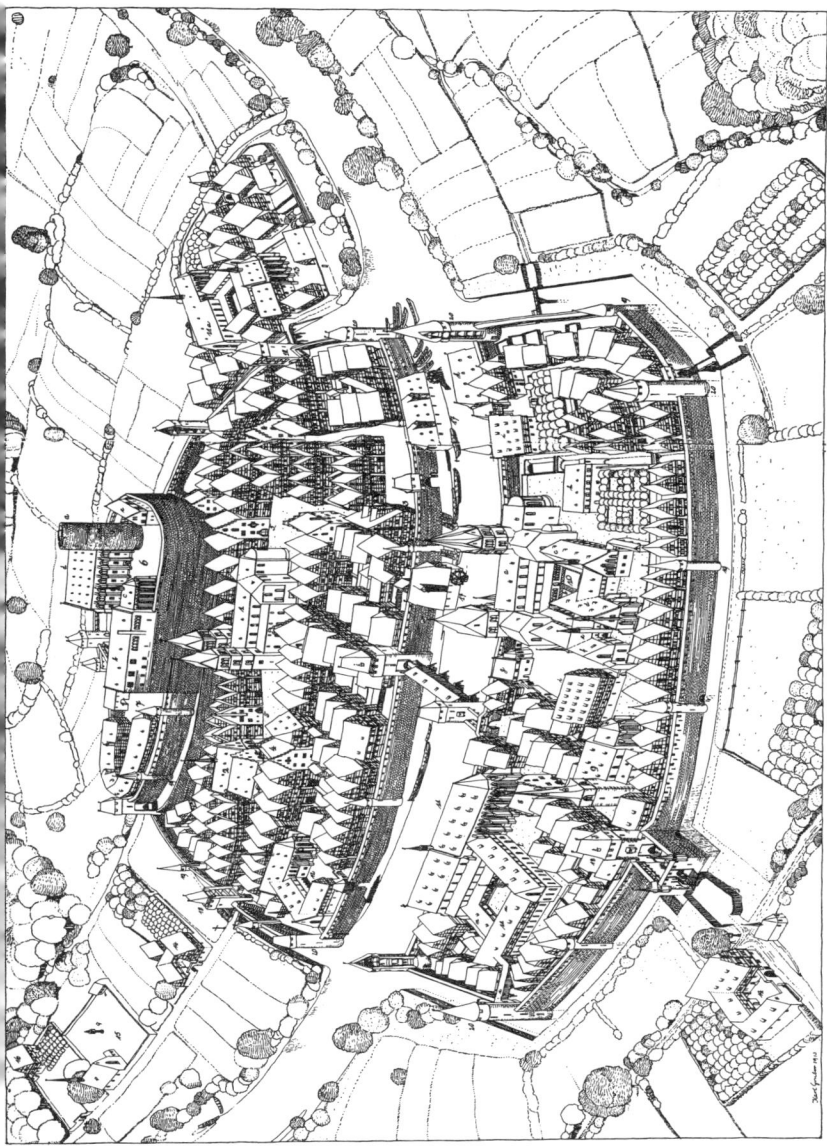

Ansicht um 1350.

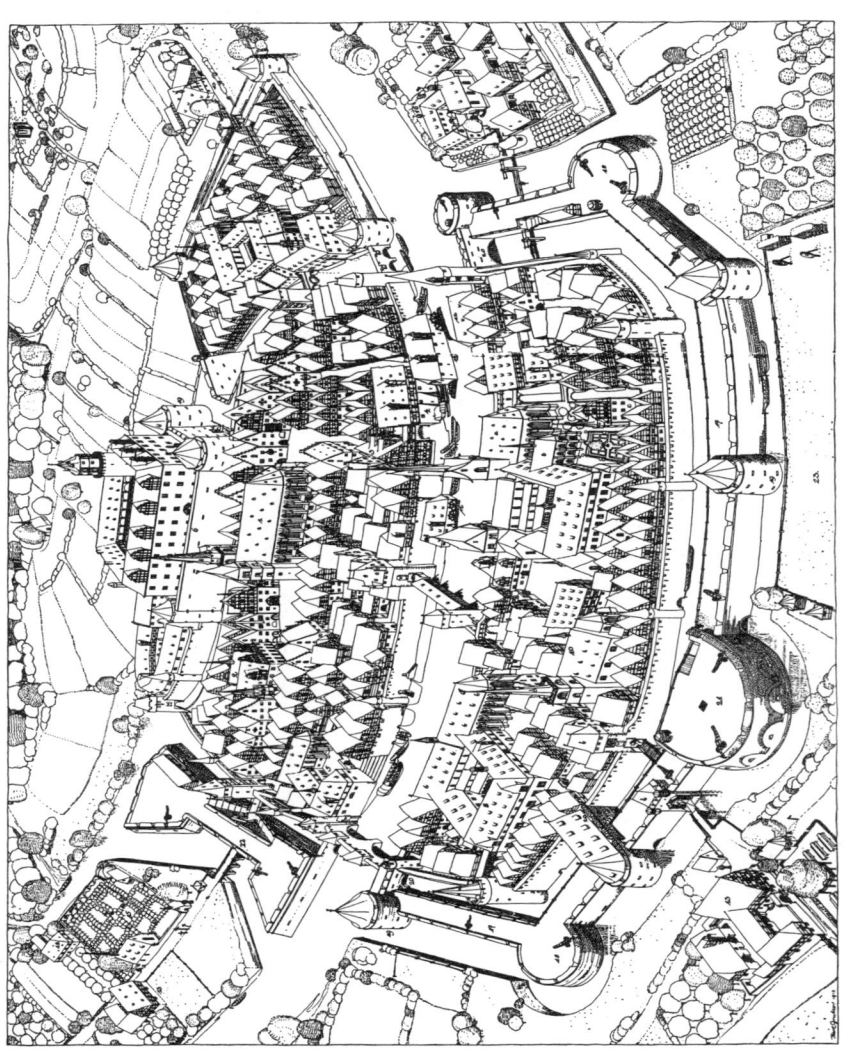

Ansicht um 1550.

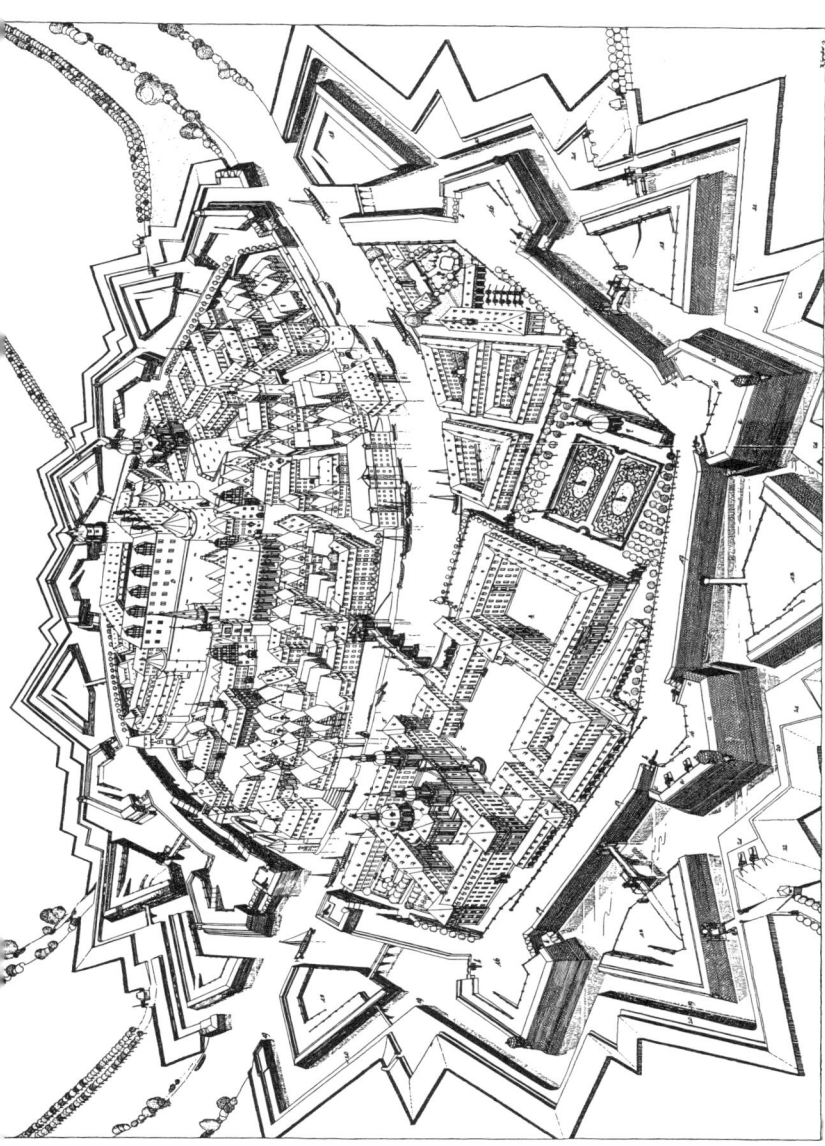

Ansicht um 1750.

zen kommen noch die Schlösser und Paläste der Herrscher als maß-
stabprägende Elemente hinzu. Man könnte es fast symbolisch
nennen, daß Schinkel, Preußens oberster Baubeamter, 1826 bei der
Wiedergabe seiner in England gewonnenen Reiseeindrücke von
den Fabriken in Manchester schreibt, die größten unter ihnen seien
nur mit dem königlichen Schloß in Berlin vergleichbar – ein ein-
drucksvoller Beleg für den Einbruch eines neuen Maßstabselemen-
tes in die Stadt.[1] Wohl gibt es Städte, in denen ein solcher Einbruch
weitgehend vermieden wurde – aber um den Preis ihres Bedeu-
tungsverlustes, meist verknüpft mit der Einbuße an Verkehrsgunst
durch mangelhafte Einbindung in das neu entstehende Eisenbahn-
netz. Auf diese Weise haben Rothenburg, Dinkelsbühl und Nördlingen ihren vorindustriellen Charakter bewahrt und damit touri-
stische Anziehungskraft gewonnen; der einst bedeutende Handels-
weg von Augsburg nach Würzburg wurde zur „Romantischen
Straße".

2.2 Stadtentwicklung im Industriezeitalter

Geht man nun der Geschichte des „modernen Städtebaues" – des
Städtebaues im Industriezeitalter – nach, so wird man verschiedene
Aspekte im Zusammenhang und in ihren Wechselwirkungen darstellen müssen: das Verständnis der Aufgabe räumlicher Planung
und – dadurch mitbedingt – die Entwicklung des Planungsrechts
und der Planungsmethodik, die technisch-funktionale Entwicklung des Städtebaues und den Wandel der Gestaltungsprinzipien.
Zugleich gilt es zu differenzieren zwischen der Geschichte der städtebaulichen Leitvorstellungen und derjenigen der realen Stadtentwicklung, die solchen Vorstellungen meist nur bedingt folgte.
Der italienische Architekturhistoriker Benevolo setzt den
Beginn des modernen Städtebaues für die Zeit zwischen 1830 und
1850 an und nennt als Ursprungsländer England und Frankreich, in
denen die Industrialisierung am weitesten fortgeschritten war.[2] Für
Deutschland hat Treitschke dem Jahre 1840 die Bedeutung einer
Schwelle zuerkannt: „Erst um das Jahr 1840 begannen mit den

---

[1] Alfred Frhr. v. Wolzogen (Hrsg.), Aus Schinkels Nachlaß, Berlin
1863, 2. Band, S. 161 f.
[2] Leonardo Benevolo, Geschichte der Architektur des 19. und 20. Jahrhunderts, München 1964, S. 107.

Fabriken und den Börsen, den Eisenbahnen und den Zeitungen auch
die Klassenkämpfe, die unstete Hast und das wagelustige Selbst-
gefühl der modernen Volkswirtschaft in das deutsche Leben einzudringen..."³ Einprägsamer als Zäsur mag uns heute das Jahr 1848
erscheinen mit der Märzrevolution, der Nationalversammlung in
der Paulskirche, dem Kommunistischen Manifest – und erst ein
Jahrzehnt später findet sich die erste deutschsprachige Veröffentlichung über zeitgenössische städtebauliche Probleme, ausgelöst
durch den Wettbewerb um die Umgestaltung des Wiener Glacis zu
einem großzügigen Baugelände.

Aber jede Datenangabe hat nur den Charakter einer Näherung;
der Wandlungsprozeß besteht ja aus einer großen Anzahl von einzelnen Entwicklungslinien, deren Wirkung zwar letztlich auf ihrer
Bündelung beruht, die aber mit zeitlichen Unterschieden auftreten.
Nach der Jahrhundertmitte jedenfalls setzt in Deutschland jenes
sprunghafte Stadtwachstum ein, das die demographische Entwicklung der Verstädterung kennzeichnet. Geburtenüberschuß und
Wanderungsgewinn schwellen die Einwohnerzahlen der Städte,
und die Bautätigkeit überschreitet alle bisher bekannten Maßstäbe.
Dabei glaubte man durchaus an eine optimale Ordnung durch das
freie Spiel der Kräfte und entschloß sich nur dort zu den not-
wendigsten Ordnungsmaßnahmen, wo jenes in aller Deutlichkeit
hinter dem Möglichen und Erstrebenswerten zurückblieb. Das war
zunächst im Bereich der Hygiene, der Feuersicherheit, der Wasserversorgung der Fall, und so haben wir es anfangs im Städtebau mit
den Ingenieurproblemen zu tun, welche die Stadtentwicklung
maßgeblich prägen.
Dabei ging, wie erwähnt, das verbindende Element der alten
Stadtbilder, die einheitliche Maßstäblichkeit der Bauten, infolge
neuer funktionaler Anforderungen und neuer technischer Möglichkeiten verloren. Andererseits finden wir doch an einzelnen Stellen
großzügige Gesamtanlagen, die jedenfalls entfernt an den landes-
fürstlichen Städtebau des 17. und 18. Jahrhunderts erinnern. Sie
sind Ausnahmen in der Flut von Stadterweiterungen des 19. Jahrhunderts, die in der Regel nach einem vielleicht nicht streng geometrischen, aber doch schematischen Grundmuster entwickelt
wurden. Hauptelement war der Baublock mit den ihn rings umgebenden Straßen, die beiderseits von mehrgeschossigen Häusern mit

---

³ Heinrich v. Treitschke, Deutsche Geschichte im 19. Jahrhundert,
3. Teil, 8. Auflage, Leipzig 1919, S. 682.

mehr oder minder reichem Schmuck aus den Stilelementen früherer Zeiten gesäumt waren.

Der Schmuck pflegte sich auf die Schauseite zu beschränken; die meisten der Häuser in den Großstädten waren Mietskasernen mit Rückgebäuden und Hinterhöfen, die nichts mehr von der anspruchsvollen Fassade ahnen ließen.

Hier, im Bereich des Wohnungswesens, erhob sich zuerst scharfe Kritik: ›Die Wohnungsnot der kleinen Leute in großen Städten‹ – so der Titel einer Schrift von Victor Aimé Huber [4] – war eines der zentralen sozialpolitischen Themen, und tatsächlich sind maßgebliche Impulse für Veränderungen im Städtebau aus diesen Bemühungen um die Reform des Wohnungswesens hervorgegangen. Das trifft noch mehr für England zu, wo der 'Public Health Act' von 1848 mit seinen wohnhygienischen Vorschriften als erster Anstoß zum neuzeitlichen Städtebau gilt.

Daneben entwickelten sich, wenn auch zunächst langsam und spärlich, Ansätze einer städtebaulichen Fachliteratur teils mit technisch-positivistischen, teils mit kulturkritischen Zügen. 1858 knüpfte der Wiener Kunsthistoriker Eitelberger von Edelberg Betrachtungen an den Ringstraßenwettbewerb: er erahnte die neuen Aufgaben des Städtebaues, sah die gesellschaftliche Funktion der Kunst, erkannte aber zugleich auch das Unvermögen der Zeit, zu einem eigenen stilistischen Ausdruck zu kommen: „In den Fällen, wo die Kunst sich an Stadtbauten und Stadtanlagen anknüpft, da ist sie ein Kind der Not, eine Frucht der Bedürftigkeit des menschlichen Geschlechtes, und vermag sich nicht all den Folgen zu entziehen und darf sich ihnen auch nicht entziehen. Da soll sie zeigen, daß sie den Zwecken der Gesellschaft dient, da muß sie in jedem ihrer Werke auch diesen Zweck an ihrer Stirne tragen. . . Die Zeit der Schöpfung neuer Style in der Architektur scheint nicht unsere zu sein. Je mehr Versuche auftauchen einen neuen Baustyl zu erfinden, desto deutlicher wird es, daß der Beruf zu so positiven Schöpfungen nicht vorhanden ist. Je mehr es sich aber darum handelt, gegebene Baustyle, die Grundelemente schon fertiger Baustyle geistreich, sinnvoll mit neuen technischen Fortschritten in Verbindung zu bringen, desto glücklicher werden die Leistungen. Wo es sich also um einen Synkretismus von Bauformen, um eine Reproduktion, eine Restauration des Geschmacks handelt, da ist unsere

---

[4] Victor Aimé Huber, Die Wohnungsnot der kleinen Leute in großen Städten, Berlin 1857. Teilabdruck bei Fritz Schumacher (Hrsg.), Lesebuch für Baumeister, Berlin 1941, S. 304 ff.

Zeit in ihrem Elemente und bewegt sich mit Takt, Geschmack und Geschick...«⁵

Hier handelt es sich um ein deutliches Bekenntnis zum Vorrang der Funktion im Städtebau, das allerdings in einem eigentümlichen Gegensatz zu Eitelbergers Interpretation, ja Rechtfertigung des Eklektizismus in der Architektur steht.

Um die gleiche Zeit, also in den fünfziger Jahren des vorigen Jahrhunderts, vollziehen sich nicht nur in Wien, sondern auch in anderen europäischen Großstädten umfassende Veränderungen. So ist Paris um diese Zeit im vollständigen Umbruch; die vom Präfekten Haussmann dekretierten neuen Straßendurchbrüche, um den Verkehr in der Stadt zu erleichtern, aber zugleich auch revolutionäre Umtriebe besser unter Kontrolle zu halten, sind vielleicht das spektakulärste städtebauliche Ereignis der Zeit. In diesen Jahren entstehen auch zwei umfangreiche großstädtische Erweiterungspläne, die im Urteil der Nachwelt eher skeptisch beurteilt wurden: Der sogenannte Hobrecht-Plan für Berlin und der großzügige Rasterplan von Cerdà für Barcelona. 1870 kommentiert der Berliner Statistiker Ernst Bruch den acht Jahre zuvor fertiggestellten Bebauungsplan mit den Worten: „Mit diesem Bebauungsplan und seinen zahl- und geistlosen Häuserquadraten soll die bauliche Zukunft Berlins identisch sein? – Sie wäre danach wahrlich keine erfreuliche.«⁶

Das mag man als erstes Zeichen einer Abkehr von den gängigen Städtebauprinzipien des mittleren 19. Jahrhunderts werten; ein zweites ist die Schrift der Gräfin Dohna unter dem Decknamen „Arminius" von 1874 ›Die Großstädte in ihrer Wohnungsnot und die Grundlagen einer durchgreifenden Abhilfe‹, in der, auf sozialethische Argumente gegründet, zukunftsweisende städtebauliche Vorschläge gemacht werden.⁷ Im gleichen Jahr tagt erstmalig der Verband Deutscher Architekten- und Ingenieurvereine, um sich mit dem Problem der Stadterweiterungen auseinanderzusetzen. Die abschließende Resolution wird von Baumeister, Professor an der Technischen Hochschule Karlsruhe, vorbereitet, der bis in

---

⁵ Rudolf Eitelberger v. Edelberg, Über Städteanlagen und Stadtbauten. In: Sammlung wissenschaftlicher Vorträge, Wien 1858, S. 5. u. 33.
⁶ Ernst Bruch, Berlins bauliche Zukunft und der Bebauungsplan, Deutsche Bauzeitung, 4. Jg., 1870, S. 71 ff.
⁷ Arminius, Die Großstädte in ihrer Wohnungsnot und die Grundlagen einer durchgreifenden Abhilfe, Leipzig 1874.

die Zeit des Ersten Weltkriegs hinein eine der maßgeblichen Figuren
des deutschen Städtebaues bleibt. 1876 erscheint aus seiner Feder
ein erstes Kompendium des Städtebaues, dessen Schwerpunkt auf
technischem und baurechtlichem Gebiet liegt; soziale Aspekte werden nur gestreift, und gestalterische Fragen werden nicht behandelt.[8] Das entspricht auch dem gewählten Titel ›Stadterweiterungen in technischer, baupolizeilicher und wirtschaftlicher Beziehung‹; wenn Camillo Sitte sein 1889 veröffentlichtes Buch ›Der
Städtebau nach seinen künstlerischen Grundsätzen‹ nennt, so ist
das sicher als demonstrativer Hinweis auf eine Lücke gemeint, die
Baumeister – von Sitte als „erster und bisher einziger Theoretiker
des deutschen Städtebaus" bezeichnet – in der Aufzählung der für
den Städtebau maßgeblichen Aspekte gelassen hatte.[9] Sittes Buch,
weithin mit Enthusiasmus begrüßt, löste eine allgemeine Hinwendung zu Gestaltungsfragen aus und trug seinem Verfasser den
Ehrennamen des „Wiederbegründers der Stadtbaukunst" ein. In
Sittes Argumentation überlagert sich auf eigentümliche Weise die
Forderung nach einer Neubestimmung der Gestaltungsprinzipien
auf der Grundlage der historischen, vor allem der mittelalterlichen
Stadtbaukunst mit einer Interpretation des Künstlerischen im Sinne
einer dekorativen Beigabe, die dem Verständnis der späteren Zeit
nicht mehr entsprach. Diese Zwiespältigkeit hat zweifellos zu der
unterschiedlichen Bewertung Sittes in der Folgezeit beigetragen.

2.3 Neue Entwicklungen um die Jahrhundertwende

Im letzten Jahrzehnt des 19. Jahrhunderts werden nun deutliche
Anzeichen einer umfassenderen Betrachtung des Städtebaues sichtbar. In München und Wien werden Wettbewerbe zur Erlangung
von Gesamtplänen für die Stadterweiterung ausgeschrieben, wobei
auch auf notwendige Änderungen im bebauten Stadtgebiet hingewiesen wird. Stübben faßt 1890 die Teilaspekte des Städtebaues in
einem enzyklopädischen Werk in der Nachfolge Baumeisters zusammen, und mit Theodor Fritsch (1896) und Ebenezer Howard
(1898) treten erstmalig Autoren auf, die Vorschläge für die künftige

[8] Reinhard Baumeister, Stadterweiterungen in technischer, baupolizeilicher und wirtschaftlicher Beziehung, Berlin 1876.
[9] Camillo Sitte, Der Städte-Bau nach seinen künstlerischen Grundsätzen, Wien 1889.

Stadtentwicklung[10] machen – für die Nutzungsstruktur, für die Grundsätze zur Steuerung des Stadtwachstums, ja auch für die Grundbesitzverhältnisse in der Stadt. Das erheblich einflußreichere dieser Werke ist die Schrift von Howard, die zunächst unter dem Titel ›To-Morrow. A Peaceful Path to Real Reform‹ und erst in der zweiten Auflage unter dem weitaus bekannter gewordenen Titel ›Garden Cities of To-Morrow‹ erschien, als ›Gartenstädte in Sicht‹ ins Deutsche übersetzt.[11]

Dabei ist der Begriff der „Gartenstadt" im Grunde irreführend; es geht vielmehr um den Grundgedanken, die zunehmende Verstädterung nicht durch die Vergrößerung der bestehenden Städte, sondern durch die Gründung neuer, in ihrer Einwohnerzahl auf Dauer begrenzter „ländlicher" Städte aufzufangen. Ziel ist also die planmäßige Entwicklung neuer Städte mit allen erforderlichen Arbeitsplätzen und zentralen Einrichtungen, groß genug, um ein eigenständiges städtisches Leben zu ermöglichen, aber klein genug, um überschaubar und in allen Teilen für den Fußgänger erreichbar zu sein. Ein sehr wesentlicher Bestandteil des Konzeptes ist auch die Überlegung, den gesamten Grund und Boden der Stadt auf Dauer im genossenschaftlichen Eigentum zu erhalten und lediglich Erbbaurechte auszugeben (Abb. 2 und 3).

Unmittelbare Folge war die Gründung zweier derartiger Städte in der Nähe Londons – Letchworth 1904 und Welwyn 1919 –, letztlich geht aber auch der britische 'New Towns Act' von 1946 und damit die umfassende Politik der Stadtneugründungen in Großbritannien darauf zurück. In Deutschland dagegen blieb es – trotz einer „Deutschen Gartenstadtgesellschaft" – bei weitaus bescheideneren Ansätzen; was bei uns anspruchsvoll „Gartenstadt" genannt wurde, waren vorstädtische Siedlungen, in der Regel ohne zugeordnete Arbeitsstätten, von Selbstverwaltung ganz zu schweigen.

Immerhin bringt das neue Jahrhundert eine Fülle neuer Impulse auf dem Gebiet der Stadtentwicklung. 1903 findet eine erste deutsche Städteausstellung in Dresden statt, die die Einrichtungen des großstädtischen Lebens darstellen soll – „einen Bereich . . ., der in dieser Zusammenfassung noch nicht zur Darstellung gebracht wor-

---

[10] Theodor Fritsch, Die Stadt der Zukunft, Leipzig 1896; Ebenezer Howard, a. a. O.

[11] Gartenstädte in Sicht, Jena 1907, mit einzelnen Änderungen neu aufgelegt 1968 (Ullstein Bauwelt Fundamente), herausgegeben und eingeleitet von Julius Posener.

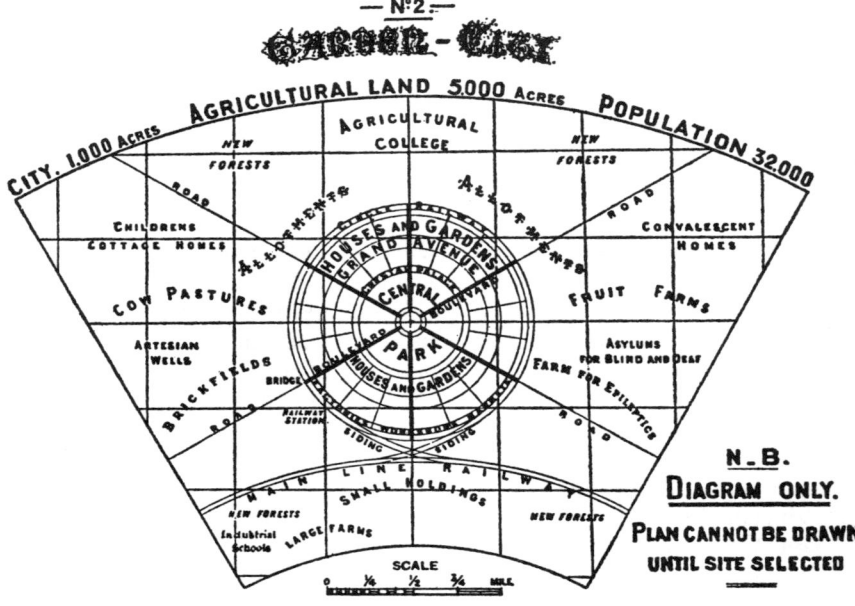

Abb. 2: Diagramm der Gartenstadt nach Howard, 1898.

den ist", wie es in der dazu herausgegebenen Schrift heißt, und sie sollte auf die Frage antworten: „Was sind die Großstädte?. . . Welche Bedeutung haben sie materiell und ideell für die Gegenwart und Zukunft der Nationen? Wie müssen sie eingerichtet sein, um ihre Aufgabe zu erfüllen?"[12]

In dieser Schrift herrscht der optimistische Grundton vor; die Großstädte gelten als „Bahnbrecher auf dem Wege einer aufwärtsstrebenden, wahrhaft sozialen Kulturentwicklung". Nur Georg Simmels Beitrag über „die Großstädte und das Geistesleben" – wohl die erste soziologische Analyse des Städters in Deutschland – spiegelt eine skeptischere Auffassung.[13] Im übrigen schlägt sich in diesem Buch das wachsende Interesse der Wissenschaft an der Stadt

[12] Karl Bücher, Die Großstädte in Gegenwart und Vergangenheit, in: Die Großstadt, Vorträge und Aufsätze zur Städteausstellung, Dresden 1903, S. 4.
[13] Georg Simmel, Die Großstädte und das Geistesleben, in: Die Großstadt, Vorträge und Aufsätze zur Städteausstellung, Dresden 1903.

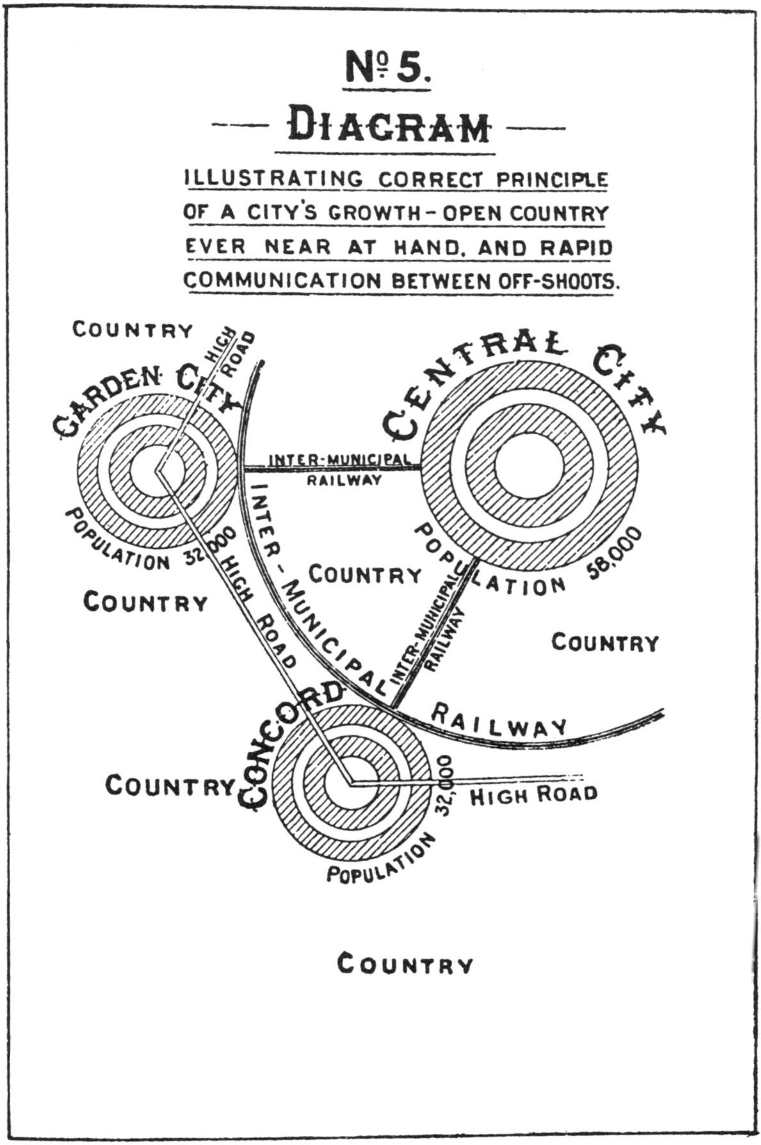

№ 5.

—— DIAGRAM ——

ILLUSTRATING CORRECT PRINCIPLE
OF A CITY'S GROWTH – OPEN COUNTRY
EVER NEAR AT HAND, AND RAPID
COMMUNICATION BETWEEN OFF-SHOOTS.

COUNTRY

GARDEN CITY
HIGH ROAD

CENTRAL CITY

INTER-MUNICIPAL
RAILWAY

POPULATION 32,000

INTER-MUNICIPAL HIGH ROAD

COUNTRY

COUNTRY

POPULATION 58,000

COUNTRY

INTER-MUNICIPAL RAILWAY

CONCORD

RAILWAY

COUNTRY

POPULATION 32,000

HIGH ROAD

COUNTRY

Abb. 3: Regionale Einordnung der Gartenstadt.

und ihren Phänomenen nieder, das sich an einer Reihe von Veröffentlichungen etwa seit den neunziger Jahren nachweisen läßt. Aber es ist nicht nur die Wissenschaft, die sich der Stadt zuwendet – auch in der Dichtung findet die Auseinandersetzung mit diesem Element des modernen Lebens ihren Ausdruck. Bekannt ist Rilkes Anklage der großen Städte – „Verlorene und Aufgelöste " – im „Stundenbuch"; eindringlicher noch und hartnäckiger beschwört Georg Heym in seinen Gedichten das Bild der unheimlichen, durch Düsternis, Feuer und Blut gekennzeichneten Stadt. Die Jahre zwischen der Jahrhundertwende und dem Ersten Weltkrieg nun markieren einen deutlichen Umbruch im Städtebau. Kritik an der Stadtentwicklung des 19. Jahrhunderts nimmt überhand; aus den verschiedenen Quellen des städtischen Ingenieurwesens, der Baupolizei, der Wohnungsreform und der Architektur formt sich ein neuer Berufsstand mit dem Bewußtsein einer umfassenden Ordnungsaufgabe. Die ersten berufsständischen Vereinigungen entstehen, die ersten Städtebauzeitschriften werden gegründet, die ersten Hochschullehrstühle für Städtebau eingerichtet. Der Begriff der „Planung" taucht zuerst – als 'planning' – im englischen, dann auch im deutschen Sprachgebrauch auf, und im Vorwort zur deutschen Übersetzung eines englischen Städtebaubuches heißt es: „Städtebau ist seit einigen Jahren bei uns zur Disziplin geworden. Sozialwissenschaftler, Architekten, Kunstästhetiker und Ingenieure tragen die Resultate ihrer Wissenschaft und praktischen Erfahrungen zur gemeinsamen Lehre vom Städtebau zusammen." [14]

Zur gleichen Zeit veränderten sich auch die Vorstellungen von dem, was Stadtplanung leisten solle. Bis dahin war es offenbar darum gegangen, das Stadtgefüge an Entwicklungen in Wirtschaft und Gesellschaft anzupassen, die weder vorhersehbar noch steuerbar erschienen. Nun aber – angesichts der ersten wissenschaftlichen Forschungsergebnisse über das Wesen der Stadt, die sich mit Namen wie Georg Simmel, Max Weber, Werner Sombart oder Charles Horton Cooley verbinden [15] – schien sich die Möglichkeit

---

[14] Raymond Unwin, Grundlagen des Städtebaues, Berlin 1910; Vorwort des Übersetzers L. Maclean. Originalveröffentlichung: Town Planning in Practice, London 1909.
[15] Georg Simmel, a. a. O. Max Weber, Die Stadt, in: Wirtschaft und Gesellschaft; Grundriß der Sozialökonomie, Tübingen 1922. Werner Sombart, Der Begriff der Stadt und das Wesen der Städtebildung, Archiv f.

zu bieten, zumindest einen Teil der künftigen Entwicklungen zu
prognostizieren und damit einen räumlichen Rahmen zu entwerfen, in den sich solche evolutionären Kräfte ohne allzu viele Reibungen einfügen ließen: „Koordination" wurde zum Schlagwort
dieser Zeit.

2.4 Zwischen den Weltkriegen

Diese neue Sicht traf sich mit einer Grundstimmung der zwanziger Jahre: einer einhelligen Ablehnung der Stadtentwicklung des
späten 19. Jahrhunderts mit ihren hohen Baudichten, ihren Mietskasernen, ihrem Freiflächenmangel. Weniger einmütig war man
darin, wie die künftige Stadt aussehen sollte; mit einer gewissen
Vergröberung und Vereinfachung lassen sich zwei Hauptblickrich-
tungen erkennen – eine „retrospektive", welche die Industrialisierung als Unglück betrachtete und sie zurückzudrängen suchte, und
eine „progressive", die von einer Weiterführung und Intensivierung
der industriellen Entwicklung eine Befreiung des Menschen von
Schwerarbeit, eine Eröffnung neuer Horizonte erwartete.

Vor diesem allgemeinen Hintergrund waren nun die frühen
zwanziger Jahre in Deutschland durch eine Aufbruchsatmosphäre
gekennzeichnet, die wesentliche Impulse aus der Hoffnung auf eine
neue demokratische Gesellschaft empfing. Sie beflügelte auch die
neuen systematischen Ansätze in der städtebaulichen Planung, vor
allem das Bemühen um rationale Modelle für die städtische Nutzungsstruktur, also für die räumliche Disposition von Baugebieten
und Freiflächen, von Zentren und anderen Hauptnutzungsbereichen
und von den Hauptlinien der technischen Infrastruktur wie Straßen
und Bahnen. Die Kritik richtet sich gegen das bisherige konzen-
trische Wachstum der Städte in der Art von Jahresringen; statt dessen
werden verschiedene Modelle entwickelt, um solches Wachstum in
geordnete Bahnen zu lenken, deren radikalste die Bandstadt ist,
also die entlang eines Verkehrsbandes nur in zwei Richtungen
expandierende Stadt. Ein weiteres Ziel dieser Modelle neben der
funktionalen Gliederung ist die Auflockerung und Dezentralisierung der „versteinerten Stadt" des späten 19. Jahrhunderts. In den
allzu hohen Wohndichten sah man die Wurzel vieler sozialer

Sozialwissenschaften und Sozialpolitik, Bd. XXV, Tübingen 1907. Charles
Horton Cooley, Social Organization, New York 1909.

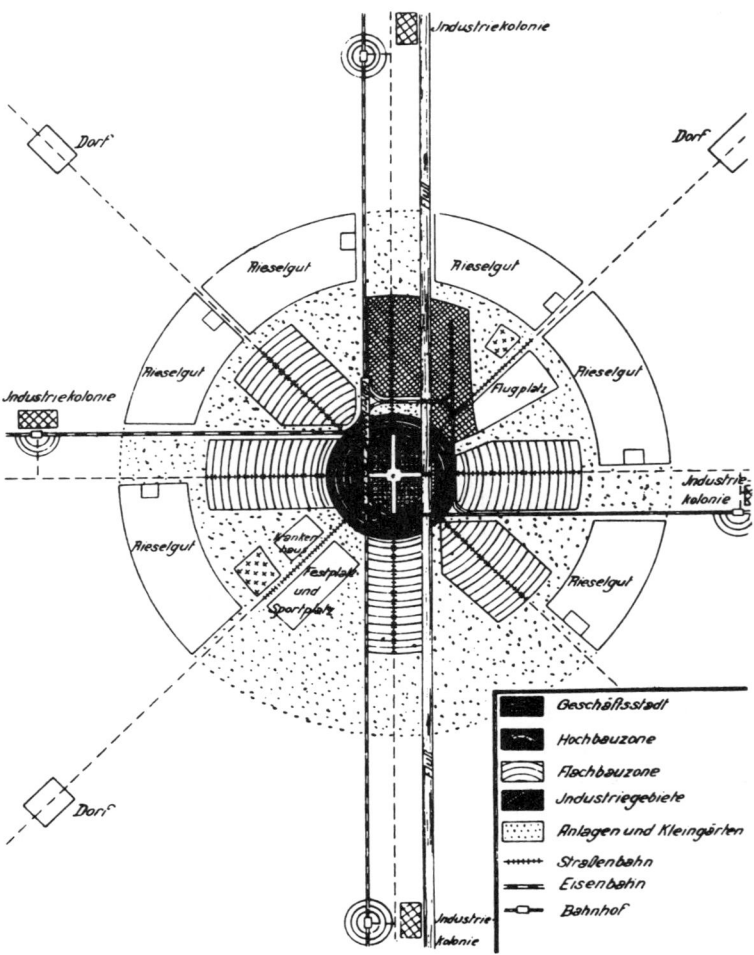

Abb. 4: Stadtdiagramm Heiligenthal, 1921.

Mißstände und den Keim für eine künftige Verwahrlosung solcher Baugebiete. Grundsätzlicher noch als Argument für die Dezentralisierung war die verbreitete Auffassung von der Anonymität und Entwurzelung des Großstadtmenschen, die das Ziel in einer Aufgliederung der Stadt und in einer damit ermöglichten neuen Beheimatung des Städters, seiner Verwurzelung in einer neuen Art von Stadtteilgemeinschaft sah (Abb. 4 und 5).

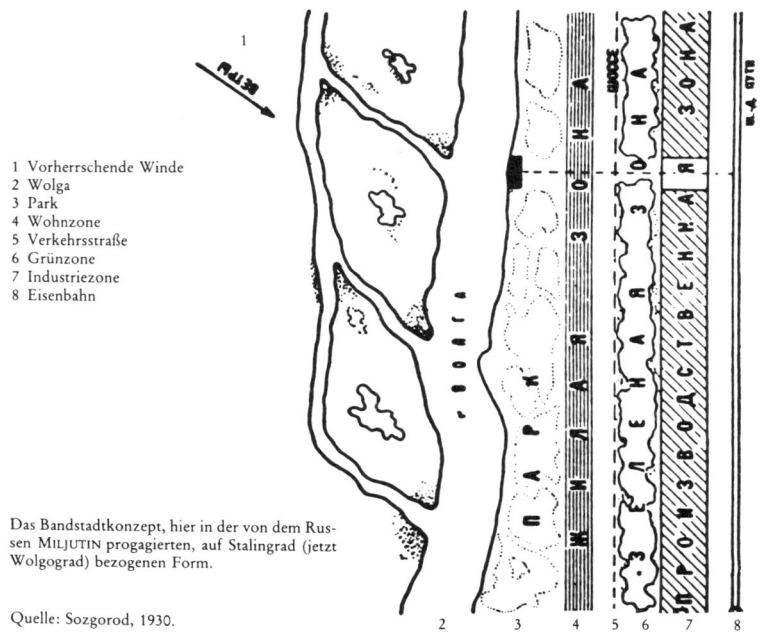

1 Vorherrschende Winde
2 Wolga
3 Park
4 Wohnzone
5 Verkehrsstraße
6 Grünzone
7 Industriezone
8 Eisenbahn

Das Bandstadtkonzept, hier in der von dem Russen MILJUTIN progagierten, auf Stalingrad (jetzt Wolgograd) bezogenen Form.

Quelle: Sozgorod, 1930.

Abb. 5: Bandstadtdiagramm Miljutin, 1930.

Der zweite Ausgangspunkt für ein Neudurchdenken der Stadt ist ihr kleinster Bestandteil, die Wohnung. Die Verbesserung der Wohnbedingungen war unter den Stichworten „Wohnungsfrage" und „Wohnungsreform" schon im 19. Jahrhundert immer wieder diskutiert worden, aber erst um die Jahrhundertwende finden wir die ersten spürbaren Beiträge zu solchen Verbesserungen in Gestalt von stadtplanerischen Konzepten und darauf gegründeten Vorschriften: zunächst eine Gliederung in Nutzungszonen, mit denen einerseits eine Abstufung (oder Abstaffelung: daher die Bezeichnung „Staffelbauordnung" in Süddeutschland) der Baudichten vom Zentrum nach außen, andererseits eine weitergehende räumliche Trennung der Nutzungsarten erreicht werden sollte, als sie vorher möglich war. Ein weiteres rechtliches Mittel zur Reduzierung der Dichte waren rückwärtige Baulinien, mit denen das Blockinnere vor einer Überbauung mit Hintergebäuden geschützt werden sollte. Aber der Grundgedanke war unverändert der des 19. Jahrhunderts: den Entwurf der Wohnung in das Muster der Straßen-

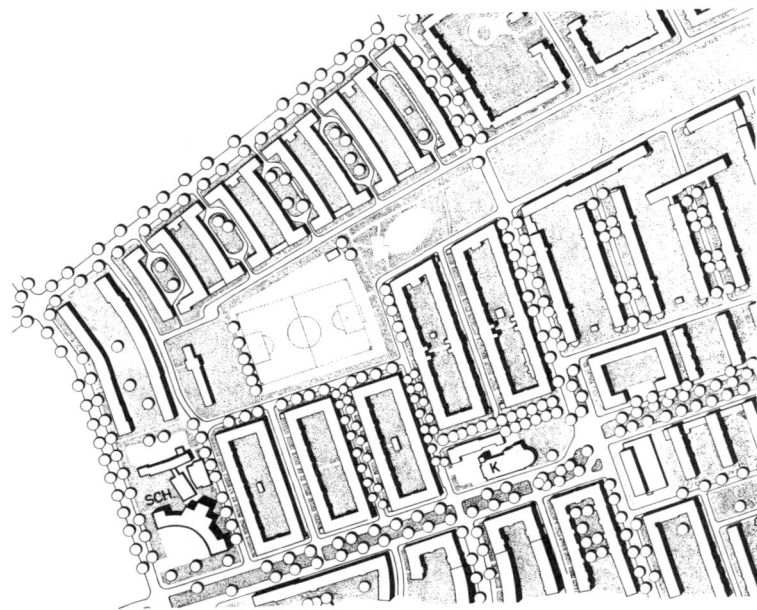

Abb. 6: Bebauungsschema Dulsberg, Hamburg, 1919.

züge und Baulinien einzuordnen, das durch die Planung vorgege-
ben war. Das änderte sich in den zwanziger Jahren: die gründliche
Beschäftigung mit dem Wohnungsgrundriß, seiner Orientierung,
seiner funktionalen Gliederung führte zu neuen Modellen für
Gebäudestellung und Straßenführung – zur Anordnung paralleler
„Zeilen", die zur Kostenersparnis durch senkrecht zur Fahrstraße
verlaufende Wohnwege erschlossen wurden (Abb. 6 bis 9).

Wenn wir über Deutschland hinausblicken, finden wir in den
zwanziger Jahren auch die ersten Ansätze zu einem dritten Konzept, das zur Neuordnung der Stadt beitragen sollte: den Gedanken des Superblocks und später der Nachbarschaftseinheit, die ver-
ständlicherweise in dem Lande entstanden, in dem bereits in dieser
Zeit das Auto die Straße beherrschte, in den Vereinigten Staaten.
Das Konzept der Nachbarschaftseinheit stellt in gewisser Hinsicht
eine Verknüpfung zwischen den beiden anderen erwähnten Syste-
matisierungsansätzen dar – eine Gruppierung von Wohnungen um
die für ihre unmittelbare Versorgung erforderlichen Gemeinbedarfseinrichtungen wie Läden und Grundschule, frei von Durch-

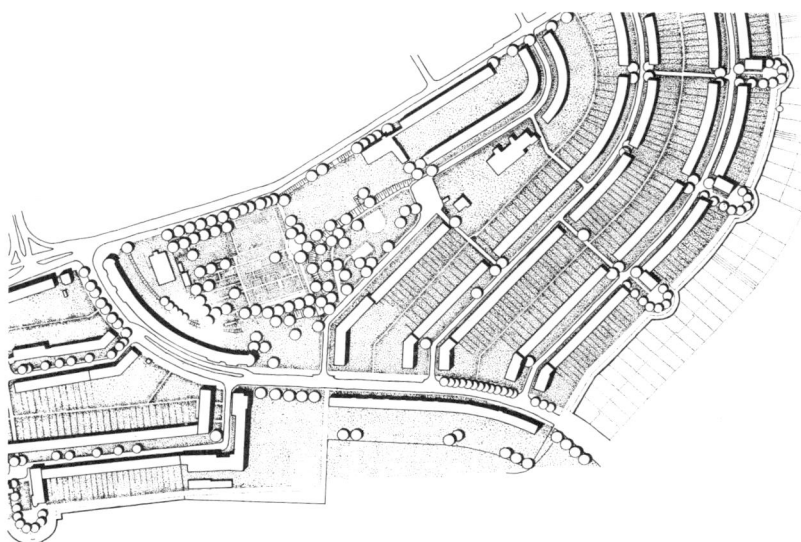

Abb. 7: Bebauungsschema Römerstadt, Frankfurt, 1926.

gangsverkehr und durch Grünflächen begrenzt. Zugleich schien sich damit eine Art „Baustein" der wachsenden Stadt anzubieten, der es erlaubte, Stadterweiterung nicht als beliebige Anlagerung neuer Baugebiete an den Stadtrand, sondern als zusammenfassend konzipierte Schaffung neuer städtebaulicher Einheiten mit einer gewissen Eigenständigkeit zu betreiben.

Einige sahen in diesem Konzept auch ein Gegenmittel gegen die oft beklagte Anonymität der Großstadt, einen Ansatz zur Gemeinschaftsbildung, ja auch eine Möglichkeit zur Dezentralisierung städtischer Selbstverwaltung. Aber auch unabhängig von solchen „sozialromantischen" Erwartungen wies das Konzept der „Nachbarschaftseinheit" eine Reihe von Vorzügen auf, die ihm weite internationale Verbreitung sicherten. Auch in der „Charta von Athen", in der 1933 eine Gruppe progressiver Architekten und Städtebauer [16] Forderungen für die künftige Stadtentwicklung auf-

---

[16] Die „Charta von Athen", erwachsen aus einem der „Internationalen Kongresse für Neues Bauen" (Congrès Internationaux de l'Architecture Moderne = CIAM), der 1933 auf einer Seefahrt zwischen Marseille und Athen abgehalten wurde und die „funktionale Stadt" zum Thema hatte,

Abb. 8: Bebauungsschema Westhausen, Frankfurt, 1929.

stellten, ist sie als „Wohneinheit zweckmäßiger Größe" aufgeführt.

Die in der Charta zusammengefaßten Grundsätze für eine funktionale Stadtplanung spiegeln den Stand der fortschrittlichen Praxis jener Zeit, und weit mehr als der erst viel später verbreitete Text der Charta ist es diese Praxis, die auf die städtebauliche Planung der nachfolgenden Jahrzehnte eingewirkt hat.

Auch die – in der Charta nicht behandelten – Grundsätze städtebaulicher Gestaltung hatten sich in den zwanziger Jahren verändert. Der „malerische Städtebau" – in der Nachfolge von Sittes Kampf gegen die „Motivenarmut" in der Stadt des späten 19. Jahrhunderts –, der das erste Jahrzehnt des 20. Jahrhunderts weitgehend bestimmt hatte, wich nun einer strengeren geometrischen Auffassung, die den Tendenzen innerhalb der modernen Architek-

wurde erst erheblich später in breiteren Kreisen bekannt – in Deutschland vor allem durch die Schrift von Le Corbusier, An die Studenten/Die Charte d'Athènes, Reinbek bei Hamburg 1962, obwohl eine deutsche Fassung bereits 1957 von Hubert Hoffmann in seinem Beitrag ›Die Idee der Stadtplanung‹ zum Sammelwerk ›Medizin und Städtebau‹, München – Berlin – Wien, veröffentlicht worden war.

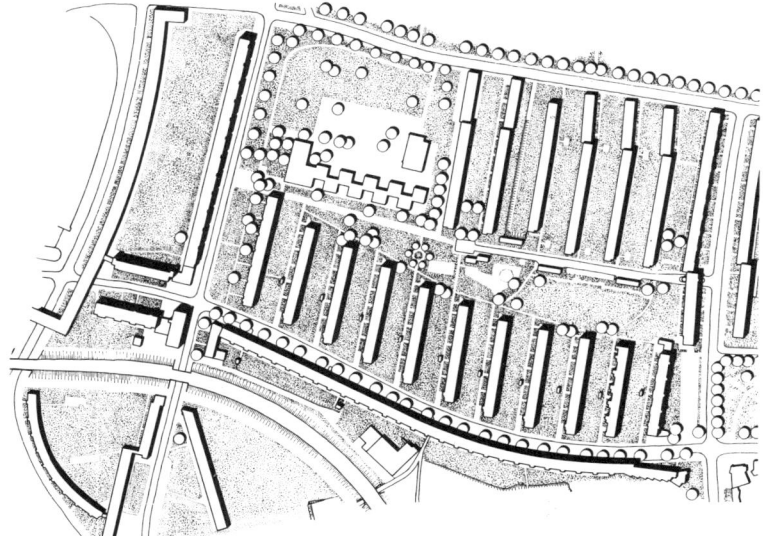

Abb. 9: Bebauungsschema Berlin-Charlottenburg, Siemensstadt, 1929.

tur entsprach. Indessen war das gestalterische Spektrum in der Architektur wie auch im Städtebau noch recht breit und vielfältig; von deutlichen Bemühungen um räumliche Bildungen und perspektivische Wirkungen reichte es bis zur geometrischen Strenge – manchmal kann man sogar von Starre sprechen – reiner Orthogonalität im parallelen Zeilenbau.

Die planungsrechtliche Situation der Zeit zwischen den Weltkriegen ist durch die Einsicht gekennzeichnet, daß die bisherigen Baugesetze im Interesse der neuen, sozial orientierten Auffassung vom Städtebau reformbedürftig seien, und sie schlägt sich in einzelnen Verbesserungen der Bauordnungen nieder. 1925 wurde in Preußen ein Städtebaugesetz konzipiert, das jedoch – offenbar im Hinblick auf eine kurz darauf einsetzende Bemühung um ein Reichsstädtebaugesetz – nicht bis zur Beschlußfassung vorangetrieben wurde; lediglich in Sachsen und in Thüringen gab es zu Beginn der dreißiger Jahre neue Städtebaugesetze, die an das preußische Muster angelehnt waren. In ihnen erscheint übrigens erstmalig der heutige Flächennutzungsplan, damals „Flächenaufteilungsplan" genannt. Auch das „Dritte Reich" war in dieser Hinsicht wenig aktiv; es wurden – zum Teil auf der Grundlage früherer Vorarbeiten – einzelne gesetzliche Regelungen erlassen, aber eine 1942 fertiggestellte umfassende Kodifizierung des Bau- und Planungsrechtes blieb Entwurf. Als Niederschlag der nationalsozialistischen Ideologie im Planungsrecht ist allerdings das Gesetz zur Neugestaltung deutscher Städte von 1937 zu werten, das für bestimmte Umgestaltungsmaßnahmen weitgehende Enteignungs- und – eingeschränkte – Entschädigungsregelungen traf, um damit die Pläne für monumentale Bauten und repräsentative Achsen und Aufmarschflächen besser verwirklichen zu können. Gegenüber der städtebaulichen Planung im späten 19. Jahrhundert, die in erster Linie auf die Behebung oder Vermeidung von Mißständen gerichtet war, hatte sich seit etwa 1910 die Vorstellung durchgesetzt, Ziel der Planung sei die Schaffung eines räumlichen Rahmens, innerhalb dessen die Entwicklungskräfte von Gesellschaft und Wirtschaft möglichst reibungslos aufgenommen werden könnten; sie wird treffend charakterisiert von dem britischen Planer Patrick Abercrombie: „Die Planung von Stadt und Land sucht der natürlichen Entwicklung eine lenkende Hand zu bieten. Das Ergebnis sollte mehr sein als eine wirtschaftlich und technisch solide Leistung – es sollte ein sozialer Organismus sein und zugleich ein Kunstwerk." [17] Es geht also nicht eigentlich um die Beeinflussung der sozioökonomischen Entwicklung, die noch als „natürlich" verstanden wird, sondern um eine Koordination ihrer räumlichen Auswirkungen. Auch angesichts einiger offenkundiger sozialpolitischer Bezüge – beispielsweise zum Wohnungswesen – wird darin in erster Linie eine Synthese- und Gestaltungsaufgabe für den Planungsfachmann gesehen und nicht ein politischer Entscheidungsprozeß. Dies mag auch die Tatsache erklären, daß in der Planungsliteratur ebensowenig von Politik die Rede ist wie in der politischen Diskussion von räumlichen Entwicklungsproblemen.

2.5 Stadtplanung nach 1945

Die Entwicklung nach dem Zweiten Weltkrieg weist eine solche Vielzahl von Einflüssen und Veränderungen auf, daß sie zunächst in ihren wichtigsten Teilaspekten jeweils über diese vier Jahrzehnte hinweg verfolgt werden soll. Mit einer abschließenden Zusammen-

---

[17] Patrick Abercrombie, Town and Country Planning, Oxford 1936, S. 12 (Übers. Verf.).

fassung wird dann zugleich der Versuch verbunden, die gegenwärtige
Situation der Stadt und der Stadtplanung zu umreißen.

2.5.1 Zum Verständnis und zur Methodik der Planung

Die soeben dargestellte Auffassung von Planung als Koordina-
tionsaufgabe bestimmt auch noch die erste Nachkriegszeit. Zwar
erfordern die umfassenden Probleme des Neuaufbaues vielfach
auch kommunalpolitische Grundsatzentscheidungen, aber diese
erwachsen weitgehend aus dem Grad des Vertrauens in die Konzeption des Fachmanns; für die Schlüsselrolle einzelner Persönlichkeiten
lassen sich in vielen Städten Beispiele finden.

Indessen gewinnt um 1960 die Vorstellung an Boden, die Entscheidungen über die räumliche Entwicklung seien im Wesen politischer Natur; das Motto einer vielbeachteten Tagung aus dem
Jahre 1955 – „Der Stadtplan geht uns alle an" [18] – findet zunehmend
Gehör. Hinzu kommt die Einsicht, daß die „natürliche Entwicklung" (im Sinne des oben genannten Zitats von Abercrombie) in
Wahrheit längst durch zahlreiche Einflüsse überlagert wird, die
menschlicher Entscheidung unterworfen sind. Ein Beispiel dafür
liefert die zunehmende Bedeutung, die in der Volkswirtschaftslehre
der Erarbeitung eines wirtschaftspolitischen Instrumentariums beigemessen wird. Daraus ergibt sich die Folgerung, daß nicht nur die
räumlichen Probleme, sondern auch die ihnen zugrundeliegenden
Entwicklungen in Wirtschaft und Gesellschaft planerischer Einflußnahme zugänglich – und bedürftig – seien. Nicht zufällig taucht
zu Beginn der sechziger Jahre der Begriff der Planung auf vielen
Gebieten mehr oder minder unvermittelt auf – so etwa in der „mittelfristigen Finanzplanung" oder in der „Bildungsplanung".

Damit wurde Stadtplanung, bisher einsamer Vorreiter planerischer Ordnungsvorstellungen, jedenfalls in der Theorie zum Bestandteil einer „integrierten" Planungspolitik mit dem Ziel, die
Gesamtentwicklung der Gesellschaft auf der Grundlage politischer
Entscheidungen zu steuern; Wirtschafts- und Sozialpolitik sollten
dem gleichen Ziel dienen. Angesichts der erstaunlichen Entwicklungen der letzten Zeit, meist auf den Computer gegründet, hielt
man eine solche Integration nicht nur für organisatorisch erreichbar, sondern auch in der Durchsetzung der sachlichen Ziele für

---

[18] Dortmunder Gespräch 1955: „Der Stadtplan geht uns alle an."

erfolgversprechend. Sichtbare Zeichen dieser neuen Tendenz waren Umorganisationen in Kommunal- und Staatsverwaltungen, mit denen spezifische Entwicklungsdezernate, -ämter oder doch -arbeitsgruppen geschaffen wurden.

Zugleich gewann die räumliche Planung mehr politisches Gewicht – zunächst auf örtlicher Ebene, aber in zunehmendem Maße auch auf der Länder- und Bundesebene. Parallel damit wuchs das Interesse an der Bürgerbeteiligung bei Planungsfragen, die seit den späten fünfziger Jahren in der Diskussion war, aber erst 1971 eine Rechtsgrundlage erhielt – bezeichnenderweise in dem auf Stadterneuerung gerichteten Städtebauförderungsgesetz. Denn die Stadterneuerung, also der Eingriff in bewohnte Bausubstanz, mußte die Lebensverhältnisse der Bewohner in ganz anderer Weise berühren als die bis dahin im Vordergrund stehende Stadterweiterung oder die Neubebauung von Trümmerflächen. Damit ergaben sich kommunalpolitische Probleme, die teilweise zu heftigen Konfrontationen zwischen der Verwaltung und den von Planungsmaßnahmen „Betroffenen" führten und manche bisher unangefochtenen Beurteilungsmaßstäbe der Planung in Frage stellten. So wurde Bürgerbeteiligung zu einem zentralen Thema in den frühen siebziger Jahren und fand auch in der Novelle zum Bundesbaugesetz von 1976 ihren Niederschlag (vgl. S. 134). In der jungen Planergeneration wurde „Partizipation" zu einer Art Schlüsselbegriff, um den sich ihr Engagement formte.

Der dargestellte Wandel im Planungsverständnis konnte nicht ohne Auswirkungen auf die Planungsmethodik bleiben, die im Grunde jetzt erstmalig zum Gegenstand eingehender Untersuchungen und wissenschaftlicher Auseinandersetzungen wurde. Eine solche Durchleuchtung der Planung als eines Denkvorganges, als gedanklicher Vorbereitung von Entscheidungen hatte bis in die fünfziger Jahre hinein nur wenig Interesse gefunden. Soweit sie in der Literatur behandelt wurde, wurde meist eine Dreigliederung postuliert:
– Bestandsaufnahme und -analyse,
– Planaufstellung,
– Verwirklichung des Planes.
In einer amerikanischen Veröffentlichung finden wir diese drei Schritte in Parallele gesetzt mit den Arbeitsbereichen der Wissenschaft, der Kunst und der Politik (vgl. S. 5); in Deutschland sah man die Verwirklichung eher als ein Bündel von Verwaltungsmaßnahmen. Wie man von der Erfassung und Analyse der gegenwärti-

gen Situation zum Plan kommt, schien sich der Systematisierung
zu entziehen; man ging davon aus, daß der Planer auf eine eher
intuitive Weise seine Kenntnis der realen Gegebenheiten und der
wünschenswerten Veränderungen in ein Planungskonzept umsetzt:
ein schöpferischer Akt, der einer rationalen Analyse im Grunde
nicht zugänglich schien.

Diese Auffassung wandelte sich in dem Maße, in dem das politische Element in der Planung erkannt wurde: offenbar ging es nicht
mehr darum, den besten Plan zu finden, um erwartete künftige
Entwicklungen sinnvoll aufzufangen, sondern es ging um die Auswahl aus möglichen alternativen Entwicklungen für eine Zukunft,
von der man erwartete, daß sie zumindest teilweise „machbar" sei
– eine Auswahl also aus verschiedenen möglichen „Zukünften".
Die Alternativen, zwischen denen es zu wählen galt, konnten abgeleitet werden aus unterschiedlichen Prioritäten hinsichtlich der
Ziele oder der Mittel oder der Wege – und all das verlangte offenkundig nach einer rationalen Prüfung der Kriterien und der Werturteile, die in eine solche Planungsentscheidung einfließen. Damit
erfuhr der Planungsprozeß neben seiner „Demokratisierung" durch
Partizipation auch eine „Verwissenschaftlichung" durch die kritische Auseinandersetzung mit der Abfolge seiner Schritte und den
hierfür jeweils zur Verfügung stehenden Methoden. Diese Themen
beherrschten zeitweise die Diskussion in den Fachzeitschriften,
und sie beeinflußten auch die Planungspraxis zumindest in solchen
Institutionen, die sich einen Planungsstab mit theoretischen Ambi-
tionen leisten konnten.

Inzwischen ist hier jedoch ein deutlicher Wandel eingetreten.
Zwar orientiert sich das Planungsverständnis nach wie vor an der in
den sechziger Jahren gewonnenen Einsicht in die Komplexität der
Zusammenhänge und die Verflochtenheit räumlicher, sozialer und
wirtschaftlicher Steuerungsansätze. Was sich jedoch verändert hat,
ist die Zuversicht, die hier liegenden Probleme mit verbesserter
Organisation und Koordination lösen zu können. Die Skepsis in
dieser Hinsicht hat eine zweifache Wurzel: einerseits die Erkenntnis,
daß unser Wissen über die Lebenszusammenhänge, in die mit der
Planung eingegriffen wird, nicht vollständig ist und vielleicht kaum
jemals vollständig sein wird, zum anderen die Einsicht in die Inter-
essengebundenheit der mit der Planung zusammenhängenden politischen Prozesse, die mit einer gewissen Zwangsläufigkeit zu
Abweichungen von den unter rationalen Gesichtspunkten als sinnvoll angesehenen Entscheidungen führen. Man mag darin eine Art

	bis 1900/1910	bis 1960/1970	ab 1960/1970
Verständnis der sozio-ökonomischen Entwicklung	weder prognostizierbar noch steuerbar	prognostizierbar, aber nicht steuerbar	steuerbar, deshalb nur bedingt prognostizierbar
Planungsverständnis	Korrektur der Marktentwicklung	Entwurf eines Entwicklungsrahmens	Steuerung der Entwicklung
Aufgabe der Planung	Behebung von Mißständen	Koordination der Entwicklungskräfte	Auswahl aus Alternativen
Motiv der Planung	Gefahrenabwehr	Daseinsvorsorge	Gesellschaftspolitik
Rolle der Verwaltung	Eingriffsverwaltung	Leistungsverwaltung	Planende Verwaltung
Verhältnis zur Politik	kaum Bezug	Bestätigungsfunktion	Entscheidungsfunktion
Verhältnis zur Wissenschaft	Einzelkontakte (so Hygiene)	Erkenntnishilfe	Entscheidungshilfe
Selbstinterpretation des Planers	Experte für die technische und künstlerische Verbesserung und Verschönerung	„Arzt" der kranken Stadt und missionarischer Anwalt des allgemeinen Wohls	fachlich kompetenter und sozial engagierter Politikberater für räumliche Entscheidungen

Tafel 1: Entwicklung des Planungsverständnisses.

Resignation gegenüber dem Glauben der sechziger und späten siebziger Jahre an die rationale Ableitbarkeit und Durchsetzbarkeit von Maßnahmen in verflochtenen Planungssystemen sehen, aber auf der anderen Seite handelt es sich dabei auch um eine realistischere Einschätzung jener Gegebenheiten, mit denen die Planung sich auseinandersetzen muß. So wurde der neue Ansatz einer integrierten Entwicklungsplanung zwar nicht aufgegeben, aber unter dem Eindruck zahlreicher methodischer und sachlicher Hindernisse stark zurückgenommen. Das gleiche gilt für die Hoffnungen, die sich an eine Verwissenschaftlichung des Planungsverfahrens und an ihr Gegenstück, die „Demokratisierung" durch Bürgerbeteiligung geknüpft hatten. Zusammenfassend läßt sich sagen, daß die zahlreichen Neuerungen, welche die letzten vier Jahrzehnte in Planungsverständnis und Planungsmethodik mit sich gebracht haben, zwar weitgehend aufgenommen und verarbeitet worden sind; indessen sind die ursprünglich damit verbundenen Erwartungen bescheidener geworden (vgl. Tafel 1).

2.5.2 Planungsrecht

Die unmittelbare Nachkriegszeit war durch eine verworrene und zersplitterte Rechtslage gekennzeichnet, die angesichts der drängenden Neuaufbauprobleme zwingend nach Bereinigung verlangte. So sahen sich um 1950 die Bundesländer – außer Bayern und Bremen – zum Erlaß von „Aufbaugesetzen" veranlaßt, die weitgehend aus dem Fundus der seit 1930 angestellten Überlegungen für neue reichsgesetzliche Regelungen schöpften. Sie sind auch in das Bundesbaugesetz eingeflossen, das 1960 nach zehnjähriger Beratungszeit in Kraft trat; gegenüber den Aufbaugesetzen hat es das sachliche Instrumentarium kaum verbessert, sondern vor allem vereinheitlicht – ein Gewinn, der für den Juristen spürbarer als für den Planungspraktiker war.

Betrachtet man rechtliche Entwicklungen als Niederschlag praktischer Probleme, so sind vor allem die Veränderungen aufschlußreich: Bis zum Erlaß des Baugesetzbuches 1987 wurde zweimal das Bundesbaugesetz, zweimal auch die darauf gegründete Baunutzungsverordnung novelliert; das – jetzt in das Baugesetzbuch einbezogene – Städtebauförderungsgesetz von 1971 erleichterte Erneuerungs- und Entwicklungsmaßnahmen durch staatliche Zuschüsse und bessere bodenrechtliche Instrumente. Im übrigen war

die erste Phase der Veränderungen durch stärkere Differenzierung
und Verfeinerung des Instrumentariums, durch Bezug zur Entwicklungsplanung und durch Erhöhung der Ausnutzungsgrenzen
gekennzeichnet, die zweite durch mehr Rücksicht auf überkommenen Baubestand und auf Umweltprobleme sowie durch Verfahrens-
vereinfachungen vor allem unter juristischen Gesichtspunkten.
Das Baugesetzbuch von 1987 hat weniger verändert, als die an-
spruchsvolle neue Bezeichnung erwarten läßt. Zwar standen am
Beginn der Gesetzgebungsinitiative Vorstellungen von Vereinfachung, von Erleichterung des Bauens, von „Verminderung der
Regelungsdichte", aber sie erfuhren im Laufe des Verfahrens erhebliche Einschränkungen durch die Einsicht, daß der Komplexitäts-
grad des Gesetzes weitgehend dadurch bedingt ist, daß er die komplexe Wirklichkeit widerspiegelt, auf die eingewirkt werden soll. In
der Tat waren ja seit dem Erlaß des Bundesbaugesetzes von 1960
und seiner großen Novellierung von 1976 neue Erkenntnisse – beispielsweise hinsichtlich der Umweltgefährdung – hinzugekommen,
die eher nach mehr planerischer Restriktion als nach „Entregelung"
verlangen. Dieser Zielkonflikt zeigt sich auch in einigen Bestimmungen des Gesetzes und in den Erklärungen, die seine Verabschiedung begleitet haben. (Zu den Regelungen im einzelnen
vergleiche Abschnitt 4.2.)

2.5.3 Stadtstruktur

Die dargestellten Wandlungen in den Zielen und Werkzeugen der
Planung mußten sich auch in den Konzepten für die räumliche
Organisation der Stadt niederschlagen. Zunächst allerdings boten die
Kriegszerstörungen offenbar die Möglichkeit, die in den zwanziger
und dreißiger Jahren entwickelten Grundsätze auch auf die im
19. Jahrhundert oder noch früher entstandenen Stadtgebiete zu
übertragen. Es galt die Dichten zu vermindern, Freiflächen neu zu
schaffen, den Wohnungen mehr Licht und Luft zu geben und
störende Nutzungen von ihnen zu trennen. Allerdings gab es Hindernisse: die geringe Finanzkraft der Gemeinden, das Fehlen wirksamer bodenrechtlicher Handhaben und eine verbreitete Tendenz
der Grundeigentümer wie auch von Bürgergruppen, das Zerstörte
unverändert wiederherzustellen – in der Nutzungsstruktur wie
auch im Erscheinungsbild. Immerhin wurden in vielen Fällen erhebliche Verbesserungen erzielt, wenn auch radikale Umgestaltun-

gen in kriegszerstörten Gebieten seltener waren, als heute meist
angenommen wird. Als beispielhaft galten etwa der „Constructa-
Block" in Hannover, die Umgestaltung der Holtenauer Straße in
Kiel oder die vollständige Umstrukturierung des Hansaviertels in
Berlin im Zusammenhang mit der Internationalen Bauausstellung
im Jahre 1957, die viel öffentliche Aufmerksamkeit erfuhr. Hier
war nun das neue Konzept in aller Deutlichkeit verwirklicht – und
wurde im Sinne der gleichnamigen Ausstellung als Demonstration
der „Stadt von morgen" gepriesen. Aber es war wohl kein Zufall,
daß einige scharfzüngige Kritiker daraus schnell „Die Stadt von
heute abend" machten, und tatsächlich gab es schon damals einige
Anzeichen dafür, daß der breite Konsens der Experten zerbrök-
kelte. Es ist kennzeichnend, daß das Buch, das zufällig im gleichen
Jahre – 1957 – erschien, ›Die gegliederte und aufgelockerte Stadt‹
(von Göderitz, Rainer, Hoffmann), zumindest in Teilen aus den
dreißiger Jahren stammte,[19] und auch das Bundesbaugesetz, seit
1950 in der Diskussion und 1960 verabschiedet, reichte, wie erwähnt,
kaum über die Gesetzentwürfe der dreißiger Jahre hinaus. So
markierten Ausstellung, Buch und Gesetz, im Rückblick beurteilt,
eher das Ende eines Zeitabschnittes, als daß sie einen Neubeginn
darstellten.

Zu Beginn dieses Abschnittes, zwischen den Weltkriegen, war
das Hauptanliegen der Planer der Berufsverkehr, also die Beziehung zwischen Wohn- und Arbeitsstätte; man bemühte sich um
Modelle der Stadtstruktur mit unmittelbarer Zuordnung von
Wohn- und Arbeitsstätten, um die Verkehrsbelastungen zu Beginn
und zum Ende der Hauptarbeitszeit gering zu halten. Solche Bemühungen haben allerdings in der Praxis kaum Erfolg gehabt, weil
die meisten Menschen bei der Wohnortwahl offenbar der unmittelbaren Nähe zum Arbeitsplatz keine allzu hohe Priorität einräumen.
In den fünfziger Jahren verschob sich dann das Interesse der Planer
zu Fragen der Versorgung mit öffentlichen Einrichtungen und
deren Standort im Stadtgefüge; um diese Zeit begann die Vorstellung
eines hierarchisch gestuften Zentrensystems – vom Großstadtkern
bis zum Nachbarschaftszentrum – eine beherrschende Rolle zu
spielen.

Alle solche Überlegungen nun wurden zu Beginn der sechziger
Jahre überlagert und in den Schatten gestellt durch die unüberhör-

---

[19] Johannes Göderitz, Roland Rainer, Hubert Hoffmann, Die gegliederte und aufgelockerte Stadt, Tübingen 1957.

bare Kritik an der Stadtplanung und an denjenigen Ausprägungen
von Stadt, die unter dem Einfluß planerischer Leitideen in den
letzten Jahrzehnten zustande gekommen waren. Die Kritik kam
zunächst von außen. Der Soziologe Bahrdt fand, daß die Vorstellungen der Architekten und Stadtplaner vom Wesen der Stadt
durch einen „Nebel der Vorurteile" verunklärt seien;[20] Jane Jacobs
ließ in ihrem Buch ›Tod und Leben großer amerikanischer Städte‹
kein gutes Haar an der „orthodoxen" Stadtplanung und ihren Leitvorstellungen.[21] Der Einfluß dieses Buches wäre kaum zu erklären,
hätte nicht bereits vorher eine latente Unzufriedenheit mit dem
Stand der Dinge bestanden, und tatsächlich trafen diese und andere
Veröffentlichungen – wie die von Alexander Mitscherlich – in eine
Situation, in der sich nach dem Stolz auf die quantitativ beachtliche
Aufbauleistung der Nachkriegszeit eine gewisse Ernüchterung hinsichtlich ihrer Qualität ausgebreitet hatte. Hinzu kam aber noch
ein ganz neues Moment: mit den sauberen, lockeren, durchgrünten
Siedlungen hatte sich das städtische Leben verändert, und man begann der Vielfalt und Lebendigkeit der dicht bebauten Mietskaser-
nenstadt, der Eckkneipen und der geschlossenen Straßenzüge
nachzutrauern – vielleicht auch deshalb, weil man inzwischen von
ihrer Kehrseite, den lichtlosen Hinterhöfen und dem sozialen
Elend, zeitlich hinreichend abgerückt war. Zudem verkannte man
vielfach die zahlreichen Einflüsse auf die Veränderung des städtischen Lebens, die mit dem baulichen und räumlichen Rahmen
nichts zu tun hatten und von daher also auch nicht beeinflußbar
waren – wie etwa die Wirkung von Kühlschrank und Fernsehen.
Aber da man gern nach einfachen Lösungen und nach leicht ding-
fest zu machenden Sündenböcken sucht, lastete man der Stadtplanung diese Entwicklung an – und hatte damit natürlich sogleich
das Gegenrezept: statt Gliederung und Auflockerung nunmehr
Verflechtung und Verdichtung: ein Rezept, von dem man sich die
Wiedergewinnung eines vermeintlich in Verlust geratenen städtischen Lebens erhoffte. Hierfür fand sich auch bald mit dem Begriff
der „Urbanität" eine zwar unscharfe, aber vielleicht gerade deshalb
um so begieriger aufgegriffene Bezeichnung; in ihrem Namen

[20] Hans Paul Bahrdt, Die moderne Großstadt, Reinbek bei Hamburg
1961, S. 35.
[21] Jane Jacobs, The Death and Life of Great American Cities, New York
1961, deutsch: Tod und Leben großer amerikanischer Städte, Frankfurt
a. M. – Berlin 1963.

wurde jetzt die Abkehr von den bisherigen, nunmehr als „stadt-
feindlich" kritisierten und dem verderblichen Einfluß der Charta
von Athen zugeschriebenen Planungskonzeptionen propagiert.

Ein weiterer Kritikpunkt war die ungehemmte Ausdehnung des
freistehenden Einfamilienhauses in den Randlagen der Städte und
in ländlichen Orten – vor allem im Einzugsbereich von Großstädten –, eine Entwicklung, die einerseits als Flächenvergeudung,
andererseits als ästhetisch höchst unbefriedigend empfunden wurde.
Diesem Unbehagen gab eine Ausstellung mit dem anzüglichen Titel
„Heimat deine Häuser" Ausdruck, die der „Verdichtungswelle"
weitere Nahrung bot.

Mit überraschender Geschwindigkeit nahm diese neue Welle
Besitz von den Vorstellungen der Architekten und Planer, jedenfalls
in den Veröffentlichungen und den Diskussionen, während die
Praxis nicht überall in gleichem Maße auf die neuen Parolen ein-
schwenkte. Gleichwohl gibt es eine ganze Reihe von Beispielen für
solche Verdichtungen – das Märkische Viertel in Berlin ist eines der
spektakulärsten –, und sie wären sicher nicht möglich gewesen,
wenn nicht zugleich Grundeigentümer und Bauherren den Verdich-
tungsgedanken begrüßt und unterstützt hätten: höhere Dichte
bedeutete höhere Geschoßflächenzahlen, höhere Erträge aus dem
Quadratmeter, höhere Bodenpreise, also mehr Gewinn.

Zugleich steigerte sich der Maßstab der Gebäude – nicht nur in
Berlin, sondern auch in Frankfurt mit dem „Sonnenring", im „Os-
dorfer Born" in Hamburg, am „Fasanenhof" in Stuttgart; die Faszination ging so weit, daß selbst der Entwurf eines 60geschossigen
„Alsterzentrums" neben der Hamburger Innenstadt einmal ernst
gemeint war.

Der gleichzeitig propagierte Begriff der „Verflechtung" löste
zwar ebensoviel Faszination aus, weil man sich von der Mischung
der Funktionen ein vielfältiges städtisches Leben „rund um die
Uhr" versprach – im Gegensatz zur beklagten Langeweile der
Wohngebiete tagsüber und der „Verödung" der Innenstädte nach
Geschäftsschluß. Hier erwies sich die Verwirklichung allerdings als
weitaus schwieriger, denn die ökonomischen Mechanismen, welche die Verdichtung unterstützt hatten, wirkten einer Verflechtung
eher entgegen – ganz abgesehen von der Tatsache, daß eine solche
interessante Mischung niemals die ganze Stadt überziehen, sondern
sich immer nur auf eng begrenzte Zonen erstrecken kann, weil Anzahl und Flächenbedarf von publikumsanziehenden Institutionen
begrenzt sind. Das Bekenntnis zur Mischung der Funktionen wird

zwar immer noch erwartet; in der Wirklichkeit allerdings kollidiert
es zu häufig mit anderen Belangen, als daß man daraus ein Dogma
machen könnte.

Während die „gegliederte und aufgelockerte Stadt" sowohl in
einer Reihe diagrammatischer Modellvorstellungen als auch in der
Wirklichkeit Gestalt angenommen hatte – vor allem in den britischen „neuen Städten" der ersten Welle –, gab es kaum etwas dergleichen für die „verdichtete und verflochtene" Stadt. Das ist kein
Zufall; dies Konzept ist allenfalls auf Teilbereiche einer Stadt
anwendbar, in denen sich das öffentliche Leben konzentriert, aber
nicht auf ein ganzes Stadtgefüge übertragbar. Dies zeigt auch das
einzige konsequent durchdachte Stadtmodell, das man als einen
Beitrag in diesem Sinne werten könnte, die 1961 veröffentlichte
(aber nicht verwirklichte) Planung für die westlich Londons zu
gründende Stadt Hook, in dem allein der zentrale Stadtbereich dem
Verflechtungsgedanken entsprach.[22]

Hinzu kam die Tatsache, daß diese Überlegungen in der Regel
mit der Vorstellung umfassender Neuplanungen verknüpft waren;
ihnen entsprachen Großbauvorhaben wie etwa das Stadtzentrum
von Leverkusen oder das Ihme-Zentrum in Hannover: über mehreren Tiefgaragengeschossen eine gleichfalls mehrgeschossige Laden-
zone mit sonstigen Dienstleistungseinrichtungen, überragt von
Bürobauten und Wohnhochhäusern. Die dabei auftretenden wirtschaftlichen Probleme waren sicher ein Grund für die Abkehr von
solchen Projekten; ein anderer liegt in der mit den frühen siebziger
Jahren einsetzenden Skepsis gegenüber den allzu schnellen Wandlungen der gebauten Umwelt, die soviel Vertrautes zerstört hatten,
ohne es – wie verheißen und erhofft – durch eine als besser empfun-
dene Lebenswelt zu ersetzen. Aus dieser Skepsis erwuchs eine
Veränderungsfeindlichkeit, die eine generelle Abkehr von neuen
Strukturkonzepten und eine Annäherung an das überkommene
Stadtgefüge mit sich brachte.

So wandelt sich in den siebziger Jahren die Zielvorstellung der
Stadterneuerung: es geht nicht mehr in erster Linie um Abbruch
und Neubau, um vollständigen oder doch weitgehenden Ersatz der
aus dem ungeliebten 19. Jahrhundert stammenden Bausubstanz
und Stadtstruktur, sondern um Pflege und Aufwertung des vorhandenen Baubestandes, um Instandsetzung und Modernisierung, und

[22] London County Council, The Planning of a New Town, London
1961.

erst dort, wo dies nicht mehr möglich ist, um Neubaumaßnahmen
– aber auch das nach Möglichkeit unter Erhaltung der überkommenen Stadtstruktur. Ausgangspunkt für diese Veränderung waren
aber offenbar nicht so sehr planerische Überlegungen als vielmehr
die Einsicht in harte ökonomische Tatsachen der Wohnungsversor-
gung. Die Hoffnung nämlich, der Ersatz alter – und billiger – Wohnungen durch neue und teure werde dazu führen, daß durch eine
Art „Filtereffekt" alle sozialen Schichten von einer Verbesserung
des Wohnungsangebots profitieren würden, erfüllte sich nicht; der
im Grunde nicht mehr dringlichen Erweiterung des Wohnungsangebots für zahlungskräftige Schichten stand die Verengung auf dem
Teilmarkt billiger Wohnungen gegenüber, und es wurde zunehmend deutlich, daß diese Entwicklung sozialpolitisch nicht annehmbar war.
   So verlagerte sich der Schwerpunkt vom Wohnungsneubau auf
Wohnungsmodernisierung, und auch hier mußten die Ansprüche
zurückgeschraubt werden, um der Verdrängung der bisherigen
Mieter durch modernisierungsbedingte Mietsteigerungen entgegenzuwirken. Anderes kam hinzu – so die Tatsache, daß die Gründerzeit inzwischen weit genug in die Vergangenheit entschwunden
war, um nicht mehr jenes „Feindbild" abzugeben, wie dies noch für
die klassische Moderne der ersten Jahrhunderthälfte – aus deren
Erbe die fünfziger und sechziger Jahre weitgehend lebten – der Fall
war; vielmehr begann sich das späte 19. Jahrhundert zu einer Art
„guter alter Zeit" zu verklären – eine der üblichen Verfälschungen
historischer Rückschau.
   Bindet man sich in diesem Maße an die Substanz, so läßt sich ein
theoretisch-abstraktes Leitbild ohnehin nicht mehr konsequent
verfolgen; diese Tatsache und das wachsende Interesse an der Individualität, an der jeweils spezifischen Qualität der einzelnen Stadt
hat offenkundig zum Abbau generell anwendbarer Modellvorstellungen für die Stadtstruktur beigetragen. Was gleichwohl heute an
allgemeinen Grundsätzen Gültigkeit beanspruchen kann, wird in
Kapitel 5 dargelegt.

2.5.4 Stadtgestalt

Gegen Ende der zwanziger Jahre war die „Moderne" in Architektur und Städtebau zwar deutlich ausgeprägt und hatte in vielen
Neubaubereichen die städtebauliche Gestaltung bestimmt, aber

keineswegs die traditionelle Strömung ganz verdrängt. Daß diese
weitgehend vom Nationalsozialismus ideologisch eingespannt worden war, machte sie zwar manchen suspekt, hinderte andere aber
nicht, nach dem Kriege wieder an sie anzuknüpfen, insbesondere
beim Wiederaufbau alter Stadtkerne. Hier gab es heftige Dispute
um Gestaltungsfragen, während in Neubaugebieten die „modernen" städtebaulichen Prinzipien, insbesondere der Zeilenbau mit
drei oder vier, seltener fünf Geschossen, unbestritten vorherrschten.
Mit den fünfziger Jahren begann aber auch das neue Element des
Punkthauses mit acht und mehr Geschossen sich durchzusetzen,
das offensichtlich auf Planer und Architekten auch als ästhetischer
Akzent seinen Reiz ausübte. Gleichzeitig machte der massige
Block der Unité von Le Corbusier Furore und trug das Seine dazu
bei, dem neuen ästhetischen Konzept zum Durchbruch zu verhel-
fen: das Gebäude freiplastisch, als eine Art Skulptur, vom Raum
umspült: das „weise, richtige und großartige Spiel der Formen im
Licht" – so Le Corbusiers Definition der Architektur.

Manchmal wurde damit auf jede Beziehung zu anderen Gebäuden verzichtet – wie in Safdies Habitat 67 in Montreal –, aber
häufig wurde auch – wie im Berliner Hansaviertel – die Disposition
solcher Baukörper, ihre Stellung zueinander, sorgfältig untersucht,
um sich der räumlichen Wirkung zu versichern. Aber man erstrebte
nicht die Wirkung des umschlossenen Raumes, sondern die des flie-
ßenden, durch die freistehenden Baukörper nur locker strukturier-
ten Raumkontinuums – eine Auffassung, deren Verwandtschaft mit
den Entwurfsprinzipien des berühmten Barcelona-Pavillons von
Mies van der Rohe auf der Hand liegt.

Mit dem Heraufkommen des Hochhauses setzt sich auch eine
Höhendifferenzierung auf verhältnismäßig engem Raum durch; an
die Stelle der bisherigen, weitgehend durch gleiche Höhen der
Wohngebäude, allenfalls mit einigen Akzenten gekennzeichneten
Entwürfe tritt nun eine kleinmaßstäbliche Gruppierung mit ausge-
prägten Höhenstaffelungen. Eine häufige Wiederholung solcher
Gruppierungsmuster, gemeint als eine Art Rhythmisierung des
räumlichen Gefüges, erwies sich meist in der dreidimensionalen
Wirklichkeit als wenig befriedigend – wegen der allzu ausgeprägten
Gleichartigkeit, der „Verwechselbarkeit" der damit geschaffenen
Räume. Ein extremes Beispiel dafür ist das in seinen Einzelelementen
durchaus qualitätvolle Albertslund bei Kopenhagen.

Mit der im vorigen Abschnitt erwähnten „Verdichtungswelle"
steigerte sich auch die Gebäudegröße und sprengte damit – bedingt

auch durch die mit der Höhe wachsenden Gebäudeabstände – den bisher üblichen Maßstab der Wohngebiete. Die großen offenen Flächen zwischen den Gebäuden stießen bald auf Kritik: weitgehend von parkenden Autos in Anspruch genommen, weder als öffentlicher noch als privater Raum definiert, entsprachen sie wenig den Visionen einer Parklandschaft, die seit den zwanziger Jahren mit dem Konzept einer Hochhausbebauung verbunden waren. Die Ablesbarkeit der Einzelwohnung, schon im üblichen Mietshausbau kaum ausgeprägt, ging nunmehr vollends verloren. Die Reaktion kam schnell: zu Beginn der siebziger Jahre gerieten eben jene Zeugnisse der Verdichtungswelle bereits in Verruf, wurden als „Betonburgen" apostrophiert, und auch die Bauträger, die sie noch kurz zuvor in reicher Fülle produziert hatten, wandten sich von ihnen ab. Hochhäuser und freiplastische Baukörper fielen in Ungnade; Mittelhochbau und Raumbildung bis hin zum alten geschlossenen Baublock mit seinen alten Vorzügen und seinen alten Mängeln waren wieder gefragt.

Dies entsprach dem bereits erwähnten Wandel in der strukturellen Planung: der Wiederentdeckung von Qualitäten im Stadtgefüge des 19. Jahrhunderts und damit dem Verzicht auf ihren vollständigen Ersatz durch eine neue Stadtstruktur, wie dies den sechziger Jahren als Ziel vorgeschwebt hatte.

Allerdings bedeutet das nicht nur „behutsame Stadterneuerung" im Sinne von Bestandspflege und Modernisierung, sondern auch eine unübersehbare Tendenz zur Illusion. Seit den siebziger Jahren mehren sich die Zeugnisse von Bemühungen, sich an das vertraute Stadtbild der Vergangenheit anzulehnen und dabei auch zu Maßnahmen zu greifen, die vorher kaum als annehmbar gegolten hätten: zur Kopie längst dahingegangener Gebäude oder – noch bedenklicher – zu Bauten, sie sich an die Vergangenheit anbiedern und denen man auf den ersten Blick nicht einmal recht ansehen kann, ob sie historische Dokumente oder zeitgenössische Maskerade sind.

2.5.5 Wandel der Aufgabenschwerpunkte

Neben den in den vorausgegangenen Abschnitten behandelten Veränderungen im Bereich des Planungsverständnisses, des Rechtsinstrumentariums und der Leitvorstellungen städtebaulicher Planung hat sich in den gut vier Jahrzehnten seit Kriegsende auch das

Aufgabenspektrum der Stadtplanung deutlich verändert, wobei nicht nur die relative Bewertung der Teilaufgaben sich verschob, sondern auch ganz neue Aufgaben ins Blickfeld kamen. Der Wiederaufbau begann naturgemäß unter dem Diktat des Ersatzes von zehn Millionen zerstörter Wohnungen – und das bedeutete die Konzentration der staatlichen und kommunalen Anstrengungen und Förderungsmaßnahmen auf den Wohnungsbau. Mit der deutlichen wirtschaftlichen Belebung nach der Währungsreform ergab sich auch die Rechtfertigung für die Annahme, daß die gewerbliche und geschäftliche Bebauung schon in der Lage sein werde, für sich selbst Sorge zu tragen. So konnte man für die Stadtzentren auf die Dynamik der wirtschaftlichen Entwicklung als wesentliche Triebkraft des Wiederaufbaues hoffen, und damals schienen auch die Verkehrsprobleme im Zentrum noch nicht so bedrohlich, da man noch mit einer sehr bescheidenen Entwicklung der privaten Motorisierung rechnete.

Das änderte sich deutlich in den sechziger Jahren: unter dem Andrang des Wirtschaftswachstums waren die Raumreserven der Stadtzentren schon bald verbraucht, und die mit dem Anwachsen des tertiären Sektors immer raumhungriger werdenden zentralen Funktionen begannen in die den Stadtkern umgebenden Wohngebiete einzudringen. Zugleich führte das rapide Anwachsen der Arbeitsstätten im tertiären Sektor – und damit im wesentlichen im Stadtkern – zu einer starken verkehrlichen Überlastung der Stadtzentren und damit zu einer Verlagerung des planerischen Interesses von den nunmehr weitgehend wiederaufgebauten oder neu entwikkelten Wohngebieten zur Beschäftigung mit dem Verkehrsproblem im Stadtgefüge, vor allem aber in bezug auf das Stadtzentrum. Sehr schnell gelangte man zu der Einsicht, daß es unmöglich sein werde, dem Privatauto als Fahrzeug für den Berufsverkehr unbegrenzten Zugang zum Stadtzentrum zu gewähren; die Hoffnungen und Anstrengungen richteten sich vielmehr auf den öffentlichen Nahverkehr als einziges Mittel, die Vielzahl der Arbeitsplätze im Kern angemessen zu bedienen.

So wurden die sechziger Jahre zur Dekade der Stadtzentren, der Generalverkehrspläne mit Stadtautobahnen und öffentlichen Nahverkehrsprogrammen, die sich in den Großstädten ab einer Größenordnung von einer halben Million durchweg auf eine unterirdische Führung des Schienenverkehrs – zumindest im Stadtkern – richtete. Die sechziger Jahre waren aber auch die Zeit der sogenannten städtebaulichen oder besser stadtbautechnischen Utopien,

der Träume von städtebaulichen Großstrukturen und von neuen
Verkehrseinrichtungen wie dem computergesteuerten Kabinentaxi,
die Zeit auch der nicht immer problemlosen Verwirklichung von
großmaßstäblichen „integrierten Zentren", also Gebäudekomple-
xen, in denen sich über mehrgeschossigen Garagen umfangreiche
Geschäftsbereiche in mehreren Ebenen erstreckten, die ihrerseits
wiederum von Wohnhochhäusern überragt wurden.

Zu Beginn der siebziger Jahre verschob sich der Schwerpunkt ein
weiteres Mal: der sogenannte Ölschock, die Einsicht in die „Grenzen des Wachstums" [23], die Unzufriedenheit mit dem, was nun als
Monotonie und Ideenlosigkeit der modernen Architektur erschien –
das alles wirkte hin auf einen grundstürzenden Wandel im
Planungsklima, der nunmehr der Erhaltung von alten Gebäuden
– keineswegs allein von Baudenkmalen – einen hohen Rang ein-
räumte. Das „Denkmalschutzjahr" von 1975 hätte kaum so starken
Widerhall finden können, hätte es nicht bereits eine weitverbreitete
Bereitschaft gegeben, sich von der Faszination durch den Wandel
abzuwenden und der Bewahrung, der Kontinuität höheres Gewicht
beizumessen. So ist es kein Wunder, daß um die gleiche Zeit Groß-
projekte aufgegeben oder umgeformt wurden: kleine Schritte, Um-
kehrbarkeit, Flexibilität wurden zu Schlagworten der späten siebziger Jahre. Um die gleiche Zeit tritt die schwere Beeinträchtigung
der Umwelt durch die Abfallprodukte der hochentwickelten Industriegesellschaft, auf die schon früher immer wieder hingewiesen
worden war, endlich mit Nachdruck ins öffentliche Bewußtsein;
die Aufgabe einer ökologisch orientierten, einer umweltverträg-
lichen Stadtplanung rückt in den Vordergrund. Was heute Umweltschutz heißt, gehörte zwar auch schon früher zu den Anliegen der
Stadtplanung; nun aber erhält es einen besonders hohen Stellenwert. Das beängstigende Ausmaß, in dem Landschaft für die
Siedlung „verbraucht" wurde und wird – schon die Wortwahl
kennzeichnet die neue Bewußtseinslage –, führt zur Betonung von
flächensparendem Bauen, von „Innenentwicklung", die als Gegen-
begriff zur Stadterweiterung gemeint ist.

So ist die gegenwärtige Situation der Stadtplanung durch ein
spezifisches Problembewußtsein gekennzeichnet: Trotz eines in
der gesellschaftlichen Entwicklung nie zuvor gekannten materiellen
Reichtums, trotz einer Fülle technischer Möglichkeiten ist die Zu-
kunftssicherheit der sechziger Jahre in eine tiefe Skepsis umgeschla-

[23] Club of Rome, Die Grenzen des Wachstums, Stuttgart 1972.

gen. Probleme der gesellschaftlichen Entwicklung und wachsende
Einsicht in die Gefährdung der Umwelt nähren Zweifel daran, ob
die Bemühungen der Stadtplanung in den letzten Jahrzehnten in
die richtige Richtung gegangen sind; die zum Teil abrupten Veränderungen in der Schwerpunktsetzung belegen diese Unsicherheit.
Dennoch ist Resignation nicht am Platze; Stadtplanung ist weiter
gefragt, denn ohne sie wäre die Situation vermutlich noch bedroh-
licher und chaotischer als in der heutigen Wirklichkeit. Es muß also
weiter geplant werden – unter neuen Bedingungen, mit neuen Er-
kenntnissen, mit neuen Prioritäten und in der Hoffnung auf neue
Perspektiven im Ringen um Lösung oder zumindest Entschärfung
der anstehenden Probleme. Welche Konzepte in Theorie und Praxis
der Stadtplanung heute im Vordergrund stehen und wie sich die
künftigen Probleme darstellen, soll in den folgenden Kapiteln
erörtert werden.

Literatur zu Kapitel 2

Albers, G.; unter Mitwirkung von Klaus Martin: Entwicklungslinien im
    Städtebau. Bauwelt-Fundamente Bd. 46, Gütersloh 1975.
Albers, G.; A. Papageorgiou-Venetas: Stadtplanung. Entwicklungslinien
    1945–1980. Tübingen 1984.
Benevolo, L.: Die sozialen Ursprünge des modernen Städtebaues. Bau-
    welt-Fundamente Bd. 29, Gütersloh 1971.
Fehl, G.; J. Rodríguez-Lores (Hrsg.): Städtebau um die Jahrhundert-
    wende. Materialien zur Entstehung der Disziplin Städtebau. Kohlham-
    mer; Köln 1980.
Fehl, G.; J. Rodríguez-Lores (Hrsg.): Stadterweiterungen 1800–1875. Von
    den Anfängen des modernen Städtebaues in Deutschland. Hamburg
    1983.
Fehl, G.; J. Rodríguez-Lores (Hrsg.): Städtebaureform 1865–1900. Von
    Licht, Luft und Ordnung in der Stadt der Gründerzeit. Hamburg 1986.
Hartog, R.: Stadterweiterungen im 19. Jahrhundert. Stuttgart 1962.
Hegemann, W.: Das steinerne Berlin. Erstveröffentlichung 1930. Nach-
    druck Ullstein Bauwelt-Fundamente, Berlin 1963.
Hennebo, D.: Geschichte des Stadtgrüns. Hannover/Berlin/Sarstedt 1970.
Kabel, E.: Baufreiheit und Raumordnung. Ravensburg 1949.
Mumford, L.: Die Stadt. Geschichte und Ausblick. Köln/Berlin 1963; vor
    allem Seite 519–673.
Posener, J.: Berlin auf dem Wege zu einer neuen Architektur. Das Zeitalter
    Wilhelms II. München 1979.
Schumacher, F.: Vom Städtebau zur Landesplanung und Fragen städtebau-
    licher Gestaltung. Tübingen 1951.

Entwicklungsgeschichtlich bedeutsame Werke

Baumeister, R.: Stadterweiterungen in technischer, baupolizeilicher und wirtschaftlicher Beziehung. Berlin 1876.

Brunner, K.: Baupolitik als Wissenschaft. Wien 1925.

Fassbender, E.: Grundzüge der modernen Städtebaukunde. Leipzig/Wien 1912.

Fischer, Th.: Sechs Vorträge über Stadtbaukunst. München/Berlin 1920.

Göderitz, J.; R. Rainer; H. Hoffmann: Die gegliederte und aufgelockerte Stadt. Tübingen 1957.

Gurlitt, C.: Handbuch des Städtebaues. Berlin 1920.

Heiligenthal, R.: Deutscher Städtebau. Heidelberg 1921.

Hilberseimer, L.: Entfaltung einer Planungsidee. Gütersloh 1963.

Hoepfner, K. A.: Grundbegriffe des Städtebaues. 2 Bde. Berlin 1921 u. 1927.

Howard, E.: Gartenstädte in Sicht. Jena 1907 (Original London 1898).

Le Corbusier: Städtebau. Stuttgart 1929 (Original Paris 1924).

Le Corbusier: An die Studenten und die Charte d'Athènes. rde-Taschenbuch 1961.

Rainer, R.: Städtebauliche Prosa. Tübingen 1948.

Reichow, H. B.: Organische Stadtbaukunst. Braunschweig 1948.

Schumacher, F.: Probleme der Großstadt. Leipzig 1940.

Sitte, C.: Der Städte-Bau nach seinen künstlerischen Grundsätzen. Wien 1889.

Stübben, J.: Der Städtebau. Darmstadt 1890.

3. DIE ARBEITSWEISE DER STADTPLANUNG

3.1 Zu Theorie und Methodik der Stadtplanung

Der vorangegangene Überblick über die geschichtliche Entwicklung der Stadtplanung hat gezeigt, daß die tiefgreifenden Wandlungen, die in den vergangenen anderthalb Jahrhunderten Struktur und Erscheinungsbild der Städte erfahren haben, nicht allein durch die Entwicklungstendenzen in Gesellschaft und Wirtschaft verursacht, sondern auch durch Eingriffe der Stadtplanung mitbedingt sind. Der Überblick hat aber auch gezeigt, daß Richtung und Intensität solcher Eingriffe Veränderungen unterworfen sind, die ihrerseits aus Verschiebungen in der Arbeitsweise und in der Zielsetzung der Planung, in der Sicht der Aufgabenschwerpunkte und im verfügbaren Instrumentarium erwachsen. Mit alledem verändert sich auch das Verständnis der Planung und ihrer Rolle in der Gesellschaft.

So ist deutlich geworden, daß aus anfänglichen partiellen Eingriffen der Baubehörden in das freie Spiel der Kräfte im Laufe der Zeit eine institutionalisierte Stadtplanung mit einem weitgehenden Lenkungsanspruch und einem umfangreichen Instrumentarium geworden ist. Es liegt nahe zu fragen, welche Ziele die Arbeitsweise dieser Institution bestimmen, wie ein rationales Vorgehen angesichts der höchst komplexen und zum Teil in sich widersprüchlichen Anforderungen an die Umwelt gesichert wird, wie sich also Planungsentscheidungen vor Zufall und Willkür bewahren lassen. Dies ist die Frage nach einer Theorie der Stadtplanung und einer ihr zugeordneten Methodenlehre, die im Abschnitt 1.2.4 kurz gestreift wurde und nachstehend ausführlicher erörtert werden soll.

Wer handelnd in die Wirklichkeit eingreifen will, muß wissen, wie deren Zusammenhänge beschaffen sind. Planung der Umwelt setzt Kenntnis der Umwelt und ihres Wirkungsgefüges voraus; Bemühungen um Ordnung des menschlichen Zusammenlebens können nur dann Erfolg haben, wenn Klarheit über die Art und Weise besteht, in der sich solches Zusammenleben selbst regelt oder regeln läßt.

Einige solcher Zusammenhänge mögen allgemein bekannt sein,

andere sich einer genaueren Betrachtung auch ohne wissenschaftliche Hilfsmittel, gleichsam über den gesunden Menschenverstand, verhältnismäßig leicht erschließen, aber die meisten Fragen, die sich dem Planer aufdrängen, bedürfen wissenschaftlicher Untersuchung und Interpretation, mag es sich beispielsweise um die Gründe und Perspektiven für demographische Veränderungen oder um ökologische Zusammenhänge oder um die erwarteten Auswirkungen neuer wirtschaftlicher Entwicklungen handeln.

Damit stellt sich für den Planenden die Frage nach den wissenschaftlichen Theorien, die in der Lage sind, die Wirkungszusammenhänge von Mensch und Umwelt in der Stadt zu verdeutlichen. Mit dem Begriff der Theorie ist üblicherweise ein schlüssiger Erklärungszusammenhang für die von uns beobachtete Wirklichkeit gemeint – etwa im Sinne naturwissenschaftlicher Theorien oder der Theorien wirtschaftlicher Entwicklungen oder sozialen Verhaltens. Soweit es aber solche Theorien für die in der Stadt beobachtbaren Entwicklungen und Veränderungen gibt, stellen sie sektorale Erklärungen für Teilaspekte dar. Daß sie nicht zu einer umfassenden Theorie der Stadt zusammengefaßt werden können, hängt mit den unterschiedlichen Blickwinkeln und Methoden der verschiedenen Forschungsdisziplinen zusammen (vgl. Abschnitt 3.2). So wird der Planer zufrieden sein müssen, wenn ihm eine mehr oder minder intuitive Zusammenschau der Stadt gelingt, wenn er also zu einer Modellvorstellung der städtischen Wirklichkeit gelangt, die dem verzweigten Beziehungsnetz in der Stadt einigermaßen gerecht wird. Der Planer, so die pointierte Aussage eines Amerikaners, ist seit einigen Jahren Gefangener der Erkenntnis, daß in der Stadt alles mit allem zusammenhängt.[1]

Tatsächlich ist diese Erkenntnis nicht so ganz neu; spätestens seit dem Beginn unseres Jahrhunderts taucht in der Planungsliteratur immer wieder der Begriff des „Organismus" zur Charakterisierung des Stadtgefüges und seiner Zusammenhänge auf. Dieser Begriff ist später gelegentlich kritisiert worden, da die Stadt als künstliches Gebilde nicht den Wachstums- und Regenerationsprozessen eines wirklichen Organismus entspräche, aber diese Kritik verkennt, daß der Begriff im Grunde nur als Metapher für einen Gesamtzusammenhang gedient hat, in den man nicht eingreifen kann, ohne vielfältige Wirkungen auch in ganz anderen Bereichen auszulösen als

[1] Ira S. Lowry, A Short Course in Model Design, Journal of the American Institute of Planners, XXXI, 1965, S. 158.

denen, die man mit der jeweiligen Maßnahme im Auge hatte. Wenn in den sechziger Jahren statt dessen der Begriff des „Systems" zur Kennzeichnung solcher Zusammenhänge vorgezogen wurde, so ist das eher einer Anpassung an das inzwischen gängig gewordene Vokabular als einer veränderten Sicht der Dinge zuzuschreiben; seit den letzten Jahren erfreut sich der Begriff der „Vernetzung" zur Kennzeichnung der Umweltzusammenhänge besonderer Beliebtheit, aber auch er bringt nichts anderes zum Ausdruck als die alte Einsicht, daß man es mit einem vielfältig verknüpften Gesamtzusammenhang zu tun hat.

So ist für die Stadtplanung die Einsicht in solche Systemzusammenhänge ein Hauptziel theoretischer Durchdringung. Aber auch die umfassende Erkenntnis der Wirklichkeit – wäre sie denn erreichbar – genügt noch nicht, um zu sichern, daß ein auf die Beförderung des Allgemeinwohls gerichtetes Handeln auch tatsächlich zum Ziel kommt: dies Handeln selbst muß durchdacht, in seinen Schritten logisch entwickelt, in seinen Maßnahmen rational begründet sein. Damit stellt sich die Frage nach einer Theorie des Handelns und des Entscheidens, einer theoretischen Grundlegung des Planungsvorgangs.

In der Tat gibt es neben den Theorien, die auf die Erklärung der Wirklichkeit zielen, auch einen auf methodisches Handeln gerichteten Theorieansatz, der als Entscheidungstheorie oder auch als Planungstheorie bezeichnet wird. Dabei handelt es sich um die Systematisierung eines Verfahrens, das sich auf den Vorgang der Entscheidungsfindung bezieht und für ihn formale Kategorien aufstellt. Bei ihm kommt es zunächst nicht auf den Inhalt, den Planungsgegenstand an, sondern auf die Abfolge der Phasen des Entscheidungsverfahrens. Hierfür gibt es eine große Anzahl von verschiedenartigen Interpretationen, die teils verbal, teils diagrammatisch dargestellt werden. Bei allen Unterschieden, die sie im einzelnen aufweisen, sind sie alle dadurch gekennzeichnet, daß sie den Planungsvorgang in eine Reihe logisch ablaufender Schritte zerlegen, die mit der Erfassung und Analyse der Situation und mit der Aufstellung und systematischen Ordnung von Zielen beginnen und über die Klärung des Handlungsspielraums und die vergleichende Bewertung der sich bietenden Alternativen zur Auswahl eines Konzeptes führen, das dann durch ein Bündel rechtlicher und sonstiger Maßnahmen in die Wirklichkeit umgesetzt wird.

Allerdings ist dies kein so eindeutig linearer Vorgang, wie diese Beschreibung vermuten lassen könnte; es gibt immer wieder

„Rückkoppelungen", also Rückgriffe auf frühere Phasen – vor allem, wenn einer der Planungsschritte nicht zu einem annehmbaren Ergebnis führt. So können beispielsweise alle einer Bewertung unterzogenen Alternativen unbefriedigend bleiben, so daß geprüft werden muß, ob innerhalb des gegebenen Handlungsspielraums noch weitere Planungsalternativen möglich sind; wenn diese Prüfung negativ ausfällt, muß geklärt werden, ob der vorher definierte Handlungsspielraum nicht noch erweitert werden kann.

Überträgt man nun die abstrakten Modelle, welche die Planungs- und Entscheidungstheorie für ein rationales Vorgehen bereithält, in großen Zügen auf die Praxis der städtebaulichen Planung, so lassen sich mehrere Stufen mit unterschiedlichen Tätigkeitsschwerpunkten unterscheiden:

1. Erfassung und Analyse der sozialen, wirtschaftlichen und räumlichen Gegebenheiten in ihren statischen und dynamischen Aspekten mit dem Ziel, einen Überblick über die Situation und die in ihr wirkenden Zusammenhänge und Veränderungstendenzen zu gewinnen. Dieser Überblick erlaubt dann auch eine Prognose unter der Voraussetzung, daß die Bedingungen des Systemzusammenhanges unverändert bleiben (vgl. Abschnitt 3.2).

2. Klärung der Wertmaßstäbe und Zielvorstellungen als Beurteilungsgrundlage für die aus der Analyse und der Prognose gewonnenen Erkenntnisse; aus ihr ergeben sich Folgerungen für Handlungsbedarf zur Behebung von Mißständen oder zur Erreichung bestimmter Ziele (vgl. Abschnitt 3.3).

3. Abgrenzung des planerischen Handlungsspielraums, der sich aus den Zielen und den Bindungen an Bestand und verfügbare Mittel sowie etwa erforderliche sonstige Rücksichten ergibt. Ein damit abstrakt definierter Handlungsspielraum läßt sich konkret an verschiedenen planerischen Lösungen verdeutlichen, die meist – entgegen strenger Sprachlogik – auch dann als Alternativen bezeichnet werden, wenn es sich um mehr als zwei Lösungen handelt. Solche Lösungen können je nach dem Wesen der planerischen Aufgabe von Strategien zur langfristigen Veränderung der Siedlungsstruktur bis hin zu exakten dreidimensionalen Plänen für eine Baugruppe oder Platzanlage reichen (vgl. Abschnitt 3.4).

4. Abwägung der Alternativen auf der Grundlage von hierfür sich bietenden Kriterien, die naturgemäß in einem Zusammenhang mit den unter Ziffer 2 genannten Zielen und Wertungen stehen

müssen. Voraussetzung für eine sachgemäße Abwägung ist eine Vergegenwärtigung der voraussichtlichen Wirkung der ins Auge gefaßten Maßnahmen, für die sich unterschiedliche Hilfsmittel – Modelle – anbieten. Die Abwägung führt entweder zur Entscheidung für eine der Alternativen oder zu dem Entschluß, zu einer früheren Phase des Verfahrens zurückzukehren und gegebenenfalls auch den Handlungsspielraum neu zu definieren (vgl. Abschnitt 3.4).

5. Umsetzung der getroffenen Entscheidung in einen Plan, der je nach der zu lösenden Aufgabe als exakter räumlicher Entwurf oder als eine Art Handlungskonzept ausgeformt sein mag. Zu ihm gehört dann auch der Katalog der Maßnahmen, die zur Verwirklichung zu treffen sind: von der Schaffung rechtlicher Voraussetzungen über die Bereitstellung notwendiger Haushaltsmittel bis zum Grunderwerb. Da die deutsche Sprache hierfür keinen präzisen Begriff bereitstellt, wird im Fachvokabular häufig der im Englischen übliche, aus dem Lateinischen abgeleitete Begriff der „Implementation" gebraucht (vgl. Abschnitt 3.5).

6. Verwirklichung des Planes mit den jeweils angemessenen rechtlichen, wirtschaftlichen und technischen Mitteln – die letzte Entwicklungsstufe, die man nur noch bedingt zur Planung wird rechnen können. Eine sich daran anschließende Erfolgskontrolle – deren Problematik bereits im Abschnitt 1.2.4 erörtert wurde – schließt den Kreis insofern, als die daraus gewonnenen Erkenntnisse für die Analyse der Situation und für Berichtigungen der Wirkungsprognose nutzbar gemacht werden können (vgl. Abschnitt 3.6).

Über eine solche Theorie des Planungsprozesses besteht wenigstens in den Grundzügen weitgehende Einigkeit, wenn es auch eine Fülle unterschiedlicher Darstellungen – auch diagrammatischer Art – über die genaue Definition und Ausformung der Planungsschritte gibt. Dagegen bestehen einige wichtige Meinungsverschiedenheiten in anderen Bereichen der Planungstheorie, die allerdings für die Praxis nicht immer von großem Belang sind.

So war beispielsweise die Theoriediskussion in den Vereinigten Staaten über längere Zeit bestimmt durch die Kontroverse zwischen Vertretern einer Planung, die sich als rationale Deduktion aus einem übergeordneten Zielsystem ergibt, und einer anderen Auffassung, die von der grundsätzlichen Undurchschaubarkeit der Zusammenhänge ausgeht und damit der Planung nur die Möglichkeit

einräumt, „zusammenhanglose" Teilverbesserungen zu bewirken.
Für den Planungspraktiker mag diese Kontroverse eher „akademisch" erscheinen; daß eine rationale Deduktion jeder Einzelmaßnahme aus einem übergeordneten Planungskonzept eine Illusion
ist, ist ihm ebenso selbstverständlich wie die Tatsache, daß deshalb
ja nicht auf jeden Versuch einer Zusammenschau und einer sinnvollen
Koordination verzichtet werden muß.

Auch bei einer weiteren Kontroverse, die in der Theoriediskussion gelegentlich große Wellen schlug, liegt für die Praxis die Antwort in der Mitte. Die Alternativen dieser Auseinandersetzung
heißen: der Plan als Darstellung eines künftigen Zustandes – oder
die kontinuierliche Lenkung eines Prozesses ohne eine vorgefaßte
räumliche Konzeption.

Im ersten Falle sieht man den Plan als ein in allen Einzelheiten
durchgearbeitetes, in sich konsistentes Werk, das nach seiner Inkraftsetzung Schritt für Schritt in die Wirklichkeit umgesetzt wird:
es gilt den im Plan dargestellten künftigen Zustand zu verwirklichen. Die andere Auffassung geht dahin, daß es ein solches statisches Zielbild nicht geben könne, sondern daß es entscheidend
darum gehe, die in der jeweiligen Situation sinnvoll erscheinenden
Maßnahmen zu ergreifen – zwar nicht ohne eine langfristige Perspektive, aber ohne die Fixierung eines bestimmten Zielzustandes.

Jede dieser gegensätzlichen Positionen hat ein gewisses Maß an
Berechtigung, jede kann durch Verabsolutierung scheitern. Der
Plan, der – mögen in seine Erstellung auch noch so viele Gedanken
eingeflossen sein – unter Einstellung weiteren Nachdenkens verwirklicht wird, ist nicht minder fragwürdig als die rein prozessuale
Aufreihung von Maßnahmen, die jeweils auf dringlich erscheinende Probleme antworten sollen; die Findigkeit der Amerikaner
in Wortprägungen hat dafür dort die Vokabel 'ad hoccism' entstehen lassen, die das ausschließliche Handeln „ad hoc", auf den
Augenblick bezogen, bezeichnet.

Gewiß hat diese Polarität auch mit dem Zeitelement und dem
Größenmaßstab zu tun: ein kurzfristig zu verwirklichendes Teilprojekt kann im Sinne des Planvollzugs, die langfristige Entwicklung einer Region muß im Sinne der Prozeßsteuerung gehandhabt
werden. In der Stadt begegnen sich die Maßstabsebenen und die
Zeithorizonte; und tatsächlich empfiehlt sich hier eine Vorgehensweise, die als Synthese der beiden Ansätze verstanden werden
kann. Auch eine sich als Prozeßsteuerung verstehende Planung
wird nicht ohne eine räumliche Vorstellung davon auskommen

können, wie die gegenwärtig erkennbaren Kräfte und Bedürfnisse
zu einem funktionsfähigen, „ausgewogenen" Gefüge zusammengeführt werden sollten. Ein solcher Plan stellt gleichsam ein notwen-
diges Kontrollinstrument dafür dar, ob die jeweils verfolgten Ziele
– und gegebenenfalls unter welchen Einschränkungen – in einem
räumlichen Konzept zum Einklang gebracht werden können. Nur
darf dies Konzept nicht als die Darstellung eines „Endzustandes"
interpretiert werden wie ein Gebäudeentwurf, sondern als ein
Durchgangsstadium, das der zur Zeit der Planaufstellung gegebenen Sicht der künftigen Entwicklungen und Probleme entspricht.
Nach allen Erfahrungen ändert sich jedoch diese Sicht – bedingt
durch eine Fülle von Einwirkungen – innerhalb der meist auf 10 bis
20 Jahren bemessenen Laufzeit solcher Pläne. Dies erfordert neue
Überlegungen, die zur Änderung des Planes zu führen pflegen,
noch ehe das erwähnte „Durchgangsstadium" als Teilziel erreicht
ist. In vielen Fällen werden solche Planänderungen den Charakter
von Ergänzungen und Berichtigungen haben, die das Grundkon-
zept unberührt lassen, in anderen können dagegen weitgehende
Änderungen notwendig werden. Auch dem neuen Plankonzept
wird voraussichtlich das gleiche Schicksal beschieden sein: es wird
vor seiner Verwirklichung überholt sein, aber das ändert nichts an
seiner wichtigen Rolle als Verdeutlichung der jeweils – unter dem
Vorbehalt künftiger Änderungen – verfolgten Konzeption.

Das Gebiet der Planungstheorie nimmt inzwischen auch in der
städtebaulichen Literatur einen beträchtlichen Raum ein, aber es
beschränkt sich auf Fragen des Verfahrens, des Planungsprozesses.
Der sachliche Inhalt von Planungsentscheidungen ist offenbar so
sehr von den jeweiligen örtlichen Problemen und Gegebenheiten
abhängig, daß er sich einer theoretischen Verallgemeinerung ent-
zieht, zumal auch meist schwer faßbare Wertungen in ihn einfließen. Was auf diesem Gebiet Theorie heißt, kann im Grunde nur aus
der systematischen Erfassung und Aufbereitung von Erfahrungen
erwachsen, ohne daß die Möglichkeit ausgeschlossen werden kann,
im konkreten Einzelfall ganz andersartige Erfahrungen zu machen,
als nach den vorliegenden Planungsergebnissen zu erwarten war.
Gleichwohl wendet sich das Interesse der Planungspraxis in der
Regel stärker solchen Entscheidungshilfen für die Sachaufgaben zu
als den verfahrensbezogenen Theoriemodellen mit ihrem meist
hohen Abstraktionsgrad. Dennoch ist die Beschäftigung damit
auch für die Planungspraxis wichtig, denn ihr wird hier ein gedanklicher Rahmen geboten, an dem sie ihre Vorgehensweise messen

und orientieren kann. Diese Funktion hat einmal ein erfahrener amerikanischer Planungswissenschaftler in die Formel gefaßt: „Planungstheorien sind begriffliche Definitionen der Planungsaufgabe. Einige sind besser – im Sinne von dienlicher – als andere." [2]

3.2 Bestandsaufnahme und Situationsanalyse

„Survey before plan" – erst Bestandsaufnahme, dann Planung –: diese Forderung des schottischen Biologen Patrick Geddes [3] steht gleichsam an der Schwelle des methodischen Vorgehens in der Stadtplanung. Sich die Wirklichkeit zu vergegenwärtigen, in die durch Planung eingegriffen wird, ist eine der nächstliegenden Voraussetzungen für die Erarbeitung eines rationalen Handlungsansatzes.

Unter „Bestandsaufnahme" verstand man zunächst die Erfassung und kartographische, statistische oder beschreibende Darstellung der konkreten Umweltverhältnisse. Bebauung nach Umfang und Nutzung, nach Alter und Zustand; Verkehrszüge und deren Ausbauzustand; Topographie, Vegetation und andere mehr oder minder direkt ablesbare Merkmale der physischen Situation – das waren die ersten wichtigen Gegenstände solcher Bemühungen. Früh schon kamen auch Sachverhalte ins Blickfeld, die sich auf die Intensität der Nutzung richteten – die Dichte der in einem Gebiet Wohnenden beispielsweise, bezogen auf den Hektar (Einwohnerdichte) oder das Haus (Behausungsziffer) oder auch die Wohnung (Belegungsziffer), auch die Dichte der Arbeitsplätze oder die Belastung der Straßen durch verschiedene Verkehrsarten oder gar der Umsatz je Quadratmeter Ladenfläche. In wachsendem Maße wurden solche Untersuchungen benutzt, um über eine Analyse der baulichen, der sozialen und der wirtschaftlichen Verhältnisse zu klären, ob und in welchem Umfange Handlungsbedarf besteht.

Aber schon 1915 wies Geddes darauf hin, daß dies nicht genug sei: man müsse vor allem in den Geist der Stadt eindringen, ihr geschichtliches Wesen und die Kontinuität ihres Lebens. [4] Das war als Appell an die Stadtplaner gemeint, für diese Themen Verständnis zu entwickeln und sie in ihre Überlegungen einzubeziehen; indes-

---

[2] John W. Dyckman, The Practical Uses of Planning Theory, Journal of the American Institute of Planners, XXXV, 1969, S. 300.
[3] Patrick Geddes, Cities in Evolution, London 1915, S. 124 ff.
[4] Ebenda, S. XXX.

sen sind die Planer hierzu natürlich – im Gegensatz zu ihrer Rolle
bei der physischen Bestandsaufnahme – auf die Vorleistungen
anderer Wissenschaften zu einem Themenkomplex angewiesen, der
später als „Stadtforschung" bezeichnet wurde und auf den noch
einzugehen ist.

Auch bei den konkreten Themen der Bestandsaufnahme ergab
sich bald ein Interesse an wissenschaftlicher Auseinandersetzung
mit den beobachteten Sachverhalten. Das traf vor allem dort zu, wo
eine Aufnahme des Bestandes sich angesichts schneller Veränderungen schon nach kurzer Zeit als überholt erwies – etwa infolge
Änderungen der Gebäudenutzung oder wegen zahlreicher Zu-
oder Wegzüge der Bewohner.

Solchen Änderungen nachzugehen, ist eine wichtige Voraussetzung für das Verstehen des Wirkungsgefüges und des Kräftespiels
in der Stadt, und so wird man bemüht sein, Veränderungen etwa
der Einwohnerdichte oder des Verkehrsvolumens über gewisse
Zeiträume nachzugehen – einmal, indem man auf frühere Feststel-
lungen zurückgreift, zum andern durch terminmäßige weitere Er-
hebungen. Damit läßt sich dann ein Überblick über Veränderungstendenzen gewinnen, der zugleich einen Ansatz für Überlegungen
bietet, wie sich solche Veränderungen in die Zukunft hinein fort-
setzen könnten – also Prognosen vorzunehmen. Allerdings ist hier
allein die Fortschreibung zahlenmäßiger Veränderungen im Sinne
von Trendkurven selten ausreichend; in den meisten Fällen ist es
notwendig, tiefer in die Zusammenhänge einzudringen, um verläß-
liche Prognosen zu stellen; nicht immer kann man mit einer linea-
ren Fortsetzung bestehender Trends rechnen, vor allem dann nicht,
wenn die auf sie einwirkenden Faktoren sich verändern.

Damit also richtet sich zwangsläufig der Blick der Planer auf das
Spektrum der wissenschaftlichen Disziplinen, die sich mit der
Stadt, ihren Umweltbedingungen, ihrem Wirtschaftsgefüge, ihrer
Sozialstruktur beschäftigen. Es gibt für sie auch einen gemeinsamen Oberbegriff – den der Stadtforschung, der sich seit der Jahrhundertmitte allmählich durchgesetzt hat.[5] Indessen kann er nicht
darüber hinwegtäuschen, daß es sich bei solcher Stadtforschung
nicht um eine einheitliche Disziplin, sondern um eine Art gemeinsamen Daches über einer Vielfalt von „Bindestrich-Wissenschaf-
ten" – also Teilbereichen einzelner Disziplinen – handelt.

---

[5] Eine erste zusammenfassende Darstellung gab Elisabeth Pfeil in ihrem
Buch ›Großstadtforschung‹, Bremen 1951.

Im Rahmen dieser Einführung kann es nicht um eine ausführliche Darstellung der verschiedenen an der Stadtforschung beteiligten Wissenschaftszweige und der Vielfalt ihrer Arbeitsergebnisse gehen, sondern allein um einen orientierenden Überblick, der dem interessierten Leser den Weg zur weiteren Vertiefung zeigen kann. Geht man dabei den Beiträgen der einzelnen Disziplinen nach, so zeigen sich einerseits für jede von ihnen deutliche Forschungsschwerpunkte, für die sie gleichsam allein „zuständig" sind, andererseits Randbereiche, in denen gewisse Überlappungen erkennbar sind – so etwa zwischen der „Humangeographie" als Teilbereich der Geographie und der „Sozialökologie" als Sondergebiet der Sozialwissenschaften oder zwischen der „Wirtschaftsgeographie" und der aus der Volkswirtschaftslehre herkommenden „Raumwirtschaftslehre". Insofern bietet sich für den systematischen Überblick eher eine Gliederung nach Teilaspekten an – indem man etwa die Stadt als räumliches Gefüge, als gesellschaftlichen Zusammenhang oder als Wirtschaftssystem ins Auge faßt.

Auch hier zeichnen sich weitere Untergliederungen ab, vor allem hinsichtlich des räumlichen Gefüges. Es kann zum einen in seinem Bezug zu Natur und Landschaft untersucht werden, also mit dem Blick auf die Gegebenheiten der Umwelt und der natürlichen Lebensgrundlagen – hier sind vor allem neben der Geographie die Geologie, die Klimakunde und die Ökologie gefordert –, und es kann zum anderen als Gefüge von Bauten und technischer Infrastruktur, von Bereichen verschiedener Nutzung und von unterschiedlicher Gestalt interpretiert werden. Dies ist in erster Linie das Untersuchungsfeld der Stadtgeographie, während zu den gestalterischen Aspekten auch Wahrnehmungspsychologie und Ästhetik Beiträge leisten können. Schließlich muß noch das immer dichter werdende Netz menschlicher Institutionen – Rechtsvorschriften, Verwaltungsgrenzen, Schutzbereiche, Eigentumsgrenzen – ins Auge gefaßt werden, wenn man die räumlichen Zusammenhänge vollständig erfassen will; damit kommen Teilbereiche der Rechts- und Politikwissenschaften ins Blickfeld.

Eine weitere Dimension der Stadtforschung eröffnet sich durch den Blick auf die geschichtliche Entwicklung; das Verständnis für sie, die Einsicht in die politischen, wirtschaftlichen, sozialen Impulse, welche die Stadtentwicklung über die Jahrhunderte beeinflußt haben, ist für den Planer unerläßlich. Er muß wissen, welchen Niederschlag dies alles im Stadtgrundriß, in der Parzellenstruktur, in der Anordnung der öffentlichen Gebäude, in den Phasen der

Stadterweiterung gefunden hat. Hier besteht ein enger Bezug zur Denkmalpflege, die auf diesem Gebiet meist über wertvolle Informationen verfügt – vor allem, seit sich ihr Blickwinkel von der Beschäftigung mit dem einzelnen Baudenkmal auf städtebauliche Zusammenhänge ausgeweitet hat. Gewiß wird es immer wieder Kollisionen zwischen aktuellen Veränderungsansprüchen und dem Anliegen historischer Bewahrung geben (vgl. Abschnitt 5.6); um so wichtiger ist es für den Planer, die geschichtlichen Zusammenhänge und Bedingungen, welche die Stadt geprägt haben, zu überblicken.

Als geschichtliches Zeugnis bietet die Stadt zugleich einen Ansatzpunkt für die emotionale Bindung der Bewohner an ihre Lebensumwelt – eine Bindung, die offenbar von erheblicher Bedeutung für das Lebensgefühl des Stadtbewohners ist. Auch die spezifischen Züge der Sozial- und Wirtschaftsstrukturen einer Stadt haben in aller Regel ihre Wurzeln in der geschichtlichen Entwicklung; die Wechselbeziehungen zwischen der heutigen Stadt als Sozialgefüge und ihrer wirtschaftlichen Lebensgrundlage liegen auf der Hand, und schon die Erfahrungsspanne weniger Jahrzehnte erlaubt es, auch die Veränderungen auf beiden Gebieten zu beobachten und auf ihre Zusammenhänge hin zu untersuchen. Diese Aufgabe wird zugleich durch eine gewisse methodische Verwandtschaft von Sozial- und Wirtschaftswissenschaft erleichtert. Die Stadtplanung hat von jeher dem Einfluß der gebauten Umwelt auf die Sozialbeziehungen großes Interesse entgegengebracht, ist zum Teil auch von unrealistischen Annahmen über die unmittelbare Auswirkung der Umwelt – etwa auf die Formung nachbarschaftlicher Bindungen – ausgegangen, die später durch Forschungsergebnisse korrigiert wurden. Insofern ist der Einfluß der räumlichen Verhältnisse auf die Sozialbeziehungen ein wichtiges Forschungsobjekt, ebenso wie die Motive, die den Ortsveränderungen – den Wanderungsbewegungen zwischen Siedlungen, dem Wohnungswechsel innerhalb einer Gemeinde, den alltäglichen Straßenverkehrsbewegungen – zugrunde liegen. Standortkriterien für die Niederlassung von Gewerbebetrieben einerseits, die allgemeine wirtschaftliche Rolle der Bodenpreise andererseits sind zwei offenkundige Verknüpfungsbereiche zwischen den Wirtschaftswissenschaften und der räumlichen Entwicklung, denen andere an die Seite gestellt werden könnten.

Stadtbild und Raumgefüge in der Stadt sind zwar jahrhundertelang beschrieben und in zeichnerischen Darstellungen festgehalten worden, und die letzten hundert Jahre weisen zahlreiche Veröffentlichungen auf, in denen Stadtgestaltungsfragen unter ästhetischen Gesichtspunkten erörtert und manchmal auch im Sinne vereinfachender „falsch–richtig"-Aussagen beantwortet werden. Aber erst seit der Jahrhundertmitte gibt es eine stärker wissenschaftlich akzentuierte Beschäftigung mit der Stadtgestalt oder, weiter und allgemeiner interpretiert, mit der Stadt als Erlebnisraum.

Dabei geht es einerseits um die Erfassung der gestalterischen Eigenart der Stadt mit den Werkzeugen der Zeichentheorie und der Informationsästhetik oder auch mit pragmatischeren Ansätzen, wie sie etwa Kevin Lynch mit seinen wahrnehmungsbezogenen Kategorien – Weg, Knotenpunkt, Merkzeichen, Grenze, Bezirk – entwickelt hat.[6] Diese Kategorien sind gleichsam „nutzerorientiert" definiert; sie wurden verwandt, um die Eindrücke zu erfassen, die Bostoner Bürger – also nicht Architekten oder Planer – vom räumlichen Gefüge ihrer Stadt gewonnen hatten. Inzwischen ist diese Systematik zum Allgemeingut der Stadtplanung geworden, insbesondere angewandt bei Versuchen, das visuelle Gefüge der Stadt zu erfassen und zu verdeutlichen.

Steht hier die Orientierungswirksamkeit der Stadtgestalt im Vordergrund, so beschäftigen sich andere Untersuchungen mit dem ästhetischen Aspekt des Interesses und des Wohlgefallens, das Stadtbilder auslösen – mit ihren „Anmutungsqualitäten". Ein häufig angewandtes Mittel zur Erfassung von atmosphärischen Eigenschaften von Städten und Stadtquartieren ist das „semantische Differential", mit dem die Wirkung solcher Bereiche auf den Betrachter untersucht wird; jeweils bestimmte Gegensatzpaare (z. B. traditionell/fortschrittlich, heiter/bedrückend, belebt/öde) werden dazu herangezogen, die Einschätzung unterschiedlicher Stadtbereiche durch Bewohner und Besucher zu erfassen und darzustellen. Mag die objektive Gültigkeit solcher Aussagen auch ihre Grenzen haben, so ist doch die Reaktion der Bürger auf die städtische Umwelt eine wichtige Grundlage für planerische Erwägungen.

So weitet sich die einfache Bestandsaufnahme zu einer Situationsanalyse aus, in die Betrachtungen über die voraussichtliche künftige Entwicklung einfließen. Auf eine einfache Formel gebracht, könnte man von einer Abfolge von Fragen sprechen – etwa in folgendem Sinne:

6 Kevin Lynch, The Image of the City, Cambridge, Mass., 1960; deutsch: Das Bild der Stadt, Berlin/Frankfurt/Wien 1965.

- Was besteht?
- Wie verändert es sich?
- Wie hängt es zusammen?
- Wie wird es sich voraussichtlich weiterentwickeln?

Für den ersten Fragenkomplex – den Bestand – bieten sich normalerweise die Karte und die statistische Tabelle als Mittel der Veranschaulichung an; dabei wird man in den Karten zum Teil einfache Sachverhalte (Gebäudealter, Gebäudenutzung) oder auch komplexere (Mischungsgrad unterschiedlicher Nutzungen, Einwohner- und Arbeitsplatzdichte je Hektar) darstellen können; auch die Überlagerung verschiedener Aussagen in der gleichen Karte kann aufschlußreich sein – beispielsweise die Darstellung der Bevölkerungsverteilung durch eine Karte, in der jeweils eine bestimmte Einwohnerzahl (etwa 10 oder 50 oder 100) durch einen Punkt in dem betreffenden Stadtquartier verdeutlicht wird; eine solche Punktkarte im Graudruck kann dann von anderen kartographischen Aussagen – wie etwa der Freiflächenverteilung oder dem Nahverkehrsnetz – überlagert werden und damit einen schnellen Überblick über die Erreichbarkeit von Freiflächen und Verkehrsmitteln für die Masse der Bevölkerung erlauben. Kartenaussagen können einerseits auf exakte Erfassung einer großen Zahl von Sachverhalten zielen – was meist der Übersicht abträglich ist – oder aber von vornherein auf die Veranschaulichung allgemeiner Aussagen gerichtet sein; in einigen Fällen mag es einer geschickten Darstellung auch gelingen, beide Zwecke in einer Karte zu erfüllen.

Auch Veränderungen lassen sich in Karten wie in Tabellen darstellen; so gibt es beispielsweise instruktive Karten, die mit einer entsprechenden Farbskala die Veränderung der Bevölkerung in verschiedenen Gebietseinheiten – etwa Landkreisen oder Gemeinden – über kürzere oder längere Zeitabschnitte veranschaulichen.

Dagegen lassen sich Kausalzusammenhänge, Verknüpfungen und Bedingtheiten unterschiedlicher Sachverhalte im Grundsatz nur verbal darstellen; gewiß können Karten und Diagramme dabei als hilfreiche Ergänzungen dienen. In vielen Fällen wird es sich dabei auch um Hypothesen, also um durch Forschungsergebnisse noch nicht gesicherte Annahmen handeln; das ist in der Forschung eine legitime Vorgehensweise, die durch das Mittel solcher „Arbeitshypothesen" wissenschaftliches Neuland gewinnen kann. Hier spielen Korrelationsrechnungen eine erhebliche Rolle, also Nachweise darüber, in welcher quantitativen Beziehung Veränderungen auf verschiedenen Gebieten stehen; eine enge Korrelation kann häufig als Indiz für einen Kausalzusammenhang gewertet werden. An Daten für solche Untersuchungen fehlt es heute in der Regel nicht, da aus der Verwaltungsautomation und sonstigem Computereinsatz viele Daten anfallen, wenngleich sie – wegen der Datenschutzbestimmungen – nicht immer für die Planung zugänglich sind.

Solche Untersuchungen der Kausalzusammenhänge bestimmen natürlich maßgeblich die Vermutungen über die künftige Entwicklung, für die in der Regel das Instrument der Prognose benutzt wird. Mit diesem Begriff werden Verfahren bezeichnet, in denen die Beobachtung von Trends und Veränderungstendenzen in der Vergangenheit zur Grundlage einer quantitativen Abschätzung künftiger Entwicklungen gemacht wird. So findet die Situationsanalyse in der Regel ihren Abschluß in einer „Status-quo-Prognose" – einer Prognose also, die sich auf die Annahme gründet, daß die gegenwärtigen Bedingungen weiter gelten. Die Variation solcher Annahmen im Rahmen gewisser Grenzen kann dabei eine bestimmte Bandbreite künftiger Entwicklungsmöglichkeiten verdeutlichen.

Allerdings ist nach dem Umbruch der siebziger Jahre mit dem Ende des Bevölkerungswachstums und dem Auftreten neuer wirtschaftlicher Probleme das Zutrauen in die Zuverlässigkeit von Prognosen stark gesunken; mehr Interesse wird heute dem Verfahren entgegengebracht, sich mögliche zukünftige Entwicklungen durch das Hilfsmittel des „Szenarios" zu veranschaulichen. Dabei geht es im Gegensatz zu der meist auf „Hochrechnung" von Daten basierenden Prognose um die eher argumentative Ableitung eines möglichen Zukunftsbildes aus den erkennbaren Tendenzen und ihren erwarteten Wechselbeziehungen in der Zukunft. Dabei sucht man gern kontrastierende Szenarien einander gegenüberzustellen, die sich aus unterschiedlichen Annahmen über das Zusammentreffen verschiedener positiver oder negativer Entwicklungsfaktoren ableiten lassen.

Die vergangenen Jahrzehnte haben gezeigt, daß solche Annahmen erheblichen Unsicherheiten unterworfen sind; auch „Zukunftsforschung" hat an diesen Unsicherheiten nichts ändern können. So wichtig also solche Vergegenwärtigungen möglicher künftiger Entwicklungen sind, so nötig ist es, eine kritische Distanz zu ihnen zu wahren.

3.3 Ziele der Stadtplanung

Versteht man Stadtplanung als Beitrag zur Ordnung des menschlichen Zusammenlebens, dann muß sie auch durch die Wertvorstellungen mitbestimmt sein, die den Regeln dieses Zusammenlebens zugrunde liegen. Auch wenn man zunächst nur an Koordination verschiedener Entwicklungskräfte oder an Beseitigung von Mißständen denkt, läßt sich dies nicht ohne Wertmaßstäbe, ohne Zielvorstellungen einer wünschenswerten städtischen Umwelt bewerkstelligen. Nur ein Bruchteil der städtebaulichen Planung kann allein aus technischen Gegebenheiten oder gar Zwängen abgeleitet werden; überall sonst muß sich das planerische Handeln auf eine Vorstellung von einer den menschlichen Bedürfnissen entsprechenden Umwelt stützen.

Ohne Zweifel liegt in der Formulierung solcher Ziele eine politische Aufgabe, die nach heutigem Verständnis nicht dem Fachmann überlassen bleiben kann, sondern in die Kompetenz des Gesetzgebers oder der örtlich zuständigen politischen Körperschaft gehört. Dies ist indessen eine verhältnismäßig neue, im Grunde erst seit der Jahrhundertmitte klarer erfaßte Sicht der Dinge, wie aus zahlreichen Belegen, beispielsweise auch aus den Gesetzestexten der vorangegangenen Zeit hervorgeht. So sind die Fluchtliniengesetze des späten 19. Jahrhunderts reine Verfahrensregelungen, in denen kein Wort über Ziele und Zwecke verloren wird; ihre Ausrichtung auf „Gefahrenabwehr" im Sinne des liberalen Staatsverständnisses versteht sich gleichsam von selbst. In den zwanziger Jahren unseres Jahrhunderts tauchen erstmalig Zielformulierungen auf – allerdings noch ohne den Begriff des „Ziels" zu verwenden – wie die „geordnete städtebauliche Entwicklung" oder die „geordnete Nutzung des Bodens". Im Entwurf eines Baugesetzbuches von 1942 – das nicht verabschiedet wurde – ist erstmalig von „Aufgaben" der Planung die Rede; dieser Begriff ist dann in einige Länderaufbaugesetze der Zeit um 1950 übernommen worden.

Erst das Bundesbaugesetz von 1960 führt den Begriff der Ziele ein – allerdings nur mit der Bezugnahme auf die „Ziele der Raumordnung und Landesplanung", denen die örtlichen Bauleitpläne anzupassen seien; für den im Gesetz geregelten Städtebau bleibt es bei der „Ordnung der städtebaulichen Entwicklung in Stadt und Land" unter Berücksichtigung zahlreicher ausdrücklich aufgezählter Einzelbelange, die im Grunde zu heterogen sind, als daß sie als „Ziele" gelten könnten.

Der Begriff der „Ordnung" ist hier natürlich eine in weiten Grenzen interpretierbare „Leerformel", und diese Eigenschaft verbindet ihn mit einer Reihe anderer Begriffe, die in der städtebaulichen Diskussion mit Vorliebe gebraucht wurden, um Zielvorstellungen auszudrücken – wie „gesund", „organisch", „ausgewogen" oder „harmonisch". Andererseits läßt sich zugunsten einer solchen „Leerformel" im Gesetz anführen, daß sie dann im konkreten Falle jeweils sinngemäß durch die örtliche politische Willensbildung ausgefüllt werden könne und damit je nach den Bedürfnissen interpretierbar sei.

Das mag ein pragmatischer Grund dafür sein, daß Ziele in Gesetzen nicht weiter präzisiert werden, aber es erklärt noch nicht, warum dieser Begriff erst so spät auftaucht. Die Erklärung dafür kann wohl nur im Wandel des Planungsverständnisses liegen, der sich, wie dargelegt, mit den sechziger Jahren vollzogen hat. Seither versteht sich die räumliche Planung nicht mehr allein als „Daseinsvorsorge", sondern als Gesellschaftspolitik, nicht mehr als Koordination natürlicher Kräfte, sondern als Auswahlvorgang zwischen verschiedenen planerischen „Strategien" – ja, um den Wortgebrauch der sechziger Jahre aufzunehmen, zwischen verschiedenen möglichen „Zukünften", die einer umfassenden Entwicklungssteuerung zugänglich schienen.

Damit aber mußte der Zielbegriff zentrale Bedeutung gewinnen: eine Auswahl zwischen verschiedenen Wegen läßt sich nur treffen, wenn das Ziel klar ist. Aber hat die Raumplanung, die Stadtplanung wirklich eigene Ziele, die sich allein aus den Gegebenheiten und dem Potential des Raumes ableiten lassen und die sich damit von anderen Zielen einer verantwortlichen Gesellschaftspolitik unterscheiden? Wer gründlich darüber nachdenkt, muß die Frage verneinen: im letzten Grunde nämlich sind Ziele der räumlichen Planung stets Ziele für das Wohlergehen der Gesellschaft, und sie richten sich darauf, den Lebensraum dieser Gesellschaft möglichst sinnvoll zu nutzen. Allerdings könnte man sie ihrem Wesen nach gliedern in solche Ziele, die sich auf den Raum selbst und die ihm innewohnenden Qualitäten beziehen, und solche anderen Ziele, für die der Raum gleichsam als Mittel, als Instrument benötigt und behandelt wird; man könnte vielleicht von einer essentiellen, auf das Wesen und die Qualitäten des Raumes selbst gerichteten, und einer instrumentalen Betrachtungsweise sprechen.

Betrachten wir unter diesem Gesichtspunkt den Text des 1986 verabschiedeten Baugesetzbuches, so folgt auf eine allgemeine Ziel-

aussage eine Aufzählung von neun Gruppen von Teilzielen. Die erste Aussage umfaßt ausschließlich unmittelbar raumbezogene Ziele: die Bauleitpläne sollen eine geordnete städtebauliche Entwicklung und eine dem Wohl der Allgemeinheit entsprechende sozialgerechte Bodennutzung gewährleisten und dazu beitragen, eine menschenwürdige Umwelt zu sichern und die natürlichen Lebensgrundlagen zu schützen und zu entwickeln. Von den neun Teilzielen sind sechs instrumentaler Art; sie beziehen sich beispielsweise auf die Nutzung des Raumes im Dienste des Wohnens, der sozialen und kulturellen Bedürfnisse der Bevölkerung, der Wirtschaft und der Verteidigung. Die drei restlichen umfassen
- die Erhaltung, Erneuerung und Fortentwicklung vorhandener Ortsteile sowie die Gestaltung des Orts- und Landschaftsbildes,
- die Belange des Denkmalschutzes und der Denkmalpflege sowie die erhaltenswerten Ortsteile, Straßen und Plätze von geschichtlicher, künstlerischer oder städtebaulicher Bedeutung und
- die Belange des Umweltschutzes, des Naturschutzes und der Landschaftspflege, insbesondere des Naturhaushaltes, des Wassers, der Luft und des Bodens einschließlich seiner Rohstoffvorkommen, sowie das Klima.

Hier haben wir es mit Zielen für den Raum selbst zu tun, die sich einerseits auf die gebaute, andererseits auf die natürliche Umwelt beziehen. Auch diese allerdings stellen keinen Selbstzweck dar, sondern erwachsen gleichfalls aus den Bedürfnissen und den Wertungen der Gesellschaft; sie stehen lediglich in einem unmittelbaren Bezug zum Raum und sind damit auch dem Instrumentarium der Raumplanung in der Regel leichter zugänglich als die meisten anderen Ziele.

Bedürfnisse und Wertungen lassen sich im Grunde nicht trennen: wohl kann man physiologische Grundbedürfnisse wissenschaftlich feststellen, aber die Art und Weise, wie sie in der Wirklichkeit zur Geltung gebracht werden, ist immer kulturell überformt und damit durch Wertungen mitbestimmt. Geht man der Kernfrage nach den Bedürfnissen als dem eigentlichen Ursprung der Planungsziele nach, so wird der oben erwähnte Bezug zu allgemeinen gesellschaftspolitischen Zielen sehr deutlich. So stellt das 1961 veröffentlichte Gutachten des „Sachverständigenausschusses für Raumordnung" – das als Markstein der räumlichen Planung in der Bundesrepublik gilt – drei Hauptziele für die Ordnung des Raumes heraus: Freiheit, Sicherheit und sozialer Ausgleich auf der Grundlage eines

angemessenen Lebensstandards.[7] Keines dieser Ziele ist durch die
Ordnung des Raumes allein zu erreichen; alle sind auf politische
Strategien und Entscheidungen angewiesen, welche die räumliche
Entwicklung nur bedingt einbeziehen. Auch das im Raumord-
nungsgesetz von 1965 genannte zentrale Ziel ist nicht räumlicher
Natur: „Die freie Entfaltung der Persönlichkeit in der Gemein-
schaft." Der räumlichen Planung wird die Aufgabe gestellt, eine
Struktur zu schaffen, die diesem Ziel am besten dient; über die
Frage indessen, welche räumlichen Strukturen und welche räum-
lichen Faktoren einer solchen freien Entfaltung förderlich, welche
nachteilig sein könnten und wo sich aus übergeordneten Erwägungen
Grenzen einer solchen Entfaltung ergeben müssen, wird jedoch
nicht leicht Einigkeit zu erzielen sein.

Aber auch am ganz konkreten Beispiel lassen sich solche Probleme aufzeigen. Bei der Stadterneuerung etwa gibt es in aller Regel
mehrere Ziele, die nebeneinander verfolgt werden. So möchte man
den Bewohnern bessere Wohn- und Umweltverhältnisse in ihrem
Bereich bieten, zugleich dessen Funktionsfähigkeit – also etwa die
Ausstattung mit Infrastruktur oder die Leistungsfähigkeit des
Verkehrsnetzes – verbessern und schließlich die überkommene
Bausubstanz pflegen und erhalten. Hier zeigen sich schnell Rei-
bungspunkte – angefangen etwa bei der Kollision zwischen Gebäu-
deerhaltung und Verkehrserleichterung, und aufgehört bei der
Verdrängung der Einwohner gerade infolge der Verbesserung der
Situation, die sich dann in erhöhten Mieten niederschlägt. Hier
wird man politische Prioritäten setzen müssen, denn einer objektiven Abwägung sind wegen der Wesensverschiedenheit der Ziele
und ihrer höchst unterschiedlichen Bewertungsmöglichkeit Grenzen
gesetzt.

Gleichwohl kann eine systematische Erfassung und Analyse der-
art unterschiedlicher Ziele eine wesentliche Hilfe bei der Entscheidungsvorbereitung sein; im Idealfall mündet dieser Schritt in die
Aufstellung eines Zielsystems, bei dem alle Verknüpfungen und
wechselseitigen Beeinflussungen der Einzelziele geklärt und zur
Grundlage einer umfassenden Abwägung und darauf gegründeten
Entscheidung gemacht werden. Indessen kann man nicht erwarten,
daß es in einer pluralistischen Gesellschaft mit gruppenspezifisch
sehr unterschiedlichen Interessen und Wertskalen gelingen könnte.

---

[7] Sachverständigenausschuß für Raumordnung (SARO): Die Raumordnung in der Bundesrepublik Deutschland, Stuttgart 1961.

ein in sich schlüssiges und widerspruchsfreies Zielsystem zu erarbeiten. Schon bei alleiniger Berücksichtigung der öffentlichen Interessen kann es durchaus zu Zielkonflikten kommen, wie sie beispielsweise gegenwärtig zwischen dem Ziel einer Verbesserung der ökologischen Situation in den dicht bebauten Innenstädten und dem gleichfalls ökologisch begründeten Ziel besteht, Neuinanspruchnahme von Landschaftsflächen nach Möglichkeit zu vermeiden. Ein häufig verwandtes Verfahren zur Veranschaulichung der hier auftretenden Probleme besteht darin, alle Teilziele aufzulisten und in einer Matrix miteinander in Beziehung zu setzen: die Ausfüllung der Matrix macht dann deutlich, welche Ziele einander stützen (Zielkongruenz), welche unabhängig voneinander sind (Zielneutralität) und welche miteinander kollidieren (Zielkonflikt). In einzelnen Fällen mag es gelingen, Zielkonflikte durch planerische Maßnahmen jedenfalls teilweise abzubauen; in der Regel wird es jedoch Sache der politischen Entscheidung sein, welchem Ziel der Vorrang eingeräumt – oder welcher Kompromiß geschlossen – werden soll.

Bei einer solchen systematischen Erfassung der Ziele schält sich in der Regel eine Art Hierarchie heraus, für welche die deutsche Sprache nur die wenig griffigen Vokabeln der „Oberziele" und „Unterziele" anbietet. Die amerikanische Planungsdiskussion hat hier in den sechziger Jahren ein festes Begriffsgerüst geschaffen, das von den 'goals' – den gesellschaftspolitisch begründeten Oberzielen (wie etwa der wirtschaftlichen Stärkung eines bestimmten Gebietes) – über die 'objectives' – die bereits weitgehend konkretisierten „strategischen" Ziele der räumlichen Planung (etwa die Entscheidung für eine Stärkung der industriellen Basis) – bis zu den 'program targets' reicht, also den konkreten, zähl- und meßbaren Planungsvorgaben (beispielsweise Schaffung eines neuen Gewerbegebietes für 500 Arbeitsplätze innerhalb der nächsten drei Jahre). Gewiß besteht dabei die Gefahr einer allzu theoretischen Systematisierung, aber der Zwang, von den hohen Abstraktionen der freien Persönlichkeitsentfaltung zu handhabbaren Programmzielen zu gelangen, die dann wieder konkrete, „zielführende" Maßnahmen nach sich ziehen, kann durchaus heilsam sein.

Was also können konkrete Ziele in der Stadt sein – was erwarten wir von der Stadt, was soll sie ihren Bewohnern bieten? Dazu gibt es zunächst einen Aphorismus eines politisch engagierten Literaten – Karl Kraus –, der in Planerkreisen gern zitiert wird: „Ich erwarte von der Stadt, in der ich leben soll: Haustorschlüssel,

3.3 Ziele der Stadtplanung

Straßenspülung, Asphalt, Warmwasserheizung – gemütlich bin ich
selbst." Das heißt offenbar: technisches Funktionieren wird erwar-
tet, nicht aber ein Appell an die Emotionen. Die gegenwärtige
Stadtkritik spricht allerdings gegen diese These, denn sie wirft der
Stadtplanung die Beschränkung auf einen funktionalen Ansatz, die
Verarmung in ästhetischer und emotionaler Hinsicht vor.

Gleichwohl sind es zwangsläufig zunächst einmal funktionale
Überlegungen, die den Dispositionen der Stadtplanung zugrunde
liegen; die Ordnung der räumlichen Beziehungen zwischen den
verschiedenen menschlichen Lebens- und Tätigkeitsbereichen, die
einander in der Stadt begegnen und überlagern, läßt sich kaum anders als funktional interpretieren. Ob man diese Tätigkeitsbereiche
selbst „Funktionen" nennen sollte, mag man bezweifeln; diese
Frage wird im Zusammenhang mit der Stadtstruktur erörtert werden (vgl. Abschnitt 5.2). Dem Wohnen wird man in jedem Falle
eine zentrale Bedeutung beimessen; mit ihm ist gleichsam das Kernstück der räumlichen Verwurzelung des Menschen angesprochen.
Die Wohnung ist der Inbegriff des Daheimseins, des Beisichseins,
der individuellen und spontanen Lebensgestaltung. „Erster und
letzter Zweck des Städtebaues" sei die würdige Befriedigung des
Wohnbedürfnisses im weitesten Sinne des Wortes – so heißt es bei
Hegemann in seinem Bericht über die Berliner Städtebauausstel-
lung von 1910.[8]

So sind es die Wohnung und die Wohnumgebung, die für die
Ansprüche des Stadtbewohners an seine städtische Umwelt im Vordergrund stehen dürften: Wohnungsgröße und Ausstattung, Wohnruhe und Sicherung der Privatsphäre, Ausblick und Naturnähe
sind wichtig, aber auch der Zugang zu Freiflächen, die Nähe von
Läden, Schule und Haltestelle des öffentlichen Nahverkehrs. Die
Qualität des Wohnbereiches selbst, aber auch seine Verknüpfung
mit anderen städtischen Einrichtungen sind für den Bewohner von
größter Bedeutung. Der Weg zur Arbeitsstätte ebenso wie der Weg
zu den verschiedenen Einkaufsmöglichkeiten, zu Bildungs- und
Vergnügungsstätten, zu Erholungseinrichtungen und zur freien
Landschaft soll nicht zu weit und zu mühselig sein, vor allem aber
in einem vernünftigen Verhältnis zur Qualität des jeweils Gebotenen stehen: Daß der Antiquitätenhändler weiter entfernt ist als das
Lebensmittelgeschäft, das Großstadion ferner gelegen ist als der

---

[8] Werner Hegemann, „Der Städtebau nach den Ergebnissen der Allgemeinen Städtebau-Ausstellung in Berlin", 1. Band, S. 10.

kleine Sportplatz, wird jedermann einsehen und hinnehmen – aber daß das vielfältige städtische Angebot erreichbar ist und Wahlmöglichkeiten bietet, gehört zu den wesentlichen Qualitäten der Stadt, deren Sicherung Ziel der Stadtplanung sein muß.

Allerdings sind diese Ansprüche des Bewohners an die Stadt im einzelnen recht unterschiedlich, je nach Lebensalter, Familienstand, beruflicher Situation; mehrfach ist der Vorwurf laut geworden, die Stadt sei zu sehr auf die Ansprüche des gesunden, im Berufsleben stehenden Mannes zugeschnitten, zu wenig auf die Bedürfnisse von Hausfrauen und Kindern, Alten und Behinderten. Und nicht nur im Lebensablauf, selbst im Tageslauf können sich die Ansprüche an die Stadt verändern, je nachdem, ob der Bewohner als Berufstätiger schnell zum Arbeitsplatz kommen will, als Familienvater einen kurzen und gefahrlosen Schulweg für seine Kinder wünscht oder als Erholungsuchender die Natur vor der Haustür haben möchte.

Wie wichtig diese umweltbezogenen Qualitäten für das Lebensgefühl des Städters sind, verglichen mit Fragen der wirtschaftlichen oder der familiären Situation, läßt sich schwer verallgemeinern; Architekten und Planer neigen häufig dazu, die Bedeutung der raumbezogenen Aspekte zu überschätzen, und in den Sozialwissenschaften gilt „Umweltdeterminismus" – die Auffassung also, die Umwelt bestimme maßgeblich die menschliche Entwicklung – als bedenkliche Verirrung. Aber auch wenn es sich dabei nur um bescheidene Wirkungen handelt, so rechtfertigen sie doch die Bemühungen um eine höhere Umweltqualität.

Daß die Ansprüche des Städters über die funktionalen Erwägungen hinaus auch auf eine gute Gestaltung der Stadt, auf interessante Straßen- und Platzräume, auf eine lebendige urbane Atmosphäre gerichtet sind, wird in den letzten Jahren mit wachsendem Nachdruck betont; die Anstrengungen vieler Städte um die Pflege ihres Stadtbildes scheinen diese Auffassung zu rechtfertigen.

Aber nicht nur der Bewohner erhebt Ansprüche an das Stadtgefüge, sondern auch das Büro oder der Gewerbebetrieb – Ansprüche an den Standort in der Stadt, an die Verkehrsgunst, an die Ausstattung mit Infrastruktur. Andererseits sollen möglichst wenig Störungen von ihnen ausgehen, so daß ihre Lage im Stadtgebiet – ebenso wie die der Einrichtungen für die Gemeinschaft – sorgfältig zu überlegen ist.

Es ist verständlich, daß die Stadtplaner immer wieder Bemühungen angestellt haben, Anordnungsmodelle für Wohngebiete, für

Stadtteile und für die ganze Stadt selbst zu entwickeln, die allen den
dargelegten Ansprüchen möglichst weitgehend Rechnung tragen.
Hin und wieder sind auf diesem Wege einzelne Konzepte entstanden, die sich zumindest zeitweilig als überzeugende Lösungen für
einen großen Teil der anstehenden Probleme anzubieten schienen;
eine von ihnen ist die „Nachbarschaftseinheit", auf die bei der
Erörterung der Stadtstruktur noch einmal zurückzukommen sein
wird (vgl. Abschnitt 5.2).

An dieser Stelle drängt sich der Begriff des „Leitbildes" auf, der
seit dem Ende der fünfziger Jahre in der städtebaulichen Diskussion eine erhebliche, wenn auch etwas verwirrende Rolle gespielt
hat. Das liegt auch an seinem unscharfen Gebrauch; so hat man ihn
für eher schlagwortartige Formulierungen wie „die autogerechte
Stadt" verwandt, aber auch für umfassende und in sich schlüssig
ausgearbeitete Modellvorstellungen, in denen eine vollständige
oder doch weitgehende Erfüllung aller als wichtig erkannten Ziele
nachgewiesen wird. So sah der Städtebau der fünfziger Jahre sein
Leitbild in der gegliederten und aufgelockerten Stadt – einem
Modell, das nicht nur in Plänen und Diagrammen, sondern auch in
den britischen New Towns der fünfziger Jahre konsequent ausgeformt worden war. In den sechziger Jahren kam es wegen seines
vermeintlich „antistädtischen" Charakters in Verruf und wurde,
wie dargelegt, ersetzt durch die Zielvorstellung von Verdichtung,
Verflechtung und Urbanität; allerdings blieb eine verallgemeiner-
bare Modellvorstellung, die den Nachweis der Erreichbarkeit dieser Ziele erbracht hätte, aus. Insofern kann man zweifeln, ob hier
der Begriff des Leitbildes noch am Platze sei. Noch viel weniger allerdings könnte er auf die sogenannten „städtebaulichen Utopien"
der sechziger Jahre angewandt werden, die sich in aller Regel auf
Spekulationen über das künftig technisch Mögliche beschränkten
und ohne ernsthaften gesellschaftlichen Bezug waren.

„Utopien" im engeren Sinne – Idealvorstellungen der gesellschaftlichen Ordnung – haben häufig die räumliche Umwelt mit
einbezogen und für sie Zielvorstellungen geliefert: von Thomas
Morus und Campanella im 16. Jahrhundert bis zu William Morris
und Edward Bellamy um 1890.[9] Darum ist es still geworden, weil
das Genre der positiven Utopie nach Huxleys „schöner neuer

---

[9] William Morris, News from Nowhere, London 1891. Edward Bellamy, Looking Backward, London, o. J. (1887); deutsch: Ein Rückblick
aus dem Jahre 2000, Leipzig 1900.

Welt" und Orwells „1984" offenbar nicht mehr lebensfähig ist.[10] Aber auch um das städtebauliche Leitbild ist es still geworden, vielleicht weil in dem Begriff zwei Eigenschaften mitschwingen, die uns heute unrealistisch erscheinen – ein Element der Vollständigkeit und eines der Statik, der Unveränderlichkeit.

Gleichwohl gibt es einen legitimen Platz für gewisse räumliche Leitvorstellungen, in denen sich die Vereinbarkeit der erstrebten Ziele und der praktizierten Planungsgrundsätze wenigstens beispielhaft nachweisen ließe. Ob es einmal wieder einen so weitgehenden fachlichen und politischen Konsens über die erstrebenswerte Stadt geben kann, daß daraus ein Leitbild im oben genannten Sinne erwächst, mag offenbleiben.

3.4 Alternativen, Bewertung und Entscheidung

Der folgende Schritt – die Erkundung des Handlungsspielraums mittels alternativer Entwürfe – ist bisher wohl am wenigsten theoretisch durchleuchtet worden. Der Grund dafür dürfte darin liegen, daß es sich hier letzten Endes um einen schöpferischen Akt handelt, um das Aufspüren von Lösungsmöglichkeiten für komplexe Probleme, in denen eine Vielfalt verschiedenartiger Gesichtspunkte Berücksichtigung verlangt. Dabei geht es zwar im Grundsatz jeweils um die Anordnung von Elementen im Raum, für die sich unterschiedliche Kombinationsmöglichkeiten anbieten, aber diese räumliche Disposition muß eine Fülle von weitergehenden Überlegungen einbeziehen – von den Kosten und der technischen Realisierbarkeit bis zur Frage der politischen Durchsetzung.

Eine lückenlose Erfassung aller sich bietenden Alternativen ist nur bei sehr einfachen Aufgaben – oder bei einer vereinfachenden Reduzierung auf die wichtigsten Merkmale – möglich. So lassen sich etwa für ein neu zu schaffendes Wohngebiet einige Hauptmerkmale wie die des Erschließungssystems, der Standortwahl für Schule und Läden und der Verteilung der Parkmöglichkeiten tabellarisch erfassen und auf ihre Kombinationsmöglichkeiten untersuchen, aber damit sind erst einige Grunddaten gesetzt, die den Entwurf noch längst nicht bestimmen.

Der Mathematiker Rittel hat das Entwerfen einmal als „bösartiges

---

[10] Aldous Huxley, Brave New World; George Orwell, 1984.

Problem" bezeichnet,[11] deshalb nämlich, weil man bei ihm – im
Gegensatz etwa zu einer mathematischen Gleichung – nie wissen
könne, ob man die „richtige", also die „beste", gefunden habe – zumal es für die Ermittlung einer solchen besten Lösung auch keine
objektiven Maßstäbe gibt, wie noch zu zeigen sein wird. Es geht
also nach Rittel darum, eine Vielfalt von Lösungsmöglichkeiten zu
entwickeln und diese Vielfalt dann dadurch zu reduzieren, daß man
die Entwürfe durch einen „Bewertungsfilter" schickt, der nur die
besten Alternativen passieren läßt.

Um allerdings überhaupt eine Bewertung vornehmen zu können, bedarf es noch eines weiteren Schrittes, der zwar aus der Sicht
des Planers im Entwurf bereits impliziert ist, aber doch eine kritische Durchleuchtung erfordert: einer Vergegenwärtigung nämlich,
wie der entworfene Umweltbereich – das Haus, das Wohngebiet
oder auch die Stadt – nach seiner Verwirklichung oder Umgestaltung
„funktionieren", inwieweit er also die in ihn gesetzten Erwartungen erfüllen wird. Man könnte von einer „Wirkungsprognose"
sprechen, die mit anderen Prognosen die Eigenschaft der Ungewiß-
heit gemein hat.

Maßgebliche Voraussetzung für die Einschätzung der künftigen
Wirkung eines Entwurfs ist ein „Modell" der Zusammenhänge in
der Umwelt – wobei der Begriff des Modells hier sehr weit gefaßt
ist: im Sinne der Vergegenwärtigung eines Teiles der komplexen
Wirklichkeit.

Ein gutes Beispiel dafür ist das Architekturmodell, also das
dreidimensionale Modell eines geplanten Gebäudes, das man in ein
entsprechendes Modell der vorhandenen baulichen Umgebung einfügt, um seine künftige Wirkung auf den Betrachter im städtischen
Zusammenhang beurteilen zu können. Wenn dies im Rahmen eines
Bauwettbewerbs geschieht, so bietet dies zugleich die Möglichkeit
des Vergleichs von Alternativen – aber es ist ein Vergleich, der sich
eben nur auf einen Teilaspekt, den der optischen Wirkung, bezieht.
Auch er birgt noch einige Fehlerquellen in sich; die Versuchung,
das Modell von oben, gleichsam aus der Hubschrauberperspektive,
zu beurteilen, ist groß, anstatt daß man sich die optische Wirkung
aus dem Blickwinkel des Fußgängers vorstellte (vgl. Abschnitt 5.3).
Ein anderes Beispiel für die Verwendung von Modellen in der
Stadtplanung ist das mathematische Modell eines Straßenverkehrs-

[11] Horst Rittel, Instrumentelles Wissen in der Politik, Stadtbauwelt 21,
1969, S. 20.

netzes, das es erlaubt, die zu erwartenden Veränderungen in der Verkehrsbelastung beim Neubau einer Straße oder bei der Schaffung von neuen Wohngebieten mit dem aus ihnen erwachsenden zusätzlichen Verkehr oder beim Ausbau eines Straßenknotenpunktes zu errechnen. Dabei muß man natürlich von bestimmten Annahmen ausgehen – beim Wohngebiet etwa von der erwarteten Kraftfahrzeugbenutzung durch die Bewohner in der Hauptverkehrszeit –, wobei sich diese Annahmen meist auf Erfahrungswerte aus vergleichbaren Situationen abstützen können.

Beide Beispiele lassen deutlich erkennen, wo die Qualitäten eines Modells liegen: die möglichst genaue Erfassung eines Teilaspektes der Wirklichkeit – notwendigerweise unter Vernachlässigung anderer – erlaubt eine Simulation der voraussichtlichen Wirkungen von erwogenen oder beabsichtigten Planungsmaßnahmen. Dies gilt allgemein; kein Modell gibt mehr an Information, als man bei seiner Anlage berücksichtigt hat.

Die Wirkungsprognose einer Planungsmaßnahme allerdings soll mehr leisten – sie soll nicht nur einen Teilaspekt, sondern alle wichtigen Wirkungsebenen eines Projektes ins Blickfeld bringen, sogar nach Möglichkeit jene Nebenwirkungen, die unbeabsichtigt sind und manchmal durchaus unerwünscht sein können. Die Geschichte der Stadtplanung ist voll von Fehlschägen, die in erster Linie auf das Nichterkennen von Nebenwirkungen der geplanten Maßnahmen zurückzuführen sind; wie in anderen Lebensbereichen auch, kann die Verfolgung bestimmter Ziele bei der Stadtplanung den Blick dafür verstellen, daß sie nur um den Preis von erheblichen Nachteilen auf anderen Gebieten zu erreichen sind.

Ein gutes Beispiel für nicht erkannte Nebenwirkungen stellt die 1960 mit dem Bundesbaugesetz eingeführte und einige Jahre später sang- und klanglos wieder abgeschaffte „Grundsteuer C" dar. Damit wurde eine mit dem Zeitablauf progressive Steuer auf planungsrechtlich bebaubare, aber nicht bebaute Grundstücke festgesetzt. Mit ihr sollte erreicht werden, daß die gemeindlichen Aufwendungen für die Erschließung der Grundstücke auch tatsächlich durch Bebauung genutzt würden, weil es eine wachsende finanzielle Belastung darstellte, solche Grundstücke unbebaut zu lassen. Gegebenenfalls sollte der Eigentümer damit zum Verkauf an einen Bauwilligen veranlaßt werden, der im anderen Falle zusätzliches Bauland beansprucht hätte. An sich ein plausibler Gedanke – nur ließen sich Spekulanten, die man hatte treffen wollen, dadurch nicht schrecken, während die „kleinen Leute", die sich mühsam ein Grundstück erworben hatten, nun die weiteren Ersparnisse für den Hausbau von der progressiven Steuer aufgezehrt sahen. So schien es ein Gebot der sozialen Gerechtigkeit, diese Steuer wiederaufzuheben. Dabei hätten sich solche wirtschaftlichen und daher quantifizierbaren Wirkungen wohl noch voraussehen lassen; auf anderen Gebieten, etwa der psychischen Wirkung bestimmter räumlicher Konstellationen und Maßstäbe auf die Bewohner, ist das noch schwieriger. So birgt also die Wirkungsprognose für Planungsmaßnahmen, wenn sie komplex interpretiert wird, zahlreiche Schwierigkeiten; relativ einfach und verläßlich ist sie nur in quantifizierbaren oder anschaulichen Teilbereichen.

Damit sind auch die Probleme der vergleichenden Bewertung von Planungsalternativen schon angedeutet. Wohl gibt es auch hier methodische Hilfsmittel, aber je exakter sie zu sein versprechen, um so begrenzter sind ihre Anwendungsmöglichkeiten.

Ein extremes Beispiel ist das der Kosten-Nutzen-Analyse, die sich anheischig macht, Kosten und Nutzen eines Projektes mit einiger Genauigkeit zu ermitteln und damit eine sichere Entscheidungsgrundlage zwischen angebotenen Alternativen zu schaffen. Einigermaßen aussichtsreich ist dies Verfahren auch für die Ausführungsarten technischer Projekte, deren Sinn außer Frage steht oder zumindest nicht diskutiert wird: etwa alternative Trassenführungen einer Autostraße oder die Entscheidung zwischen Tunnel und Brücke bei der Querung eines Stromes durch eine Straße. Sobald man in den nichtmonetären Bereich kommt, stößt das Verfahren schnell an seine Grenzen: wieviel Mehrkosten für den Straßenbau sind gerechtfertigt, wenn dadurch ein Naturschutzgebiet erhalten werden kann? Ist der Wetterschutz in einem Tunnel höher zu bewerten als das – vielleicht – höhere Risiko etwa bei einem Verkehrsunfall gegenüber der übersichtlicheren und nicht auf künstliche Belüftung angewiesenen Brücke? Hier stößt man zwangsläufig schnell auf Fragen einer subjektiven Bewertung, die monetär nicht zu fassen ist.

Das ist anders bei der Nutzwertanalyse; hier können auch rechnerisch nicht erfaßbare Sachverhalte im Rahmen eines Punktsystems bewertet werden. Bei diesem Verfahren werden alle für die Beurteilung wichtigen Gesichtspunkte zusammengestellt und dadurch gewichtet, daß man ihnen jeweils eine gewisse maximal erreichbare Punktzahl zuweist, die natürlich bereits Niederschlag einer wertenden Einschätzung ist und erkennen läßt, welche Bedeutung einem bestimmten Kriterium im Rahmen des Ganzen begemessen wird. Die dann bei der Prüfung tatsächlich zuerkannnten Punkte richten sich nach dem Grad der Zielerfüllung, der für manche Fälle aus Daten abgelesen werden kann – etwa Wirtschaftlichkeitsfaktoren oder Angaben über die Leistungsfähigkeit eines Verkehrsknotenpunktes –, für andere – etwa gestalterische Aspekte oder solche des Funktionsablaufs – gleichsam „freihändig" bewertet werden muß. Aus der Gesamtpunktzahl eines jeden der konkurrierenden Entwürfe ergibt sich dann eine Rangfolge; aus dem Vergleich der jeweils für einzelne Kriteriengruppen ermittelten Punkte lassen sich die spezifischen Stärken und Schwächen der Alternativen erkennen.

Indessen darf man das nicht als „Objektivierung" mißverstehen, denn sowohl in die Gewichtung der Teilaspekte als auch in deren Einzelbeurteilung fließen subjektive Urteile ein; was das Verfahren leistet, ist vielmehr eine Offenlegung der für eine Gesamtbeurteilung wichtigen Komponenten, die der Diskussion und dem rationalen Vorgehen zugute kommen kann. Durch eine „Sensibilitätsanalyse" läßt sich zudem prüfen, wie sich die Rangfolge ändern würde, legte man eine andere Gewichtung der Teilaspekte zugrunde – setzte man beispielsweise bei der Beurteilung von Lösungen für Knotenpunkte von Autostraßen den Aspekt „Flächenverbrauch" einmal mit dem halben und einmal mit dem doppelten Gewicht des Aspekts „Leistungsfähigkeit" ein.

In vielen Fällen wird man auch auf ein formalisiertes Bewertungsverfahren verzichten und die jeweiligen Vor- und Nachteile argumentativ abwägen, um zu einer Auswahl zwischen den Alternativen zu gelangen. Natürlich muß man auch mit der Möglichkeit rechnen, daß keine von ihnen ganz befriedigend erscheint und daß man deshalb eine Entscheidung aussetzt, bis weitere Möglichkeiten erkundet sind. Dabei wird man gegebenenfalls auch den gesetzten Handlungsspielraum erweitern – etwa einen vorgegebenen Kosten- oder Zeitrahmen ausweiten –, um zu klären, ob auf diese Weise eine bessere Lösung erreichbar ist.

Daß sich manchmal mit relativ bescheidenen Erweiterungen des Handlungsspielraumes viel erreichen läßt, zeigen städtebauliche Wettbewerbe, bei denen von der auslobenden Stadt jeweils die Einhaltung bestimmter Bedingungen – Beachtung von Baulinien, von Gebäudehöhen, von Anschlüssen an andere Gebäude – gefordert wird. Es kommt immer wieder vor, daß das Preisgericht einem Entwurf die höchste Qualität zuerkennt, der einzelne solcher Bedingungen nicht eingehalten hat. Aus formalen Gründen darf man ihm dann – eben wegen des Verstoßes gegen die Wettbewerbsregeln – keinen Preis zuerkennen, aber der Verwirklichung kann er zugrunde gelegt werden. Da solchem Verfahren aber immer etwas Unbefriedigendes anhaftet, empfiehlt es sich in aller Regel, derartige „Bedingungen" nicht zwingend vorzuschreiben, sondern als Anhaltspunkte zu bezeichnen, von denen abgewichen werden darf, wenn damit ein wesentlicher Gewinn für die Lösung der Aufgabe erzielt wird.

Wettbewerbe sind also ein sehr geeignetes Mittel, um eine möglichst große Vielfalt von Lösungsmöglichkeiten zu erhalten; damit wird einerseits die „Bandbreite" der sich bietenden Alternativen veranschaulicht und andererseits die Aufstellung rationaler und nachvollziehbarer Auswahlkriterien zur Pflicht gemacht.

Allerdings hat das übliche Verfahren des anonymen Wettbewerbs, bei dem innerhalb einer Laufzeit von drei bis vier Monaten allenfalls ein Kolloquium zur Beantwortung von Rückfragen stattfindet, deutliche Grenzen der Anwendung. Es eignet sich vor allem für solche Aufgaben, denen ein klares Programm zugrunde liegt und bei denen ein dreidimensionaler Entwurf verlangt wird; weit weniger geeignet ist es in Fällen, in denen Ziele und Vorgehensweisen noch abgeklärt werden sollen, also in der Regel bei längerfristig konzipierten Planungen der strukturellen Entwicklung. Um jedoch auch hier eine gewisse Auswahlmöglichkeit zwischen unterschiedlichen Handlungsansätzen zu gewinnen, hat man ein inzwischen häufig angewandtes Verfahren entwickelt, bei dem verschiedene Gutachter Planungsvorschläge erarbeiten und diese von Zeit zu Zeit mit der auftraggebenden Stadt, häufig auch untereinander, erörtern. So können notwendige Zwischenentscheidungen gefällt und Kurskorrekturen vorgenommen werden, die der Präzisierung des Gutachtens auf die anstehende Problematik zugute kommen. An die Stelle des „Preisgerichtes" tritt in solchen Fällen ein Gremium von „Obergutachtern", an die Stelle der Preise für die besten Entwürfe eine am Arbeitsaufwand orientierte Vergütung für jeden der Gutachter.

Die Mehrzahl der Bewertungs- und Entscheidungsverfahren, die bisher gleichsam in ihrem fachlichen Zusammenhang dargestellt wurden, mündet letztlich ein in den politischen Prozeß der Meinungsbildung und Entscheidung im Rat der Stadt. Wenn dort – was nicht selten ist – die Entscheidung anders fällt, als sie vom Stadtplanungsamt, vom Preisgericht oder vom Obergutachtergremium empfohlen wird, so sagt das nichts über die Qualität der vorher

vorgenommenen Bewertungsverfahren aus. Es zeigt vielmehr, daß
die Beurteilungsmaßstäbe der Politiker nicht immer die gleichen
sind wie die der Fachleute. Parteipolitische Querelen, verdeckte
Interessenkonstellationen, Rücksichten auf bevorstehende Wahlen
und manche anderen Erwägungen können gelegentlich Planungsentscheidungen in einer wenig rationalen Weise beeinflussen.

3.5 Typen von Plänen

Die bisherige Auseinandersetzung mit den Planalternativen und
ihrer Bewertung mußte zwangsläufig recht allgemein und abstrakt
bleiben. Indessen liegt es nahe zu fragen, welche Arten von Plänen
eigentlich für die Erfüllung derjenigen Aufgaben notwendig sind,
die sich der Stadtplanung stellen – was also an Plänen vorliegen
sollte, ehe Maßnahmen zur Verwirklichung ergriffen werden können.
     Greifen wir zurück auf die im ersten Kapitel angestellten Überle-
gungen über das Wesen der Stadtplanung, so muß es offenbar mindestens zwei Arten von Plänen geben, in denen sich die beiden Grundtypen der stadtplanerischen Tätigkeit niederschlagen: die langfristige
Disposition der räumlichen Ressourcen und die auf kurzfristige
Verwirklichung gerichtete genaue Festlegung der wichtigsten Be-
stimmungsmerkmale für die künftige Bodennutzung und Bebauung.
     Es wurde auch schon angedeutet, daß es bei den langfristigen
Überlegungen darum geht, mit dem Raum hauszuhalten, um künftige Möglichkeiten offenzuhalten, während die zweite Planart
verbindliche Abgrenzungen der öffentlichen Flächen gegen die
privaten Grundstücke und mehr oder minder genaue Bindungen
für die künftige Bebauung enthalten muß. Es handelt sich also um
zwei sehr verschiedene Typen von Plänen mit ganz unterschiedlichen Anliegen, zwischen denen ein Zusammenhang zunächst nur
insofern besteht, als der zur Verwirklichung bestimmte Plan den
langfristigen Überlegungen für das Stadtganze Rechnung tragen
muß, zumindest ihnen nicht zuwiderlaufen darf.
     Diesem Unterschied in den Planaufgaben entspricht zugleich ein
Maßstabssprung: der auf die langfristige Entwicklung ausgerich-
tete Plan muß das ganze Gemeindegebiet, gegebenenfalls auch in
seinen Beziehungen zum weiteren Siedlungsraum, darstellen und
damit für Großstädte mindestens im Maßstab 1:10000, in vielen
Fällen noch in kleineren Maßstäben bis hin zu 1:25000 dargestellt
werden. Im Gegensatz dazu wird der kurzfristig zu verwirk-

lichende Plan eine Genauigkeit aufweisen müssen, die es erlaubt, die Straßenbegrenzungen und die Baulinien durch Vermessung unmittelbar in die Wirklichkeit zu übertragen. Das erfordert einen Maßstab von 1 : 1000 oder größer; insbesondere in sehr kleinteiligen Bebauungsgebieten wie etwa in Altstädten wird man den Maßstab 1 : 500 häufig vorziehen.

Was nun die Inhalte angeht, so wird in der Regel das Schwergewicht des langfristigen Planes gar nicht auf den kartographischen Darstellungen, sondern eher auf dem Textteil liegen, der die ins Auge gefaßte räumliche Entwicklung darstellen und begründen muß. Zu diesem Zweck wird er sich mit den zu erwartenden Entwicklungstendenzen, den möglichen Reaktionen darauf und den für die Planung sich bietenden Alternativen auseinandersetzen müssen; alles dies sind Sachverhalte, die sich der kartographischen Darstellung weitgehend entziehen. Indessen ist eine solche Plandarstellung schon deshalb zwingend erforderlich, um nachzuweisen, wie die im Text erläuterten Ziele sich in der räumlichen Entwicklung niederschlagen und miteinander in Einklang gebracht werden können. Dabei werden die Darstellungen aber verschiedenartiges Gewicht, gleichsam unterschiedliche Stellenwerte aufweisen müssen: so könnten beispielsweise einige der im Plan dargestellten Freiflächen unter ökologischen Gesichtspunkten zwingend erforderlich sein, während andere ohne Nachteile verlagert werden oder sogar ganz entfallen könnten; so mögen bestimmte Nutzungsstandorte etwa für zentrale Nutzungen eindeutig fixiert werden müssen, während gewisse im Plan enthaltene Wohn- oder Arbeitsstättenbereiche hinsichtlich ihrer Nutzung möglicherweise austauschbar sind. Das Planwerk wird – wiederum eher im Text als in der Karte – darlegen müssen, in welchen Bereichen Flexibilität für die Aufnahme von gegenwärtig noch nicht erkennbaren Entwicklungstendenzen besteht, welche Stadtbereiche für Veränderungen der Bau- und Nutzungsstruktur längerfristig geeignet erscheinen und von welchen anderen Bereichen Veränderungstendenzen möglichst ferngehalten werden sollten. Auch notwendige Entwicklungen im Bereich der Infrastruktur – Neubauten, Ersatzmaßnahmen, gegebenenfalls auch Aufgabe vorhandener Einrichtungen oder „Rückbau" – gehören mit in solche langfristigen Erwägungen und sollten – wohl eher im Text als im Plan – Aufnahme finden. Im Grunde handelt es sich also nicht eigentlich um einen Plan mit textlichen Erläuterungen, sondern um eine Darstellung von Zielen, Prioritäten und Alternativen, die durch Pläne erläutert werden.

Ganz anders der durchführungsbezogene Plan: seine Verbindlichkeit liegt in der kartographischen Darstellung. Ob man nun an die erstmalige Bebauung eines Bereiches oder an die Umgestaltung eines bereits vorher bebauten Gebietes denkt: in jedem Falle muß der Plan genau die öffentlichen Flächen für Straßen, Wege und Grünanlagen zeigen – zum einen als Rechtsgrundlage, um die für öffentliche Zwecke benötigten Flächen zu erwerben, zum anderen als Orientierung für den privaten Bauherrn. Für ihn muß der Plan aber auch Aussagen über die zulässige Bebauung nach Art und Maß machen – einerseits, um sicherzustellen, daß die künftige Nutzung den Erfordernissen des Stadtgefüges und der vorgesehenen Infrastruktur entspricht, und andererseits auch als Information für die künftigen Nutzer des Gebietes, mit welcher Bebauung auf den verschiedenen Flächen zu rechnen ist. Hinzu kommen von Fall zu Fall weitere Einzelheiten, die ebenfalls der Verknüpfung zwischen öffentlichen und privaten Baumaßnahmen oder auch der Abstimmung zwischen den Nachbarn dienen – von der Höhenlage der Straßen über die Anordnung von Einstellplätzen bis hin zu Festsetzungen für Lärmschutzwälle oder für Bepflanzungen.

Zeithorizont, Zweckbestimmung, Maßstab und Inhalt solcher Pläne weisen also erhebliche Unterschiede auf, und das muß sich auch in ihrem rechtlichen Charakter spiegeln. Der langfristige Plan braucht im Grunde keine anderen Rechtswirkungen als „präventive"; er muß verhindern, daß die Offenheit für langfristige Dispositionen durch Teilmaßnahmen durchkreuzt wird, die diesen Überlegungen nicht ausreichend Rechnung tragen. Er braucht dagegen keine Rechtswirksamkeit für konkrete Planungsmaßnahmen; diese bedürfen in jedem Falle einer so weitgehenden Durcharbeitung, daß für sie der andere Plantyp – der auf Verwirklichung gerichtete Plan – die Rechtsgrundlage schaffen kann. Dieser Plan jedoch muß eine Verbindlichkeit gegenüber jedermann erhalten und deshalb den dafür erforderlichen Rechtscharakter besitzen. Im gemeindlichen Bereich ist dies die Satzung, also ein Ortsgesetz, das zu seiner Rechtsgültigkeit eines genau festgelegten Verfahrens bedarf, nach dessen ordnungsgemäßem Ablauf aber für jedermann verbindlich ist.

Solche Pläne sind je nach den aktuellen Erfordernissen von Fall zu Fall aufzustellen, aber sie könnten, ja müßten geradezu zu einem zufälligen Fleckenteppich führen, wenn sie sich nicht in eine Gesamtordnung der Stadt sinnvoll einfügten. Es stellt sich die Frage, ob der eingangs erwähnte langfristige Plan in der Lage ist, ein solches Gesamtkonzept mit derjenigen Genauigkeit vorzugeben, die für die Aufstellung des Durchführungsplanes erforderlich ist. Dies erscheint zweifelhaft, weil gerade das Ziel einer Offenhaltung langfristiger Entwicklungsmöglichkeiten einer solchen konzeptionellen Verfestigung im Wege steht. Die Lösung könnte in der Schaffung einer Zwischenstufe liegen: in einem die gesamte Siedlungsfläche erfassenden Plan, der einerseits die Bindungen aus der langfristigen Planung übernimmt, andererseits aber deren Grundgedanken schon so weit konkretisiert, daß sie für die Ebene des auf die Verwirklichung gerichteten Planes einen Rahmen darzustellen vermag. Diese Zwischenstufe hätte zugleich auch zeitlich mittelfristigen Charakter: sie würde nicht allein die unmittelbar bevorstehenden, sondern auch die etwa für die kommenden zehn oder fünfzehn Jahre ins Auge gefaßten Planungen und Maßnahmen zusammenfassen und beispielsweise Aussagen über künftige Nutzungsdichten, Bestandserhaltung oder -veränderung, Erschließungsmaßnahmen, gegebenenfalls auch Gestaltungsgrundsätze enthalten. Diese Aussagen hätten indes noch keine Rechtsverbindlichkeit; sie wären zunächst nur Niederschlag einer Durcharbeitung und Interpretation des langfristigen Planes mit dem Ziel einer mittelfristigen Konkretisierung. Dieser Plan brauchte nicht für alle Stadtbereiche eine einheitliche Aussagendichte zu enthalten; wichtig wäre vor allem eine Klärung der wünschenswerten Entwicklung für solche Bereiche, in denen Veränderungstendenzen erkennbar sind oder die im Interesse der städtischen Gesamtentwicklung der Umgestaltung bedürfen.

Ein solcher mittelfristiger, maßnahmenbezogener Plan ist aber auch noch aus einem anderen Grunde erforderlich: im Bereich der Stadt wirken nämlich zahlreiche Behörden und andere Institutionen von öffentlicher Bedeutung, die nicht Bestandteil der Stadtverwaltung sind, aber gleichwohl wichtige Teilaufgaben in der Stadt erfüllen. Das trifft vor allem für eine Reihe staatlicher Behörden zu; zu ihnen gehören beispielsweise für die Fernstraßen das Straßenbauamt, für einen etwa die Stadt durchziehenden Wasserlauf das Wasserwirtschaftsamt und, wenn es sich um einen schiffbaren Fluß handelt, auch das Wasser- und Schiffahrtsamt. Hinzu kommen die für den Natur- und Landschaftsschutz, den Denkmalschutz, die Gewerbeaufsicht und viele andere Aufgaben zuständigen staatlichen Behörden, aber auch die Bundesbahn, die Post, die Energieversorgungsunternehmen und zahlreiche weitere Institutionen, die im Vokabular des deutschen Planungsrechtes reichlich abstrakt als „Träger öffentlicher Belange" bezeichnet werden.

Was das Verhältnis dieser drei Plantypen zueinander angeht, so
gibt es keine feste Hierarchie in dem Sinne, daß jede Einzelmaßnahme aus der übergeordneten Konzeption abzuleiten wäre, daß
also der durchführungsorientierte Plan aus dem mittelfristigen und
dieser aus dem langfristigen Planungskonzept deduktiv entwickelt
würde. Dies wird zwar im deutschen Planungsrecht sinngemäß
gefordert, doch ist es insofern unrealistisch, als sich immer wieder
akute Probleme in Teilbereichen stellen, die bei der Erarbeitung der
Gesamtkonzeption noch nicht erkennbar waren, und ihr Gewicht
kann in Einzelfällen so groß sein, daß unter ihrem Einfluß der
übergeordnete Plan angepaßt, vielleicht gar in weiteren Bereichen
überarbeitet werden muß.

Man muß also mit wechselseitigen Beeinflussungsmöglichkeiten
rechnen und sich darauf auch in den Verfahrensregeln einstellen,
und man muß sich zugleich dessen bewußt sein, daß alle derartigen
Pläne im Grunde nur den Stand zeigen, den das Nachdenken über
eine sinnvolle Stadtentwicklung zum Zeitpunkt der Beschlußfassung über den Plan erreicht hat – gleichsam im Sinne einer Augen-
blicksaufnahme aus einem ständig fortschreitenden Prozeß. Für
den „Durchführungsplan" ist dann allerdings mit dem Augenblick
seiner Rechtsverbindlichkeit eine Änderung nur nach Einleitung
eines neuen förmlichen Verfahrens möglich, aber auch die muß
gelegentlich in Kauf genommen werden, wenn neue Verhältnisse
oder neue Wertungen die Gültigkeit bisheriger Entscheidungs-
grundlagen erschüttern.

Geht man von diesen allgemeinen Überlegungen aus, so scheint
sich eine Dreistufigkeit der Planung anzubieten, deren Stufen mit
wachsendem Zeithorizont und entsprechend wachsendem räumlichen Umgriff an Detailschärfe und Rechtsverbindlichkeit abneh-
men. Auf der untersten Ebene also die rechtsverbindlichen Pläne,
die in einem genau festgelegten Verfahren unter Einbeziehung aller
Beteiligten und Betroffenen erarbeitet werden müssen, auf der
mittleren Ebene ein noch weitgehend flexibler Plan, der indessen
zumindest in seinen Grundzügen mit denjenigen Behörden und
anderen Institutionen von öffentlicher Bedeutung abgestimmt sein
muß, die an der räumlichen Entwicklung der Stadt teilhaben, und
auf der obersten Ebene ein genereller Zielkatalog, abgestimmt mit
den Zielen der Raumordnung und Landesplanung und in eine
Reihe kartographischer Aussagen umgesetzt, deren Hauptaufgabe
es ist, eine kurzsichtige Verbauung künftiger Entwicklungsmöglichkeiten zu verhindern.

Tatsächlich weist das Planungsrecht in der Bundesrepublik jedoch nur zwei Planstufen auf, von denen die untere – der Bebauungsplan – genau dem auf kurzfristige Durchführung gerichteten rechtsverbindlichen Plan entspricht, während der Flächennutzungsplan eine nicht ganz glückliche Zwitterstellung zwischen den beiden beschriebenen längerfristigen Plantypen einnimmt. Er soll die „aus der beabsichtigten städtebaulichen Entwicklung sich ergebende Art der Bodennutzung nach den voraussehbaren Bedürfnissen der Gemeinde in den Grundzügen" darstellen und wird damit zwangsläufig zu einem „statischen" Plan, der einen künftigen Zustand zu zeigen scheint. In Wahrheit gibt er jedoch nur die Vorstellung von der wünschenswerten künftigen Verwendung des Flächenpotentials – also der räumlichen Ressourcen – wieder, die zum Zeitpunkt der Planaufstellung vorherrscht. Indessen wandeln sich Gegebenheiten und Ziele im Laufe der Zeit, und dies schlägt sich in Veränderungen des Planes nieder. Zudem zeigt die Erfahrung, daß der Blick auf die „voraussehbaren Bedürfnisse der Gemeinde" nicht auf allen Gebieten gleichmäßig in die Zukunft vordringen kann. Eine Schulplanung beispielsweise ist relativ einfach, weil die Zahl der künftigen Schulkinder – von Wanderungsbewegungen abgesehen – sechs Jahre vorher bekannt zu sein pflegt; schwieriger kann es mit anderen öffentlichen Einrichtungen und ihrer Priorität unter den konkurrierenden städtischen Investitionen werden.

Ein Beispiel mag diese Problematik verdeutlichen: Eine Mittelstadt stellt in ihrem Flächennutzungsplan ein neu zu schaffendes Wohngebiet, eine Fläche für ein Krankenhaus und eine Konzeption für die Führung der örtlichen Hauptverkehrsstraßen dar. Eine Überprüfung der realen Entwicklung ein Jahrzehnt später mag ergeben, daß das Wohngebiet planmäßig ausgebaut wurde, wenn auch – wegen erhöhter Nachfrage nach Einfamilienhäusern – mit einer geringeren Dichte als ursprünglich angenommen, und daß der Krankenhausstandort nicht benötigt wird, weil inzwischen der Landkreis die Konzentration der Krankenversorgung an anderer Stelle beschlossen hat. Indessen macht eine neue Konzeption für das Schulwesen ein Schulzentrum in dieser Stadt notwendig, für das nunmehr die ursprünglich dem Krankenhaus zugedachte Fläche in Anspruch genommen werden kann. Schließlich mag das Verkehrssystem der Überarbeitung bedürfen, weil der Bund die Planung für die Fernverkehrsstraßen umgestellt hat, so daß sich damit auch die erwarteten Netzbelastungen der städtischen Hauptverkehrsstraßen ändern.

Dies – zugegebenermaßen stark vereinfachte – Beispiel zeigt, daß Darstellungsweisen und Funktion des Flächennutzungsplanes nur bedingt übereinstimmen.

Der „Bebauungsplan" nach dem Baugesetzbuch ist demgegenüber recht gut auf die ihm zufallenden Aufgaben zugeschnitten. Diese Aufgaben können allerdings sehr unterschiedlich sein und demgemäß eine Differenzierung der Planaussagen erfordern. So gibt es Fälle, in denen ein abgeschlossenes Bauprojekt eines bestimmten Bauherrn oder Bauträgers – etwa für eine größere Wohnanlage – vorliegt, aber noch nicht genehmigungsfähig ist, weil für den betreffenden Bereich die städtebaulichen Rechtsgrundlagen fehlen oder dem vorgesehenen Projekt nicht entsprechen. Dann wird der aufzustellende Bebauungsplan auf das fertige Bauprojekt zugeschnitten werden und allenfalls gegenüber dem detaillierten Entwurf gewisse Vereinfachungen enthalten, die aber praktisch ohne Einfluß auf das Bauvorhaben sind.

Anders liegen die Verhältnisse, wenn zwar mit erheblicher baulicher Nachfrage gerechnet wird, solche Bauwünsche aber im einzelnen noch nicht formuliert und zu überblicken sind. Dies ist die typische Situation in einem Neubaugebiet etwa für Einfamilienhäuser privater Bauherren, aber auch in einem Gewerbegebiet, das von einer Gemeinde neu erschlossen wird, um verschiedenen Betrieben Ansiedelungsmöglichkeiten zu bieten. In beiden Fällen muß mit unterschiedlichen Bauwünschen gerechnet werden; bei den Einfamilienhäusern lassen sie sich allerdings noch leichter in einen allgemeinen Rahmen einfügen als im Gewerbegebiet, in dem die betrieblichen Erfordernisse der erwarteten Interessenten kaum zu überblicken sind. Infolgedessen werden hier für die Bebauung auf dem Grundstück in der Regel größere Freiheiten gelassen werden müssen als in einem Wohngebiet.

Ein dritter Grund schließlich für das Aufstellen eines Bebauungsplanes könnte darin liegen, daß in einem bereits bebauten Gebiet Veränderungswünsche erkennbar sind, die man vorsorglich begrenzen oder in bestimmte Richtungen lenken möchte; in diesem Falle werden die Festsetzungen des Planes stark davon abhängen, in welchem Maße man den Bestand „festschreiben" oder zur Veränderung freigeben möchte. Ein Bebauungsplan dieser Art würde also für einen großen Teil der von ihm erfaßten Grundstücke ohne sichtbare Folgen bleiben und nur dort „greifen", wo Veränderungen vorgenommen werden.

Die hier geschilderten Ausgangssituationen ließen sich noch

weiter differenzieren, aber sie mögen zur Erläuterung der Tatsache genügen, daß mit dem Begriff des Bebauungsplanes durchaus unterschiedliche Lenkungs- und Gestaltungsabsichten verbunden sein können. Alle diese Pläne haben jedoch noch eine sehr deutliche Beziehung zum baulichen Geschehen; in aller Regel setzen sie künftige Gebäude fest. Allerdings können sie auch in dem von ihnen erfaßten Gebiet Bebauung ausschließen, und insofern ist ihre rechtliche Bezeichnung nicht ganz glücklich; der in einigen Aufbaugesetzen der fünfziger Jahre gewählte Begriff des „Durchführungsplanes" traf den Sachverhalt im Grunde besser.

Nun führt gerade dieser Durchführungsbezug häufig dazu, daß die Flächenausdehnung des Bebauungsplans relativ klein gewählt wird, um Hindernisse, die dem Planaufstellungsverfahren aus Einwendungen erwachsen könnten, nach Möglichkeit zu vermeiden. Dies macht seine Einordnung in einen größeren Rahmen zusammenhängender Planungsüberlegungen um so notwendiger, für deren Darstellung sich aber der Flächennutzungsplan, wie dargelegt, kaum eignet. Er ist weder differenziert genug in seinen Aussagen, um eine solche Lenkungsfunktion für die Bebauungspläne zu erfüllen, noch ist er hinreichend flexibel und offen genug für Alternativen, um dem geforderten langfristigen Plan zu entsprechen. Mit diesem Mangel hängt es offenbar zusammen, daß sich in der städtebaulichen Praxis neben dem Flächennutzungsplan zwei nicht rechtsförmlich fixierte Typen von Arbeitsplänen herausgebildet haben, die näherer Betrachtung bedürfen: der „Stadtentwicklungsplan" und der „städtebauliche Rahmenplan".

Allerdings gibt es daneben noch einen anderen Grund für diese Erscheinung: die Schwerfälligkeit des rechtsförmlichen Planungsverfahrens, die dem sachlichen Erfordernis eines schnellen planerischen Reagierens auf neue Entwicklungen kaum gerecht werden kann. Wohl haben sich auch die beiden „Bauleitpläne" – Bebauungsplan und Flächennutzungsplan –, deren rechtliche Qualität im Abschnitt 4.2 erörtert wird, aus Plänen entwickelt, die den Stadtplanern als Arbeitsunterlage dienten und gleichsam von Fall zu Fall, nach den jeweiligen Erfordernissen, zu rechtsförmlichen Plänen gemacht wurden. Indessen sind sie seither so eng in Rechts- und Verfahrensvorschriften und in das Netzwerk von Gerichtsurteilen eingebunden, daß sie gleichsam ein juristisches Eigenleben entwickelt haben, das ihrer Eignung als flexible Arbeitsinstrumente – also Pläne, in denen sich die jeweils aktuellen Erkenntnisse und Planungsüberlegungen niederschlagen können – im Wege steht. Auch ihre Anschaulichkeit ist begrenzt, da sie den Vorschriften der Planzeichenverordnung entsprechen müssen; diese wiederum muß wegen der Differenziertheit des rechtlichen Instrumentariums eine Vielfalt von Darstellungsmöglichkeiten bieten, die wenig anschaulich und im Grunde nur noch für den Experten vollständig lesbar sind.

So ist es verständlich, daß es neben den rechtsförmlichen Plänen vielfach „informelle" Pläne zur Niederlegung von Planungsabsichten gibt, die keinen bestimmten Regeln zu folgen brauchen. Heute haben sich zwei Formen solcher Pläne so weitgehend eingebürgert, daß sie hier erläutert werden müssen:
– der Stadtentwicklungsplan, auch als städtebauliche Entwicklungsplanung bezeichnet, der bei der Novellierung von 1976 – wenn auch in stark abgeschwächter Form gegenüber dem Regierungsentwurf – ins Bundesbaugesetz aufgenommen wurde, und
– der städtebauliche Rahmenplan, der vor allem im letzten Jahrzehnt an Beliebtheit gewonnen hat und im neuen Baugesetzbuch wenn auch nicht geregelt, so doch erwähnt wird.

Die Stadtentwicklungsplanung geht allerdings in ihren Ansprüchen über eine rein raumbezogene Ordnung hinaus, wie aus dem Regierungsentwurf von 1974 zur Novellierung des Bundesbaugesetzes hervorgeht:

„Die städtebauliche Entwicklungsplanung als Teil einer umfassenden Entwicklungsplanung der Gemeinde, die als übergeordnete Planung für den gesamten Bereich Zielvorstellungen entwickelt und die gemeindlichen Tätigkeiten aufeinander abstimmt, setzt den Rahmen für eine, insbesondere den sozialen, kulturellen und wirtschaftlichen Erfordernissen dienende städtebauliche Entwicklung und Ordnung des Gemeindegebiets einschließlich der raumwirksamen Investitionen der Gemeinde und deren Zeit- und Rangfolgen . . ."[12]

Damit ist eine doppelte Ausweitung der bis dahin üblichen Stadtplanung angedeutet – einerseits in der Verknüpfung mit einer „umfassenden Entwicklungsplanung der Gemeinde", in der also auch wirtschaftspolitische und sozialpolitische Komponenten eine wichtige Rolle spielen, und andererseits in den Komplex der Zeit- und Rangfolgen von Investitionsprogrammen. Das bedeutet zugleich,

---

[12] Bundestagsdrucksache 7/2496 vom 22. 8. 74: Entwurf eines Gesetzes zur Änderung des Bundesbaugesetzes, S. 4.

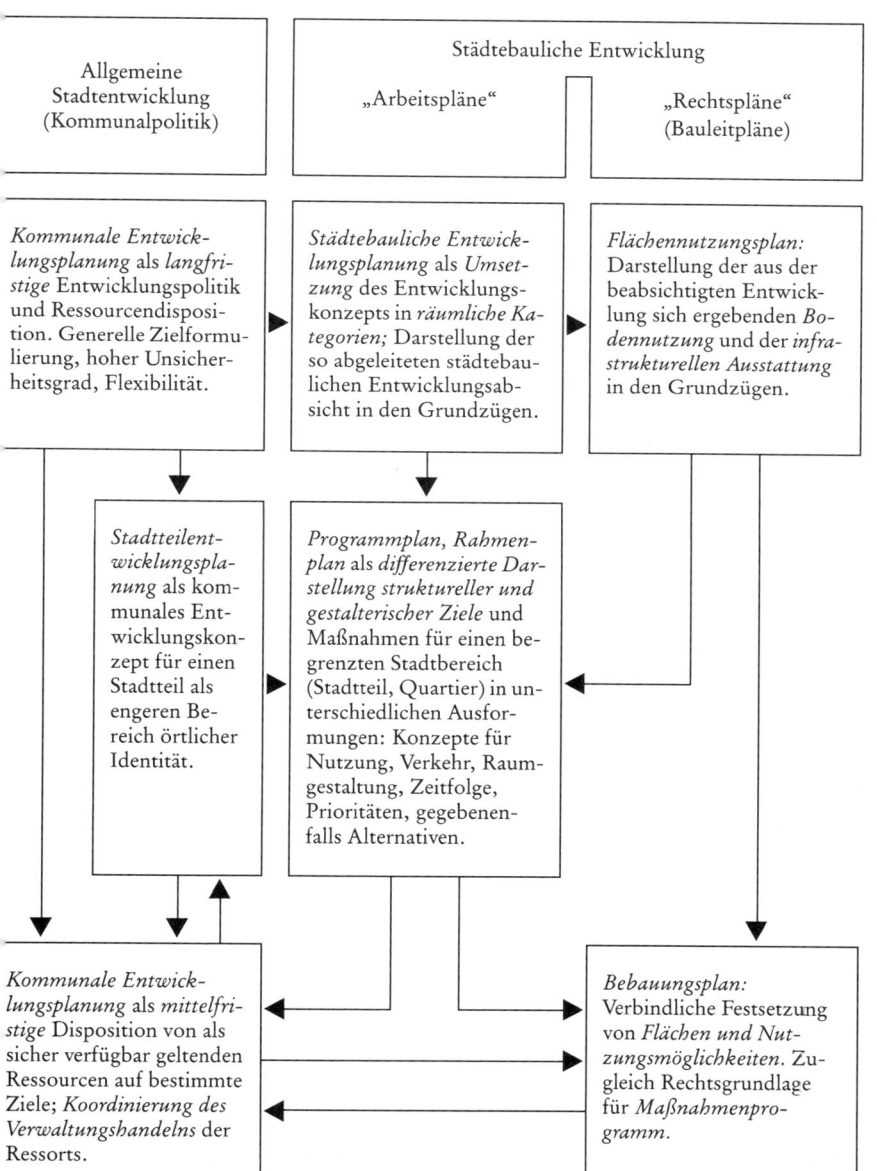

Tafel 2: Beziehungen zwischen den in der Stadtplanung üblichen Plantypen.

daß Entwicklungsplanung als eine positiv gestaltende Planung verstanden wird im Gegensatz zu der eher rahmensetzenden Rolle der üblichen Bauleitplanung. Es ist kein Zufall, daß in der gleichen Zeit die „Gebote" – Baugebot, Nutzungsgebot, Instandsetzungsgebot – ins Bundesbaugesetz aufgenommen wurden: sie sind ein Rechtsinstrument, mit dem man – zumindest theoretisch – einen Eigentümer zwingen kann, die vom Plan gebotenen Baumöglichkeiten auch tatsächlich auszunutzen, während die Bauleitplanung bis dahin weitgehend ein Angebot an Nutzungsmöglichkeiten darstellte, das vom betroffenen Eigentümer angenommen oder auch außer acht gelassen werden konnte.

Gleichwohl steht diese auf Durchführung gerichtete Orientierung, die durch die Forderung nach Zeit- und Rangfolgen für die raumwirksamen Investitionen bedingt ist, in einem gewissen Widerspruch zu der eingangs erwähnten langfristigen Disposition der räumlichen Ressourcen; realistische oder gar verbindliche Investitionsplanung ist im Rahmen der öffentlichen Haushalte immer nur auf einige Jahre möglich; darüber hinaus mag es „Perspektivplanungen" geben, aber kein Stadtkämmerer wird zur langfristigen Bindung seiner Finanzmittel bereit sein. Dieser Widerspruch hat zu einer Ambivalenz oder zumindest Unschärfe des Begriffes „Entwicklungsplanung" geführt, deren man sich bei seinem Gebrauch bewußt sein sollte (vgl. Tafel 2).

Auch dem Begriff der „Rahmenplanung" mangelt es an einer genauen Definition, und so werden auch unterschiedliche Inhalte von ihm erfaßt. Das ist insofern verständlich, als es eine Legaldefinition für diese „informelle" Planungsstufe natürlich nicht geben kann. Indessen besteht weitgehend Einverständnis darüber, daß eine Rahmenplanung nicht das gesamte Gemeindegebiet und auch nicht das ganze baulich genutzte Gebiet gleichsam in einem Zuge zu umfassen pflegt, sondern daß sie sich meist auf Stadtteile beschränkt, die jedoch nicht willkürlich abgegrenzt sein, sondern einen zusammengehörigen Teilbereich der Stadt bilden sollten.

Im allgemeinen besteht die Rahmenplanung aus einer Anzahl von in Planform niedergelegten Konzepten, die sich jeweils auf bestimmte Teilaspekte beziehen – wie etwa Gebäudenutzung, Verkehrssystem und Stadtgestalt. Dabei läßt sich innerhalb eines allgemeinen Rahmens die wünschenswerte Entwicklung sehr anschaulich und eingehend darstellen – gerade weil damit keine rechtlich bindende Wirkung verknüpft ist. Gleichwohl kann eine solche Darstellung bei der Meinungsbildung über künftige Maßnahmen wie auch bei der Koordinierung der beteiligten Behörden und bei der Beratung potentieller Investoren durchaus eine gewisse Lenkungswirkung entfalten.

Für beide Plantypen gilt, daß sie in aller Regel nicht alle Informationen in einem einzigen Plan zusammenfassen können; er müßte dann eine solche Fülle von Planzeichen enthalten, daß er überfrachtet und unübersichtlich würde. So werden meist mehrere einander ergänzende Plandarstellungen erforderlich, wie dies an dem einfachen Beispiel der drei Konzepte innerhalb eines Rahmenplanes schon dargelegt wurde. Darüber hinaus sind textliche Erläuterungen unerläßlich; sie können häufig einen erheblichen Umfang einnehmen. Es versteht sich, daß die wesentlichen Entscheidungen über die künftige Entwicklung, die sich in einem solchen Plan niederschlagen, klar begründet werden müssen – nicht allein im Sinne einer demokratischen Rechtfertigung, sondern auch zur Verdeutlichung, von welchen Voraussetzungen jeweils ausgegangen wurde. Dies erleichtert eine spätere Revision für den Fall, daß sich solche Voraussetzungen – etwa Erwartungen hinsichtlich des Bevölkerungswachstums oder der Wirtschaftsentwicklung – ändern sollten.

Die Erläuterung muß also auch die Ziele verdeutlichen, die mit der Planung verfolgt werden; aus ihnen läßt sich beispielsweise ableiten, welche Entwicklungsabsichten und Raumnutzungen in Verfolgung dieser Ziele von zentraler Bedeutung sind und in welchen Bereichen ein gewisses Maß an Flexibilität gegeben ist. Tatsächlich sind ja in einem vollständig und lückenlos dargestellten Plankonzept nicht alle Teilaspekte von gleicher Bedeutung. Während beispielsweise die Verteilung der Standorte für Haupt- und Nebenzentren in der Stadt, das Netz des schienengebundenen Nahverkehrs und die Sicherung ökologisch wichtiger Freiräume in einer Großstadt zu den Grundzügen der Planung gehören, kann die Änderung der vorgesehenen Nutzung eines Teilbereichs – etwa von gewerblicher zu Wohnnutzung – durchaus vertretbar sein, ohne daß Ziele und Grundzüge der Planung davon berührt würden. Läßt sich beispielsweise absehen, daß ein industrieller Betrieb eine von ihm genutzte Fläche in einigen Jahren aufzugeben beabsichtigt, etwa weil eine Verlagerung geplant ist, so mag es gewiß Fälle geben, in denen sich eine eindeutige Nutzung für diesen Bereich empfiehlt – Wiedernutzung für gewerbliche Zwecke, Ersatz durch Wohnnutzung oder auch Umwandlung in städtische Freiflächen. In anderen Fällen aber mag es richtiger sein, die Entscheidung über die künftige Nutzung offenzuhalten, weil man damit rechnen muß, daß nach Ablauf der Zeit bis zur tatsächlichen Räumung die Probleme oder zumindest ihre Dringlichkeit anders beurteilt werden als zuvor.

Dieser Situation hat das Baugesetzbuch insofern Rechnung getragen, als es nunmehr zulässig ist, im Flächennutzungsplan die künftige Nutzung bestimmter Gebiete offenzulassen, wenn dies entsprechend begründet wird und die Grundzüge der Planung davon nicht beeinträchtigt werden.

Der kritische Betrachter mag darüber hinaus fragen, ob der Flächennutzungsplan mit seinem Anspruch auf eine vollständige Darstellung der gesamten Bodennutzung im Gemeindegebiet tatsächlich ein geeignetes Mittel für die Verdeutlichung langfristiger Ziele und Planungsstrategien ist. Man könnte sich durchaus vorstellen, daß man gegenüber der heutigen Verfahrensweise gleichsam die Vorzeichen umkehrte: nicht das Dokument des Flächennutzungsplanes in den Vordergrund rücken und es mit einem Erläuterungsbericht ergänzen, sondern vielmehr eine verbale Formulierung von Zielen und Prioritäten zum Kernstück der Planung, zum eigentlichen Dokument zu machen, während der Flächennutzungsplan dann nur die erläuternde Funktion hätte, die Vereinbarkeit der aufgestellten Ziele in der räumlichen Entwicklung auch tatsächlich nachzuweisen. Dies entspräche in gewisser Hinsicht dem britischen Verfahren, in dem der 'structure plan' für eine Grafschaft tatsächlich ein vom Rat verabschiedeter Text mit den Zielen der Stadtentwicklung ist, während die beigegebenen Pläne der Information und wohl auch dem Nachweis der Erfüllbarkeit dieser Ziele dienen.

Diese Erwägungen lassen erkennen, daß die Anliegen der Stadtplanung nicht immer leicht in geeignete Pläne umsetzbar sind. Dies hat seinen Grund vor allem darin, daß solche Pläne widersprüchlichen Anforderungen gerecht werden sollen: sie sollen einerseits als Hilfsmittel zur flexiblen Entwicklungssteuerung dienen und andererseits dauerhafte Rechtsgrundlagen für Bau- und andere Nutzungsansprüche schaffen. In dieser Widersprüchlichkeit spiegelt sich zugleich die Schwierigkeit, diese beiden Aufgaben auch im Planungsalltag zu vereinen.

3.6 Zur Verwirklichung der Planung

Der Übergang vom Plan zur Verwirklichung eines Planungsvorhabens läßt sich in zwei Abschnitte gliedern: eine erste Phase, in der rechtliche, finanzielle und technische Voraussetzungen für die Plandurchführung geschaffen werden, und eine zweite, in der die vorgesehenen Bau-, Umbau- und Abbruchmaßnahmen ausgeführt werden. Diese Abschnitte mögen zwar zeitlich ineinandergreifen, sind aber organisatorisch meist deutlich getrennt, denn die bauliche Ausführung liegt in aller Regel nicht mehr im Kompetenzbereich der Stadtplanung, sondern in dem anderer Ämter und Institutionen. Insofern ist die erste Phase, in der gleichsam die Weichen für diese konkreten Maßnahmen gestellt werden, in dem hier zu behandelnden Zusammenhang wichtiger. Um diese Aufgabe der „Implementation" (vgl. Abschnitt 3.1) zu meistern, muß die Stadtplanung die Werkzeuge überblicken und zu handhaben wissen, mit denen Planungskonzepte in rechtlich und sachlich abgesicherte Maßnahmen umgesetzt werden können.

Eine erste Auseinandersetzung mit diesem Aspekt könnte zu folgender Gliederung führen:
– einerseits in die Mittel, die der planenden Gemeinde selbst zur Verfügung stehen, um bauliche oder sonstige umweltgestaltende Maßnahmen durchzuführen, und
– andererseits in die Mittel, mit denen auf andere „Akteure" öffentlicher und privater Art eingewirkt werden kann mit dem Ziel, sie zur Befolgung des Planes zu veranlassen.

Der Hauptaufgabenbereich, in dem die Gemeinde unmittelbar tätig werden kann, liegt in der Schaffung der öffentlichen Infrastruktur (vgl. Abschnitt 5.1), die in vielen Fällen – etwa bei Straßen und Leitungen – unerläßliche Voraussetzung für die im Plan vorgesehenen privaten Bauinvestitionen ist und damit zugleich einen Anreiz für den privaten Investor bilden kann.

Für diese Infrastruktur technischer und sozialer Art muß die Gemeinde die finanziellen Mittel in ihrem Haushaltsplan bereitstellen und sich die etwa zu erwirkenden staatlichen Zuschüsse sichern. Dies gilt nicht nur für die Baumaßnahmen selbst, sondern auch für den dazu notwendigen Grunderwerb. Dieser wiederum mag in vielen Fällen einvernehmlich – durch freihändigen Kauf vom bisherigen Grundeigentümer – vor sich gehen, aber häufig wird dieser nicht zum Verkauf bereit sein oder einen überhöhten Preis fordern. Dann bleibt der Gemeinde normalerweise nur der Weg des

Ziele	Maßnahmen/Instrumente	Rechtsgrundlagen*
Gefahren für Sicherheit und Gesundheit der Wohnenden und Arbeitenden sind zu vermeiden.	Forderungen an Bautechnik, Belichtung, Grundriß, Ausstattung, Zugänglichkeit, Gebäude- und Grenzabstände.	Landesbauordnung (z. T. ergänzt durch Ortsbausatzung bzw. Bebauungsplan).
Flächen für öffentliche Zwecke müssen erworben und vorher vorsorglich von Bebauung freigehalten werden, um Entschädigungspflicht zu vermeiden.	Verbindliche Festlegung künftiger Grenzen in amtlicher Karte. Möglichkeit zum Erwerb auch gegen Eigentümerwillen (Vorkauf oder Enteignung).	[Fluchtlinienfestsetzung nach Fluchtliniengesetz] Bebauungsplan BauGB §§ 8–13 Enteignung BauGB §§ 85–122
Eigentümer soll bei Bebauung einer strukturellen Ordnungsvorstellung der Bodennutzung folgen.	Festlegung von Art und Maß der Nutzung (unterschiedliche Mittel der Festlegung).	[Staffelbauordnung, Baugebietsplan, Bauzonenplan] Bebauungsplan BauGB §§ 8–13
Eigentümer soll bei Bebauung eine gestalterische Ordnungsvorstellung beachten.	Festlegung der Baukörper in Grundriß und Höhe	Baulinien, Baugrenzen und Geschoßzahlen im Beb.-Plan
	Vorschriften zur Gebäudegestaltung	Ortssatzung auf der Grundlage der Landesbauordnung
Eigentümer soll seinen Grundstückszuschnitt den Erfordernissen einer geregelten Bebauung anpassen.	Grenzregelung Umlegung	BauGB §§ 80–84 §§ 45–79
Eigentümer soll während der Planungsarbeiten diese nicht durch Investitionen erschweren.	Veränderungssperre	BauGB §§ 14–18
Eigentümer soll eine ihm rechtlich gebotene Bebauungsmöglichkeit tatsächlich ausnutzen.	Baugebot, Abbruchgebot, Modernisierungs- und Instandsetzungsgebot	BauGB §§ 175–179
Eigentümer soll ein bestehendes Gebäude erhalten.	Genehmigungspflichtigkeit des Abbruches	BauGB §§ 172–174

Ziele	Maßnahmen/Instrumente	Rechtsgrundlagen*
Eigentümer soll durch Planung keinen Schaden erleiden.	Entschädigung für Schäden	BauGB §§ 39–44
Eigentümer soll durch Planung keine ungerechtfertigten Vorteile erhalten.	Ausgleichsabgabe für Vorteile (Planungswertausgleich)	BauGB §§ 154, 155 (nur in Sanierungsgebieten)
Eigentümer soll zu den Kosten der ihm zugute kommenden Infrastruktur angemessen beitragen.	Abgabe für Bau von Straßen und anderen Erschließungsanlagen (Erschließungsbeitrag)	[preuß. Ansiedlungsgesetz] BauGB §§ 123–135
(Zeitweiliger) Eigentumsübergang an Gemeinde soll dieser größere Planungsfreiheit sichern.	Vorkaufsrecht Grunderwerbsrecht	BauGB §§ 24–28 StFG § 18, im BauGB entfallen
Ausübung des Vorkaufsrechtes soll nicht durch überhöhte Preise erschwert werden.	Preislimitiertes Vorkaufsrecht	BauGB § 28 (3) (nur in eng begrenzten Fällen)
Soziale Härten für Planungsbetroffene sollen vermieden werden.	Sozialplan	BauGB § 180

Frühere Rechtsgrundlagen in [ ].

Tafel 3: Hauptaufgaben bei der Verwirklichung der Planung.

Enteignungsverfahrens, das seinerseits auf einen rechtsgültigen Bebauungsplan gestützt sein muß. Das bedeutet, daß das rechtsförmliche Verfahren zur Planaufstellung abgeschlossen sein muß, ehe das Enteignungsverfahren eingeleitet werden kann – eine meist recht langwierige Prozedur, die man nach Möglichkeit vermeidet, und deshalb wird gelegentlich der überhöhte Preis dann doch bezahlt.

Nun gibt es eine ganze Reihe anderer Maßnahmen, mit denen die Gemeinde zur Verwirklichung ihrer Planung unmittelbar tätig werden kann, ohne daß es immer des Grunderwerbs oder eines Bebau-

ungsplanverfahrens bedarf. Zu ihnen gehören beispielsweise der
Straßenumbau etwa mit dem Ziel der Verkehrsberuhigung oder
sonstige Maßnahmen der Verkehrslenkung und Verkehrsbeein-
flussung im vorhandenen Straßenraum, aber auch die Steuerung
von Parkplatzausbau und Parkplatzgebühren, etwa um bestimmte
Plätze für „Langparker", die das Auto dort den ganzen Tag über
abzustellen pflegen, durch progressiv steigende Parkgebühren unat-
traktiv zu machen und sie damit „Kurzparkern" im Wirtschafts- und
Einkaufsverkehr vorzubehalten.

Aber damit ist schon der Übergang zu jenen Mitteln gegeben,
mit denen die Gemeinde auf das Verhalten anderer einwirkt. Hier
ist nun vor allem der öffentlich-rechtliche Plan mit verbindlichen
Festsetzungen zur Bodennutzung zu nennen – der Bebauungsplan
nach dem Baugesetzbuch, dessen Funktion im vorigen Abschnitt
schon behandelt wurde und auf dessen rechtliche Qualität im Abschnitt 4.2 noch einzugehen sein wird. Seine Regelungen bestimmen – in mehr oder minder strikter Form – Art und Maß der zulässigen Nutzung, gegebenenfalls bis hin zur genauen Anordnung
und Ausformung der Baukörper und zahlreichen weiteren Teilvor-
schriften.

Nun ist ein solcher Plan zunächst nur gleichbedeutend mit einem
Angebot an den Grundeigentümer, das er annehmen oder – indem
er die bisherige Nutzung des Grundstücks fortsetzt – auch unbe-
achtet lassen kann. Die rechtliche Wirkung des Planes beschränkte
sich lange darauf, dem Plan zuwiderlaufende Baumaßnahmen zu
verhindern, ohne eine plangemäße Entwicklung erzwingen zu können. Seit 1976 allerdings – für Sanierungsgebiete schon seit 1971 –
sieht das Gesetz die Möglichkeit vor, auf der Grundlage des Bebauungsplanes ein Baugebot zu erlassen und den Eigentümer damit zu
zwingen, entweder selbst zu bauen oder das Grundstück an einen
Bauwilligen zu veräußern, aber es ist bisher nur selten angewandt
worden. Das ist insofern verständlich, als das wirtschaftliche
Risiko einer solchen Baumaßnahme ja beim Eigentümer verbleibt;
wenn ein Grundeigentümer geltend macht, daß für die im Plan
vorgesehenen Nutzungen keine Nachfrage zu erwarten, also die
Rentabilität des Vorhabens nicht gesichert sei, wird sich dies nicht
immer entkräften lassen, so daß der gemeindlichen Einflußnahme
Grenzen gesetzt sind.

Dem Bebauungsplan in der Rechtswirkung vergleichbar sind die
Planfeststellungsverfahren anderer öffentlicher Planungsträger wie
der Straßenbauverwaltung, der Bundesbahn oder der Wasserwirt-

schaftsbehörde, die allerdings jeweils nur für die unmittelbar ihren Zwecken dienenden Vorhaben gilt.

Ein wichtiges Mittel zur Verwirklichung von Planungen ist die Anpassung der Parzellenstruktur an die vorgesehene Bebauung, die meist auf dem Wege der „Umlegung" (vgl. Abschnitt 4.2) vor sich geht, also durch Aufhebung der alten Grundstücksgrenzen und durch Zuteilung neuer Parzellen entsprechend dem Wert der eingeworfenen Flächen. Auch sie ist an das Vorliegen eines Bebauungsplanes gebunden, der allerdings bei Einleitung des Verfahrens noch nicht rechtskräftig sein muß.

Das alles sind Hilfsmittel, um einen auf Veränderung gerichteten Plan verwirklichen zu helfen, aber es gibt auch Fälle – und sie mehren sich seit etwa einem Jahrzehnt –, in denen von der Planung nicht Veränderung, sondern Bewahrung gefordert wird – also eine rechtliche Absicherung gegen Veränderung. Soweit es sich um Baudenkmale handelt, kann der Denkmalschutz diese Funktion übernehmen, aber das Erhaltungsinteresse mag aus mancherlei Gründen – gegebenenfalls auch aus sozialpolitischen – auch weitere Gebäude umfassen. Diese Erhaltungsaufgabe vermag der Bebauungsplan nicht zu leisten, denn auch wenn man einen Baukörper in allen Einzelheiten im Plan „festschreibt", kann der Eigentümer ihn abbrechen und an seiner Stelle einen Neubau errichten. Helfen kann hier das Instrument der 1976 geschaffenen „Erhaltungssatzung", die für bestimmte Gebiete erlassen werden kann mit der Folge, daß die erforderliche Genehmigung für Gebäudeabbrüche aus städtebaulichen Gründen versagt werden kann. Allerdings bedarf eine solche Zielsetzung stets der Unterstützung durch eine Stadtentwicklungspolitik, die diesem Anliegen der Erhaltung durch entsprechende Lenkung der Entwicklungskräfte im Stadtgebiet Rechnung trägt (vgl. Abschnitt 5.6).

Eine solche Notwendigkeit, rechtliche Planungsmaßnahmen durch eine sinnvolle Stadtentwicklungspolitik zu unterstützen, besteht natürlich auch bei auf Veränderung gerichteten Plänen. In diesem Rahmen können nun auch finanzielle Anreize zur Verwirklichung eines Planes eine wichtige Rolle spielen – etwa eine Senkung des Gewerbesteuer-Hebesatzes, um auswärtige Interessenten für ein geplantes Industriegebiet zu gewinnen, oder die Einflußnahme auf Tarife des öffentlichen Nahverkehrs, um das Verkehrsverhalten der Stadtbewohner zu beeinflussen. Neben derartigen allgemeinen Maßnahmen können solche der unmittelbaren Förderung – etwa bei Betriebsverlagerung aus Gemengelagen heraus oder bei Neu-

schaffung von Arbeitsplätzen in wirtschaftsschwachen Regionen –
eine erhebliche Rolle spielen. Hier haben wir es aber meist eher mit
staatlichen als mit gemeindlichen Förderprogrammen zu tun, vor
allem, wenn damit auch landesplanerischen Zielen gedient werden
soll. Das logische Gegenstück dazu, in England und Frankreich in
den Jahren des großenWirtschaftswachstums angewandt, sind
erhöhte Steuern oder sonstige Abgaben für Betriebe, die sich in
einem ohnehin belasteten Ballungsraum – wie London oder Paris –
ansiedeln und damit der angestrebten entlastenden Dezentralisierung
entgegenwirken.

Alles das sind Maßnahmen, mit denen für den Benutzer des
Stadtraumes – hier als Investor oder Verkehrsteilnehmer – gleichsam die Marktdaten verändert werden mit dem Ziel, ihn zu einem
dem Planungskonzept entsprechenden Verhalten zu veranlassen;
für sie hat sich im Planungsjargon der Begriff der „flankierenden
Maßnahmen" – im Sinne der Unterstützung einer „direkten" Planungsmaßnahme – eingebürgert.

Demgemäß lassen sich die Mittel, die zur Verwirklichung von
Plänen verfügbar sind, allgemein in drei große Gruppen einteilen:
– Die öffentlich-rechtlichen Pläne und Satzungen, welche die
  Zulässigkeit bestimmter Vorhaben statuieren und damit die Zulassung anderer ausschließen. Neben Bebauungsplänen sind dies
  vor allem gemeindliche Erhaltungssatzungen und die Planfeststellungsverfahren staatlicher Planungsträger.
– Die realen Investitionen der öffentlichen Hand oder auch Privater, mit denen Standortqualitäten, Erreichbarkeiten, Versor-
  gungsmöglichkeiten verändert werden und für den Raumnutzer
  eine neue Situation schaffen. Der direkte Einfluß der planenden
  Instanz beschränkt sich in der Regel auf die öffentlichen Investitionen, und auch ihm sind angesichts der Trennungslinien zwischen den verschiedenen Instanzen und Ressorts der öffentlichen
  Verwaltung Grenzen gesetzt.
– Die mittelbare Einwirkung auf das Verhalten der „Umweltbenut-
  zer" durch wirtschaftliche Anreize und Abschreckungen wie
  Prämien, Steuern oder Tarife. Auch hier bedarf es der Abstimmung zwischen den verschiedenen auf diese Weise tätigen Behörden, wenn man gegenläufige Auswirkungen von Förderungsmaßnahmen verschiedener Instanzen vermeiden will.

Literatur zu Kapitel 3

Atteslander, P.; B. Hamm (Hrsg.): Materialien zur Siedlungssoziologie. Köln 1974.

Bahrdt, H. P.: Die moderne Großstadt. Reinbek 1961.

Becker, H.; K. D. Keim: Wahrnehmung der städtischen Umwelt. Berlin 1973.

Böhret, C.: Grundriß der Planungspraxis. Opladen 1975.

Carlberg, M.: Stadtökonomie. Göttingen 1978.

Friedrichs, J.: Stadtanalyse. Soziale und räumliche Organisation der Gesellschaft. Hamburg 1977.

Fürst, D. (Hrsg.): Stadtökonomie. In: Wirtschaftswissenschaftliches Seminar, Band 6, Stuttgart, New York 1977.

Hahn, A.; H. J. Sievert; H. A. Schubert: Gemeindesoziologie. Stuttgart 1979.

Herlyn, U. (Hrsg.): Stadt- und Sozialstruktur. München 1974.

Hesse, J. J.: Stadtentwicklungsplanung: Zielfindungsprozesse und Zielvorstellungen. 2. Auflage, Stuttgart 1973.

Heuer, H.: Sozioökonomische Bestimmungsgründe der Stadtentwicklung. Stuttgart 1975.

König, R.: Grundformen der Gesellschaft: Die Gemeinde. Hamburg 1958.

Kruse, L.: Räumliche Umwelt. Berlin 1974.

Meise, J.; A. Volwahsen: Stadt- und Regionalplanung: ein Methodenhandbuch, Braunschweig 1980.

Pfeil, E.: Großstadtforschung. Akademie für Raumforschung und Landesplanung, Abh. Bd. 65, Hannover 1972.

Scharpf, F. W.: Planung als politischer Prozeß. Frankfurt a. M. 1973.

4. RECHT UND ORGANISATION DER STADTPLANUNG

4.1 Aufgaben des Planungsrechts

Der Überblick über die geschichtliche Entwicklung der Stadtplanung hat gezeigt, daß auch das Planungsrecht entsprechend den Wandlungen in der Interpretation von Rolle und Aufgaben der Planung ständigen Veränderungen unterworfen war (vgl. Abschnitt 2). Seine große Bedeutung für die Stadtplanung erwächst aus der Tatsache, daß es zugleich ihren Rahmen bestimmt und ihr Werkzeug darstellt. Der Planungspraktiker ist leicht geneigt, nur die instrumentale Seite zu sehen und das Recht nur daran zu messen, inwieweit es die Lösung seiner Sachprobleme erleichtert. Aber natürlich ist das Planungsrecht zugleich Teil einer umfassenderen Rechtsordnung, eingebunden in ein System, das seine Wurzeln letzten Endes in der Verfassung hat. Ein Teil dessen, was für die Planungspraxis als Hemmnis erscheinen mag, beruht auf eben dieser Einbindung.

Planungsrecht ist im wesentlichen Bodennutzungsrecht, genauer gesagt, ein Recht, das dem Grundeigentümer in der freien Verfügung über die Nutzung seines Grund und Bodens Beschränkungen auferlegt, soweit diese durch das öffentliche Interesse gerechtfertigt sind. Dies wird schon in der berühmten Formulierung des preußischen Allgemeinen Landrechtes von 1794 deutlich: „In der Regel ist jeder Eigentümer seinen Grund und Boden mit Gebäuden zu besetzen oder seine Gebäude zu verändern wohl befugt. Doch soll zum Schaden oder zur Unsicherheit des gemeinen Wesens oder zur Verunstaltung der Städte und öffentlichen Plätze kein Bau und keine Veränderung vorgenommen werden." [1] Was Schaden oder Unsicherheit des Gemeinwesens herbeiführen könne, ist im Laufe der inzwischen vergangenen fast zwei Jahrhunderte unterschiedlich beurteilt worden; das wachsende Problembewußtsein hat dabei auch Anlaß zu neuen, den Anliegen der Stadtplanung nahestehenden Gesetzeswerken gegeben wie etwa zum Bundesimmissions-

---

[1] Preußisches Allgemeines Landrecht von 1794, §§ 65 und 66 I 8.

schutzgesetz; auf die Beziehungen zwischen Stadtplanung und Umweltschutz wird in Abschnitt 4.4 näher eingegangen.

In den dicht besiedelten und hochindustrialisierten Ländern insbesondere West- und Mitteleuropas stellten und stellen sich zwar durchaus vergleichbare Probleme der räumlichen Entwicklung; das Planungsrecht der einzelnen Länder weist jedoch erhebliche Unterschiede auf. Sie sind einerseits durch verschiedenartige Rechtstraditionen, andererseits aber auch durch Besonderheiten der Aufgabenzuweisung innerhalb der Staatsverwaltung bedingt. So gehen die Ursprünge der britischen Stadtplanung vor allem auf das Streben zurück, wohnhygienische Mißstände zu beseitigen, so daß die administrative Zuständigkeit bis zur Mitte unseres Jahrhunderts beim Gesundheitsministerium lag; in Deutschland dagegen kann man eher von einer Entwicklung aus dem Baupolizeiwesen heraus sprechen. Beide Länder haben die Planungszuständigkeit örtlichen Behörden übertragen, während sie in Frankreich bis zu der von Mitterrand eingeleiteten Dezentralisierung zu Anfang der achtziger Jahre bei der Staatsregierung in Paris zentralisiert war.

Aber ungeachtet dieser Unterschiede weist die Entwicklung des Stadtplanungsrechtes deutliche Gemeinsamkeiten und Parallelen zwischen den Ländern auf. Deshalb soll zunächst ein Blick auf die Sachaufgaben geworfen werden, deren Erfüllung man ganz allgemein vom Planungsrecht erwartet, ehe die spezifischen Regelungen in der Bundesrepublik Deutschland ausführlicher dargestellt werden. Auch in dieser Hinsicht haben sich natürlich mit dem wachsenden Bewußtsein der Komplexität räumlicher Entwicklung und ihrer Regelungsbedürftigkeit erhebliche Veränderungen im Zeitablauf vollzogen.

Im 19. Jahrhundert war das gewichtigste Motiv für staatliche Regelungen im Bauwesen das der Sicherheit, und hier war es zunächst vor allem der Brandschutz, der einerseits zu bautechnischen Vorschriften Anlaß gab, andererseits aber auch zu Bestimmungen über Gebäudehöhen, Gebäudeabstände und Hofgrößen führte. Solche in der Bauordnung verankerte Regelungen stellen bereits einen Übergang vom reinen Baurecht zum Städtebaurecht dar. Das gleiche trifft für die Festsetzung der Baulinie an der öffentlichen Straße zu, die mit der Baugenehmigung einherzugehen pflegte.

Das Straßennetz kann sich aber nicht allein aus den Ansprüchen der einzelnen Gebäude auf Erschließung herleiten, sondern muß im größeren Zusammenhang gesehen werden und dabei auch den Erfordernissen des Durchgangsverkehrs Rechnung tragen. Folgerichtig gehört die Möglichkeit, hierfür benötigte Flächen auch gegen den Willen des Grundeigentümers zu erwerben, zu den grundlegenden Bestandteilen des Planungsrechtes. „Enteignung" ist der deutsche Fachausdruck; die Engländer sprechen etwas genauer von „Zwangskauf". Ein so weitgehender Eingriff muß natürlich an die Voraussetzung eines rechtmäßig zustande gekommenen Planes geknüpft werden, dessen Maßstab genau genug sein muß, um die notwendige Fläche im Gelände genau abzustecken.

Der öffentliche Zweck schließt im allgemeinen ein, daß die Fläche zum Wohl der Allgemeinheit benötigt wird; diese Voraussetzung pflegt bei allen Enteignungsverfahren eine maßgebliche Rolle zu spielen. Dabei kann es natürlich Auffassungsunterschiede geben: so selbstverständlich das allgemeine Straßensystem der Stadt in diesem Sinne anerkannt zu sein pflegt, so scharf können die Kontroversen über die Notwendigkeit einer Stadtschnellstraße sein, über die dann gegebenenfalls gerichtlich entschieden werden muß.

Daß außer den Straßen auch die Grundstücke für öffentliche Freiflächen und für öffentliche Gebäude dem Allgemeinwohl dienen und daher notfalls auf dem Wege der Enteignung zu erwerben sind, ist erst im 20. Jahrhundert zur allgemeinen Rechtsauffassung geworden.

Aber auch das, was der Privatmann auf seinem Grundstück baut und wie er es nutzt, liegt nicht außerhalb des öffentlichen Interesses. So sind beispielsweise die Straßenbreite und die an solchen Straßen angesiedelte Nutzung nicht unabhängig voneinander: eine schmale Straße mag für die Erschließung von Einfamilienhäusern ausreichen, während sie schon den von einer mehrgeschossigen Bebauung verursachten Verkehr nicht mehr aufnehmen kann und für die Ansiedlung von großen Gewerbebetrieben vollends ungeeignet ist. Ebenso kann die unmittelbare Nachbarschaft von Fabriken und Wohnungen wegen der gesundheitlichen Gefährdung der Bewohner dem Allgemeinwohl zuwiderlaufen. Folgerichtig gehört also auch die Nutzung der Grundstücke in den Bereich dessen, was planerisch wenigstens in bestimmten Grenzen gesteuert werden muß, und daraus ergeben sich auch gewisse Grundbedingungen für die dort zulässigen Baukörper und damit Beziehungen zur räumlichen Gestaltung.

Solche Gestaltung ist im deutschen Planungsrecht traditionell auch als öffentliche Aufgabe verankert, wenn auch zunächst nur im Sinne einer Abwehr von Verunstaltungen. Zu den Zielen der Bauleitplanung gehört indessen, daß sie der Gestaltung des Orts- und

Landschaftsbildes dienen soll; vom Einzelvorhaben, das nicht in einem durch einen detaillierten Bebauungsplan geregelten Bereich errichtet werden soll, wird gefordert, daß es sich in seine Umgebung einfügt. So verlangt also das Planungsrecht, daß das private Bauvorhaben sowohl auf das Nutzungskonzept der Stadt als auch auf Gestaltungsziele Rücksicht nimmt und sich ihnen anpaßt.

Im Grunde sind dies die drei wesentlichsten Ansprüche, die sich aus dem Auftrag der städtebaulichen Planung ergeben und im Planungsrecht geregelt werden müssen:

– Sicherung und Erwerbsmöglichkeit von Flächen, die für öffentliche Zwecke benötigt werden,
– die Einfügung der öffentlichen und privaten Bauvorhaben in ein strukturelles Ordnungskonzept,
– die Einordnung der öffentlichen und privaten Bauvorhaben in einen städtebaulichen Gestaltrahmen.

Alle weiteren gesetzlichen Vorschriften lassen sich letzten Endes aus diesen drei Grundüberlegungen und aus dem Bestreben ableiten, bei der Durchsetzung öffentlicher Belange die mögliche Beeinträchtigung privater Interessen so gering wie möglich zu halten. Solche Vorschriften beziehen sich beispielsweise auf die Möglichkeit, während der Aufstellung eines Planes zu verhindern, daß seine Verwirklichung durch ihm zuwiderlaufende Bauvorhaben erschwert oder gar verhindert würde, und auf die Möglichkeit, den jeweils gegebenen Grundstückszuschnitt auf möglichst einfache und für die Beteiligten gerechte Weise so zu verändern, daß er mit der vorgesehenen Bebauung vereinbar ist (vgl. Tafel 3).

Weiterhin gehört zu derartigen ergänzenden Vorschriften auch die Regelung des Kostenanteils, den ein Grundeigentümer zum Ausbau der Straßen und sonstiger Erschließungseinrichtungen beitragen muß, die seinem Grundstück zugute kommen. Nicht minder wichtig ist die Regelung der Frage, in welchen Fällen ein Grundeigentümer Anspruch auf Entschädigung haben soll, wenn ihm durch den Plan Nachteile erwachsen – und ob er gegebenenfalls zu Ausgleichszahlungen herangezogen werden soll für Vorteile, die ihm die Planung verschafft. Hier berührt sich das Planungsrecht mit dem Bodenrecht im engeren Sinne, das seinerseits mit Fragen des Bodenmarktes, der Bodenbewertung und der Bodenpolitik verknüpft ist. Seit dem Stadtwachstum des vorigen Jahrhunderts gilt die Bodenspekulation durch Privatleute oder „Terraingesellschaften" als ein Krebsschaden der Stadtentwicklung, und immer wieder hat es Forderungen gegeben, zumindest den für neue Baugebiete erforderlichen Boden in öffentliches Eigentum zu überführen und damit nicht nur die vermeidbare Verteuerung des Bodens, sondern auch den ungerechtfertigten – weil nicht durch eigene Leistung entstandenen – Gewinn der Spekulanten zu unterbinden.

Andere Abhilfemöglichkeiten sah man darin, den durch Planungsmaßnahmen bedingten Wertzuwachs des Bodens hoch zu besteuern oder auch vollständig abzuschöpfen; eine entsprechende Forderung findet sich beispielsweise im Artikel 155 der Weimarer Reichsverfassung von 1919: „Die Wertsteigerung des Bodens, die ohne eine Arbeits- oder Kapitalaufwendung auf das Grundstück entsteht, ist für die Gesamtheit nutzbar zu machen."

Im Deutschen Reich hat sich dieser Verfassungsauftrag erst im Entwurf eines Baugesetzbuches von 1942 niedergeschlagen, zu dessen Verabschiedung es nicht mehr gekommen ist; hier war eine Abschöpfung von 80 % desjenigen Wertzuwachses vorgesehen, der durch erstmalige Verleihung des Baurechtes oder durch städtebauliche Maßnahmen bedingt ist. Ein genau gleichartiger Vorschlag wurde 1944 in einem „White Paper" der britischen Regierung gemacht, gestützt auf umfangreiche Untersuchungen zu diesem Problem, die in dem sogenannten „Uthwatt Report" ihren Niederschlag gefunden hatten. Die gesetzliche Regelung von 1947, unter der Labour-Regierung erlassen, sah dann allerdings eine Abschöpfung von 100 % vor und geriet damit schnell in den politischen Parteienstreit. So gab es keine evolutionäre Weiterentwicklung des Systems; mit jedem Machtwechsel wurde es von den Konservativen abgeschafft, von Labour in jeweils veränderter Form wieder eingeführt: eine hoffnungslose Ausgangsposition für ein auf langfristige Gültigkeit angewiesenes Bodenrecht.

In der Bundesrepublik Deutschland ist der Grundgedanke der Ausgleichszahlungen für gewährte Planungsvorteile nur in die Regelungen für förmlich festgelegte Sanierungsvorhaben aufgenommen worden; der Versuch, ihn allgemein auf planungsbedingte Wertsteigerungen auszudehnen, wurde 1974 mit dem Regierungsentwurf einer Novelle zum Bundesbaugesetz gemacht, der allerdings durch einen Koalitionskompromiß stark verwässert war. Daß er am Einspruch des Bundesrats scheiterte, war deshalb auch für die Anhänger eines solchen Gedankens kein großer Verlust. Praktikabler als die an Planfestsetzungen geknüpfte Wertsteigerungsabgabe dürfte eine Besteuerung des Wertzuwachses sein; sie setzt allerdings eine zeitnahe, häufig revidierte Festsetzung der steuerlichen Einheitswerte voraus, bei der dann auch andere als nur durch Pla-

nungsmaßnahmen ausgelöste Wertveränderungen erfaßt würden.
Daß dieser Fragenkomplex bei den Beratungen zum Baugesetzbuch seit 1983 nicht behandelt wurde, darf nicht zu dem Schluß
verleiten, das Problem sei nicht mehr aktuell; es spricht vielmehr
vieles dafür, daß es in absehbarer Zeit erneut wird aufgegriffen werden müssen (vgl. Abschnitt 1.2).

Rechtlich liegt die Kernfrage
darin, ob man das Recht auf Nutzungsänderung als unauflöslichen
Bestandteil des Eigentumsrechtes ansehen will, wenn es auch durch
den Rahmen der planungsrechtlichen Bestimmungen eingeschränkt
wird, oder ob man dieses Recht grundsätzlich vom Eigentumsrecht
trennen und seine Ausübung an ein wie auch immer geartetes System
von Ausgleichszahlungen binden will.

Die Erörterung rechtlicher Fragen wäre unvollständig, würde
man nicht noch auf die Rolle der Gerichte eingehen, die im Planungsrecht von besonderer Bedeutung ist. Die allgemeine Aufgabe
der Gerichte nämlich, die Gesetzmäßigkeit des Verwaltungshan-
delns im Klagefall zu prüfen, stößt hier auf besondere Schwierigkeiten, weil die Gesetze das Vorgehen der Verwaltung auf dem Gebiet der räumlichen Planung nicht mit gleicher Genauigkeit binden
können wie etwa im Bereich des Steuerrechts. Gewiß gilt solche
Genauigkeit für die Verfahrensvorschriften, deren Einhaltung
leicht nachprüfbar ist, nicht aber für die – letztlich zentralen – inhaltlichen Aspekte der Planung. Über sie nämlich – die von Fall zu
Fall sehr unterschiedlich gelagert sein können – vermögen die
Gesetze mit ihrem Anspruch auf Allgemeingültigkeit eben nur in
allgemeinen und damit zwangsläufig unscharfen Formulierungen
etwas auszusagen. Sie bedienen sich hierzu der „unbestimmten
Rechtsbegriffe", wie sie in der juristischen Fachsprache heißen:
„zumutbar", „einfügen", „gerecht abwägen". Solche Begriffe müssen im konkreten Falle jeweils durch eine Verwaltungsentscheidung
oder durch einen Ratsbeschluß über einen Plan „ausgefüllt" werden, und eine solche „Ausfüllung" unterliegt stets gerichtlicher
Nachprüfung. So ist es nicht verwunderlich, daß hier der Ausgangspunkt für zahlreiche Prozesse liegt.

Die Tätigkeit der Gerichte kann so weit gehen, daß der Gesetzgeber
korrigiert wird; so wurde beispielsweise durch Gerichtsentschei-
dung festgestellt, daß dem Bundesgesetzgeber bei der Formulierung des Bundesbaugesetzes von 1960 mit dem Text des § 34 ein
Fehler in systematischer Hinsicht unterlaufen sei und daß dieser
Paragraph künftig anders zu interpretieren sei, als es sein Wortlaut
erkennen lasse.

So muß also der Planer in seiner Praxis nicht nur die gesetzlichen
Regelungen kennen und ihre Handhabung beherrschen, sondern
auch den jeweiligen Stand der Rechtsprechung überblicken, damit
die Planungsentscheidung auch im Falle einer gerichtlichen Nachprüfung Bestand haben kann.

4.2 Das Stadtplanungsrecht in der Bundesrepublik Deutschland

Der rechtliche Rahmen der Stadtplanung wird durch das 1987 in
Kraft getretene „Baugesetzbuch" bestimmt, das im wesentlichen
die Zusammenfassung des 1960 verabschiedeten und in der Zwi-
schenzeit mehrfach novellierten Bundesbaugesetzes und des 1971
erlassenen Städtebauförderungsgesetzes darstellt; mit diesem war
ein Sonderrecht für die spezifischen Probleme geschaffen worden,
die bei Sanierungs- und Entwicklungsmaßnahmen auftreten (vgl.
Abschnitte 2 und 5.5).

Im übrigen sind die sachlichen Änderungen gegenüber der vorher bestehenden, auf diesen beiden Gesetzen fußenden Rechtslage
im Grunde gering, denn im wesentlichen hatte sich das bisherige
Instrumentarium des Planungsrechts bewährt. Die Gliederung des
Gesetzes (Übersicht 1) läßt bereits erkennen, daß die neu gewählte
Bezeichnung eines „Baugesetzbuches" nicht minder irreführend ist
als der bisherige Begriff „Bundesbaugesetz". Das Gesetz regelt
nicht eigentlich das Bauen – dies ist das Kernthema der verschiedenen Landesbauordnungen –, sondern das Planen und die Zulässigkeit von Bauvorhaben unter städtebaulichen Gesichtspunkten;
hinzu kommen die bereits im vorigen Abschnitt erwähnten ergänzenden Bestimmungen.

Es ist hier nicht der Ort, den Gesetzestext im einzelnen zu
referieren oder gar zu kommentieren; hierzu gibt es eine Fülle
juristischer Literatur. Dagegen sollen diejenigen Vorschriften ausführlicher behandelt werden, die für die Praxis der Stadtplanung
von unmittelbarer Bedeutung sind.

Ziel der gesetzlichen Regelungen ist es – wie im anderen Zusammenhang bereits erwähnt –, eine geordnete städtebauliche
Entwicklung und eine dem Wohl der Allgemeinheit entsprechende
sozialgerechte Bodennutzung zu gewährleisten sowie dazu beizutragen, eine menschenwürdige Umwelt zu sichern und die natürlichen
Lebensgrundlagen zu schützen und zu entwickeln. Das wichtigste
Werkzeug hierfür sind die „Bauleitpläne", mit denen „die bauliche

Übersicht 1: Inhaltliche Gliederung des Baugesetzbuches

1. Kapitel: Allgemeines Städtebaurecht
1. Teil: Bauleitplanung
    1. Allgemeine Vorschriften
    2. Vorbereitender Bauleitplan (Flächennutzungsplan)
    3. Verbindlicher Bauleitplan (Bebauungsplan)
2. Teil: Sicherung der Bauleitplanung
    1. Veränderungssperre und Zurückstellung von Baugesuchen
    2. Bodenverkehr
    3. Gesetzliche Vorkaufsrechte der Gemeinde
3. Teil: Regelung der baulichen und sonstigen Nutzung, Entschädigung
    1. Zulässigkeit von Vorhaben
    2. Entschädigung
4. Teil: Bodenordnung
    1. Umlegung
    2. Grenzregelung
5. Teil: Enteignung
    1. Zulässigkeit
    2. Entschädigung
    3. Enteignungsverfahren
6. Teil: Erschließung
    1. Allgemeine Vorschriften
    2. Erschließungsbeitrag

2. Kapitel: Besonderes Städtebaurecht (ab § 136)
1. Teil: Städtebauliche Sanierungsmaßnahmen
    1. Allgemeine Vorschriften
    2. Vorbereitung und Durchführung
    3. Besondere bodenrechtliche Vorschriften
    4. Sanierungsträger und andere Beauftragte
    5. Abschluß der Sanierung
2. Teil: Städtebauliche Entwicklungsmaßnahmen
3. Teil: Erhaltungssatzung und städtebauliche Gebote
    1. Erhaltungssatzung
    2. Städtebauliche Gebote
4. Teil: Sozialplan und Härteausgleich
5. Teil: Miet- und Pachtverhältnisse
6. Teil: Städtebauliche Maßnahmen im Zusammenhang mit Maßnahmen zur Verbesserung der Agrarstruktur

3. Kapitel: Sonstige Vorschriften (ab § 192)
1. Teil: Wertermittlung
2. Teil: Allgemeine Vorschriften, Zuständigkeiten, Verwaltungsverfahren, Wirksamkeitsvoraussetzungen

4. Kapitel: Überleitungs- und Schlußvorschriften (§§ 233 bis 247)

und sonstige Nutzung der Grundstücke" vorbereitet und gelenkt wird (Übersicht 2).

Zuständig für die Aufstellung solcher Pläne ist jeweils die Gemeinde; diese Entscheidung – der die frühere Rechtslage nicht durchweg entsprach – wurde mit dem Erlaß des Bundesbaugesetzes 1960 getroffen und aus dem Artikel 28 des Grundgesetzes abgeleitet, in dem es heißt: „Den Gemeinden muß das Recht gewährleistet sein, alle Angelegenheiten der örtlichen Gemeinschaft im Rahmen der Gesetze in eigener Verantwortung zu regeln." Implizit in dieser Entscheidung ist die Auffassung, Stadtplanung sei „Angelegenheit der örtlichen Gemeinschaft" – gewiß eine sehr sinnvolle Entscheidung unter dem Blickwinkel der Stärkung der gemeindlichen Selbstverwaltung. Andererseits war und ist offenkundig, daß in vielen Fällen stadtplanerische Probleme die Gemeindegrenzen überspringen, vor allem in Verdichtungsräumen, und daß der unvermeidliche Gemeindeegoismus manchmal gesamträumlich sinnvollen Entscheidungen im Wege stehen kann. Um also einer Unterbewertung überörtlicher Erfordernisse entgegenzuwirken, nahm man die Bestimmung in das Gesetz auf, daß die Bauleitpläne den Zielen der Raumordnung und Landesplanung anzupassen seien. Wie solche Ziele zustande kommen und entsprechende Bindungswirkungen entfalten können, wird an anderer Stelle dargelegt (siehe Abschnitt 4.4).

4.2.1 Die Bauleitpläne

Den Gemeinden stehen zwei Kategorien von Bauleitplänen zur Lenkung der städtebaulichen Entwicklung zur Verfügung: ein „vorbereitender Bauleitplan", der „Flächennutzungsplan", der die aus der beabsichtigten städtebaulichen Entwicklung sich ergebende Art der Bodennutzung in den Grundzügen darstellen soll. Dabei soll das gesamte Gemeindegebiet erfaßt werden; allerdings können Teilbereiche von dieser Darstellung ausgenommen werden, wenn eine Entscheidung über die künftige Nutzung zum Zeitpunkt der Planaufstellung noch nicht getroffen werden kann. Dies ist eine neue Bestimmung, die in der Vorbereitungsphase des Gesetzes umstritten war, aber ohne Zweifel sinnvoll ist. Man kann sich leicht vorstellen, daß für Industrieflächen, von denen bekannt ist, daß sie innerhalb der nächsten Jahre von den bisherigen Nutzern aufgegeben werden, eine Festlegung für die Nachfolgenutzung erst mög-

Übersicht 2: Aufgabe, Begriff und Grundsätze der Bauleitplanung
(§ 1 BauGB)

(1) Aufgabe der Bauleitplanung ist es, die bauliche und sonstige Nutzung der Grundstücke in der Gemeinde nach Maßgabe dieses Gesetzbuchs vorzubereiten und zu leiten.

(2) Bauleitpläne sind der Flächennutzungsplan (vorbereitender Bauleitplan) und der Bebauungsplan (verbindlicher Bauleitplan).

(3) Die Gemeinden haben die Bauleitpläne aufzustellen, sobald und soweit es für die städtebauliche Entwicklung und Ordnung erforderlich ist.

(4) Die Bauleitpläne sind den Zielen der Raumordnung und Landesplanung anzupassen.

(5) Die Bauleitpläne sollen eine geordnete städtebauliche Entwicklung und eine dem Wohl der Allgemeinheit entsprechende sozialgerechte Bodennutzung gewährleisten und dazu beitragen, eine menschenwürdige Umwelt zu sichern und die natürlichen Lebensgrundlagen zu schützen und zu entwickeln. Bei der Aufstellung der Bauleitpläne sind insbesondere zu berücksichtigen

1. die allgemeinen Anforderungen an gesunde Wohn- und Arbeitsverhältnisse und die Sicherheit der Wohn- und Arbeitsbevölkerung,

2. die Wohnbedürfnisse der Bevölkerung bei Vermeidung einseitiger Bevölkerungsstrukturen, die Eigentumsbildung weiter Kreise der Bevölkerung und die Bevölkerungsentwicklung,

3. die sozialen und kulturellen Bedürfnisse der Bevölkerung, insbesondere die Bedürfnisse der Familien, der jungen und alten Menschen und der Behinderten, die Belange des Bildungswesens und von Sport, Freizeit und Erholung,

4. die Erhaltung, Erneuerung und Fortentwicklung vorhandener Ortsteile sowie die Gestaltung des Orts- und Landschaftsbilds,

5. die Belange des Denkmalschutzes und der Denkmalpflege sowie die erhaltenswerten Ortsteile, Straßen und Plätze von geschichtlicher, künstlerischer oder städtebaulicher Bedeutung,

6. die von den Kirchen und Religionsgesellschaften des öffentlichen Rechts festgestellten Erfordernisse für Gottesdienst und Seelsorge,

7. die Belange des Umweltschutzes, des Naturschutzes und der Landschaftspflege, insbesondere des Naturhaushalts, des Wassers, der Luft und des Bodens einschließlich seiner Rohstoffvorkommen, sowie das Klima,

Übersicht 2: Forts.

8. die Belange der Wirtschaft, auch ihrer mittelständischen Struktur im Interesse einer verbrauchernahen Versorgung der Bevölkerung, der Land- und Forstwirtschaft, des Verkehrs einschließlich des öffentlichen Personennahverkehrs, des Post- und Fernmeldewesens, der Versorgung, insbesondere mit Energie und Wasser, der Abfallentsorgung und der Abwasserbeseitigung sowie die Sicherung von Rohstoffvorkommen und die Erhaltung, Sicherung und Schaffung von Arbeitsplätzen,

9. die Belange der Verteidigung und des Zivilschutzes. Mit Grund und Boden soll sparsam und schonend umgegangen werden. Landwirtschaftlich, als Wald oder für Wohnzwecke genutzte Flächen sollen nur im notwendigen Umfang für andere Nutzungsarten vorgesehen und in Anspruch genommen werden.

(6) Bei der Aufstellung der Bauleitpläne sind die öffentlichen und privaten Belange gegeneinander und untereinander gerecht abzuwägen.

lich ist, wenn die zu diesem Zeitpunkt aktuellen Bedürfnisse und Prioritäten erkennbar sind. Dies entspricht im Grunde auch der weiteren Formulierung im gleichen Satz, wonach der Flächennutzungsplan den voraussehbaren Bedürfnissen der Gemeinde Rechnung tragen soll. Über die Zweckmäßigkeit dieses Zusatzes mag man streiten; einerseits erscheint die Bezugnahme auf die voraussehbaren Bedürfnisse im Rahmen der „beabsichtigten städtebaulichen Entwicklung" selbstverständlich; andererseits gibt es gerade im Großstadtumland häufig Nutzungen, die keineswegs aus den Bedürfnissen der Gemeinde erwachsen. So sind die im Flächennutzungsplan der Gemeinde Garching bei München dargestellten mehreren hundert Hektar Forschungsgelände, die der Max-Planck-Gesellschaft und den Münchner Universitäten dienen, natürlich nicht auf die Bedürfnisse der Gemeinde Garching, sondern auf die der Landeshauptstadt München zurückzuführen.

Die inhaltlichen Aussagen des Flächennutzungsplanes, wie sie im § 5 des Baugesetzbuches zusammengefaßt sind, gehen aus der Übersicht 3 hervor. Dabei mag auffallen, daß an einer Stelle die sonst durchgängige Bezugnahme auf Flächen verschiedener Nutzung verlassen wird – bei der „Ausstattung des Gemeindegebiets mit Einrichtungen des Gemeinbedarfs" und mit „Einrichtungen und Anlagen zur Versorgung mit Gütern und Dienstleistungen des

Übersicht 3: Inhalt des Flächennutzungsplans (§ 5 BauGB)

(1) Im Flächennutzungsplan ist für das ganze Gemeindegebiet die sich aus der beabsichtigten städtebaulichen Entwicklung ergebende Art der Bodennutzung nach den voraussehbaren Bedürfnissen der Gemeinde in den Grundzügen darzustellen. Aus dem Flächennutzungsplan können Flächen und sonstige Darstellungen ausgenommen werden, wenn dadurch die nach Satz 1 darzustellenden Grundzüge nicht berührt werden und die Gemeinde beabsichtigt, die Darstellung zu einem späteren Zeitpunkt vorzunehmen; im Erläuterungsbericht sind die Gründe hierfür darzulegen.

(2) Im Flächennutzungsplan können insbesondere dargestellt werden:

1. die für die Bebauung vorgesehenen Flächen nach der allgemeinen Art ihrer baulichen Nutzung (Bauflächen), nach der besonderen Art ihrer baulichen Nutzung (Baugebiete) sowie nach dem allgemeinen Maß der baulichen Nutzung; Bauflächen, für die eine zentrale Abwasserbeseitigung nicht vorgesehen ist, sind zu kennzeichnen;

2. die Ausstattung des Gemeindegebiets mit Einrichtungen und Anlagen zur Versorgung mit Gütern und Dienstleistungen des öffentlichen und privaten Bereichs, insbesondere mit den der Allgemeinheit dienenden baulichen Anlagen und Einrichtungen des Gemeinbedarfs, wie mit Schulen und Kirchen sowie mit sonstigen kirchlichen und mit sozialen, gesundheitlichen und kulturellen Zwecken dienenden Gebäuden und Einrichtungen, sowie die Flächen für Sport- und Spielanlagen;

3. die Flächen für den überörtlichen Verkehr und für die örtlichen Hauptverkehrszüge;

4. die Flächen für Versorgungsanlagen, für die Abfallentsorgung und Abwasserbeseitigung, für Ablagerungen sowie für Hauptversorgungs- und Hauptabwasserleitungen;

5. die Grünflächen, wie Parkanlagen, Dauerkleingärten, Sport-, Spiel-, Zelt- und Badeplätze, Friedhöfe;

6. die Flächen für Nutzungsbeschränkungen oder für Vorkehrungen zum Schutz gegen schädliche Umwelteinwirkungen im Sinne des Bundes-Immissionsschutzgesetzes;

7. die Wasserflächen, Häfen und die für die Wasserwirtschaft vorgesehenen Flächen sowie die Flächen, die im Interesse des Hochwasserschutzes und der Regelung des Wasserabflusses freizuhalten sind;

8. die Flächen für Aufschüttungen, Abgrabungen oder für die Gewinnung von Steinen, Erden und anderen Bodenschätzen;

Übersicht 3: Forts.

9. a) die Flächen für die Landwirtschaft und
   b) Wald;
10. die Flächen für Maßnahmen zum Schutz, zur Pflege und zur Entwicklung von Natur und Landschaft.
(3) Im Flächennutzungsplan sollen gekennzeichnet werden:
1. Flächen, bei deren Bebauung besondere bauliche Vorkehrungen gegen äußere Einwirkungen oder bei denen besondere bauliche Sicherungsmaßnahmen gegen Naturgewalten erforderlich sind;
2. Flächen, unter denen der Bergbau umgeht oder die für den Abbau von Mineralien bestimmt sind;
3. für bauliche Nutzungen vorgesehene Flächen, deren Böden erheblich mit umweltgefährdenden Stoffen belastet sind.
(4) Planungen und sonstige Nutzungsregelungen, die nach anderen gesetzlichen Vorschriften festgesetzt sind, sowie nach Landesrecht denkmalgeschützte Mehrheiten von baulichen Anlagen sollen nachrichtlich übernommen werden. Sind derartige Festsetzungen in Aussicht genommen, sollen sie im Flächennutzungsplan vermerkt werden.
(5) Dem Flächennutzungsplan ist ein Erläuterungsbericht beizufügen.

öffentlichen und privaten Bereichs". Damit ist zum Ausdruck gebracht, daß hier eine Signatur ausreicht, ohne daß Standort und Fläche genauer festgelegt zu werden brauchten. Der Sinn dieser Bestimmung liegt darin, daß solche Einzelheiten in der Regel erst geklärt werden können, wenn für ein Neubaugebiet genauere Festlegungen bezüglich der Straßenführung und der Gebäudeanordnung getroffen werden oder sich in einem bestehenden Baugebiet Möglichkeiten des Erwerbs geeigneter Grundstücke ergeben.

Dem „vorbereitenden Bauleitplan" folgt dann der „verbindliche Bauleitplan", der Bebauungsplan. Schon die Begriffswahl läßt erkennen, daß hier an eine zeitliche Folge gedacht ist, die den Bebauungsplan – zumindest im Neubaugebiet – als Mittel der rechtlichen Präzisierung der Planungsabsichten versteht. Folgerichtig heißt es im Gesetz, der Bebauungsplan sei „aus dem Flächennutzungsplan zu entwickeln" (Übersicht 4). Mit diesem Begriff ist ausgedrückt, daß der Bebauungsplan nicht eine genaue Vergrößerung und Verfeinerung des Flächennutzungsplanes darstellt, sondern daß ein gewisser Spielraum für die dabei auftretenden Überlegungen be-

Übersicht 4: Zweck des Bebauungsplans (§ 8 BauGB)

(1) Der Bebauungsplan enthält die rechtsverbindlichen Festsetzungen für die städtebauliche Ordnung. Er bildet die Grundlage für weitere zum Vollzug dieses Gesetzbuchs erforderliche Maßnahmen. (2) Bebauungspläne sind aus dem Flächennutzungsplan zu entwickeln. Ein Flächennutzungsplan ist nicht erforderlich, wenn der Bebauungsplan ausreicht, um die städtebauliche Entwicklung zu ordnen.

(3) Mit der Aufstellung, Änderung, Ergänzung oder Aufhebung eines Bebauungsplans kann gleichzeitig auch der Flächennutzungsplan aufgestellt, geändert oder ergänzt werden (Parallelverfahren). Der Bebauungsplan kann vor dem Flächennutzungsplan angezeigt und bekanntgemacht werden, wenn nach dem Stand der Planungsarbeiten anzunehmen ist, daß der Bebauungsplan aus den künftigen Darstellungen des Flächennutzungsplans entwickelt sein wird.

(4) Ein Bebauungsplan kann aufgestellt, geändert, ergänzt oder aufgehoben werden, bevor der Flächennutzungsplan aufgestellt ist, wenn dringende Gründe es erfordern und wenn der Bebauungsplan der beabsichtigten städtebaulichen Entwicklung des Gemeindegebiets nicht entgegenstehen wird (vorzeitiger Bebauungsplan). Gilt bei Gebiets- oder Bestandsänderungen von Gemeinden oder anderen Veränderungen der Zuständigkeit für die Aufstellung von Flächennutzungsplänen ein Flächennutzungsplan fort, kann ein vorzeitiger Bebauungsplan auch aufgestellt werden, bevor der Flächennutzungsplan ergänzt oder geändert ist.

steht; allerdings darf von den „Grundzügen" des Flächennutzungsplanes nicht abgewichen werden, ohne daß dieser vorher oder gleichzeitig mit der Aufstellung des Bebauungsplanes geändert würde. Der mögliche Inhalt des Bebauungsplanes ist im § 9 des Baugesetzbuches enthalten und in Übersicht 5 zusammengestellt; im Gegensatz zum Flächennutzungsplan ist hier die Inhaltsangabe eine abschließende Aufzählung.

Weitere „Festsetzungen" können also im Bebauungsplan nicht getroffen werden, während beim Flächennutzungsplan eine Aufnahme weiterer Darstellungen im Grundsatz möglich ist; allerdings wird von ihr selten Gebrauch gemacht.

Bei Erlaß des Bundesbaugesetzes 1960 bestand weithin die Vorstellung, in absehbarer Zeit werde jede Gemeinde nicht nur einen Flächennutzungsplan aufstellen, sondern auch für das von ihm erfaßte Baugebiet – wenn auch schrittweise – verbindliche

Übersicht 5: Inhalt des Bebauungsplans (§ 9 BauGB)

(1) Im Bebauungsplan können festgesetzt werden:
1. die Art und das Maß der baulichen Nutzung;
2. die Bauweise, die überbaubaren und die nicht überbaubaren Grundstücksflächen sowie die Stellung der baulichen Anlagen;
3. für die Größe, Breite und Tiefe der Baugrundstücke Mindestmaße und aus Gründen des sparsamen und schonenden Umgangs mit Grund und Boden für Wohnbaugrundstücke auch Höchstmaße;
4. die Flächen für Nebenanlagen, die aufgrund anderer Vorschriften für die Nutzung von Grundstücken erforderlich sind, wie Spiel-, Freizeit- und Erholungsflächen sowie die Flächen für Stellplätze und Garagen mit ihren Einfahrten;
5. die Flächen für den Gemeinbedarf sowie für Sport- und Spielanlagen;
6. aus besonderen städtebaulichen Gründen die höchstzulässige Zahl der Wohnungen in Wohngebäuden;
7. die Flächen, auf denen ganz oder teilweise nur Wohngebäude, die mit Mitteln des sozialen Wohnungsbaus gefördert werden könnten, errichtet werden dürfen;
8. einzelne Flächen, auf denen ganz oder teilweise nur Wohngebäude errichtet werden dürfen, die für Personengruppen mit besonderem Wohnbedarf bestimmt sind;
9. der besondere Nutzungszweck von Flächen, der durch besondere städtebauliche Gründe erfordert wird;
10. die Flächen, die von der Bebauung freizuhalten sind, und ihre Nutzung;
11. die Verkehrsflächen sowie Verkehrsflächen besonderer Zweckbestimmung, wie Fußgängerbereiche, Flächen für das Parken von Fahrzeugen sowie der Anschluß anderer Flächen an die Verkehrsflächen;
12. die Versorgungsflächen;
13. die Führung von Versorgungsanlagen und -leitungen;
14. die Flächen für die Abfallentsorgung und Abwasserbeseitigung sowie für Ablagerungen;
15. die öffentlichen und privaten Grünflächen, wie Parkanlagen, Dauerkleingärten, Sport-, Spiel-, Zelt- und Badeplätze, Friedhöfe;
16. die Wasserflächen sowie die Flächen für die Wasserwirtschaft, für Hochwasserschutzanlagen und für die Regelung des Wasserabflusses, soweit diese Festsetzungen nicht nach anderen Vorschriften getroffen werden können;

Übersicht 5: Forts.

17. die Flächen für Aufschüttungen, Abgrabungen oder für die Gewinnung von Steinen, Erden und anderen Bodenschätzen;
18. a) die Flächen für die Landwirtschaft und
    b) Wald;
19. die Flächen für die Errichtung von Anlagen für die Kleintierhaltung, wie Ausstellungs- und Zuchtanlagen, Zwinger, Koppeln und dergleichen;
20. Maßnahmen zum Schutz, zur Pflege und zur Entwicklung von Natur und Landschaft, soweit solche Festsetzungen nicht nach anderen Vorschriften getroffen werden können, sowie die Flächen für Maßnahmen zum Schutz, zur Pflege und zur Entwicklung von Natur und Landschaft;
21. die mit Geh-, Fahr- und Leitungsrechten zugunsten der Allgemeinheit, eines Erschließungsträgers oder eines beschränkten Personenkreises zu belastenden Flächen;
22. die Flächen für Gemeinschaftsanlagen für bestimmte räumliche Bereiche wie Kinderspielplätze, Freizeiteinrichtungen, Stellplätze und Garagen;
23. Gebiete, in denen aus besonderen städtebaulichen Gründen oder zum Schutz vor schädlichen Umwelteinwirkungen im Sinne des Bundes-Immissionsschutzgesetzes bestimmte luftverunreinigende Stoffe nicht oder nur beschränkt verwendet werden dürfen;
24. die von der Bebauung freizuhaltenden Schutzflächen und ihre Nutzung, die Flächen für besondere Anlagen und Vorkehrungen zum Schutz vor schädlichen Umwelteinwirkungen im Sinne des Bundes-Immissionsschutzgesetzes sowie die zum Schutz vor solchen Einwirkungen oder zur Vermeidung oder Minderung solcher Einwirkungen zu treffenden baulichen und sonstigen technischen Vorkehrungen;
25. für einzelne Flächen oder für ein Bebauungsplangebiet oder Teile davon sowie für Teile baulicher Anlagen mit Ausnahme der für landwirtschaftliche Nutzungen oder Wald festgesetzten Flächen
    a) das Anpflanzen von Bäumen, Sträuchern und sonstigen Bepflanzungen,
    b) Bindungen für Bepflanzungen und für die Erhaltung von Bäumen, Sträuchern und sonstigen Bepflanzungen sowie von Gewässern;
26. die Flächen für Aufschüttungen, Abgrabungen und Stützmauern, soweit sie zur Herstellung des Straßenkörpers erforderlich sind.

---

(2) Bei Festsetzungen nach Absatz 1 kann auch die Höhenlage festgesetzt werden.

(3) Wenn besondere städtebauliche Gründe dies rechtfertigen, können Festsetzungen nach Absatz 1 für übereinanderliegende Geschosse und Ebenen und sonstige Teile baulicher Anlagen gesondert getroffen werden; dies gilt auch, soweit Geschosse, Ebenen und sonstige Teile baulicher Anlagen unterhalb der Geländeoberfläche vorgesehen sind.

(4) Die Länder können durch Rechtsvorschriften bestimmen, daß auf Landesrecht beruhende Regelungen in den Bebauungsplan als Festsetzungen aufgenommen werden können und inwieweit auf diese Festsetzungen die Vorschriften dieses Gesetzbuchs Anwendung finden.

(5) Im Bebauungsplan sollen gekennzeichnet werden:
1. Flächen, bei deren Bebauung besondere bauliche Vorkehrungen gegen äußere Einwirkungen oder bei denen besondere bauliche Sicherungsmaßnahmen gegen Naturgewalten erforderlich sind;
2. Flächen, unter denen der Bergbau umgeht oder die für den Abbau von Mineralien bestimmt sind;
3. Flächen, deren Böden erheblich mit umweltgefährdenden Stoffen belastet sind.

(6) Nach anderen gesetzlichen Vorschriften getroffene Festsetzungen sowie Denkmäler nach Landesrecht sollen in den Bebauungsplan nachrichtlich übernommen werden, soweit sie zu seinem Verständnis oder für die städtebauliche Beurteilung von Baugesuchen notwendig oder zweckmäßig sind.

(7) Der Bebauungsplan setzt die Grenzen seines räumlichen Geltungsbereichs fest.

(8) Dem Bebauungsplan ist eine Begründung beizufügen. In ihr sind die Ziele, Zwecke und wesentlichen Auswirkungen des Bebauungsplans darzulegen.

Regelungen durch Bebauungspläne treffen. Die Vorschriften für die Zulässigkeit von Bauvorhaben in nicht von Bebauungsplänen erfaßten Gebieten, auf die weiter unten eingegangen wird, hatte man eher als Übergangsregelungen verstanden. Da sie indessen flexibler sind als die in der Regel starren Bebauungsplanvorschriften, haben sie in der Praxis doch eine beträchtliche Bedeutung erlangt. Insbesondere in Gebieten, in denen keine nennenswerten Veränderungstendenzen spürbar werden und deren Charakter auch

unter strukturellen Gesichtspunkten im wesentlichen erhalten bleiben soll, besteht meist kein Bedürfnis für die Aufstellung eines Bebauungsplanes. Dieser Plan, der als gemeindliche Satzung eine
gegenüber jedermann verbindliche Rechtskraft besitzt, wird normalerweise jeweils nur für bestimmte Teile des Gemeindegebietes
aufgestellt – soweit nämlich in absehbarer Zeit eine Verwirklichung
der Planfestsetzungen vorgesehen oder zu erwarten ist.

In der Praxis lassen sich drei Hauptaufgaben unterscheiden,
denen das Instrument des Bebauungsplanes nutzbar gemacht werden
kann:
– die rechtliche Absicherung eines bereits ausgearbeiteten Projektes als Voraussetzung für dessen baurechtliche Genehmigung;
– die Schaffung von Baumöglichkeiten mit dem Ziel, einer erwarteten, aber im einzelnen noch nicht präzisierten Nachfrage Rechnung zu tragen oder solche Nachfrage anzulocken;
– die Festsetzung von Nutzungs- und Gestaltungsvorschriften im
bestehenden Baugebiet, um erkennbare oder erwartete Veränderungstendenzen in geeignete Bahnen zu lenken (vgl. Abschnitt
3.5).

Aus der Übersicht 5 geht hervor, daß die zahlreichen Festsetzungsmöglichkeiten nicht zwingend sind; dies wird mit dem ersten
Satz des Paragraphen – „Im Bebauungsplan können festgesetzt
werden" – zum Ausdruck gebracht. Andererseits ist die Auswahl
insofern nicht vollständig beliebig, als die zentrale Aufgabe des Bebauungsplans, die Klärung der Zulässigkeit von Bauvorhaben, erst
dann erfüllt werden kann, wenn mindestens drei inhaltliche Voraussetzungen erfüllt sind; es sind dies Festsetzungen über
– die Art und das Maß der baulichen Nutzung,
– die überbaubaren Grundstücksflächen und
– die örtlichen Verkehrsflächen.
Der Plan muß also zeigen, wo die Grenzen zwischen Straßenflächen
und privaten Grundstücksflächen liegen, er muß deutlich machen,
ob und welche Grundstücksteile von Gebäuden freigelassen werden müssen – beispielsweise Vorgärten –, und er muß klären, wie
groß das jeweils zulässige Bauvolumen sein darf und welchen
Zwecken es dienen soll (§ 30).

Um die Festsetzungen über die Art und das Maß der Nutzung zu
erleichtern und zu vereinheitlichen, sind in einer auf das Baugesetzbuch gegründeten Rechtsverordnung – der sogenannten Baunutzungsverordnung – bestimmte Gebietstypen festgelegt, für die es
jeweils einen Katalog der in ihnen zulässigen Nutzungen gibt. Eine

Übersicht 6: Arten von Baugebieten nach der Baunutzungsverordnung

§ 1 *Allgemeine Vorschriften für Bauflächen und Baugebiete.* (1)
Im Flächennutzungsplan sind, soweit es erforderlich ist, die für die
Bebauung vorgesehenen Flächen (§ 5 Abs. 2 Nr. 1 des Bundesbaugesetzes) nach der allgemeinen Art ihrer baulichen Nutzung (Bauflächen) darzustellen als
1. Wohnbauflächen   (W)
2. gemischte Bauflächen   (M)
3. gewerbliche Bauflächen   (G)
4. Sonderbauflächen   (S)
   (2) Soweit es erforderlich ist, sind die für die Bebauung vorgesehenen Flächen nach der besonderen Art ihrer baulichen Nutzung
(Baugebiete) darzustellen als
1. Kleinsiedlungsgebiete   (WS)
2. reine Wohngebiete   (WR)
3. allgemeine Wohngebiete   (WA)
4. besondere Wohngebiete   (WB)
5. Dorfgebiete   (MD)
6. Mischgebiete   (MI)
7. Kerngebiete   (MK)
8. Gewerbegebiete   (GE)
9. Industriegebiete   (GI)
10. Sondergebiete   (SO).
   § 2 *Kleinsiedlungsgebiete.* (1) Kleinsiedlungsgebiete dienen vorwiegend der Unterbringung von Kleinsiedlungen und landwirtschaftlichen Nebenerwerbsstellen.
   § 3 *Reine Wohngebiete.* (1) Reine Wohngebiete dienen ausschließlich dem Wohnen.
   § 4 *Allgemeine Wohngebiete.* (1) Allgemeine Wohngebiete dienen
vorwiegend dem Wohnen.
   § 4a *Gebiete zur Erhaltung und Entwicklung der Wohnnutzung
(besondere Wohngebiete).* (1) Besondere Wohngebiete sind im wesentlichen bebaute Gebiete, die aufgrund ausgeübter Wohnnutzung
und vorhandener sonstiger in Absatz 2 genannter Anlagen eine besondere Eigenart aufweisen und in denen unter Berücksichtigung
dieser Eigenart die Wohnnutzung erhalten und fortentwickelt werden soll. Besondere Wohngebiete dienen vorwiegend dem Wohnen; sie dienen auch der Unterbringung von Gewerbebetrieben und
sonstigen Anlagen im Sinne der Absätze 2 und 3, soweit diese
Betriebe und Anlagen nach der besonderen Eigenart des Gebiets
mit der Wohnnutzung vereinbar sind.

> **Übersicht 6: Forts.**
>
> *§ 5 Dorfgebiete.* (1) Dorfgebiete dienen vorwiegend der Unterbringung der Wirtschaftsstellen land- und forstwirtschaftlicher Betriebe und dem dazugehörigen Wohnen; sie dienen auch dem sonstigen Wohnen.
>
> *§ 6 Mischgebiete.* (1) Mischgebiete dienen dem Wohnen und der Unterbringung von Gewerbebetrieben, die das Wohnen nicht wesentlich stören.
>
> *§ 7 Kerngebiete.* (1) Kerngebiete dienen vorwiegend der Unterbringung von Handelsbetrieben sowie der zentralen Einrichtungen der Wirtschaft und der Verwaltung.
>
> *§ 8 Gewerbegebiete.* (1) Gewerbegebiete dienen vorwiegend der Unterbringung von nicht erheblich belästigenden Gewerbebetrieben.
>
> *§ 9 Industriegebiete.* (1) Industriegebiete dienen ausschließlich der Unterbringung von Gewerbebetrieben, und zwar vorwiegend solcher Betriebe, die in anderen Baugebieten unzulässig sind.
>
> *§ 10 Sondergebiete, die der Erholung dienen.* (1) Als Sondergebiete, die der Erholung dienen, kommen insbesondere in Betracht Wochenendhausgebiete,
> Ferienhausgebiete,
> Campingplatzgebiete.
>
> *§ 11 Sonstige Sondergebiete.* (1) Als sonstige Sondergebiete sind solche Gebiete darzustellen und festzusetzen, die sich von den Baugebieten nach den §§ 2 bis 10 wesentlich unterscheiden.
> (2) Für sonstige Sondergebiete sind die Zweckbestimmung und die Art der Nutzung darzustellen und festzusetzen. Als sonstige Sondergebiete kommen insbesondere in Betracht
> Kurgebiete,
> Ladengebiete,
> Gebiete für Einkaufszentren und großflächige Handelsbetriebe,
> Gebiete für Messen, Ausstellungen und Kongresse,
> Hochschulgebiete,
> Klinikgebiete,
> Hafengebiete.

Übersicht über die Gebietsarten mit ihren in der Verordnung aufgeführten allgemeinen Zweckbestimmungen enthält die Übersicht 6; auf die Aufzählung der im einzelnen zulässigen Nutzungen sei jedoch verzichtet. Die Verordnung enthält für die meisten dieser Gebiete über eine Aufzählung der allgemein zulässigen Nutzungen hinaus Angaben über ausnahmsweise zulässige Nutzungen; hier hat die jeweils planende Gemeinde die Wahl, entweder den Katalog unverändert zu übernehmen oder die als Ausnahmen aufgeführten Nutzungen generell zuzulassen oder aber sie generell auszuschließen; damit erhält das verhältnismäßig grobe Raster dieser Gebietskategorien eine gewisse Flexibilität. Sie wird weiter dadurch erhöht, daß in gewissen Gebieten noch weitere Untergliederungen festgesetzt werden können, um einer ungeordneten Mischung zu begegnen. So kann es z. B. im Dorfgebiet zweckmäßig sein, bestimmte Bereiche ausschließlich landwirtschaftlichen Anwesen vorzubehalten und die im übrigen zulässigen sonstigen Nutzungen – Wohngebäude, Einzelhandelsbetriebe, Handwerksbetriebe und dergleichen – auf andere Teilbereiche des Dorfgebietes zu beschränken.

Die Baunutzungsverordnung enthält ferner Angaben über das Maß der Nutzung, das in den einzelnen Baugebieten – meist in Abhängigkeit von der Geschoßzahl – maximal zulässig ist (siehe Übersicht 7). Dies heißt nicht, daß die planende Gemeinde diese Maße in ihren Bebauungsplänen nicht unterschreiten dürfte. Mit anderen Worten, für den Privatmann ergibt sich aus den hier festgesetzten Obergrenzen kein Anspruch darauf, sein Grundstück in diesem Umfange auszunutzen, wenn der Bebauungsplan ein geringeres Maß festsetzt.

Für die Art und Weise, in der mit dem Bebauungsplan das Maß der Nutzung festgesetzt wird, bieten sich nun verschiedene Möglichkeiten an. Das eine Extrem liegt in der Beschränkung auf die Geschoßflächenzahl – also das Verhältnis der Bruttogeschoßfläche zur Grundstücksfläche. Mit der Bruttogeschoßfläche ist die Summe der nach den Außenmaßen des Gebäudes errechneten Flächen der Vollgeschosse gemeint. Wenn keine weiteren Festsetzungen hinzukommen, also die Geschoßzahl nicht begrenzt wird und keine Teile des Grundstücks ausdrücklich von der Bebaubarkeit ausgeschlossen werden, ist dies eine vollständig „gestaltneutrale" Festsetzung, die dem Bauherrn freie Hand für die Verteilung seiner Gebäude auf dem Grundstück läßt – allerdings unter Berücksichtigung der in den Bauordnungen enthaltenen Abstandsregeln. Da hiermit auf jeden Versuch einer gestalterischen Ordnung verzichtet würde, sind solche „weiten" Festsetzungen nur in seltenen Fällen anzutreffen; sie könnten sich allenfalls für Gewerbegebiete eignen, deren künftige Nutzer noch unbekannt sind und weitgehende Freiheit für die Betriebsorganisation auf dem Grundstück erhalten sollen.

Gleichsam am anderen Ende der Festsetzungsmöglichkeiten im

Übersicht 7: Zulässiges Maß der baulichen Nutzung in den verschiedenen Baugebieten nach der Baunutzungsverordnung

BaunutzungsVO

§ 17 Zulässiges Maß der baulichen Nutzung. (1) Das Maß der baulichen Nutzung darf höchstens betragen

1	2	3	4	5
Baugebiet	Zahl der Vollgeschosse (Z)	Grund- flächenzahl (GRZ)	Geschoß- flächenzahl (GFZ)	Baumassen- zahl (BMZ)
in Kleinsiedlungs- gebieten (WS)	bei: 1	0,2	0,3	–
	2	0,2	0,4	–
in reinen Wohnge- bieten (WR) allgem. Wohnge- bieten (WA) Mischgebieten (MI) Ferienhaus- gebieten	bei: 1	0,4	0,5	–
	2	0,4	0,8	–
	3	0,4	1,0	–
	4 und 5	0,4	1,1	–
	6 und mehr	0,4	1,2	–
in Dorfgebieten (MD)	bei: 1	0,4	0,5	–
	2 und mehr	0,4	0,8	–
in Kerngebieten (MK)	bei: 1	1,0	1,0	–
	2	1,0	1,6	–
	3	1,0	2,0	–
	4 und 5	1,0	2,2	–
	6 und mehr	1,0	2,4	–

Übersicht 7: Forts.

Baugebiet	Zahl der Vollgeschosse (Z)	Grundflächenzahl (GRZ)	Geschoßflächenzahl (GFZ)	Baumassenzahl (BMZ)
	1	2	3	4	5
in Gewerbegebieten (GE)	bei: 1	0,8	1,0	–
	2	0,8	1,6	–
	3	0,8	2,0	–
	4 und 5	0,8	2,2	–
	6 und mehr	0,8	2,4	–
in Industriegebieten (GI)	–	0,8	–	9,0
in Wochenendhausgebieten	bei: 1 und 2	0,2	0,2	–

Bebauungsplan steht die genaue Fixierung der zulässigen Baukörper nach Länge, Breite, Geschoßzahl und Dachneigung. Sofern es sich dabei nicht um die rechtliche Fixierung einer bereits vorliegenden Planung handelt, sondern um einen erst durch noch zu erwartende Bauvorhaben auszufüllenden Plan, stellt dies Verfahren allerdings eine sehr weitgehende Einengung für den Gebäudeentwurf dar und wird deshalb nur in Ausnahmefällen – etwa bei der Ergänzung eines streng formal angelegten historischen Ensembles – am Platze sein.

Zwischen diesen beiden Extremen gibt es eine Fülle weiterer Möglichkeiten; am gängigsten ist die Festsetzung der überbaubaren Fläche nicht durch „Baulinien", an die unmittelbar angebaut werden muß, sondern durch „Baugrenzen", die lediglich nicht überschritten werden dürfen. Innerhalb dieser Baugrenzen besteht dann Spielraum für die Anordnung und Ausformung der Baukörper; das Maß der Nutzung wird dann in der Regel durch die Geschoßzahl und die Geschoßflächenzahl – also das zulässige Verhältnis von

Geschoßfläche zu Grundstücksfläche – bestimmt; gegebenenfalls
kann auch anstelle der Geschoßflächenzahl die absolute Größe der
Geschoßfläche festgesetzt werden; in diesem Falle muß auch die
Grundfläche, also die bebaubare Grundstücksfläche, festgesetzt
werden. Auch die Grundflächenzahl, das Verhältnis zwischen bebauter Fläche und Gesamtfläche des Grundstücks, kann zur Festsetzung der Ausnutzungsmöglichkeit herangezogen werden.

Neben dem eben beschriebenen „qualifizierten" Bebauungsplan
kann es in einigen Fällen zweckmäßig sein, einen Bebauungsplan
aufzustellen, der nicht die Voraussetzungen für die Zulassung von
Vorhaben schafft, sondern nur einzelne Festsetzungen aus diesem
Katalog enthält. Dies kann beispielsweise für den Bau von Straßen
in Betracht kommen, die nicht oder noch nicht für den Anbau frei-
gegeben werden sollen; auch können die Festsetzungen des Bebauungsplanes genutzt werden, um – entgegen der Bezeichnung – in
Teilgebieten eine Bebauung auf Dauer auszuschließen.

Werden einfache Bebauungspläne im bebauten Stadtgebiet –
innerhalb von „im Zusammenhang bebauten Ortsteilen", wie die
Gesetzesformulierung lautet – festgesetzt, so richtet sich die Zulässigkeit von Bauvorhaben im Grundsatz nach dem Charakter der
umgebenden Bebauung, doch müssen die Festsetzungen des
Bebauungsplanes dabei beachtet werden.

4.2.2 Aufstellung der Bauleitpläne

Die Zuständigkeit der Gemeinde für die Bauleitpläne bedeutet,
daß die Ratsversammlung über alle derartigen Pläne beschließt,
mögen sie nun innerhalb der eigenen Verwaltung oder von anderen
Fachleuten erarbeitet worden sein. Für die Ausarbeitung der Pläne
ist eine frühzeitige Fühlungnahme mit anderen Behörden und Institutionen, die gewisse Zuständigkeiten oder Interessen in dem
Planungsraum wahrzunehmen haben, geboten; darunter fallen
beispielsweise für den Planungsraum zuständige Staatsbehörden wie
das Straßenbauamt oder das Wasserwirtschaftsamt, Energieversorgungsunternehmen, die Bundesbahn, aber auch die Kirchen, die
Industrie- und Handelskammern und die Gewerkschaften. Für alle
diese Institutionen, deren Zahl in manchen Fällen an das halbe
Hundert heranreichen mag, ist der Begriff der „Träger öffentlicher
Belange" geprägt worden; die Abstimmung mit ihnen ist unerläßlich, wenngleich die Planung meist nicht alle Wünsche und Anre-

gungen der Gesprächspartner berücksichtigen kann. Auch mit den
betroffenen Bürgern sind die Bauleitpläne möglichst frühzeitig auf
geeignete Weise zu erörtern. Das kann bei kleinen Maßnahmen eine
Versammlung der Betroffenen im Nebenzimmer einer Gaststätte
sein, während Planungen mit einer größeren Zahl von Betroffenen
kaum anders als durch schriftliche Informationen bekanntgemacht
werden können. Diese „vorgezogene" Bürgerbeteiligung ist erst
1976 eingeführt worden, weil sich das bisherige Verfahren als unbefriedigend erwiesen hatte. Bis dahin nämlich erhielten die Bürger
erst mit der förmlichen Offenlegung des Planes – nach Abstimmung mit den Trägern öffentlicher Belange, nach den Ausschuß-
beratungen und nach der Beschlußfassung des Rates – Gelegenheit,
sich zu dem vollständig ausgearbeiteten Plan zu äußern, „Anregungen und Bedenken" vorzubringen, wie es im Gesetz heißt. Eine
Änderung des Planes zu diesem Zeitpunkt war in der Regel lang-
wierig und mühsam, so daß die Verwaltungen meist wenig geneigt
waren, auf Änderungswünsche einzugehen, auch wenn diese, zu
einem früheren Zeitpunkt geäußert, leicht hätten aufgenommen
werden können. Das neue Verfahren schließt zudem die Notwendigkeit ein, den Bürgern nicht nur einen Planentwurf, sondern
auch die sich bietenden Alternativen für die Entwicklung und
Gestaltung des Planungsbereiches darzulegen (§ 3).

Die erwähnte Offenlegung des fertiggestellten und vom Rat
beschlossenen Planes bleibt nach wie vor bestehen; die Gemeinde
ist gehalten, die dabei vorgebrachten Anregungen und Bedenken
zu prüfen. Soweit diese nicht berücksichtigt werden, sind sie mit
der Vorlage des Planes an die kommunale Aufsichtsbehörde mit ein-
zureichen. Diese Vorlage dient der Rechtskontrolle; die Aufsichtsbehörde hat zu prüfen, ob der Plan ordnungsgemäß zustande gekommen ist – ob also alle Verfahrensvorschriften eingehalten sind – und
ob er dem Baugesetzbuch entspricht. Dagegen ist es nicht Aufgabe
der Aufsichtsbehörde, die Pläne inhaltlich zu prüfen und damit
eine „Sachaufsicht" wahrzunehmen. Dies ergibt sich aus dem
Wesen der Bauleitplanung als Selbstverwaltungsaufgabe.

Für Flächennutzungspläne und selbständige, also nicht aus dem
Flächennutzungsplan entwickelte Bebauungspläne führt das Prü-
fungsverfahren zur „Genehmigung"; andere Bebauungspläne hat
die Gemeinde nach der Neuregelung durch das Baugesetzbuch nur
mehr „anzuzeigen". Für die Pflicht der Aufsichtsbehörde zur
rechtlichen Prüfung ergeben sich damit im Grunde keine Unterschiede; ein negatives Ergebnis der Prüfung führt in einem Falle zur

Versagung der Genehmigung, im anderen Falle zur Beanstandung des Planes; in beiden Fällen wird damit die Rechtswirksamkeit des Planes bis zur Ausräumung der Versagungsgründe oder Beanstandungen verzögert. Liegt die Genehmigung vor oder ist das Anzeigeverfahren ohne Beanstandung abgeschlossen, so macht die Gemeinde den Plan bekannt; der Flächennutzungsplan wird damit wirksam, der Bebauungsplan rechtsverbindlich (§ 6, § 11).

Im Grundsatz gelten für die Änderung und die Aufhebung von Bebauungsplänen die gleichen Vorschriften wie für die Aufstellung; indessen ist bei unwesentlichen Änderungen von Bebauungsplänen ein vereinfachtes Verfahren unter Beteiligung der unmittelbar Betroffenen zulässig (§ 13).

Um während der Aufstellung eines Planes die beabsichtigte Entwicklung nicht dadurch zu erschweren, daß ihr entgegenstehende, aber nach der noch gültigen Rechtslage zulässige Bauvorhaben verwirklicht werden, kann die Gemeinde eine Veränderungssperre als Satzung erlassen, durch die Neubauten oder wertsteigernde Veränderungen von baulichen Anlagen und Grundstücken zunächst auf die Dauer von zwei Jahren ausgeschlossen werden können. Eine Verlängerung auf höchstens vier Jahre ist in gewissen Fällen möglich, ohne daß den betroffenen Eigentümern ein Entschädigungsanspruch erwächst; wird die Veränderungssperre danach neu beschlossen, so wird die Gemeinde für die einem Eigentümer entstehenden Vermögensnachteile entschädigungspflichtig (§§ 14 ff.).

Der Verhinderung einer planwidrigen Entwicklung dienen auch die Bestimmungen über die Genehmigungspflicht von Grundstücksteilungen (§§ 19 ff.) und über das Vorkaufsrecht der Gemeinden. Danach steht der Gemeinde ein allgemeines Vorkaufsrecht für Flächen zu, die für öffentliche Zwecke vorgesehen sind, und ein besonderes, vom Rat als Satzung zu beschließendes für unbebaute Grundstücke in Bebauungsplangebieten und für alle Grundstücke in solchen Gebieten, in denen die Gemeinde städtebauliche Maßnahmen in Betracht zieht.

Die Gemeinde hat damit die Möglichkeit, im Falle einer Grundstücksveräußerung in die Rechte des Käufers einzutreten; allerdings schließt das Gesetz für bestimmte Fälle die Ausübung des Vorkaufsrechtes aus und erlaubt auch seine Abwendung durch den Käufer, wenn dieser sich zur plangemäßen Nutzung des Grundstückes verpflichtet (§§ 24 ff.).

4.2.3 Zulässigkeit von Vorhaben
außerhalb von Bebauungsplangebieten

Wie bereits erwähnt, sind Bauvorhaben innerhalb von im Zusammenhang bebauten Ortsteilen auch zulässig, wenn kein Bebauungsplan besteht; Voraussetzung ist, daß sich das Vorhaben nach Art und Maß der baulichen Nutzung, nach der Bauweise und der Grundstücksfläche, die überbaut werden soll, in die Eigenart der näheren Umgebung einfügt. Diese Vorschrift hat die im Bundesbaugesetz von 1960 enthaltene Fassung, nach der ein solches Vorhaben „unbedenklich" sein müsse, abgelöst; ohne Zweifel stellt die Forderung nach Einfügung eine einengendere Bestimmung dar. Insbesondere können damit Veränderungen im Gebietscharakter weitgehend unterbunden werden, und das bedeutet gleichzeitig, daß etwa angestrebte Veränderungen auf anderem Weg, also durch Aufstellung eines in die gewünschte Richtung weisenden Bebauungsplanes, erreicht werden müssen. Für die Beurteilung der Zulässigkeit sind die Gebietskategorien der Baunutzungsverordnung dann mit heranzuziehen, wenn die nähere Umgebung des Bauvorhabens in ihrem Charakter einem der nach der Baunutzungsverordnung vorgesehenen Gebietstypen entspricht – was in der Regel der Fall sein dürfte.

Der Sinn dieser Gebietseinteilung liegt in erster Linie in dem Bestreben, wechselseitige Beeinträchtigungen der Nutzungen, insbesondere die Störung des Wohnens, zu vermeiden; die Anwendung dieser Kategorien in stark durchmischten Gebieten mit störenden Betrieben hat verschiedentlich zu kaum zu lösenden Problemen geführt. Dies wiederum hat den Anstoß zu einer neuen Bestimmung im Baugesetzbuch gegeben, nach der bei bestehenden Betrieben auch solche Änderungen, Erweiterungen, Nutzungsänderungen und Erneuerungen, die an sich unzulässig wären, im Einzelfalle zugelassen werden können, wenn
1. die Zulassung aus Gründen des Wohls der Allgemeinheit erforderlich ist oder
2. das Vorhaben einem Betrieb dient und städtebaulich vertretbar ist und wenn die Abweichung auch unter Würdigung nachbarlicher Interessen mit den öffentlichen Belangen vereinbar ist.
Der damit gewonnenen Flexibilität in der Genehmigungspraxis steht natürlich andererseits die Gefahr des Mißbrauchs gegenüber; die Erfahrungen mit dieser neuen Bestimmung, die während der Beratungen sehr kontrovers beurteilt wurde, bleiben abzuwarten.

Die Abgrenzung der „im Zusammenhang bebauten Ortsteile" ist in der Wirklichkeit – gerade in Stadtrandbereichen und in ländlichen Gemeinden – nicht immer leicht und hat deshalb gelegentlich zu Rechtsstreitigkeiten geführt; die Gemeinde kann hier Klarheit schaffen, indem sie eine Satzung erläßt, in der die Grenzen festgelegt werden, wobei auch einzelne unbebaute Grundstücke, die normalerweise dem „Außenbereich" zuzurechnen wären, einbezogen werden können. Zudem können in der Satzung einzelne Festsetzungen getroffen werden, die denen des Bebauungsplanes entsprechen; folgerichtig ähnelt auch das Aufstellungsverfahren dem des Bebauungsplans, wenn es auch keiner öffentlichen Auslegung für die Dauer eines Monats bedarf. Hinter dieser Regelung steht offenbar der Wunsch nach einem einfacheren Verfahren; inwieweit von der Möglichkeit dieser Art von „Bebauungsplanumgehung" Gebrauch gemacht werden wird, bleibt abzuwarten, zumal auch die Formulierung, daß nur „einzelne Festsetzungen" des Bebauungsplanes getroffen werden können, viel Raum für gerichtliche Auseinandersetzungen bietet (§ 34).

Gebiete, die weder von einem Bebauungsplan erfaßt sind noch innerhalb eines im Zusammenhang bebauten Ortsteiles liegen, gelten als „Außenbereich"; in ihm sind nur sogenannte „privilegierte" Vorhaben zulässig. Hierunter fallen in erster Linie Gebäude, die landwirtschaftlichen Betrieben oder zugehörigen Altenteilen und Landarbeiterstellen dienen, sowie solche Vorhaben, die ihrem Wesen nach üblicherweise nicht im bebauten Ortsgebiet liegen – wie Umspannanlagen, Wasserbehälter, Abfallverwertungsanlagen oder Kraftwerke. Die Fassung dieser Gesetzesbestimmung läßt deutlich den Konflikt zwischen dem Wunsch nach Sicherung des Außenbereiches aus ökologischen Gründen und dem Druck der Landwirtschaft auf anderweitige Verwertung von nicht mehr landwirtschaftlich genutzten Gebäuden erkennen (§ 35).

Allgemein ist zur Frage der Zulässigkeit von Bauvorhaben anzumerken, daß die Genehmigungspraxis nicht allein von den gesetzlichen Formulierungen, sondern auch von der Handhabung des Ermessensspielraums abhängt, den solche Formulierungen in aller Regel lassen. Gesetzesbestimmungen, Verwaltungspraxis und Rechtsprechung greifen hier ineinander; es ist aufschlußreich, daß in einer ausführlichen Ausarbeitung des Deutschen Städte- und Gemeindebundes zu Beginn der achtziger Jahre, die sich mit den Erschwerungen des Bauens auseinandersetzte und Verbesserungsvorschläge machte, nur etwa die Hälfte der Kritikpunkte sich auf gesetzliche Regelungen, die andere Hälfte auf die Handhabung dieser Regelungen durch die Verwaltung bezog.

4.2.4 Bodenordnung

Für die im vorigen Abschnitt angedeutete Aufgabe, den Grundstückszuschnitt in einem Neubau- oder Umbaugebiet der neugeplanten Bebauung anzupassen, bietet das Baugesetzbuch zwei Hilfsmittel: die Umlegung und die Grenzregelung.

Durch die Umlegung können „zur Erschließung oder Neugestaltung bestimmter Gebiete bebaute und unbebaute Grundstücke . . . in der Weise neugeordnet werden, daß nach Lage, Form und Größe für die bauliche oder sonstige Nutzung zweckmäßig gestaltete Grundstücke entstehen" (§ 45 [1] BauGB). Hierzu bedarf es eines Bebauungsplanes, der allerdings noch nicht rechtsgültig zu sein braucht, wenn das Verfahren eingeleitet wird. Der Grundgedanke des Verfahrens liegt darin, daß alle von einer Neuplanung betroffenen Grundstücke die „Umlegungsmasse" bilden, aus der „vorweg die Flächen, die nach dem Bebauungsplan als örtliche Verkehrsflächen und Grünflächen festgesetzt sind, auszuscheiden und der Gemeinde oder dem sonstigen Erschließungsträger zuzuteilen" sind. Die verbleibende „Verteilungsmasse" wird nun im gleichen Verhältnis auf die beteiligten Eigentümer neu verteilt, wobei der Maßstab entweder der Flächenanteil oder der Bodenwertanteil ist. Die Gemeinde als Umlegungsstelle hat diese Entscheidung „nach pflichtmäßigem Ermessen unter gerechter Abwägung der Interessen der Beteiligten je nach Zweckmäßigkeit" zu treffen. Natürlich erlaubt der Grundstückszuschnitt nicht immer eine ganz exakte Zuteilung der jeweiligen Flächenanteile; die hier sich ergebenden Vor- und Nachteile sind durch entsprechende geldliche Zahlungen auszugleichen.

Wesentlich einfacher ist das Verfahren der Grenzregelung, das allerdings relativ unkomplizierte Verhältnisse voraussetzt. Es erlaubt,

- benachbarte Grundstücke oder Teile benachbarter Grundstücke gegeneinander auszutauschen, wenn dies dem überwiegenden öffentlichen Interesse dient, und
- benachbarte Grundstücke, insbesondere Splittergrundstücke oder Teile benachbarter Grundstücke einseitig zuzuteilen, wenn dies im öffentlichen Interesse geboten ist.

Ein typischer Fall wäre etwa die Begradigung einer mehrfach
verspringenden Grundstücksgrenze zwischen zwei Nachbarn oder
die Veränderung einer schräg auf die Straßenlinie zulaufenden
Grundstücksgrenze so, daß sie zumindest im Bereich der vorgesehenen Bebauung senkrecht zur Straße verläuft.

4.2.5 Enteignung und Entschädigung

Die Enteignung eines Grundstücks, also die erzwungene Veräuße-
rung durch den bisherigen Eigentümer, ist als ein sehr weitgehender
Eingriff in die Eigentümerrechte besonderen Bedingungen unterworfen. Sie ist „im einzelnen Fall nur zulässig, wenn das Wohl der
Allgemeinheit sie erfordert und der Enteignungszweck auf andere
zumutbare Weise nicht erreicht werden kann"; sie setzt ferner voraus,
„daß der Antragsteller sich ernsthaft um den freihändigen Erwerb des
zu enteignenden Grundstücks zu angemessenen Bedingungen . . .
vergeblich bemüht hat" (§ 87).

Die Enteignung nach dem Baugesetzbuch dient in erster Linie
dazu, Grundstücke entsprechend dem bestehenden Planungsrecht
zu nutzen – also beispielsweise als öffentliche Verkehrsfläche – oder
ihre bauliche Nutzung vorzubereiten (§ 85). Im letzten Falle darf
nur zugunsten der Gemeinde oder eines öffentlichen Trägers ent-
eignet werden; die Gemeinde muß solche Grundstücke wieder
veräußern, „sobald der mit (ihrem) Erwerb . . . verfolgte Zweck
verwirklicht werden kann". Die Veräußerungspflicht entfällt bei
Grundstücken, die für öffentliche Zwecke oder für beabsichtigte
städtebauliche Maßnahmen benötigt werden (§ 89). Im übrigen ist
jedermann dazu berechtigt, einen Enteignungsantrag für ein nicht
plangemäß genutztes Grundstück zu stellen, wenn er glaubhaft
macht, daß er es in angemessener Frist entsprechend den Festsetzungen des Bebauungsplans nutzen werde. Allerdings wird von
dieser Möglichkeit in der Praxis selten Gebrauch gemacht.

Für den durch die Enteignung eintretenden Rechtsverlust und
die sonstigen Vermögensnachteile wird eine Entschädigung gewährt, die sich im Grundsatz nach dem Verkehrswert des Grundstückes bemißt; sie kann in Geld oder in Land gewährt werden
(§§ 93 ff.).

Die Enteignung geht in einem förmlichen Verfahren vor sich, das
in der Regel vom Regierungspräsidenten als Enteignungsbehörde
unter Beteiligung der Gemeinde durchgeführt wird (§§ 104 ff.).

Wie bei der Enteignung, so sind auch bei anderen durch die
Planung erwachsenden Vermögensnachteilen oder Nutzungsbeschränkungen in der Regel Entschädigungen zu zahlen; in bestimmten Fällen kann der Eigentümer auch von der Gemeinde die
Übernahme seines Grundstücks verlangen, vor allem „wenn und
soweit es ihm mit Rücksicht auf die Festsetzung oder Durchführung des Bebauungsplans wirtschaftlich nicht mehr zuzumuten ist,
das Grundstück zu behalten oder es in der bisherigen oder einer
anderen zulässigen Art zu nutzen" (§ 40).

Zu solchen entschädigungspflichtigen Eingriffen gehört auch die
Herabsetzung einer bisher planungsrechtlich zulässigen Grundstücksnutzung – also etwa die Verringerung von vorher fünf zulässigen Geschossen auf drei bei gleicher Gebäudegrundfläche. Das
logische Gegenstück wäre eine Abgabe der durch neu verliehenes
oder erhöhtes Nutzungsrecht Begünstigten; sie gibt es jedoch nur
in förmlich festgelegten Sanierungsgebieten (vgl. Abschnitt 4.1 und
5.5). Seit 1976 besteht allerdings die Verpflichtung zu einer solchen
Entschädigung dann nicht mehr, wenn der Eigentümer die ihm mit
dem Plan gebotenen Nutzungsmöglichkeiten innerhalb von sieben
Jahren nicht verwirklicht hat (§ 42).

4.2.6 Erschließung

Die Erschließung, also der Anschluß eines Grundstücks an das
Netz öffentlicher Straßen und Wege, an die Versorgungsleitungen
und an die Kanalisation, ist nach dem Baugesetzbuch Aufgabe der
Gemeinde; sie setzt in der Regel einen Bebauungsplan voraus, in
dem die öffentlichen Straßen, Wege, Plätze und Grünanlagen festgesetzt sind (§§ 123 ff.).

Als Erschließungsanlagen gelten nach dem Gesetz außerdem
Sammelstraßen, also öffentliche Straßen, Wege und Plätze, die
selbst nicht zum Anbau bestimmt, aber zur Erschließung der Baugebiete notwendig sind, ferner Parkflächen und Grünanlagen, die
nach städtebaulichen Grundsätzen innerhalb der Baugebiete zu
deren Erschließung notwendig sind, sowie Lärmschutzanlagen wie
Wälle oder Wände längs stark befahrener Straßen (§ 127).

Die dafür aufzubringenden Kosten können bis auf mindestens
10%, welche die Gemeinde zu tragen hat, auf die Eigentümer
verteilt werden; als Verteilungsmaßstäbe kommen in erster Linie
Art und Maß der baulichen Nutzung in Betracht; auch die Grund-

stücksflächen und die Grundstücksbreiten an der Erschließungsstraße können berücksichtigt werden. Die Gemeinden regeln dies
durch Satzung (§§ 129 ff.).

Die Beitragspflicht entsteht, sobald eine bauliche oder gewerbliche Nutzung auf einem Grundstück zulässig ist – unabhängig also
davon, ob diese Nutzung tatsächlich ausgeübt wird; in besonderen
Fällen ist eine Stundung oder auch eine vollständige oder teilweise
Freistellung möglich (§§ 133 ff.).

Mit diesem Überblick sind die für die Praxis wichtigsten Bestimmungen des „allgemeinen Städtebaurechtes“, das im ersten Kapitel
des Baugesetzbuches zusammengefaßt ist, in den Grundzügen dargestellt. Das „besondere Städtebaurecht“, das sich vor allem auf
Probleme der Sanierung und Erhaltung bezieht, wird wegen der
Nähe zu den dort behandelten Sachverhalten in den Abschnitten
5.5 und 5.6 behandelt. Indessen sei noch kurz auf die „städtebaulichen Gebote“ hingewiesen, die der Gesetzgeber als Bestandteil
des besonderen Städtebaurechts deklariert hat, obwohl sie seit der
Novelle von 1976 aus der engen Verbindung mit dem Sanierungs-
recht gelöst und allgemein anwendbar sind (§§ 175–179).

Voraussetzung für den Erlaß eines Baugebotes, eines Abbruch-
gebotes oder eines Pflanzgebotes ist das Bestehen eines rechtsgültigen Bebauungsplanes; damit wird der Eigentümer aufgefordert,
Neubau, Umbau, Abbruch oder Bepflanzung entsprechend den
Festsetzungen des Bebauungsplanes vorzunehmen. Der „Angebots-
charakter“ des Bebauungsplanes, der dem Eigentümer die wirtschaftliche Verantwortung für dessen Annahme läßt, wird damit
verlassen; das Gesetz sieht eine Reihe von Vorkehrungen vor, um
einen Mißbrauch dieses Werkzeugs zu verhindern.

Demgegenüber sind das Modernisierungs- und das Instandsetzungsgebot auch außerhalb von Bebauungsplangebieten anwendbar. Ihr Erlaß setzt das Bestehen von Mißständen oder Mängeln an
Gebäuden voraus; Mißstände liegen insbesondere vor, wenn die
bauliche Anlage nicht den allgemeinen Anforderungen an gesunde
Wohn- und Arbeitsverhältnisse entspricht, während sich Mängel
auf den Bauzustand und das Aussehen der baulichen Anlage beziehen. Das Gesetz regelt auch, in welchem Umfange der Eigentümer
die Kosten hierfür tragen muß.

4.3 Zur Organisation der Stadtplanung

Die Bundesrepublik als föderativer Staat weist drei Grundtypen von Gebietskörperschaften, d. h. drei Ebenen hoheitlichen Handelns auf: den Bund, die Länder, die Gemeinden. Die Gemeinden unterscheiden sich in ihrer Verwaltungs- und Entscheidungskompetenz noch danach, ob sie „kreisfrei" oder „kreisangehörig" sind, ob sie also – wie die Großstädte und eine Reihe von Mittelstädten – administrativ einem Landkreis gleichgestellt oder ihm untergeordnet sind.

In jedem Falle erfüllt die Gemeinde zwei Arten von Verwaltungsaufgaben: Selbstverwaltungsaufgaben, die in ihrer eigenen Zuständigkeit liegen, und Aufgaben des „übertragenen Bereichs", bei denen die Gemeinde gleichsam als verlängerter Arm des Staates tätig wird. Den Schlüssel für die Unterscheidung liefert der bereits erwähnte Artikel 28 des Grundgesetzes: „Den Gemeinden muß das Recht gewährleistet sein, alle Angelegenheiten der örtlichen Gemeinschaft im Rahmen der Gesetze in eigener Verantwortung zu regeln." Daß die räumliche Planung auf Gemeindeebene zu diesen Angelegenheiten gehört, mag nicht selbstverständlich sein; auch der Begriff der örtlichen Gemeinschaft ist durch die Gebietsreform der frühen siebziger Jahre, nach der manche Gemeinden aus einer Vielzahl unterschiedlicher Ortslagen und damit vorher selbständiger Gemeinden bestehen, ein wenig unscharf geworden.

Traditionell gehört das Bauwesen in den Bereich der staatlichen Regelungen, und auch dort, wo die Baugenehmigungen durch ein städtisches Amt – früher „Baupolizei", heute „Bauaufsichtsamt", „Bauordnungsamt", „Baurechtsamt" genannt – erteilt werden, geschieht dies im Auftrage des Staates, im sogenannten „übertragenen Aufgabenbereich".

Stadtplanung indessen gehört seit den Fluchtliniengesetzen der Zeit um 1870 in den meisten deutschen Ländern in den Bereich der Selbstverwaltung; dies wurde mit dem Erlaß des Bundesbaugesetzes 1960 abschließend bestätigt. Daß aus dieser Regelung eine Reihe von Problemen vor allem dort erwächst, wo die zusammenhängende Siedlungsentwicklung die Gemeindegrenzen überspringt, ist an anderer Stelle dargelegt worden; in wachsendem Maße sind wir in dieser Hinsicht auf eine übergemeindliche Planung angewiesen, für die allerdings nach Möglichkeit kooperative Modelle gesucht werden.

Innerhalb der Stadtverwaltung ist das Bauwesen normalerweise

unter einem Dezernenten zusammengefaßt. Die traditionelle Zwei-
teilung in einen Hochbau- und einen Tiefbau-Bereich hat sich im
20. Jahrhundert weiter differenziert; aus Unterabteilungen der
Hochbauverwaltung entstanden im Laufe der Zeit eigenständige
Stadtplanungsämter. Heute sind im Baudezernat einer mittleren
Großstadt üblicherweise neben den traditionellen Hochbau- und
Tiefbauämtern das Stadtplanungsamt, das Vermessungsamt, das
Grünflächenamt (oder Gartenbauamt), das erwähnte Bauaufsichtsamt und meist noch ein eigenes Bauverwaltungsamt zusammengefaßt. In einigen Städten ist die Organisation unterschiedlich, doch
liegen die Gründe dafür meist eher in den beteiligten Persönlichkeiten oder in Erwägungen des Parteienproporzes als in sachlichen
Gegebenheiten. Soweit eine Unterteilung in zwei Dezernate für
unausweichlich gehalten wird, sollte die Trennungslinie nicht zwischen Hoch- und Tiefbau, sondern eher zwischen den hoheitlich
tätigen Ämtern einerseits – Stadtplanung, Vermessung, Bauauf-
sicht – und den ausführenden Ämtern – Hochbau, Tiefbau, Garten-
amt – andererseits verlaufen. Voraussetzung dafür ist allerdings, daß
die für die Gesamtentwicklung der Stadt wichtigen Fragen der Verkehrsplanung und der Freiflächenplanung im Stadtplanungsamt
behandelt werden, wenn man Doppelarbeit und Rivalitäten vermeiden will.

Ein für die Organisation der Stadtplanung wichtiger neuer
Gesichtspunkt tauchte auf, als man sich in den sechziger Jahren mit
dem Aufgabenkreis der Stadtentwicklungsplanung auseinanderzusetzen hatte, der offenkundig den Bereich der traditionellen räumlichen Planung überschritt (vgl. Abschnitt 3.5). Zur Lösung dieser
Aufgabe wurden verschiedene Wege beschritten. Teilweise wurde
ein neues Dezernat neben dem Baudezernat gebildet, teilweise
dem Verwaltungschef (Oberbürgermeister oder Oberstadtdirek-
tor) eine besondere „Stabsabteilung" zugeordnet, teilweise aber
auch nur ein Ausschuß für Entwicklungsfragen aus Vertretern der
unterschiedlichen damit befaßten Bereiche gebildet. In vielen Fällen sind diese eigenständigen Entwicklungen inzwischen ganz oder
weitgehend wieder aufgehoben worden; vielerorts sind die Ent-
wicklungsaufgaben wieder dem Stadtplanungsamt zugeordnet
worden. Der Zusammenhang mit den im Kapitel 2 erörterten
Veränderungen des „Planungsklimas" ist offenkundig.

Die Ausformung der Zuständigkeiten und Unterstellungsverhält-
nisse für Fragen der Stadtentwicklung und Stadtplanung hat sich dabei
als ziemlich unabhängig von den verschiedenen Organisationsfor-

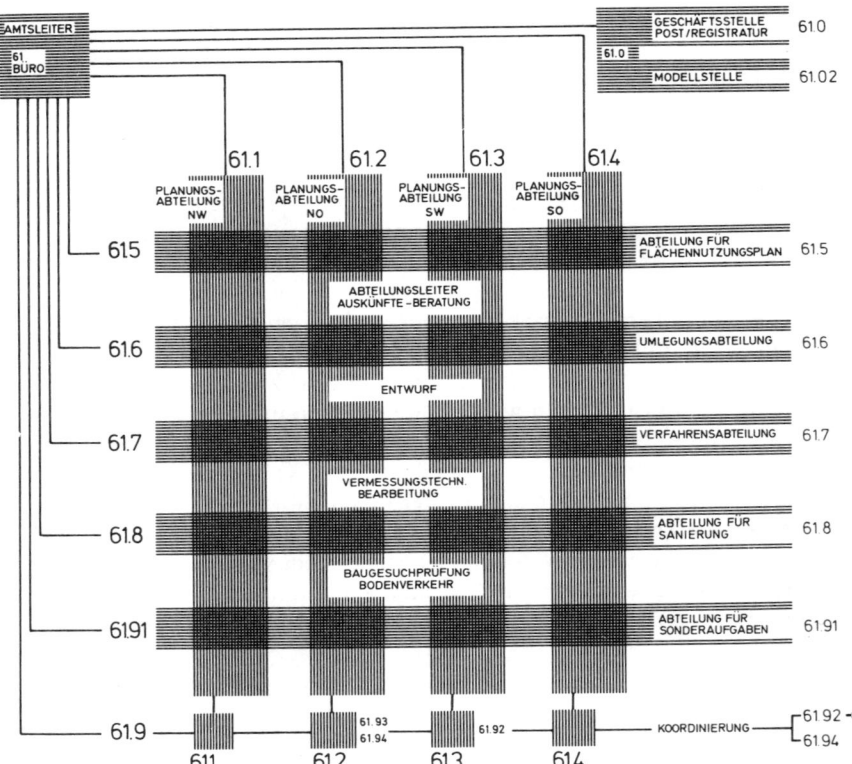

Tafel 4: Gliederung des Stadtplanungsamtes Hannover (Quelle: Stadtplanungsamt der Landeshauptstadt Hannover, Stand 1983).

men erwiesen, die jeweils durch die staatlichen Gemeindeordnun-
gen vorgeschrieben werden. Hier gibt es in der Bundesrepublik
vier verschiedene Typen mit jeweils unterschiedlichen Kompetenz-
verteilungen zwischen Stadtvertretung (Rat) und Stadtverwaltung:
die süddeutsche Ratsverfassung (Bayern und Baden-Württemberg),
die rheinische Oberbürgermeisterverfassung (Rheinland-Pfalz und
Saarland), die (frühere preußische) Magistratsverfassung (Hessen
und Schleswig-Holstein) und die der britischen Kommunalver-
fassung entlehnte „Zweigleisigkeit" (Nordrhein-Westfalen und
Niedersachsen).
   Auch die innere Gliederung der Stadtplanungsämter ist nicht
durchweg einheitlich; finden sich einerseits funktionale Unter-

gliederungen etwa im Sinne der Arbeitsbereiche Grundlagenbeschaffung, Planaufstellung und laufende Vollzugsgeschäfte, so gibt es auf der anderen Seite die Untergliederung in Arbeitseinheiten, denen jeweils bestimmte Stadtbereiche – und hier jeweils von der Analyse über den Entwurf bis zur Durchführung – zugeteilt sind. Der Vorzug dieser Gliederung wird darin gesehen, daß die an der Planung von Neuentwicklungen Beteiligten dann auch bei der Durchführung die Bewährung ihrer Vorschläge in der Praxis überprüfen und dabei neue Einsichten gewinnen können.

Daß bei allen solchen Maßnahmen das Planungsamt engen Kontakt zu den anderen an der räumlichen Entwicklung beteiligten Ämtern der Stadt halten muß, liegt auf der Hand; das gleiche gilt aber auch für die Fühlung mit staatlichen Behörden und mit den Betrieben der Energiewirtschaft. Dabei ist es wichtig, daß nicht, wie beim typischen hierarchischen Verwaltungsmodell, alle Beziehungen zu anderen Ämtern über den Chef laufen müssen, sondern daß ein dichtes Netz von Querverbindungen auf den unteren Ebenen hergestellt wird, so daß nur ernsthafte Konfliktpunkte, etwa zwischen Verkehrsansprüchen und Freiflächenplanung, eine Entscheidung auf höherer Ebene erfordern. Insofern bedarf die „planende Verwaltung" wenn nicht einer anderen Organisationsstruktur, so doch zumindest einer anderen Arbeitsweise als die traditionelle „Vollzugsverwaltung".

Ein Kennzeichen dieser Arbeitsweise ist auch die Bildung von auf Zeit zusammengestellten Arbeitsgruppen aus Angehörigen verschiedener Ämter oder Verwaltungsbereiche. Insbesondere für Fragen der Stadterneuerung sind solche Vorgehensweisen nahezu unerläßlich, damit von Fall zu Fall planerischer, bautechnischer und juristischer Sachverstand mit den Kenntnissen von Sozialarbeitern und Wohnungswirtschaftlern gekoppelt werden kann. Auf diesem Gebiet hat es sich auch bewährt, solche Arbeitsgruppen mit gewissen Entscheidungsbefugnissen „vor Ort" auszustatten, um nicht jeden Bagatellfall in die langsam mahlenden Mühlen der Verwaltungsmaschinerie schicken zu müssen.

Noch einen Schritt weiter gehen manche Gemeinden damit, daß sie – insbesondere für Aufgaben der Stadterneuerung und Sanierung – städtische Gesellschaften gegründet oder adaptiert haben, weil zahlreiche Probleme sich unternehmerisch schneller und wirksamer angehen und abwickeln lassen als auf behördlichem Wege; man denke nur an Gelegenheiten zum schnellen Grunderwerb, die bei der sonst notwendigen Beschlußfassung durch den – meist nur

einmal monatlich tagenden – Stadtrat leicht unausgenutzt blieben.
Aus dem gleichen Grunde bedienen sich viele Gemeinden für Stadt-
erneuerungsaufgaben auch gemeinnütziger Sanierungsträger.
Wichtig ist indessen, daß Willensbildung und Kontrolle von der
Stadt wahrgenommen werden müssen, die ja auch für alle hoheit-
lichen Entscheidungen zuständig bleibt.

4.4 Verknüpfungen der Stadtplanung mit anderen Bereichen

4.4.1 Verknüpfungen der Stadtplanung mit Raumordnung, Landesplanung und Regionalplanung

Stadtplanung als Koordination unterschiedlicher Ansprüche an
einen begrenzten Raum mußte mit der Ausdehnung der Städte im
19. Jahrhundert einen ständig wachsenden Bereich erfassen, in dem
sich die Erweiterung der Städte vollzog. Die Verwaltungsstruktur
wurde in der Regel den sich ausweitenden Baubereichen dadurch
angepaßt, daß die von der Verstädterung erfaßten Randgemeinden
eingemeindet wurden; diese Praxis mußte jedoch dort an ihre
Grenzen stoßen, wo Städte so nahe beieinander lagen, daß ihre
Ausdehnungsbereiche sich überschnitten und die Erweiterungsgebiete ineinander überzugehen begannen. Ähnliche Probleme stellten sich dort, wo Staatsgrenzen der weiteren Ausdehnung, ja schon
der gemeinschaftlichen Betrachtung der Probleme ein Ende setzten.
Für Hamburg mit seinen Nachbarstädten Altona, Harburg und
Wandsbek trafen beide Gründe zu, für das Ruhrgebiet zwar nur
der erste, aber auch hier stellten die Verwaltungsgrenzen zwischen
zwei Provinzen und drei Regierungsbezirken deutliche Hindernisse dar. Hier waren es zunächst die Abwasserprobleme, die eine
überkommunale Zusammenarbeit erforderten. Zwar gab und gibt
es für solche spezifischen Probleme die Einrichtung des „Zweck-
verbandes", aber gerade im Ruhrgebiet drängte sich eine solche
Fülle von Problemen auf, daß eine größere Lösung notwendig
wurde. So wurde 1920 der „Siedlungsverband Ruhrkohlenbezirk"
gegründet, in dessen Lenkungsorgan, der Verbandsversammlung,
Vertreter der Behörden und der Wirtschaft zusammenwirkten, und
so entstand im Jahre 1928 der „Hamburgisch-Preußische Landes-
planungsausschuß". Schon vorher waren – in zwei ähnlich dicht besiedelten Gebieten – der „Landesplanungsverband für den engeren
mitteldeutschen Industriebezirk" im Raum Halle-Merseburg und

der „Landesplanungsverein Oberschlesien" gegründet worden.
Heute allerdings würde man diese Art von Planung als Regionalplanung (in diesen Fällen für spezifische Verdichtungsräume) bezeichnen, während Landesplanung sich gleichsam an den Begriff des Bundeslandes geheftet hat: Landesplanung also als staatliche Aufgabe jeweils für das ganze Gebiet des Bundeslandes, während für seine Teilbereiche – jedenfalls in den sogenannten Flächenstaaten – Regionalpläne aufgestellt werden, an deren Zustandekommen nach dem Raumordnungsgesetz die Gemeinden mittelbar oder unmittelbar beteiligt werden müssen.

Die Landesplanung ist ihrerseits eingebunden in die Raumordnung, die als gemeinsame Aufgabe des Bundes und der Länder verstanden wird und die großräumige Entwicklung des Bundesgebietes zum Gegenstand hat; zu ihren Zielen gehört auch die Sicherung gleichwertiger (nicht gleichartiger) Lebensverhältnisse im Bundesgebiet. Die Aufgaben der Raumordnung sind im Raumordnungsgesetz von 1965 aufgeführt, das auch – im Gegensatz zu den gesetzlichen Regelungen für die Stadtplanung – über Verfahrensvorschriften hinaus eine Reihe von materiellen Grundsätzen enthält; zum Teil sind sie auch in Landesplanungsgesetze der Länder übernommen worden. Ihnen übergeordnet ist die allgemeine Zielsetzung, nach der „das Bundesgebiet (...) in seiner allgemeinen räumlichen Struktur einer Entwicklung zuzuführen (ist), die der freien Entfaltung der Persönlichkeit in der Gemeinschaft am besten dient". Hier wird sehr deutlich, daß die Regelungen für die räumliche Ordnung nicht als Selbstzweck zu verstehen sind, sondern mit dem Blick auf den Raumbewohner oder -benutzer konzipiert sind (vgl. Abschnitt 3.3). Zu den auch für die Stadtplanung wichtigen Aussagen des Gesetzes gehören die Weisung, „die natürlichen Gegebenheiten sowie die wirtschaftlichen, sozialen und kulturellen Erfordernisse zu beachten", und die Forderungen: „Die Ordnung der Einzelräume soll sich in die Ordnung des Gesamtraumes einfügen. Die Ordnung des Gesamtraumes soll die Gegebenheiten und Erfordernisse seiner Einzelräume berücksichtigen." Schließlich sei noch der erste der in § 2 aufgeführten Grundsätze zitiert: „Die räumliche Struktur der Gebiete mit gesunden Lebens- und Arbeitsbedingungen sowie ausgewogenen wirtschaftlichen, sozialen und kulturellen Verhältnissen soll gesichert und weiterentwickelt werden. In Gebieten, in denen eine solche Struktur nicht besteht, sollen Maßnahmen zur Strukturverbesserung ergriffen werden. Die verkehrs- und versorgungsmäßige Aufschließung, die Bedienung mit Verkehrs- und

Versorgungsleistungen und die angestrebte Entwicklung sind miteinander in Einklang zu bringen." Es ist hier nicht der Ort, auf Einzelheiten der Raumordnungspolitik einzugehen; hier mag der Hinweis genügen, daß die von den Ländern aufgestellten „Landesentwicklungsprogramme" für ihre jeweiligen Bereiche eine Konkretisierung solcher Grundsätze enthalten; hier finden sich bereits einige der „Ziele der Raumordnung und Landesplanung", denen die örtlichen Bauleitpläne, der Forderung des Baugesetzbuches gemäß, anzupassen sind. Eine weitergehende Verdeutlichung und Verfeinerung erhalten diese Ziele in den Regionalplänen, die gleichsam das Vermittlungsglied zwischen Landesplanung und örtlicher Bauleitplanung bilden. Die Regionalplanung ist in den einzelnen Bundesländern unterschiedlich organisiert; so werden z. B. in Bayern – und nur hier – die regionalen Planungsverbände als Zusammenschlüsse aller Kreise und Gemeinden der Region organisiert. Bayern gliedert sich in achtzehn Regionen, die sich jeweils aus vollständigen Stadt- und Landkreisen zusammensetzen; es wird also kein Landkreis durch eine Regionsgrenze geteilt. Im Gegensatz zur bayerischen Regelung sind beispielsweise in Baden-Württemberg, in Hessen und in Rheinland-Pfalz die regionalen Planungsverbände aus den kreisfreien Städten und Landkreisen zusammengesetzt, ohne daß die Gemeinden unmittelbar beteiligt wären. Die Regionalverbände haben nur zum Teil eigenes Personal; im übrigen sind sie gehalten, sich der fachlichen Stellen bei den staatlichen Mittelinstanzen – also den Regierungspräsidien – zu bedienen. Für die Regionalpläne bietet sich der Maßstab der topographischen Karte 1:50000 an; Dichte und Genauigkeit ihrer planerischen Aussagen hängen auch von dem Maße ab, in dem die Problematik der verschiedenen Räume nach überörtlichen Regelungen verlangt. Als wichtiger Grundsatz gilt jedoch dabei, daß die Regionalplanung in ihrer Genauigkeit nicht so weit gehen darf, daß den Gemeinden kein Entscheidungsspielraum mehr über ihre eigene räumliche Entwicklung bliebe.

Ob der Regionalplan in Zukunft als Auskunftsmittel über die von der Bauleitplanung zu beachtenden Ziele der Landesplanung und Raumordnung ausreichen wird, bleibt abzuwarten. Gewiß bedeutet es eine Erschwerung, daß ein solcher Plan wegen der Schwerfälligkeit der Abstimmungsverfahren schon bei seiner Verabschiedung – und erst recht bei seiner Genehmigung – einen Bearbeitungsstand widerspiegelt, der mindestens ein Jahr, wahrscheinlich sogar mehrere, zurückliegt; aus dem gleichen Grunde werden auch Planänderungen nur schleppend neuen Situationen Rechnung tragen können.

Zur rechtlichen Prüfung eines zur Genehmigung vorgelegten Bauleitplanes gehört auch die Feststellung, ob er an die Ziele der Raumordnung und Landesplanung angepaßt ist; hierzu holt die Genehmigungsbehörde eine Äußerung der Landesplanung ein. Dies Verfahren ist in der Regel unproblematisch; schwieriger wird es, wenn die Landesplanung sich zur Änderung ihrer Ziele genötigt sieht und unter diesem Blickwinkel von den Gemeinden eine Anpassung bereits bestehender Bauleitpläne fordern müßte. Für derartige Forderungen gibt es deshalb auch kaum Beispiele, obwohl die Entwicklungsperspektiven sich in den letzten Jahrzehnten so stark verändert haben, daß solche Anpassungsforderungen eigentlich an der Tagesordnung sein müßten.

Nicht alles aber läßt sich vorausschauend in Plänen regeln; so gibt es immer wieder Planungsvorhaben größeren Umfangs, teils durch Fachplanungen etwa für Verkehrswege oder Kraftwerke, teils durch gemeindliche Entwicklungsbedürfnisse ausgelöst, die in den gültigen Plänen noch nicht vorgesehen, aber gleichwohl unabweisbar sind. Zur Abgleichung der hierbei meist auftretenden Interessenkonflikte zwischen verschiedenen Planungsträgern dient in den meisten Bundesländern das „Raumordnungsverfahren". Es wird von der Landesplanung durchgeführt; sein Ergebnis legt die sachlichen Grundzüge für die Durchführung des Vorhabens fest, die dann in rechtsförmliche Planverfahren umgesetzt werden.

4.4.2 Verknüpfungen der Stadtplanung
   mit Fachplanungen

Als „Fachplanungen" werden hier alle raumbeanspruchenden und raumgestaltenden Planungen von Behörden und sonstigen Planungsträgern bezeichnet, die auf bestimmte, klar abgegrenzte Teilzwecke gerichtet sind – also nicht, wie Raumordnung, Landesplanung, Regionalplanung und Bauleitplanung, auf ihren jeweiligen Ebenen eine integrierende Funktion ausüben. Soweit für solche Fachplanungen gemeindliche Ämter oder der Gemeinde zugeordnete Institutionen wie Verkehrsbetriebe oder Stadtwerke zuständig sind, unterliegen sie letzten Endes der gemeindlichen Willensbildung und damit der Einordnung in die auch für die Bauleitplanung maßgebenden Entwicklungskonzepte. Wohl mag es hier gelegentlich Zielkonflikte und Kompromisse geben, aber im Grundsatz lassen sich solche Fragen auf Gemeindeebene klären.

Anders sieht es aus mit den überörtlichen Fachplanungen, die durch staatliche Behörden wie die Straßenbauverwaltung oder durch besondere Planungsträger wie die Energieversorgungsunternehmen oder die Bundesbahn entwickelt werden. Auch für sie gibt es eine Koordinationsinstanz in Gestalt der Landesplanung, aber „die Durchsetzungskraft der Landesplanung als neutraler übergeordneter Entwicklung einer Ordnung für den Raum (ist) noch immer und vielleicht sogar verstärkt in Schwierigkeiten gegenüber den raumplanenden Fachverwaltungen"[2]. Das damit angesprochene starke Eigengewicht der staatlichen Fachplanungen wirkt sich natürlich gegenüber der gemeindlichen Bauleitplanung noch stärker aus, so daß es hier gelegentlich zu schwer lösbaren Interessenkonflikten kommt, obwohl doch alle Beteiligten das Allgemeinwohl zum Ziele haben. Allerdings hat ja auch der Gesetzgeber schon gesehen, daß öffentliche Belange untereinander im Widerstreit liegen können, und deshalb der Bauleitplanung aufgegeben, sie „untereinander gerecht abzuwägen" (§ 1 BauGB).

Besonders augenfällig sind solche Reibungen bei der Planung überörtlicher Straßen, bei der für die staatliche Straßenbaubehörde meist der Fernverkehr im Vordergrund steht – jener fiktive Autofahrer, der von Flensburg nach Berchtesgaden fahren will, ohne den Fuß vom Gashebel zu nehmen. An ihm ist indessen der Gemeinde meist nicht gelegen; sie möchte statt dessen auch die Fernstraßen dem Stadt- und Regionalverkehr dienstbar machen, indem sie etwa eine besser auf das Stadtgefüge bezogene Straßenführung oder eine größere Zahl von Anschlußstellen an das örtliche Straßennetz anstrebt. Gelegentlich kann in solchen Fällen die Fachplanung ihren Zielvorstellungen dadurch Nachdruck verleihen, daß sie die Gewährung staatlicher Zuschüsse zu städtischen Straßenbauten an deren Befolgung knüpft. In wachsendem Maße spielen bei solchen Entscheidungen allerdings neben verkehrlichen Gesichtspunkten auch solche des Umweltschutzes eine maßgebende Rolle.

---

[2] Hans-Gerhart Niemeier, Rechtliche und organisatorische Fragen, in: Akademie für Raumforschung und Landesplanung (Hrsg.), Grundriß der Raumordnung, Hannover 1982, S. 309.

Als weiteres Beispiel seien wasserwirtschaftliche Fachplanungen genannt. So kann etwa das Bestreben einer Gemeinde, durch Aufhöhung eines Überschwemmungsgebietes neues Bauland zu gewinnen, daran scheitern, daß unter wasserwirtschaftlichen Gesichtspunkten ein solcher „Retentionsraum" erforderlich sein kann, um die Auswirkungen eines Hochwassers auf flußabwärts gelegene Gemeinden nicht noch zu steigern.

Die Abstimmung zwischen der Stadtplanung und den Fachplanungen vollzieht sich vor allem auf der Ebene des Flächennutzungsplanes einerseits bei seiner Aufstellung durch die Beteiligung der „Träger öffentlicher Belange" – unter die alle Fachplanungsträger fallen – und andererseits durch die nachrichtliche Übernahme von „Planungen und sonstigen Nutzungsregelungen, die nach anderen gesetzlichen Vorschriften festgesetzt sind," in den Plan; auch in Aussicht genommene, also noch nicht rechtskräftige Regelungen sollen in ihm vermerkt werden (§ 5 BauGB).

Allerdings sind Fachplanungsträger, die dem Flächennutzungsplan bei seiner Aufstellung widersprochen haben, nicht an ihn gebunden; wie eine solche Uneinigkeit zu beheben sei, läßt das Gesetz offen. Falls indessen ein öffentlicher Planungsträger, ohne dem Flächennutzungsplan widersprochen zu haben, später von ihm abweichen will und sich darüber nicht mit der Gemeinde zu einigen vermag, kann er dem Plan nachträglich widersprechen, „wenn die für die abweichende Planung geltend gemachten Belange die sich aus dem Flächennutzungsplan ergebenden städtebaulichen Belange nicht nur unwesentlich überwiegen" (§ 7 BauGB).

Den Fachplanungsbehörden steht für die Durchsetzung ihrer Planungsabsichten das Werkzeug des „Planfeststellungsverfahrens" zur Verfügung, das in Ablauf und Rechtswirkung annähernd dem Bebauungsplan entspricht, allerdings ohne an eine frühzeitige Bürgerbeteiligung gebunden zu sein. Die Rechtsgrundlage hierfür bilden verschiedene, jeweils auf ein Fachgebiet bezogene Gesetze, die in § 38 BauGB aufgeführt sind, so unter anderen das Bundesfernstraßengesetz, das Bundesbahngesetz, weitere Bundesgesetze und die landesrechtlichen Vorschriften für überörtliche Planungen auf den Gebieten des Verkehrs-, Wege- und Wasserrechts; die darauf gegründeten Pläne haben im Einzelfalle Vorrang vor denen der Bauleitplanung.

4.4.3 Verknüpfungen der Stadtplanung mit dem Umweltschutz

Im gängigen Sprachgebrauch werden unter „Umweltschutz" in der Regel zwei unterschiedliche Anliegen begriffen:
– der Schutz der natürlichen Umwelt gegen Zerstörung, Verschmutzung oder sonstige Beeinträchtigung, insbesondere Reinhaltung von Luft und Wasser, aber auch Erhaltung der Artenvielfalt und der „naturnahen" Landschaft, und
– der Schutz der menschlichen Lebensumwelt gegen gesundheitsgefährdende oder störende Einflüsse aus der räumlichen Umgebung – vor allem gegen Lärm und Luftverunreinigung. Hier wird häufig von Immissionsschutz gesprochen, wenngleich auch die natürliche Umwelt des Schutzes gegen Immissionen bedarf.

Beide Anliegen haben schon früh im Blickfeld der Stadtplanung gelegen; vor allem der Schutz des Stadtbewohners gegen schädliche Umwelteinwirkungen ist geradezu eine der Wurzeln der modernen Stadtplanung, die mit Ingenieurleistungen wie Straßenbau, Wasserversorgung und Abwasserbeseitigung ihren Anfang nahm.

Aber auch die Pflege der natürlichen Umwelt ist schon seit den ersten Diskussionen um Freiflächensicherung im späten 19. Jahrhundert eines der stadtplanerischen Ziele. Für ihre Berücksichtigung im Plan war allerdings der jeweilige Kenntnisstand über Umweltzusammenhänge und -gefährdungen maßgebend, der bis zur Jahrhundertmitte aus heutiger Sicht noch recht bescheiden war. Gleichwohl finden sich in der städtebaulichen Literatur wie in der Praxis zahlreiche Zeugnisse für das Bestreben, die natürliche Umwelt durch die Ausdehnung des Siedlungsraums möglichst wenig zu beeinträchtigen – also einerseits in möglichst großen und ungestörten Zusammenhängen zu belassen und andererseits den Siedlungscharakter selbst naturnah zu gestalten;[3] indessen war zu manchen Zeiten – so in den wachstumsfreudigen sechziger Jahren – von solchen Bemühungen nicht viel zu spüren.

[3] Dieses Anliegen läßt sich von den bereits erwähnten Autoren Bruch und „Arminius" über das Freiflächenkonzept für die Entwicklung Berlins aus dem Wettbewerbsbeitrag von Möhring, Eberstadt und Petersen (Groß-Berlin, ein Programm für die Planung der neuzeitlichen Großstadt, Berlin 1910) und Martin Wagners Dissertation über ›Sanitäres Grün‹ (Berlin 1915) bis zum Konzept der „Stadtlandschaft" bei Reichow (Organische Stadtbaukunst, Braunschweig 1948) oder der „Stadtregion" bei Hillebrecht (Städtebau und Stadtentwicklung, Archiv für Kommunalwissenschaften 1962, S. 41 ff.) verfolgen.

Was den Immissionsschutz angeht, so war man mindestens seit der Jahrhundertwende bestrebt, die Belastungen der städtischen Umwelt durch Rauch und Ruß, Lärm und Abgase zu bekämpfen – aber in erster Linie dadurch, daß man die Dichte der Stadt verringern, sie weiter ins Land ausgreifen lassen wollte, um die Immissionsquellen vor allem von den Wohnungen weiter abzurücken und damit die Immissionen abzuschwächen. Auf die Emissionen der Verursacher selbst einzuwirken, schien offenbar beim damaligen Stand der Technik wenig aussichtsreich. Allenfalls finden sich Empfehlungen, die Emittenten, also die Fabriken, auf der windabgewandten Seite der Siedlungsbereiche – in Lee – unterzubringen, ohne viel Rücksicht darauf, daß auch dem jenseits davon gelegenen land- oder forstwirtschaftlichen Bereich die Immissionen nicht sonderlich guttun würden.

Solche frühen Überlegungen zum Immissionsschutz sind es auch, die gegen Ende des 19. Jahrhunderts maßgeblich zur Stadtgliederung nach Bauzonen oder Baustaffeln beigetragen haben, also zu einer Nutzungsdifferenzierung, die darauf zielte, schutzbedürftige Stadtbereiche – wie reine und allgemeine Wohngebiete – von solchen Gebieten zu trennen, in denen eine Mischung von Wohn- und Arbeitsstätten erstrebt oder zumindest geduldet und damit eine stärkere Immissionsbelastung der Wohnungen in Kauf genommen wurde. Wenn das Planungsrecht lediglich dieses Instrumentarium bereitstellte, für die Art seiner Anwendung aber keine unmittelbaren Vorschriften erließ, so entsprach das ganz der Gesetzgebungspraxis jener Zeit; ihr lag offenbar die unausgesprochene Überzeugung zugrunde, daß eine kompetente Behörde von solchen Instrumenten stets den jeweils gebotenen Gebrauch machen werde. Erst dem Bundesimmissionsschutzgesetz von 1974 war es vorbehalten, aus der Sicht des Umweltschutzes konkrete Anforderungen an die städtebauliche Planung zu fixieren. Im § 50 BImSchG wird gefordert, bei raumbedeutsamen Planungen und Maßnahmen die für eine bestimmte Nutzung vorgesehenen Flächen einander so zuzuordnen, daß schädliche Umwelteinwirkungen auf ausschließlich oder überwiegend dem Wohnen dienende Gebiete sowie auf sonstige schutzbedürftige Gebiete soweit wie möglich vermieden werden.

Das ist natürlich eine vernünftige und in der üblichen Stadtplanung seit langem praktizierte Regel; problematisch wird sie dann, wenn aus ihr schematisierende Vorschriften gemacht werden, etwa in dem Sinne, daß nur solche Baugebiete aneinandergrenzen dürfen, die durch nicht mehr als eine Nutzungsstufe getrennt sind (so daß ein Gewerbegebiet zwar an ein Mischgebiet, nicht aber an ein Wohngebiet grenzen darf), oder durch Vorschriften über zu fordernde Entfernungen zwischen unterschiedlichen Gebietskategorien.

Im Zielkatalog des Baugesetzbuches kommt dem Umweltschutz erhebliches Gewicht zu; von den vier übergeordneten Zielen sind allein zwei umweltbezogen: „Die Bauleitpläne sollen (. . .) dazu beitragen, eine menschenwürdige Umwelt zu sichern und die natürlichen Lebensgrundlagen zu schützen und zu entwickeln. "

Unter den anschließend aufgeführten neun Gruppen von Einzelzielen, die „bei der Aufstellung der Bauleitpläne insbesondere zu berücksichtigen" sind, gilt eine dem Umweltschutz im weiteren Sinne:

„Die Belange des Umweltschutzes, des Naturschutzes und der Landschaftspflege, insbesondere des Naturhaushalts, des Wassers, der Luft und des Bodens einschließlich seiner Rohstoffvorkommen, sowie das Klima."

Zusammenfassend heißt es am Ende dieses Zielkatalogs:

„Mit Grund und Boden soll sparsam und schonend umgegangen werden. Landwirtschaftlich, als Wald oder für Wohnzwecke genutzte Flächen sollen nur im notwendigen Umfang für andere Nutzungsarten vorgesehen und in Anspruch genommen werden."

Beide Bestimmungen waren übrigens, wenn auch in etwas anderer Formulierung, bereits Inhalte des bisher gültigen Planungsrechtes. Man kann also durchaus von einer Verzahnung zwischen Planungs- und Umweltschutzrecht sprechen; den Beleg dafür bieten zahlreiche Bestimmungen, die zum Teil erst mit der Novellierung von 1976 Eingang in das Bundesbaugesetz – und damit jetzt auch in das Baugesetzbuch – gefunden haben.

So können im Flächennutzungsplan Flächen für Nutzungsbeschränkungen oder für Vorkehrungen zum Schutz gegen schädliche Umwelteinwirkungen dargestellt werden. Im Bebauungsplan können sie rechtswirksam festgesetzt werden, ebenso wie „die zum Schutz vor solchen Einwirkungen oder zur Vermeidung oder Minderung solcher Einwirkungen zu treffenden baulichen und sonstigen technischen Vorkehrungen". Ebenso kann man Gebiete festsetzen, „in denen aus besonderen städtebaulichen Gründen oder zum Schutz vor schädlichen Umwelteinwirkungen im Sinne des Bundes-Immissionsschutzgesetzes bestimmte luftverunreinigende Stoffe nicht oder nur beschränkt verwendet werden dürfen". Auch das

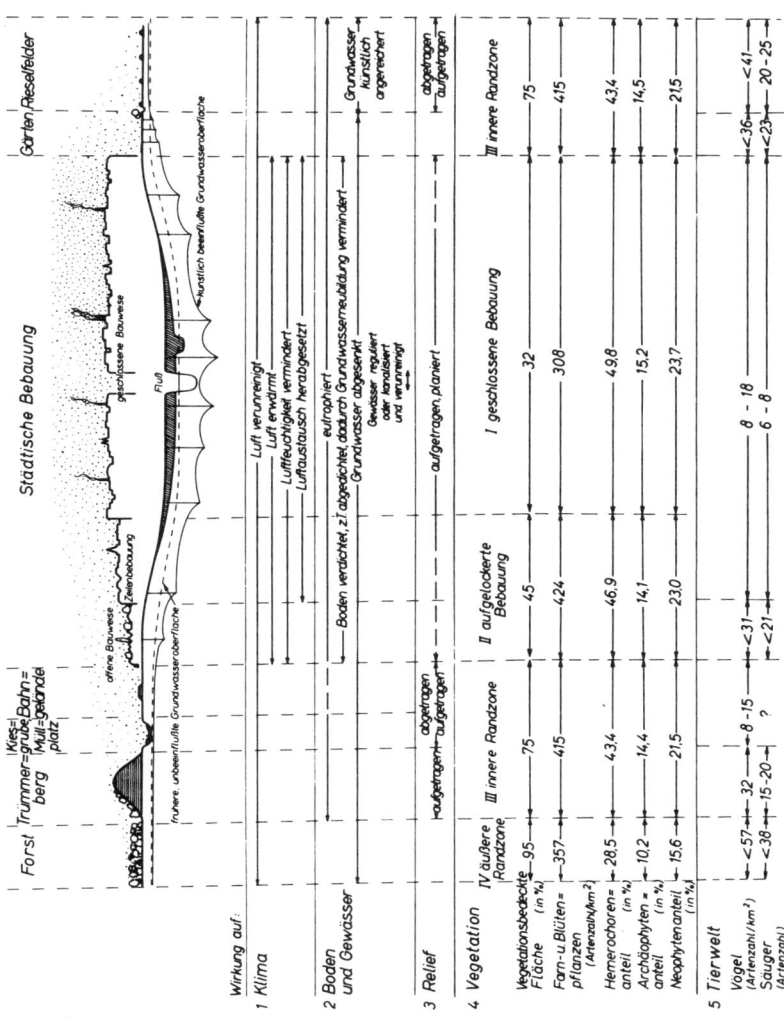

Abb. 10: Veränderungen der Ökosphäre einer Großstadt.

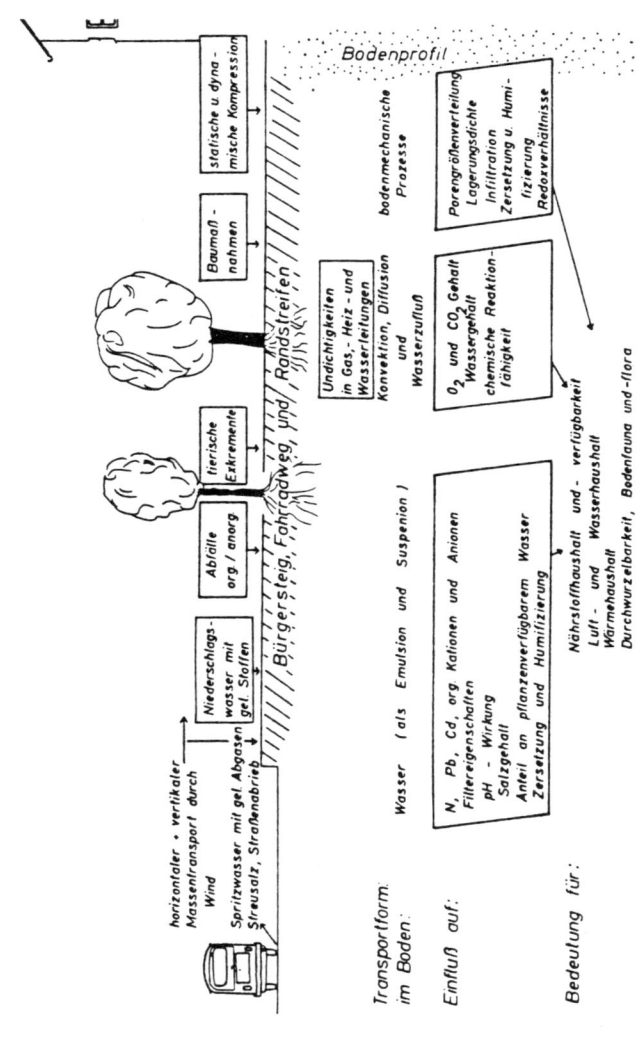

Abb. 11: Einfluß einer Stadtstraße auf Klima, Boden und Vegetation.

Erschließungsrecht definiert als Erschließungsanlagen außer den Straßen „Anlagen zum Schutz von Baugebieten gegen schädliche Umwelteinwirkungen im Sinne des Bundes-Immissionsschutzgesetzes"; hiermit sind in erster Linie Lärmschutzanlagen gemeint. So sind also beide Kategorien des Umweltschutzes, die eingangs angesprochen wurden, in der für die Bauleitplanung maßgebenden Gesetzgebung verankert; für die inhaltliche Umsetzung der Anliegen des Umweltschutzes in die Bauleitplanung bedarf es allerdings im Einzelfalle sicherer Grundlagen und klarer Zielvorstellungen. Dabei wird es in der Flächennutzungsplanung vor allem um die Berücksichtigung von Klima, Grundwasser und Bodenqualität bei der Ordnung von Bauflächen und Freiflächen gehen, aber auch um die allgemeine räumliche Verteilung von emittierenden und immissionsschutzbedürftigen Nutzungen. Im Bebauungsplan kann solche Nutzungsverteilung genauer und feinkörniger gesteuert werden. Einen wichtigen Beitrag zur Abwehr des Verkehrslärms können Baumassenverteilung und Wohnungsorientierung leisten; so kann beispielsweise im Plan festgesetzt werden, daß Wohngebäude an Hauptverkehrsstraßen diesen nur Nebenräume, also keine Wohn- und Schlafräume zuwenden dürfen. Auf diese Weise können sie, günstige Lage zur Himmelsrichtung vorausgesetzt, ohne Beeinträchtigung der Wohnqualität gleichzeitig auch hinter ihnen gelegene Gebäude gegen den Verkehrslärm abschirmen.

Ein weiteres Werkzeug für die Einbringung und Durchsetzung ökologischer Gesichtspunkte in die Gestaltung der Umwelt ist die Landschaftsplanung nach dem Bundesnaturschutzgesetz, der deshalb ein eigener Unterabschnitt gewidmet ist.

4.4.4 Verknüpfungen der Stadtplanung
mit der Landschaftsplanung

Landschaftsplanung, hervorgegangen aus der Gartenarchitektur, ist erst nach der Jahrhundertmitte deutlicher ins öffentliche Bewußtsein getreten. Wohl gab es schon vorher bedeutende Einzelleistungen, aber daß es sich hier um eine umfassende, die ganze Umwelt einbegreifende Gestaltungs- und Sicherungsaufgabe handelt, ist erst neuerdings erkannt worden.

In rechtlicher Hinsicht wird die Landschaftsplanung im Bundesnaturschutzgesetz von 1976 geregelt, und zwar im Sinne von Rahmenvorschriften, die durch entsprechende Ländergesetze ausgefüllt werden. Dabei werden für die Landschaftsplanung verschiedene Plankategorien geschaffen, die denen der Landesplanung und der Bauleitplanung gleichsam parallel zugeordnet sind. So wird für die überörtlichen Erfordernisse auf Landesebene – analog zum Landesentwicklungsprogramm – ein Landschaftsprogramm, für Teile des Landes ein Landschaftsrahmenplan gefordert; hier ist die Analogie zum Regionalplan gegeben. In diesen Programmen und Plänen sollen die überörtlichen Erfordernisse und Maßnahmen zur Verwirklichung der Ziele des Naturschutzes und der Landschaftsplanung unter Beachtung der Grundsätze und Ziele von Raumordnung und Landesplanung dargestellt werden. In ihnen enthaltene raumbedeutsame Erfordernisse und Maßnahmen sollen unter Abwägung mit anderen Planungen in Programme und Pläne der Landesplanung aufgenommen werden.

Auf örtlicher Ebene sollen Erfordernisse und Maßnahmen zur Verwirklichung der Ziele des Naturschutzs und der Landschaftspflege in Landschaftsplänen dargestellt werden, die damit dem Flächennutzungsplan der Bauleitplanung an die Seite gestellt werden. Gefordert wird als Inhalt dieser Pläne zum einen eine Darstellung des vorhandenen Zustandes von Natur und Landschaft sowie dessen Bewertung unter dem Blickwinkel des Naturschutzes und der Landschaftspflege, also ein analytischer Teil, zum anderen eine Darstellung des angestrebten Zustandes von Natur und Landschaft und der zu seiner Herbeiführung erforderlichen Maßnahmen. Dazu gehören neben allgemeinen Schutz-, Pflege- und Entwicklungsmaßnahmen auch die Ausweisung von Natur- und Landschaftsschutzgebieten sowie Maßnahmen zugunsten des Artenschutzes. Im Grunde handelt es sich bei dem Landschaftsplan um die für die ökologischen Aspekte der Stadtentwicklung wichtigste Planebene, denn sie erfaßt den gesamten Außenbereich, also den weder bebauten noch durch Bebauungspläne erfaßten Stadtraum, in einigen Ländern auch den Innenbereich. Der Maßstab des Plans erlaubt dabei eine verhältnismäßig detaillierte Darstellung der beabsichtigten Planungen, während die Aussagen des Flächennutzungsplans für den Außenbereich in der Regel sehr global sind.

Daneben gibt es auf der Ebene des Bebauungsplanes einen „Grünordnungsplan", der die grünplanerischen Maßnahmen in ihren Einzelheiten vor allem innerhalb des Baugebietes klärt und darstellt; sie werden dann durch Übernahme in den Bebauungsplan rechtsverbindlich festgesetzt. Natürlich ist die Aussageschärfe beim Grünordnungsplan am höchsten und verringert sich dann entsprechend dem kleiner werdenden Maßstab bei den anderen Planarten; dies entspricht der Situation bei den gestuften Bauleit- und Regionalplänen.

Wiederum sorgt die föderative Struktur der Bundesrepublik Deutschland für unterschiedliche Regelungen in den Ländern. Dabei haben sich drei Typen für die Bestimmung des Verhältnisses zwischen Bauleitplanung und Landschaftsplanung ergeben:

– Der Landschaftsplan erhält als Satzung eine eigene Rechtsverbindlichkeit – mit dem Vorteil, die Anliegen der Landschaftsplanung kompromißlos darstellen zu können, jedoch unter Inkaufnahme von Überschneidungen mit den Bauleitplänen, sofern die Planungen nicht aufeinander abgestimmt werden.

– Die Landschaftsplanung wird parallel zur Flächennutzungsplanung erarbeitet und fließt mit ihren Aussagen in den Flächennutzungsplan ein, ohne einen eigenen Rechtsstatus zu gewinnen. Diese „integrierte" Landschaftsplanung schließt Kollisionen mit der Bauleitplanung aus, hat allerdings aus der Sicht mancher Landschaftsplaner den Nachteil, daß die erstrebten Ziele der Landschaftsplanung schon im Plan durch einen bei der Abwägung mit anderen Belangen getroffenen Kompromiß zurückgenommen zu werden pflegen.

– Eine Landschaftsplanung, die von den Trägern der Bauleitplanung erstellt wird, aber zunächst lediglich den Charakter eines Verwaltungsprogramms ohne Rechtsverbindlichkeit besitzt. Diese gewinnt sie erst, wenn sie in die Bauleitpläne übernommen wird, wobei die erwähnten Kompromisse auftreten können; allerdings könnte dann immerhin noch der Landschaftsplan die weitergehenden Zielvorstellungen aufzeigen.

Wie angedeutet, besteht unter den Fachleuten noch kein voller Konsens darüber, welches Verfahren vorzuziehen sei; bei den Bauleitplanern wird allgemein der „integrierten Landschaftsplanung" der Vorrang eingeräumt. Dieser Standpunkt wird von zahlreichen Landschaftsplanern geteilt.

Bei der Vorbereitung des Baugesetzbuches ist verschiedentlich von fachlicher Seite her eine Vereinheitlichung der Vorschriften und eine bessere Verknüpfung der Bauleitplanung mit der Landschaftsplanung gefordert worden; der Gesetzestext hat diesem Wunsch keine Rechnung getragen. Hier dürfte für die Zukunft noch ein Pensum offenbleiben.

Die eigentliche Problematik in diesem Nebeneinander der Pläne liegt in der Frage, ob die Landschaftsplanung – oder genauer: das

Anliegen des verantwortlichen Umgangs mit den ökologischen Ressourcen, als dessen kompetenter Anwalt sich die Landschaftsplanung versteht – nur als ein Gesichtspunkt unter vielen anderen, wie etwa Gewerbeansiedlung, Fernstraßenausbau, Ausweitung der Wohnbauflächen, in die planerische Abwägung eingehen soll, die vielleicht stark von kurzfristigen kommunalpolitischen Interessen beeinflußt sein mag, oder ob ihr gleichsam eine Schlüsselstellung zugewiesen werden soll, von der aus sie den Rahmen der baulichen Entwicklung maßgeblich bestimmt. Im Grunde ist dies jedoch keine institutionelle Frage, sondern eine des öffentlichen Bewußtseins. Wenn in ihm – wie es heute den Anschein hat – die ökologischen Argumente weiter an Gewicht gewinnen, werden sie sich auch in der Bauleitplanung durchsetzen.

4.4.5 Verknüpfungen der Stadtplanung mit der ländlichen Neuordnung

Wenn „Stadtplanung", wie eingangs dargelegt, treffender „Ortsplanung" hieße, so wäre klar, daß damit auch die Planung für kleinere Ortschaften im ländlichen Raum gemeint ist. Allerdings hat jahrzehntelang der geringe Veränderungsdruck im ländlichen Raum eine förmliche Planung überflüssig erscheinen lassen; Altenteile, neue Scheunen oder Betriebsgebäude, vielleicht auch ein neuer Hof ließen sich dem bestehenden Dorf meist ohne große Probleme an- oder einfügen.

Das hat sich zunächst für die ländlichen Gebiete im Umkreis der großen Verdichtungsräume radikal geändert: die dank Auto oder Bahn erleichterte Zugänglichkeit – auch in der Kombination des "Park and Ride", des Abstellplatzes am Vorortbahnhof – hat hier die Dörfer mit Städtern angefüllt, die lange Fahrzeiten zur Arbeit und zur Schule zugunsten des billigen Baugrundes und des „Wohnens im Grünen" in Kauf nahmen. Hinzu kommen, vor allem in landschaftlich bevorzugten Gegenden, Zweitwohnungen, Ferienwohnungen und Pensionärswohnungen, die nach Funktion und Gestalt fremde Elemente in das Dorf hineintragen. Nimmt man dazu noch den Strukturwandel in der Landwirtschaft selbst mit seinen Auswirkungen auf das bauliche Gefüge, so wird klar, daß auch viele Dörfer erheblichem Veränderungsdruck ausgesetzt sind – häufig in einem Maße, das den Begriff des Dorfes als einer vorwiegend landwirtschaftlich geprägten Siedlung fragwürdig macht.

Diese Entwicklung ist ambivalent: wohl erlaubt der Zuzug Auswärtiger, die Gesamtzahl der Dorfbewohner trotz starken Rückgangs der in der Landwirtschaft Beschäftigten jedenfalls einigermaßen aufrechtzuerhalten, wenn nicht gar wachsen zu lassen, und dies kommt der Infrastrukturausstattung zugute. Andererseits aber verändert sich damit das soziale Gefüge und in seinem Gefolge bald auch die kommunalpolitische Struktur. Das Schlagwort der „Stadtflucht", das gelegentlich mit dieser Entwicklung in Zusammenhang – in Analogie zur „Landflucht" des 19. Jahrhunderts – gebracht wird, ist insofern schief, als die neuen Bewohner in aller Regel ihrer Lebensform nach Städter bleiben wollen, also die Arbeitsplatzvielfalt und das kulturelle Angebot der Stadt weiter nutzen wollen; der Begriff der „Randwanderung" trifft den Vorgang besser.

Ist also der Wandel der baulichen Struktur in den ländlichen Gemeinden erst in den letzten Jahrzehnten als ein Problem erkannt, das der planerischen Steuerung bedarf, so gibt es seit viel längerer Zeit eine planmäßige Neuordnung der Agrarstruktur, zunächst meist als „Zusammenlegung", später als „Flurbereinigung" bezeichnet. Als Aufgabe eigens dazu geschaffener staatlicher Behörden besteht sie seit der zweiten Hälfte des 19. Jahrhunderts. Ziel solcher Neuordnungsmaßnahmen war zunächst ausschließlich die Verbesserung der Bewirtschaftungsgrundlagen für die landwirtschaftlichen Betriebe durch räumliche Zusammenfassung der bewirtschafteten Flächen, bessere Zuordnung zu den Hofstellen, gegebenenfalls auch Aussiedlung von Betrieben aus der Dorflage. Die hier notwendigen Verfahren der Bewertung und Neuzuteilung von Grundeigentum haben auch für die Baulandumlegung wesentliche Anstöße gegeben (vgl. Abschnitt 4.2). Allerdings waren solche landwirtschaftlichen Ordnungsmaßnahmen, dem Zeitgeist entsprechend, lange mit der Begradigung von Wegen und Gewässern und mit einer „Ausräumung" von Landschaftsbestandteilen verbunden, die einer rationellen Bewirtschaftung im Wege zu stehen schienen. Auch hier hat indessen in den letzten Jahrzehnten ein Umdenken eingesetzt.

Für die bauliche Entwicklung der Gemeinden hatte die Flurbereinigung insofern schon früh Bedeutung, als bei diesem Verfahren nicht nur die landwirtschaftlich genutzten Grundstücke neu geordnet, sondern auch neue Bauparzellen ausgeschieden werden konnten. Dies hat häufig zu Reibungen und nachteiligen Auswirkungen dort geführt, wo eine kompetente Ortsplanung fehlte oder sich nicht durchsetzen konnte. Deshalb wurde eine Zusammenarbeit und Abstimmung zwischen Bauleitplanung und Flurbereinigung zwingend erforderlich, wie sie seit den siebziger Jahren im Planungs- und Flurbereinigungsrecht des Bundes und in den Flurbereinigungsgesetzen der Länder verankert ist. In diesem Zusammenhang hat auch die Flurbereinigung die „Dorferneuerung" in ihr Aufgabenfeld mit einbezogen. Damit sind vor allem Maßnahmen innerhalb des Dorfes gemeint, die einerseits der Verbesserung der Hofstellen durch Neubau oder Umbau von Betriebsgebäuden, Verbesserung der Erschließungswege oder Errichtung von Gemeinschaftsanlagen etwa für landwirtschaftliche Maschinen dienen, andererseits aber auch die allgemeinen Lebensbedingungen, die Verkehrsverhältnisse und das Erscheinungsbild des Dorfes verbessern. Hierzu gehören die Schaffung von Freizeiteinrichtungen, die Umnutzung nicht mehr benötigter landwirtschaftlicher Gebäude oder auch die Umgestaltung von Durchgangsstraßen, die in der Vergangenheit allzu häufig unter ausschließlicher Berücksichtigung von Verkehrsgesichtspunkten ausgebaut worden sind. Für die meisten Maßnahmen einer solchen Dorferneuerung können staatliche Zuschüsse in Anspruch genommen werden.

Wenn eine reibungslose sachliche Zusammenarbeit zwischen Bauleitplanung und Flurbereinigung gegeben ist, so kann dabei auch der Vorzug genutzt wurden, daß die Verfahren der Flurbereinigung häufig eine zügigere und weniger komplizierte Verwirklichung der Planung erlauben als die der Bauleitplanung. Ein Problem indessen liegt darin, daß die Entscheidungen über die Flurbereinigung letztlich durch die „Teilnehmergemeinschaft", also die Gesamtheit der betroffenen Grundeigentümer, gefällt wird, während die Verfahren der Bauleitplanung eine gleichberechtigte Beteiligung aller Bewohner vorsehen.

Während also in der Ortslage und im möglichen Erweiterungsgebiet des Dorfes die Flurbereinigung eine enge Zusammenarbeit mit der Bauleitplanung suchen muß, wird sie im Agrarbereich – dem „Außenbereich" in der Terminologie der Bauleitplanung – auf die Verknüpfung mit den Zielen der Landschaftsplanung bedacht sein müssen, die ihre Rechtsgrundlage im Bundesnaturschutzgesetz haben. Auch hier scheint sich nach anfänglichen Reibungen eine gewisse Annäherung zu vollziehen, die vor allem dadurch bedingt ist, daß die Aufgaben der Flurbereinigung heute umfassender, also stärker unter ökologischen und gesamtwirtschaftlichen Gesichtspunkten gesehen werden. So verweisen die Leistungsberichte heute bereits auf die Rückverwandlung von Wasserläufen aus Betonrinnen in naturnah gestaltete Bäche und auf die Sicherung und den Ausbau von Feldgehölzen in der neugeordneten Feldflur.

4.4.6 Verknüpfungen der Stadtplanung mit der Denkmalpflege

Für die Denkmalpflege gilt wie für den Umweltschutz, daß die von ihr verfolgten Ziele sich auch unter den Anliegen der Stadtplanung wiederfinden. Denn Stadtplanung hat seit langem nicht nur baulichen Veränderungen den Weg bereitet, sondern war auch darauf gerichtet, wertvollen Bestand – in der Natur wie im baulichen Erbe – gegen derartige Veränderungen zu sichern. Allerdings gibt es einen bedeutungsvollen Unterschied zwischen den Betrachtungsweisen der Denkmalpflege und der Stadtplanung, der aus ihrer verschiedenartigen Aufgabenstellung erwächst. Denn Stadtplanung mußte und muß stets sowohl die Ziele der Bewahrung wie auch die auf Veränderung gerichteten Ansprüche im Auge haben, während die Denkmalpflege als Institution auf den einzigen Zweck der Erhaltung historischer Werte zielt. Sie vertritt also einen jener öffentlichen Belange, die bei der Bauleitplanung „untereinander und gegeneinander gerecht abzuwägen" sind.

Solche Abwägung ist natürlich jeweils nur im Einzelfalle möglich, denn es geht ja nicht um eine generelle Rangfolge von Erhaltung und Veränderung, sondern um eine Bewertung der jeweils sich bietenden Alternativen. Dabei sind die Bewertungsmaßstäbe, wie die Entwicklung gerade im 20. Jahrhundert erkennen läßt, dem Wandel im Zeitablauf unterworfen. Solcher Wandel macht sich auf zweifache Weise bemerkbar: einmal in den Maßstäben, welche die Denkmalpflege selbst an die Denkmaleigenschaften der gebauten Umwelt anlegt, zum anderen in einer allgemeineren Zeitströmung, die sich in den politischen Entscheidungen über Planungsmaßnahmen ebenso niederschlägt wie in der Denkweise der Stadtplaner.

So hat die Denkmalpflege zur Zeit des Neuaufbaus nach dem Kriege die eklektizistischen Bauten aus der zweiten Hälfte des 19. Jahrhunderts nur in Ausnahmefällen als erhaltens- oder wiederherstellenswürdig erachtet, während sie heute weithin in den Rang von Baudenkmalen aufgerückt sind. Auch hinsichtlich der Art der Bauten hat die Denkmalpflege ihr Wirkungsfeld seit einiger Zeit ausgeweitet und beispielsweise Objekte von sozialgeschichtlicher

und technikgeschichtlicher Bedeutung einbezogen, die früher nicht
in gleichem Maße in ihrem Blickfeld lagen.

Stärker aber wirken sich wohl die Veränderungen in den Beurteilungsmaßstäben aus, die dem entspringen, was man „Wandlungen
des Planungsklimas" nennen könnte. So gibt es Zeitabschnitte, die
stark durch ein zukunftsgerichtetes Fortschrittsdenken und eine
dementsprechend geringe Bewertung des historischen Erbes gekennzeichnet sind – so etwa die „Gründerzeit" nach 1870 und die
sechziger Jahre unseres Jahrhunderts –, und es gibt Zeiten, in denen
eben diesem historischen Erbe ein sehr viel höherer Stellenwert
eingeräumt wird; zu ihnen gehören beispielsweise das erste wie
auch das achte und neunte Jahrzehnt des zwanzigsten Jahrhunderts.

Aufgabe der Denkmalpflege ist die Erhaltung von Kulturdenkmalen, unter denen Baudenkmale als Einzelbauten und bauliche
Gesamtanlagen – häufig als „Ensemble" bezeichnet – die Berührungsflächen mit der Stadtplanung ausmachen. An ihrer Erhaltung
muß ein öffentliches Interesse bestehen, das sich aus künstlerischen, wissenschaftlichen und geschichtlichen Gründen herleitet;
zu diesem gehört auch die Geschichte der Technik und die Geschichte des Städtebaues. Hinzu kommt als neuerer Gesichtspunkt
noch die Bedeutung für das Stadtbild; hier gibt es gewiß nicht nur
Berührungen, sondern Überschneidungen mit den Aufgaben der
Stadtplanung.

Andererseits hat der Aspekt der Erhaltung wertvoller Bauten
zunehmende Beachtung nicht nur in der Praxis, sondern auch im
Recht der Stadtplanung gefunden. Blieb er im Bundesbaugesetz
von 1960 noch unerwähnt, so fand er einen ersten rechtlichen Niederschlag im Städtebauförderungsgesetz von 1971, in dem die Rücksichtnahme auf „die Erhaltung von Bauten, Straßen, Plätzen oder
Ortsteilen von geschichtlicher, künstlerischer oder städtebaulicher
Bedeutung" gefordert wird; eine analoge Formulierung wurde in
die 1976 verabschiedete Novelle des Bundesbaugesetzes aufgenommen. Das Baugesetzbuch von 1986 geht noch einen Schritt weiter
und nimmt die Denkmalpflege ausdrücklich unter die bei der Bauleitplanung zu berücksichtigenden Belange auf. Folgerichtig wird
damit auch die nachrichtliche Übernahme denkmalpflegerischer
Festsetzungen in die Bauleitpläne angeordnet – in den Bebauungsplänen sollen die „Denkmäler nach Landesrecht", in den Flächennutzungsplänen die „nach Landesrecht denkmalgeschützten Mehrheiten von baulichen Anlagen" dargestellt werden.

Nach alledem laufen offenbar im letzten Viertel des zwanzigsten

Jahrhunderts die Anliegen von Stadtplanung und Denkmalpflege weitgehend parallel, so daß es hier auf den ersten Blick kaum Reibungsflächen zu geben scheint. In Wirklichkeit gibt es jedoch immer wieder Fälle, in denen sich die Stadtplanung darauf angewiesen sieht, Veränderungen den Weg zu bereiten, die mit den Anliegen der Denkmalpflege kollidieren. Das ist insbesondere dort der Fall, wo Baudenkmale entweder neuen Planungen weichen oder weitgehend umgestaltet werden sollen. Nicht überall findet man bei den Vertretern der Denkmalpflege so klare, für die Notwendigkeit des Wandels aufgeschlossene Stellungnahmen wie die von Gottfried Kiesow:

„Architektur unterscheidet sich von den anderen Künsten durch die Notwendigkeit der Benutzung und unterliegt damit zwangsläufig Veränderungen, die sich aus dem Wandel der Nutzung ergeben . . . So gut wie kein historisches Gebäude befindet sich noch in exakt dem Zustand, in dem es fertiggestellt wurde. Denkmalpflege im Bereich der Baukunst heißt deshalb Anpassung an die jeweiligen Bedürfnisse der Zeit bei Wahrung der Eigenart, heißt nicht gänzliche Verhinderung von Veränderungen, sondern Kontrolle der Entwicklung. In weit höherem Maße gilt dies für die Erhaltung ganzer Straßen, Plätze, Ortsteile oder Stadtkerne."[4]

Gewiß mag es gelegentlich Meinungsverschiedenheiten darüber geben, ob bei einer beabsichtigten „Anpassung an die jeweiligen Bedürfnisse der Zeit" die Eigenart wirklich noch gewahrt wird, und manchmal mag dem Denkmalpfleger der Verlust an Substanz und Gestalt, der mit der Anpassung an eine neue Nutzung einhergeht, einen zu hohen Preis bedeuten. Dann bleibt nur das Dilemma zwischen der meist sehr aufwendigen „musealen" Erhaltung ohne Nutzung oder dem vielleicht ergebnislosen, zum Verfall führenden Warten auf eine dem Denkmalcharakter besser Rechnung tragende Nutzungsmöglichkeit.

Nicht mit der Denkmalpflege verwechselt werden darf das, was heute unter dem Namen der Stadtbildpflege gelegentlich´etwas bedenkliche Blüten treibt: nostalgisch historisierende „Verschönerungen" des Stadtbildes, die häufig der Erhaltung und Pflege des geschichtlich bedeutenden Bestandes abträglich sind. In die gleiche Richtung wirkt eine der „postmodernen" Architekturtendenzen, in der historische Formen verwendet werden – nicht im Sinne einer Bedeutungsaussage wie im 19. Jahrhundert, sondern als eher zufäl-

[4] Kiesow, Gottfried, Einführung in die Denkmalpflege, Darmstadt 1982, S. 78.

liges oder „ironisches" Zitat. Dahinter wirkt offenbar eine Zeitströmung, die nach Sicherheit im Bewahren, nach Verankerung in
der Geschichte strebt und dabei die Umwelt als Illusion wenn nicht
sucht, so doch in Kauf nimmt. Dem Empfinden für die Bedeutung
historischer Werte können jedoch Täuschungen über die wahre
Entstehungszeit eines Gebäudes nur Abbruch tun; in ihrer Ablehnung dürften sich Denkmalpflege und eine geschichtsbewußte
Stadtplanung einig sein.

Im Zusammenhang mit den Fragen der Denkmalpflege ist noch
darauf hinzuweisen, daß die Gemeinde durch Satzung die Erhaltung auch solcher Gebäude und Stadtbereiche sicherstellen kann,
die nicht unter die Kategorie der Baudenkmale fallen (§ 172
BauGB). Die Voraussetzungen hierfür beziehen sich einerseits auf
die bauliche und stadtbildprägende Qualität, andererseits auf das
Interesse an der Erhaltung der Struktur der Wohnbevölkerung. Damit soll auch der Tendenz entgegengetreten werden, Altbauten mit
preisgünstigen Wohnungen zugunsten teurer Neubauten abzurei-
ßen oder sie auf dem Wege der „Luxusmodernisierung" von billigen in teure Wohnungen umzuwandeln (vgl. Abschnitt 5.6). Auch
dieses Planungsinstrument kann der Erhaltung geschichtlicher
Stadtqualität dienstbar gemacht werden.

Literatur zu Kapitel 4

Bielenberg; Krautzberger; Söfker: Baugesetzbuch-Leitfaden. München/
    Münster 1987.
Boeddinghaus; Franßen; Rohde: Baunutzungsverordnung. Essen 1977.
Buchwald, K.; Engelhardt, W. (Hrsg.): Handbuch für Planung, Gestal-
    tung und Schutz der Umwelt. Band 2, 1978.
Cholewa; David; Dyong; v. d. Heide: Das neue Baugesetzbuch. München
    1987.
Erbguth, W.: Raumbedeutsames Umweltrecht: Systematisierung, Harmo-
    nisierung und sonstige Weiterentwicklung. Münster 1986.
Ernst, W.; W. Hoppe: Das öffentliche Bau- und Bodenrecht, Raumpla-
    nungsrecht. München 1978.
Salzwedel, J. (Hrsg.): Grundzüge des Umweltrechts. Berlin 1982.
Schmidt-Aßmann, E.: Grundfragen des Städtebaurechts. Göttingen 1972.
Stich, R.; K. W. Porger, G. Steinebach: Örtliche Landschaftsplanung und
    kommunale Bauleitplanung. Berlin 1987.

5. DIE PRAXIS DER STADTPLANUNG

5.1 Das Stadtgefüge und seine Elemente

5.1.1 Wer baut die Stadt?

Der geschichtliche Überblick hat gezeigt, daß zu allen Zeiten wirtschaftliche und demographische Entwicklungen die Triebkräfte des Stadtwachstums waren. Politische Entscheidungen haben gewiß eine wichtige Rolle gespielt – etwa bei der Gründung neuer Städte oder der Zuweisung von Hauptstadtfunktionen –, aber letzten Endes sind sie nur in dem Maße erfolgreich gewesen, in dem es gelungen ist, Wirtschaftskräfte und Bevölkerung anzuziehen und damit die Stadt mit Leben zu erfüllen.

Das gilt im Grunde noch heute, und manche anspruchsvollen Pläne etwa der sechziger Jahre blieben unausgeführt oder mußten stark eingeschränkt werden, weil die erwarteten Wachstumskräfte ausblieben. Gewiß haben wir es mit einem Wechselspiel von politischen Entwicklungsentscheidungen und darauf gegründeten öffentlichen Investitionen einerseits, von privatwirtschaftlichen Investitionsentscheidungen für gewerbliche und Wohnbauten andererseits zu tun; denn zum einen sind die öffentlichen Investitionen in Schulen, Krankenhäusern, Straßen und Versorgungsleitungen Voraussetzungen für das „Funktionieren" der Stadt und damit für die Möglichkeit, in ihr zu wohnen und berufliche Tätigkeiten auszuüben, und zum anderen sind es die Steuermittel der Betriebe und der Bewohner, aus denen die öffentliche Infrastruktur letztlich bezahlt wird. Aber ohne die Nachfrage der Privatwirtschaft bleibt das Angebot öffentlicher Leistungen unausgenutzt, werden die öffentlichen Investitionen leicht zu Fehlinvestitionen.

Wer also baut die Stadt? Eine unübersehbare Fülle von Bauherren – Industriebetriebe, Einzelhandelsfirmen, Versicherungen, Behörden, Familienväter . . . jeweils für die Bedürfnisse ihres Betriebes, ihrer Institution, ihrer Familie. Ferner eine Anzahl meist recht großer „Bauträger": Unternehmer, die Gebäude für fremde Bedürfnisse – sei es für gewerbliche Zwecke, sei es für das Wohnen – erstellen, um sie zu vermieten oder mit Gewinn zu verkaufen.

Schließlich die Stadtgemeinde selbst und die ihr meist angeschlossenen Versorgungsbetriebe; sie bauen Straßen, Plätze, Brücken, Leitungen, Bahnen, Grünanlagen, Friedhöfe; also alle jene öffentlichen Einrichtungen, die als Voraussetzungen für den geordneten Ablauf des Gemeinschaftslebens in der Stadt gelten können.

Daß solche Einrichtungen mit dem Blick auf das Stadtganze geplant sind, also relativ langfristig im voraus disponiert werden müssen, versteht sich; aber auch die anderen Bauherren treffen ihre Entscheidungen nicht immer nur unter sektoralen oder kurzfristigen Gesichtspunkten. Kaufhauskonzerne beschäftigen sich intensiv mit der Stadtentwicklung, um den geeignetsten Standort für ihre Neuinvestitionen zu finden; Versicherungen und Pensionskassen planen die langfristige Anlage ihrer Gelder in Immobilien unter dem Gesichtswinkel des geringsten Risikos.

So könnte man zunächst sagen, das Wirtschaftsgeschehen schaffe die Stadt – das Bedürfnis nach Wohnraum für die Stadtbewohner, die Nachfrage nach Grundstücken oder Gebäuden für die in der Stadt ansässigen oder für zuziehende Betriebe, die Bereitstellung von öffentlichen Einrichtungen für technische oder soziale Dienstleistungen. So hat man auch in der Literatur zwischen den verschiedenen Gruppen von „Akteuren" in der Stadt unterschieden: den Haushalten, den Betrieben, der öffentlichen Hand.[1] Dabei mag man den Betrieben eine gewisse Schlüsselrolle zuerkennen: Neue Arbeitsplätze ziehen neuen Wohnungsbedarf nach sich; Verlust von Arbeitsplätzen pflegt – außer bei allgemeiner Arbeitslosigkeit – zur Abwanderung von Bewohnern zu führen. Auch das Steueraufkommen verändert sich in solchen Fällen und damit die Möglichkeit der Stadt, öffentliche Dienstleistungen bereitzustellen.

Bei näherer Betrachtung dieser Zusammenhänge zeigen sich wichtige Differenzierungen. So haben sich die Wirtschaftswissenschaften mit der Frage nach den ökonomischen Grundlagen der Stadtentwicklung auseinandergesetzt und dabei eine Unterscheidung zwischen solchen Betrieben gemacht, deren Tätigkeit – sei es nun Güterproduktion oder Dienstleistungen – ausschließlich der Versorgung der Stadtbewohner dient, und solchen, deren Erzeugnisse oder Leistungen auch oder gar ausschließlich von anderen in Anspruch genommen werden. Zu ihnen gehören beispielsweise Fabriken für wichtige Gebrauchsgüter – Automobile, Haushaltsge-

---

[1] Hans Heuer, Sozioökonomische Bestimmungsfaktoren der Stadtentwicklung, Stuttgart/Berlin/Köln/Mainz 1975.

räte, Bekleidung – ebenso wie Banken, Versicherungen und Univer-
sitäten; typische Beispiele für die erste Kategorie sind das kleine
Lebensmittelgeschäft, der kleine Handwerksbetrieb und die
Grundschule. In der Fachdiskussion spricht man von „Fernbedarfs-
tätigen" und „Nahbedarfstätigen" oder, die knappen englischen
Begriffe aufgreifend, von 'basic' und 'nonbasic'.

Daß die „Fernbedarfstätigen" als 'basic' gelten, leuchtet ein: sie
sind es, welche die Stadt in den Stand setzen, Güter zu erwerben,
die sie nicht selbst produziert, wie etwa Lebensmittel; mit ihrem
„Export" sichern sie die für die Stadt lebenswichtigen „Importe".
Für die Stadtentwicklungspolitik spielen sie deshalb eine erhebliche
Rolle; andererseits pflegen sie stärker von der Entwicklung der Ge-
samtwirtschaft abhängig zu sein als die der örtlichen Versorgung
dienenden Betriebe, die mit stetigerer Nachfrage rechnen können.

Die Rolle der Haushalte in der Stadtentwicklung hat mehrere
Aspekte: als Nachfrager für Wohnraum treten sie nur im Bereich
der Familienheime unmittelbar ins Blickfeld der Stadtplanung,
ansonsten über Baugesellschaften, Genossenschaften, gemeinnützige
Wohnungsbauträger und ähnliche Einrichtungen. Als Nachfrager
nach Gütern des täglichen Bedarfs erwarten sie planerische Vorsorge für entsprechende Einkaufsmöglichkeiten; als Berufstätige,
zum Einkaufen im Stadtzentrum oder zur Nutzung kultureller
Angebote müssen sie in der Großstadt in der Regel längere Wege
zurücklegen und sind zumindest zum Teil auf den öffentlichen
Nahverkehr angewiesen. Die Wahl der Wohnstandorte wird also
durch die Erreichbarkeit von Arbeitsplätzen und Versorgungsmög-
lichkeiten zumindest mitbestimmt; solche Lagegunst spiegelt sich
auch in den Bodenpreisen.

Auch die Tätigkeit der öffentlichen Hand zeigt sich in der Stadt
auf sehr unterschiedliche Weise. Mit der Bereitstellung von Straßen, Verkehrsmitteln, Wasser- und Energieversorgung, Anlagen für
die Abführung und Reinigung von Abwässern schafft sie das, was
seit einigen Jahrzehnten als „technische Infrastruktur" bezeichnet
wird; Schulen, Sozialeinrichtungen, Krankenhäuser gelten demgegenüber als „soziale Infrastruktur". Mit dem – ursprünglich aus
dem militärischen Bereich entlehnten – Begriff der Infrastruktur
werden alle diejenigen Einrichtungen erfaßt, die für das Funktionieren des Wirtschaftsgefüges der Stadt unerläßlich sind, aber von
der Wirtschaft selbst nicht vorgehalten zu werden pflegen und deshalb auf die Vorsorge durch die öffentliche Hand angewiesen sind.
Flächenbedarf und Standortwahl der Gemeinbedarfseinrichtun-

gen ergeben sich aus den Ansprüchen an ihre Qualität und Leistungsfähigkeit, sind also letzten Endes Ausfluß der Sozial- und
Bildungspolitik. Für die Stadtplanung gilt die Vorsorge für derartige Flächen schon seit dem 19. Jahrhundert als wichtige Aufgabe,
zumal eine nachträgliche Einfügung in bestehende Baugebiete
meist Schwierigkeiten und hohe Kosten verursacht.
Was indessen die anderen „Akteure" angeht, so hat man im
19. Jahrhundert zunächst gemeint, man könne ihnen die Wahl ihres
Standortes getrost überlassen, und erst schrittweise eine Beschränkung der Nutzungsmöglichkeiten – ausgehend von hygienischen
Gesichtspunkten – nach Maß und Art der Nutzung vorgenommen.
Zonen- oder Staffelbauordnungen, Baugebietspläne und – seit
1962 – die in den Bauleitplänen zu verwendenden Kategorien der
Baunutzungsverordnung (vgl. Abschnitt 4.2) grenzen mit ihren
Bestimmungen die Wahlmöglichkeit der Investoren ein. Indessen
gibt es manche Beispiele dafür, daß – durch Befreiung von solchen
Vorschriften oder auf andere Weise – derartige Bindungen zumin-
dest dann gelöst werden, wenn der Bauherr in einer starken Ver-
handlungsposition ist oder die Stadt besonderes Interesse an der
Verwirklichung des Vorhabens hat; meist geht dies allerdings auf
weniger spektakuläre Weise vor sich als in den siebziger Jahren
beim Musterbeispiel des Frankfurter Westends.
Aber es sind nicht nur die Neubauten und ihre Nutzung, die das
Gefüge städtischer Funktionen verändern, sondern es vollziehen
sich auch zahlreiche Umnutzungen im vorhandenen Baubestand.
Ihr Ausmaß hängt stark von der wirtschaftlichen Dynamik ab, aber
auch von der Eignung der jeweiligen Gebäude für die Aufnahme
neuer Nutzungsarten. Besonders augenfällig war in den sechziger
und frühen siebziger Jahren die Ausdehnung der Büronutzung in
den Großstadtkernen, die häufig auch auf stadtkernnahe Wohngebiete übergriff. Sie führte zwangsläufig zur Verdrängung von Bewohnern und damit nicht nur zu Wohnungsneubauten am Stadtrand oder im Umland, sondern auch zu der Notwendigkeit, dort
Schulen und andere öffentliche Einrichtungen neu zu bauen, während die entsprechenden Einrichtungen in Stadtkernnähe nicht
mehr ausgenutzt werden konnten, weil die Einwohnerzahl in ihrem
Einzugsbereich geschwunden war. Deshalb suchten die Städte
dieser Entwicklung entgegenzuwirken, so mit Verordnungen gegen
die Zweckentfremdung von Wohnungen oder – wie in Zürich – mit
der Festsetzung gewisser Mindestanteile an Wohnnutzung für die
verschiedenen Stadtbereiche. Inzwischen hat zwar der Druck der

Büroerweiterungen nachgelassen, aber die Abwanderung der Bewohner aus den meist dem vorigen Jahrhundert entstammenden stadtkernnahen Altbaugebieten hält an. Mit ihr vollzieht sich in der Regel eine soziale Segregation, weil es vor allem die jüngeren, wirtschaftlich kräftigeren Bewohner sind, die wegziehen. Unzureichende Wohnungsausstattung, Verkehrslärm und Freiraummangel sind die Hauptgründe. Daher ist es verständlich, daß es heute zu den Hauptzielen städtischer Planungspolitik zu gehören pflegt, solche Wohnbaugebiete durch Modernisierung und Verkehrsberuhigung wieder anziehender zu machen.

So vollziehen sich in der Stadt unter dem Einfluß wirtschaftlicher Entwicklungen, aber auch mitbedingt durch sich wandelnden Wohnungsbedarf und durch öffentliche Investitionen, ständig Veränderungen, die sich zwar einerseits in den rechtlichen Rahmen und die Ordnungsvorstellung der Stadtplanung einfügen sollen, andererseits aber auch auf die Planungskonzepte zurückwirken und zu ihrer Revision beitragen können. Um die hier auftretenden Probleme genauer zu umreißen, sei zunächst näher auf die baulichen und räumlichen Elemente eingegangen, die in ihrer Gesamtheit die Stadt ausmachen.

5.1.2 Bauliche und räumliche Elemente der Stadt

Die einfachste Antwort auf die Frage nach den Elementen, aus denen die Stadt sich zusammensetzt, ist: aus Gebäuden für verschiedene Zwecke, denen in der Regel eine zugehörige Freifläche als Hof oder Garten zugeordnet ist, aus einer Anzahl von Grundflächen, die zwar nicht mit Gebäuden besetzt sind, aber doch den Stadtbewohnern auf diese oder jene Weise dienen (Sportplätze, Grünanlagen, Friedhöfe) und aus Plätzen, Straßen und Wegen, die diese Grundflächen untereinander verbinden. Bauflächen, Freiflächen, Verkehrsflächen – damit bietet sich eine erste grobe Untergliederung des Stadtgefüges, aber sie bedarf weiterer Differenzierung. Die Gebäude in einer Stadt sind sehr verschiedenartig, und schon im alltäglichen Sprachgebrauch unterscheiden wir Wohnhäuser, Fabriken, Werkstätten, Bürohäuser, Kaufhäuser, Schulen, Krankenhäuser und andere. In diesen Bezeichnungen spiegeln sich ihre unterschiedlichen Zwecke, und meist kann man solche Zweckbestimmungen bereits aus dem Äußeren der Gebäude – Größe und Baumasse, Stockwerkshöhen und Fensteranordnung – entnehmen.

Allerdings gibt es Gebäude, die mehreren Zwecken dienen, wie Bürohäuser oder mehrgeschossige Wohngebäude, deren Erdgeschosse Läden aufnehmen; manchmal findet sich auch die Kombination von Läden im Erdgeschoß, Büros in den unmittelbar darüberliegenden Stockwerken und Wohnungen in den oberen Geschossen.

Aber in jedem Falle handelt es sich um räumliche Elemente, die für bestimmte Zwecke oder Kombinationen von Zwecken, die nicht unbedingt genau definiert sein mögen, vorgesehen und ausgestattet sind; die Verbindung zwischen ihnen wird durch lineare und in der Regel zu Netzen zusammengefügte Elemente hergestellt, die meist in erster Linie dem Verkehr dienen, aber in denen auch Leitungen für Wasser, Abwasser, Strom, Gas, Telefon und Fernwärme verlaufen. Der Anschluß an sie stellt meist eine elementare Voraussetzung für die Nutzbarkeit der oben genannten Flächenelemente dar. So betrachtet haben wir es mit einem Systemzusammenhang zwischen „spezifisch ausgestatteten Flächen" einerseits und „Leitungssystemen" (unter denen hier auch die Straßen verstanden werden) zu tun. In der amerikanischen Planungstheorie hat man hierfür die Begriffe der 'adapted spaces' und 'flow systems' gefunden.[2]

Wichtig ist natürlich die Frage, welche Verallgemeinerungen bei der Betrachtung solcher Flächen möglich sind, nach welchen Gesichtspunkten sie sich also in bestimmte Kategorien einordnen lassen. Von Freiflächen und Verkehrsflächen wurde schon gesprochen; geht man an die Gliederung der Bauflächen zunächst nicht mit bestimmten Normvorstellungen heran, sondern betrachtet die Wirklichkeit unserer Städte, so lassen sich einige wiederkehrende Gebietstypen erkennen:
– der Stadtkern als Mittelpunkt des Geschäftslebens, in der Großstadt fast ausschließlich aus Geschäftshäusern mit Büros und Läden sowie öffentlichen Gebäuden bestehend, in der Mittelstadt häufig auch mit Wohnungen in den Obergeschossen durchsetzt;
– dicht bebaute, meist nicht allzuweit vom Kern entfernte Miethausgebiete mit mehrgeschossigen Bauten aus dem 19. Jahrhundert, im Erdgeschoß häufig von Läden und Handwerksbetrieben genutzt, während das Blockinnere mindestens teilweise von Gewerbebetrieben in Anspruch genommen wird;

---

[2] Kevin Lynch und Lloyd Rodwin, A Theory of Urban Form, Journal of the American Institute of Planners, XXIV, 1958.

– noch stärker von meist kleineren Gewerbebetrieben geprägte Gebiete, in denen aber auch in beträchtlichem Umfang mittelgroße
Wohngebäude anzutreffen sind;
– Gebiete, die fast ausschließlich durch mehrgeschossige Wohnbauten des zwanzigsten Jahrhunderts geprägt sind, mit einzelnen
Läden des Tagesbedarfs, gelegentlich auch einem größeren Ladenzentrum;
– überwiegend mit Einfamilienhäusern – freistehend oder verdich-
tet – bebaute Gebiete, die gleichfalls einzelne Läden aufweisen;
– Gebiete, die nahezu ausschließlich von Gewerbe- oder Industrie-
betrieben genutzt werden.

Gewiß könnte man noch weiter differenzieren, aber diese we-
sentlichen Typen erlauben bereits eine grobe Gliederung in die
Nutzungsbereiche des Wohnens, der Arbeitsstätten und der Ein-
richtungen von zentraler Bedeutung wie öffentliche Gebäude und
Einkaufsbereiche. Diese Kategorien gilt es nun etwas genauer ins
Auge zu fassen.

5.1.3 Das Wohnen in der Stadt

Reine Wohngebäude lassen sich in Ein- und Zweifamilienhäuser
einerseits, in Geschoßwohnhäuser andererseits gliedern, die erste-
ren meist im Eigentum der Bewohner stehend, die Geschoßwohnungen früher fast ausschließlich zur Miete bewohnt, inzwischen
aber zunehmend auch als Eigentumswohnungen gebaut – oder
auch in solche umgewandelt.

Nach der Höhenentwicklung der Gebäude spricht man vom
Flachbau – mit einem oder zwei Geschossen –, Mittelhochbau
(von drei bis zu acht Geschossen reichend) und Hochhäusern,
die dadurch definiert sind, daß der Fußboden des obersten
bewohnten Geschosses höher als zweiundzwanzig Meter über
dem Boden liegt, was normalerweise vom neunten Geschoß an
zutrifft.

Aber nicht nur unterschiedliche Höhen charakterisieren die
Wohnhäuser, sondern auch die Anordnung der Wohnungen innerhalb der Gebäude. Die einfachste Anordnung – zwei Wohnungen
in jedem Geschoß, von einem gemeinsamen Treppenhaus erreichbar (Zweispänner) – erlaubt Querlüftung für alle Wohnungen und
die Reihung solcher Gebäude zu längeren Zeilen oder geschlossenen
Blockumbauungen; auch der „Dreispänner" – mit einer zusätz-

lichen, meist kleineren Wohnung, die notwendigerweise zwischen den anderen beiden liegt und zu der dem Treppenhaus gegenüberliegenden Seite orientiert ist – findet sich häufig. Vier und mehr Wohnungen an einem Treppenhaus lassen sich in vertretbarer Form nur anordnen, wenn das Gebäude nicht in eine Reihe eingebaut ist, sondern weitgehend oder ganz frei steht. Für solche freistehenden, von einem einzigen Treppenhaus erschlossenen Gebäude hat sich der Begriff des „Punkthauses" eingebürgert, eben weil die Erschließung von einem „Punkt" aus erfolgt. Meist sind solche Punkthäuser vielgeschossig, weil die Einsparung an anteiligen Treppenhauskosten je Wohnung besonders dann zu Buch schlägt, wenn Aufzüge notwendig sind – in der Regel bei mehr als vier Geschossen (vgl. Abb. 12).

Eine andere Möglichkeit zur Anordnung mehrerer Wohnungen an einem Treppenhaus liegt in ihrer Erschließung durch einen in Längsrichtung des Gebäudes verlaufenden Gang, der meist als Außengang oder „Laubengang" ausgebildet ist. Diese Erschließung eignet sich im Grunde nur für kleinere Wohnungen, da die Anordnung bewohnbarer Räume am Laubengang wegen der Einblickmöglichkeit problematisch ist; nur an den Enden des Ganges lassen sich ohne Schwierigkeiten größere Wohnungen schaffen. Wenn allerdings von einem solchen Gang aus mehrere Geschosse erschlossen werden – sei es durch Anordnung von „Maisonetten", also zweigeschossigen Wohnungen innerhalb eines mehrgeschossigen Hauses, sei es dadurch, daß vom Gang aus eine private Treppe in jede Wohnung der benachbarten Geschosse führt, lassen sich auch bei diesem System größere Wohnungen schaffen. Entsprechendes gilt, wenn die Erschließung nicht durch einen Außengang, sondern durch einen Innengang (Mittelgang) erfolgt, wie dies z. B. in der von Le Corbusier entwickelten «Unité d'habitation» – so in Berlin und Marseille – der Fall ist.

Die Anordnung von über zwei Geschosse gehenden Wohnungen im größeren Gebäude – in England weitaus üblicher als auf dem Kontinent – hat den Vorzug, für einen größeren Anteil der Wohnungen einen unmittelbaren Bezug zum ebenerdigen Freiraum am Haus zu ermöglichen. Der obersten Maisonette-Wohnung kann auch jeweils eine Dachterrasse zugeordnet werden; auf diese Weise ist in einem Wohngebäude ein erheblich differenzierteres Angebot an Wohnungen möglich als bei der meist üblichen „Stapelung" gleichartiger Wohnungen. Es scheint, daß im Zuge der erstrebten individuellen Ausprägung der Geschoßwohnung solche Wohn-

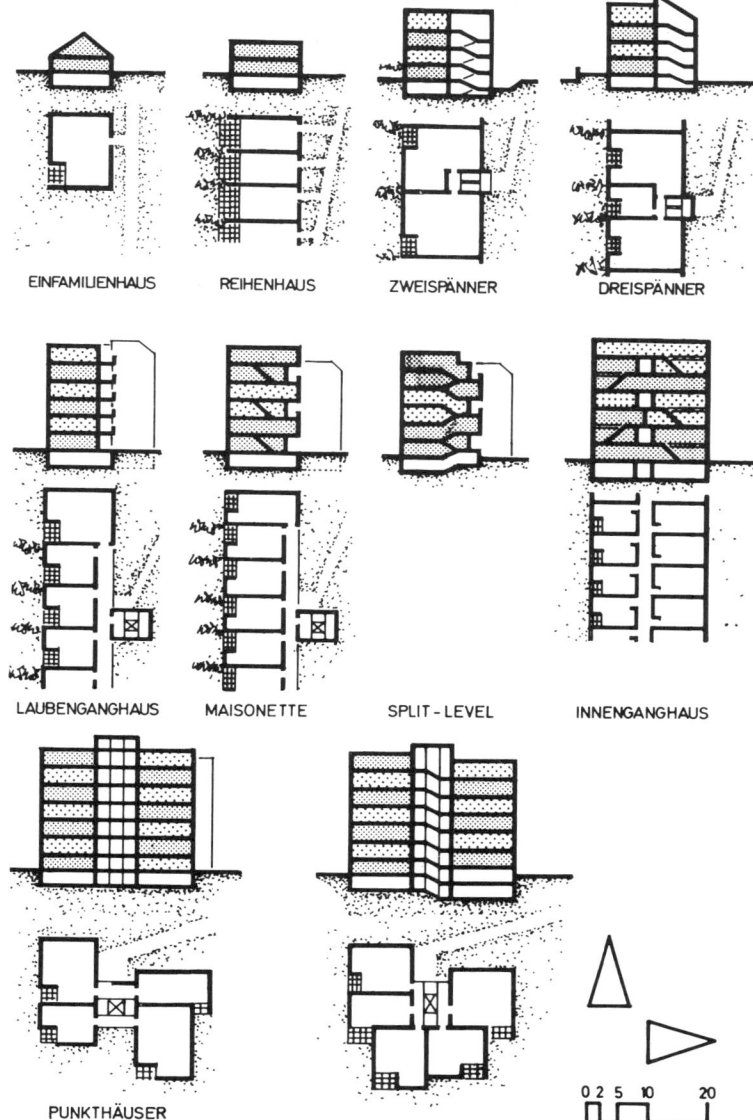

EINFAMILIENHAUS   REIHENHAUS   ZWEISPÄNNER   DREISPÄNNER

LAUBENGANGHAUS   MAISONETTE   SPLIT-LEVEL   INNENGANGHAUS

PUNKTHÄUSER

Abb. 12: Bau- und Organisationsformen von Wohngebäuden.

formen auch bei uns an Popularität gewinnen. Allerdings gibt es
unterschiedliche Meinungen darüber; die Befürworter der Maisonette-Wohnung weisen darauf hin, daß sie die Vorteile des Einfamilienhauses und der Geschoßbauweise vereine, ihre Gegner sehen
dagegen die Nachteile beider Bauweisen vereint. Beide haben auf
ihre Weise recht.

Auch bei den Einfamilienhäusern lassen sich verschiedene Typen
unterscheiden: das freistehende Haus ist nach Umfrageergebnissen
die beliebteste Wohnform, hat aber den Nachteil großen Flächen-
verbrauchs oder – bei engerem Zusammenrücken – einer Einschränkung der Privatsphäre. Die Vorzüge des Einfamilienhauses – vor
allem für Familien mit Kindern – gegenüber dem Geschoßbau sind
unbestritten; deshalb richten sich seit Jahrzehnten planerische Bemühungen darauf, für diese Wohnform gute Lösungen im „verdich-
teten Flachbau" anzubieten. Grundtypus dafür ist das zweige-
schossige, gelegentlich auch dreigeschossige Reihenhaus, das also
ohne Grenzabstand an das Nachbarhaus anschließt; mehr private
Abgeschlossenheit ist mit dem winkelförmigen „Gartenhofhaus" –
gelegentlich auch unscharf als Atriumhaus bezeichnet – zu erreichen.
Mit solchen Bebauungsformen kann der Flächenbedarf gegenüber
dem freistehenden Haus auf annähernd ein Drittel verringert werden
(vgl. Abb. 13 und 14).

Damit ist das Thema der Flächenansprüche für das Wohnen
angeschnitten, das von besonderer Bedeutung für die Stadtstruktur
und für die Umweltqualität ist. Diese Ansprüche ergeben sich
weniger aus technischen Bedingungen als aus Vorstellungen eines
angemessenen Wohnens, die als weithin anerkannte soziale Werturteile ihren Niederschlag in entsprechenden Vorschriften gefunden
haben. Maßgebendes Kriterium für die Festsetzung von Obergrenzen der Ausnutzung war und ist die Belichtung der Wohnungen.
Einerseits ergeben sich daraus Forderungen nach natürlicher Belichtung aller zum dauernden Aufenthalt von Menschen bestimmten Räume in der Wohnung, die mittelbar zur Beschränkung der
Gebäudetiefe und damit der Baumasse führen; andererseits müssen
bei gegebenen Ansprüchen an den Tageslichteinfall die Gebäudeabstände mit der Stockwerkszahl wachsen.

Weitere Überlegungen beziehen sich auf die für die Bewohner
nutzbare Freifläche innerhalb des Wohngrundstücks selbst. Hier
gab es mehrfach Vorschläge, die auf einem Grundstück zulässige
Geschoßfläche – also die Summe der Flächen aller Geschosse –
dadurch zu begrenzen, daß sie in einem bestimmten Verhältnis

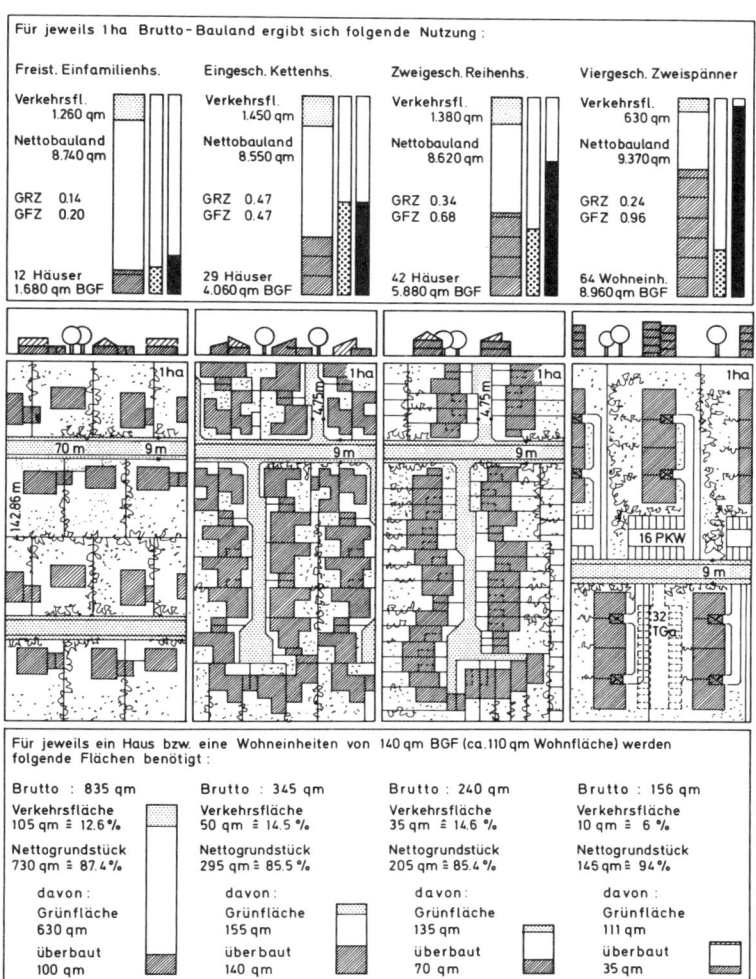

Abb. 13: *Vergleich des Grundstücksbedarfs bei unterschiedlichen Bauformen.*

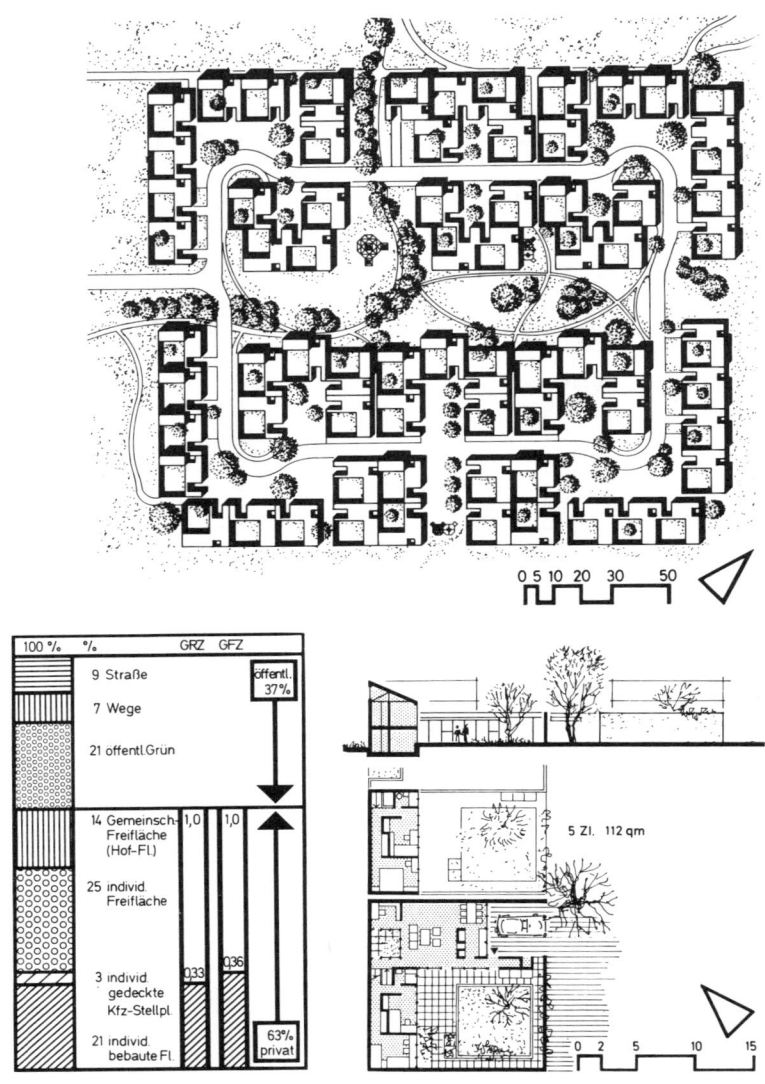

Abb. 14: Beispiel Winkelhofhaus.

zur verbleibenden Freifläche stehen müsse.[3] Man hat sich jedoch
für das rechnerisch einfachere Verfahren entschieden, das Maß der
Nutzung durch die Geschoßflächenzahl, die das Verhältnis der
Summe aller Geschoßflächen zur Grundstücksfläche angibt, zu
definieren (vgl. Abschnitt 4.2).

Die Ansprüche an die Belichtung der Wohnungen haben sich im
Laufe der Zeit erheblich verändert; als minimaler Gebäudeabstand
wurde im 19. Jahrhundert das Maß der Gebäudehöhe – also ein
Lichteinfall von 45° – gefordert, aber keineswegs immer erreicht.
Heute gilt das Doppelte der Gebäudehöhe als angemessener Ab-
stand, der in der Regel auch in den Bauordnungen der Länder vor-
geschrieben ist; das entspricht einem Lichteinfall von etwa 27° im
Erdgeschoß.

[3] Hierzu ein rechnerisches Beispiel: Fordert man etwa für jeden Quadratmeter Bruttogeschoßfläche 0,7 qm Freifläche – also einen „Freiflächenindex"
von 0,7 –, so ergeben sich für die verschiedenen Geschoßzahlen folgende
abgerundete Werte, bezogen auf die Grundstücksfläche:

Geschoß-zahl	überbaute Grund-fläche	Freifläche (1,0-Sp. 2)	Brutto-geschoßfläche (Sp. 1 × Sp. 2)	Geschoßflächen-zahl gem. Bau-nutzungsverordnung
1	0,59	0,41	0,59	0,6 (Gartenhofhaus)
2	0,42	0,58	0,84	0,8
3	0,32	0,68	0,96	1,0
4	0,26	0,74	1,04	1,1
6	0,19	0,81	1,16	1,2
8	0,15	0,85	1,20	1,2
12	0,106	0,894	1,28	1,2
20	0,067	0,933	1,34	1,2

Die Übersicht zeigt,
– daß die gestaffelten Werte der Baunutzungsverordnung (vgl. Übersicht 7)
für die ersten sechs Geschosse dem Anliegen einer gleichmäßigen Frei-
flächenausstattung entsprechen, wenn nicht gar darauf zurückgehen,
– daß nennenswerte Zuwächse an Grundstücksausnutzung – gleichbedeutend mit Flächenersparnis bei gleichem Gesamtbauvolumen – nur im
Bereich zwischen 1 und 4 Geschossen erzielbar sind; bei höheren Geschoßzahlen wird die Flächenersparnis je Geschoß immer geringer und
damit für stadtstrukturelle Überlegungen unbedeutender. Zum gleichen
Ergebnis führt die Untersuchung verschiedener Geschoßzahlen, geht
man von einem einheitlichen Lichteinfallwinkel aus – anstatt, wie oben,
von einem einheitlichen Freiflächenindex.

Größere Gebäudehöhen ergeben dabei außer einer gewissen
Flächenersparnis auch eine größere Entfernung von der gegenüberliegenden Wohnung, was der Wahrung der Privatsphäre zugute zu
kommen pflegt. Die in diesem Zusammenhang genannten Mindestmaße für den Einblickschutz liegen etwa bei 18 Metern; als
erwünscht im Sinne einer „optischen Diskretion" gilt etwa die doppelte Entfernung.
    Was die Orientierung der Wohnungen angeht, so wird der Be-
sonnung mit Recht eine wichtige Rolle beigemessen. Präzise Normen allerdings, wie sie gelegentlich von Stadtplanern postuliert
wurden, beispielsweise zwei Stunden Besonnungsmöglichkeit am
kürzesten Tag, haben bisher wissenschaftlich keine Stütze gefunden. Als optimal gilt eine Ausrichtung der bewohnten Räume nach
Süden, wobei für Wohnräume und Freisitz eher die Südwestseite
– wegen der Nachmittagssonne –, für Schlafräume die Südostseite
bevorzugt wird; eine solche Anordnung ist beim freistehenden wie
auch beim winkelförmigen Einfamilienhaus möglich. Analog dazu
wird im Zeilenbau bei beidseitiger Belichtung meist den Wohn-
räumen die Westseite, den Schlafräumen die Ostseite zugewiesen.
Allerdings sollte dies nicht schematisch gehandhabt werden; der
Ausblick in Landschaft oder Garten, die Wohnruhe und ähnliche
Gesichtspunkte mögen in Einzelfällen Abweichungen rechtfertigen.
Bei ost-west-gerichteten Baukörpern gilt die Nordlage allenfalls
für das Elternschlafzimmer als vertretbar; günstiger noch wäre es,
hier ausschließlich Nebenräume anzuordnen.
    Für die Qualität des Wohnbereiches ist es von erheblicher Bedeu-
tung, wie die zum Grundstück gehörigen Freiflächen hergerichtet
und ausgestattet sind; dies wiederum wird maßgeblich von der Unterbringung der Kraftfahrzeuge beeinflußt. Bei höheren Dichten
pflegt eine ebenerdige Anordnung von Stellplätzen die nutzbaren
Freiflächen fast vollständig aufzuzehren, so daß hier eine Unterbringung in Sammelgaragen – meist in der Form von Tiefgaragen –
zur zwingenden Forderung wird.
    Dieser Überblick über die verschiedenen Typen der Wohngebäude
und über einige Grundsätze ihrer Anordnung läßt erkennen, daß
die Kategorie „Wohngebiet" im Flächennutzungsplan eine Fülle
höchst unterschiedlicher Möglichkeiten für die Ausformung im Bebauungsplan und in der gebauten Wirklichkeit eröffnet; für welche
man sich entscheidet, wird einerseits von der stadtstrukturell
erwünschten Wohndichte und von den aus der Lage im Stadtgebiet
erwachsenden gestalterischen Bindungen abhängen, andererseits

von der zu erwartenden Nachfrage seitens der Bauinteressenten und von den politischen Prioritäten der Gemeinde bei deren Berücksichtigung.

Im geschichtlichen Überblick ist darauf hingewiesen worden, daß sich die Grundsätze für die Ordnung und Gestaltung von Wohngebieten im Laufe der Zeit erheblich verändert haben; nachfolgend sollen die wichtigsten Ordnungsmöglichkeiten unabhängig von ihrer jeweiligen Bewertung im Zeitablauf dargestellt und kritisch erörtert werden. Dabei gibt es einen deutlichen Zusammenhang – keine vollständig zwingende Bindung – zwischen der Gruppierung der Baukörper und dem jeweils gewählten Erschließungssystem. Das Erschließungssystem für ein Wohngebiet ist wiederum nicht unabhängig von den allgemeinen verkehrsplanerischen Überlegungen für eine Stadt, die im Abschnitt 5.2 behandelt werden. An dieser Stelle soll deshalb nur darauf hingewiesen werden, daß kurz vor der Jahrhundertwende erstmalig die Forderung aufgestellt wurde, die beiden Grundfunktionen der Straße, nämlich Erschließung der angrenzenden Gebäude und Träger von Durchgangsverkehr, getrennt zu betrachten und innerhalb der Stadt zwischen Verkehrsstraßen und Wohnstraßen zu unterscheiden. Die Weiterentwicklung dieses Gedankens hat auch die Straßennetze beeinflußt; zunehmend war man darauf bedacht, die lediglich der Erschließung dienenden Wohnstraßen so anzulegen, daß schon durch die Straßenführung jener Verkehr abgeschreckt wurde, der nicht Quelle oder Ziel in diesem Bereich hatte. Damit trat an die Stelle des allseitig verknüpften Straßennetzes schrittweise ein System der Zwangsführung, bei dem die Erschließungsstraßen, als Stichstraßen – also Sackgassen mit Wendemöglichkeit am Ende – oder als annähernd zum Ausgang zurücklaufende „Schleifen" oder „Bügel" ausgebildet, in Sammelstraßen einmünden und durch sie mit dem Netz der übergeordneten Hauptverkehrsstraßen verbunden werden. Ob man in den durch diese Hauptverkehrsstraßen gebildeten „Maschen" den Erschließungsverkehr ausschließlich in Sackgassen „verästelt" (wie dies Hilberseimer und Reichow vorgeschlagen haben) oder noch eine gewisse Vernetzung vorsieht, die jedoch keinerlei Anreize für Durchgangsverkehr bietet, mag dabei offenbleiben; die Praxis bietet Beispiele für beide Möglichkeiten.

Die nachstehend dargestellten Grundformen der Bebauung lassen sich zurückführen auf eine Reihe von elementaren Prinzipien. Zu ihnen gehören:
– der allseitig von Straßen umgebene Baublock mit einer geschlos-

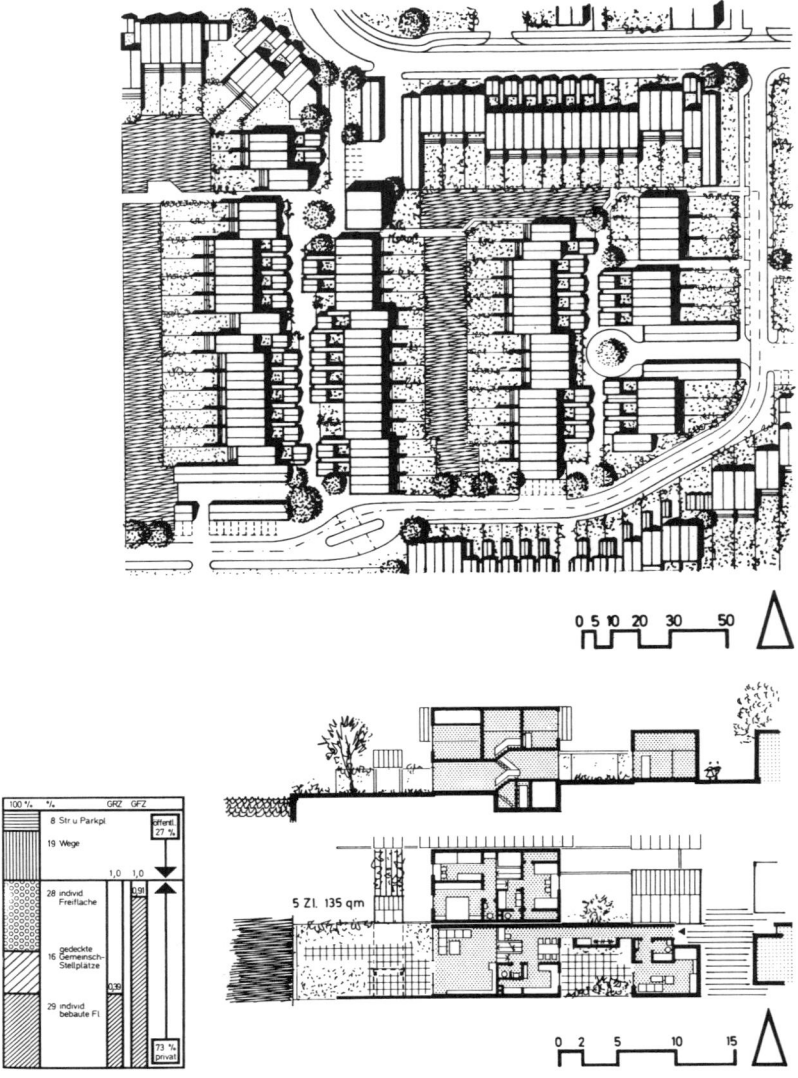

Abb. 15: Beispiel Reihenhaus.

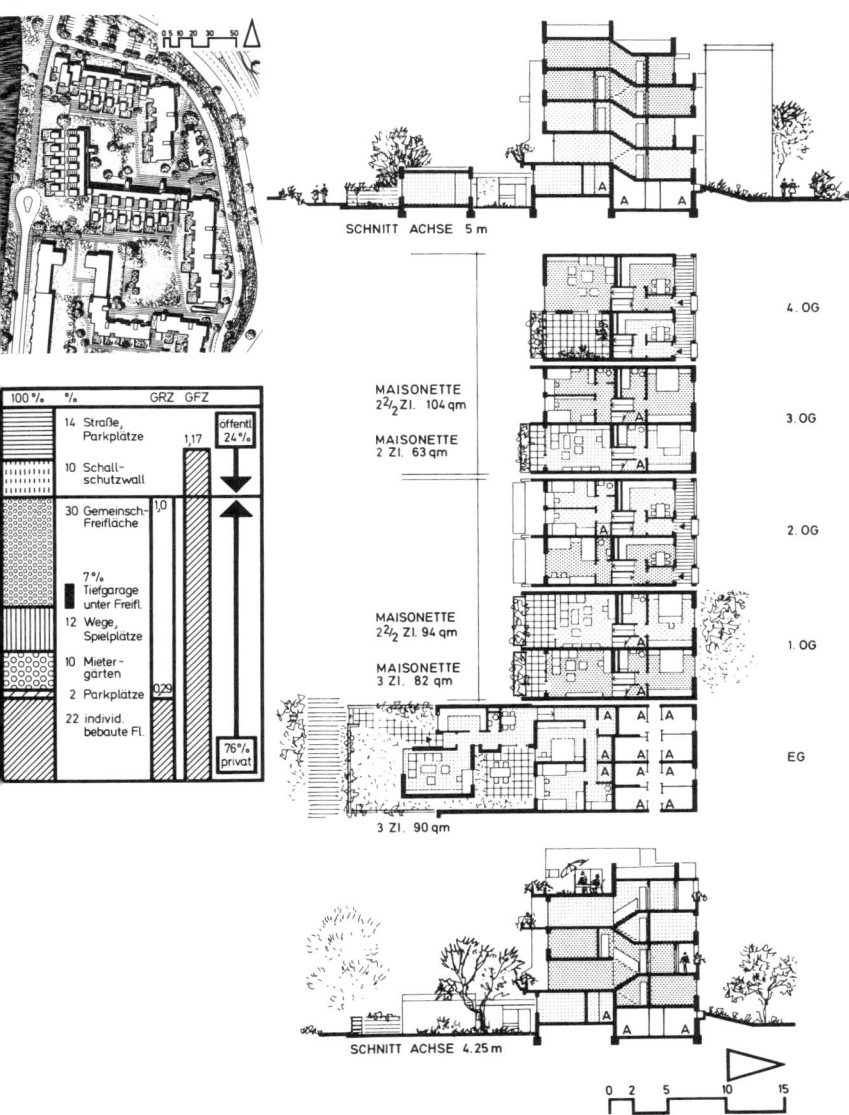

Abb. 16: Beispiel Geschoßwohnungsbau.

senen Randbebauung, die den öffentlichen Straßenraum klar von
dem weitgehend privaten Blockinneren trennt; sein extremes
Gegenstück ist
- der streng parallele Zeilenbau, durch Wohnwege entlang der
  Zeilen erschlossen, die in die quer zu den Zeilen verlaufende
  Erschließungsstraße einmünden. Eine Variante bietet die Erschließung zweier benachbarter Zeilen aus einem gemeinsamen
  Hofraum, während die anschließenden Zeilenzwischenräume als
  Grünflächen eher privaten Charakters ausgebildet sind.
- Übergangsformen zwischen diesen beiden Grundmodellen,
  meist auf räumliche Wirkungen hin konzipiert, häufig auch mit
  unterschiedlichen Höhen der Baukörper.
- Eine Gruppierung von rein freiplastisch konzipierten Baukörpern,
  in der Regel Punkthäuser, die allerdings in der Zahl begrenzt sein
  müssen, wenn ihre gestalterische Wirkung nicht verlorengehen
  soll; ihre extreme Ausbildung ist
- der auf freiplastische Wirkung konzipierte Großbaukörper mit
  einer bis zu dreistelligen Anzahl von Wohnungen.
Die Abbildungen 6 bis 9, 13 bis 16 und 28 bis 33 zeigen Beispiele
für solche Anordnungen und die dabei üblichen Gebäudetypen.

5.1.4 Arbeitsstätten

Nach den Wohnungen pflegen die Arbeitsstätten den größten
Flächenanspruch in der Stadt zu stellen und zugleich deren Bild am
stärksten zu beeinflussen. Allerdings weisen sie in ihren strukturellen Eigenschaften und im Erscheinungsbild eine noch größere
Spannweite auf als die Wohnbauten. Arbeitsstätten sind Fabrikhallen wie Bürohäuser, Gärtnereien wie Ladengeschäfte. Einen ersten
Ansatz für ihre systematische Einteilung können die drei Kategorien
des primären, des sekundären und des tertiären Sektors darstellen,
mit denen untergliedert wird in
- Tätigkeiten, die auf die unmittelbare Gewinnung von Gütern
  zielen, wie Landwirtschaft, Fischerei, Abbau von Bodenschätzen
  (primär);
- Tätigkeiten, die auf die Herstellung von Gegenständen gerichtet
  sind, wie Handwerk und Industrie (sekundär);
- Tätigkeiten, die Verwaltung, Verteilung, Vermittlung zum Ziel
  haben, wie Handel, Bankwesen, Bildungswesen (tertiär).
Die Stadt ist von jeher durch die Konzentration sekundärer und

tertiärer Tätigkeiten gekennzeichnet; von den primären Funktionen mag allenfalls der Bergbau stadtbildend wirken, während vor allem die Landwirtschaft eine disperse Siedlungsstruktur erfordert. So sind in den meisten Städten nur sehr bescheidene Anteile des primären Sektors – wie etwa Erwerbsgärtnereien – zu finden; sie weisen meist geringe Baumassen und größere Freiflächen auf, die allerdings auch weitgehend von Gewächshäusern in Anspruch genommen sein können.

Die größte Vielfalt von Gebäuden erwächst aus den Ansprüchen des sekundären Sektors; von der kleinen Werkstatt bis zur Gruppierung von Fabrikhallen – etwa bei Stahlwerken – reicht die Palette. Die Abfolge des Produktionsprozesses, Bedürfnisse der Lagerhaltung und des Materialtransportes bestimmen weitgehend Größe und Anordnung der Bauten; neue Technologien können schnell zu gewandelten Ansprüchen führen. Deshalb ist es kaum möglich, für neu zu entwickelnde Gewerbegebiete eine gestalterische Ordnung festzulegen, ohne mit den betrieblichen Belangen in Konflikt zu geraten.

Etwas einheitlicher stellt sich das Bild des tertiären Sektors dar; die Bedürfnisse des Einzelhandels nach möglichst ebenerdigen Verkaufsflächen und die Ansprüche der Verwaltungen an Bürogebäude lassen sich leichter verallgemeinern. Auch hier jedoch können sich etwa aus unterschiedlichen Bedürfnissen von Großverwaltungen sehr verschiedenartige Baukörper ergeben, wie dies beispielsweise in der „Geschäftsstadt Nord" in Hamburg sichtbar wird. Auch Lagerhäuser des Großhandels gehören zu den für den tertiären Sektor erforderlichen Gebäuden.

Zur unterschiedlichen äußeren Erscheinung kommt eine große Vielfalt in den Standortansprüchen und im Flächenbedarf. Geht man von dem Flächenbedarf je Beschäftigten aus, so sind nach der Landwirtschaft Raffinerien durch den größten Flächenanteil je Arbeitskraft gekennzeichnet; in den Produktionsbetrieben hat die Automatisierung der vergangenen Jahrzehnte zwar zur Einsparung von Arbeitsplätzen, kaum jedoch zu einer Verringerung der Produktionsfläche geführt – eher im Gegenteil; in jedem Falle ist damit der Flächenanteil je Beschäftigten gestiegen.

Ähnliche Entwicklungen vollziehen sich gegenwärtig infolge der Automatisierung im Bürowesen. Schien das „Großraumbüro" vor einigen Jahrzehnten Schule zu machen und zu einer Verringerung des Flächenbedarfs je Arbeitsplatz zu führen, so überwiegen jetzt offenbar gegenläufige Tendenzen; neuere Untersuchungen lassen

einen deutlichen Anstieg des durchschnittlichen Büroflächenanteils
pro Beschäftigten innerhalb des letzten Jahrzehnts erkennen.

Da sich Büros indessen vielgeschossig stapeln lassen, ist der Anteil
an Grundfläche pro Beschäftigten meist relativ klein, verglichen
mit den sekundären Arbeitsstätten, in denen man mit Werten zwischen 50 und 200 Quadratmetern je Beschäftigten zu rechnen pflegt.

Flächenbedarf und Standortansprüche stehen in engem Zusammenhang: das ausgeprägte Bodenpreisgefälle vom Stadtzentrum
nach außen ermöglicht es im Grunde nur den Arbeitsstätten mit
relativ geringem Flächenanspruch – also den tertiären –, zentrale
Standorte in Anspruch zu nehmen; tatsächlich sind sie es auch in
erster Linie, die auf eine gute Erreichbarkeit für ihre Kunden, also
auf die Verkehrsgunst des Zentrums, angewiesen sind. Große Pro-
duktionsbetriebe dagegen legen meist Wert auf Bahnanschluß, gegebenenfalls auch Anschluß an schiffbare Wasserwege, und suchen
auch wegen ihrer Flächenausdehnung eher periphere Standorte. In
beiden Fällen kommt es kaum zu einer Mischung mit Wohnberei-
chen, da Wohnungen im Stadtzentrum aus wirtschaftlichen Gründen kaum mit den Geschäftsnutzungen konkurrieren können,
während sie in der Nähe großer Industriebetriebe meist starken
Störungen ausgesetzt wären. Indessen gibt es eine Reihe kleinerer
Büro- und Fertigungsbetriebe, die ihre Standorte in Bereichen
suchen und finden, in denen auch gewohnt wird, wie etwa in den
Randzonen des Stadtkerns. Inwieweit diese Nutzungen miteinander verträglich sind, hängt jeweils von zahlreichen Einzelfaktoren
ab, auf die an dieser Stelle nicht eingegangen werden kann (vgl.
Abschnitt 5.2).

Schließlich sei darauf hingewiesen, daß Arbeitsstätten sich nicht
nur in derartigen gemischten Gebieten, in reinen Industrie- oder
Gewerbegebieten und in Stadtzentren finden, sondern in noch
breiterer Streuung im Stadtgebiet – vom Arbeitszimmer des Freibe-
ruflers in der Wohnung über den Einzelhandelsladen, das Postamt,
das Polizeirevier im Wohngebiet bis zu den Gärtnern in den Parkanlagen und dem fahrenden Personal der öffentlichen Verkehrsmittel.

5.1.5 Gemeinbedarf

Gebäude und Anlagen des Gemeinbedarfs stehen der Menge
nach normalerweise weit hinter der Zahl der Wohn- und Arbeitsstätten zurück, während sie im Stadtbild häufig eine beherrschende

Stellung einnehmen – und das ist auch ganz verständlich, denn an ihnen läßt sich das Wesen der Stadt deutlicher ablesen als an allen anderen Bauten; Kirche, Rathaus und Kornhaus belegen das, wie eingangs erwähnt, für die vorindustrielle Stadt.

Heute hat sich die Palette öffentlicher Gebäude noch erheblich erweitert: kulturelle Bauten wie Theater, Museen, Bibliotheken, die Schulen in ihren verschiedenen Ausprägungen, die Einrichtungen der Gesundheits- und Sozialfürsorge wie Krankenhäuser, Altersheime, Jugendbegegnungsstätten, aber auch Sporthalle und Schwimmbad – das alles fällt unter diese Kategorie. Im Baugesetzbuch wird von den der Allgemeinheit dienenden baulichen Anlagen und Einrichtungen des Gemeinbedarfs gesprochen, unter denen Schulen und Kirchen, sonstigen kirchlichen und sozialen, gesundheitlichen und kulturellen Zwecken dienende Gebäude und Einrichtungen aufgeführt werden. Häufig spricht man auch von öffentlichen Gebäuden und Einrichtungen; indessen reicht der Gemeinbedarfsbegriff insofern weiter, als auch solche Einrichtungen einbezogen sind, die mit staatlicher oder gemeindlicher Anerkennung eine öffentliche, dem privatwirtschaftlichen Gewinnstreben entzogene Aufgabe wahrnehmen. Ein Blick auf die zuvor behandelte Kategorie der Arbeitsstätten zeigt, daß unter diesem Gesichtspunkt keine scharfe Abgrenzung zu den Gemeinbedarfseinrichtungen möglich ist; auch diese sind in mehr oder minder großem Umfang Arbeitsstätten. Die Abgrenzung verschwimmt noch mehr, wenn man feststellt, daß im Baugesetzbuch noch weitere Einrichtungen in einem Atemzug mit dem Gemeinbedarf genannt werden: die Einrichtungen und Anlagen zur Versorgung mit Gütern und Dienstleistungen des öffentlichen und privaten Bereichs – unter denen dann die erwähnten Gemeinbedarfseinrichtungen gesondert aufgeführt sind – sowie die Spiel- und Sportplätze. Unter die Versorgung mit Gütern und Dienstleistungen des privaten Bereichs fallen ganz offensichtlich privatwirtschaftliche Einrichtungen wie Läden, Reisebüros, Praxisräume für Ärzte oder Rechtsanwälte und ähnliches.

Das läßt erkennen, was hier gemeint ist: es geht nicht eigentlich um die Tätigkeiten selbst, sondern darum, daß ein öffentliches Interesse an ihrer guten Erreichbarkeit, also an der Standortwahl für solche Einrichtungen besteht. So ist verständlich, daß die wichtigsten dieser Einrichtungen den Bereich der besten Erreichbarkeit im Stadtgefüge suchen – das Stadtzentrum. Einrichtungen geringerer Bedeutung finden sich gelegentlich in Nebenzentren oder Stadtteilzentren zusammengefaßt, manchmal auch über das Stadtgebiet ver-

teilt oder – wie bei Krankenhäusern – an besonderen Standorten
außerhalb der Zentren.

Der Flächenbedarf für diese Nutzungen ergibt sich teils aus den
funktionalen Bedingungen – vor allem für diejenigen Nutzungskategorien, die sich am Markt durchsetzen müssen und dies können, weil sie eigene Wirtschaftskraft besitzen –, teils aus norma-
tiven Ansprüchen, vor allem für die öffentlichen Nutzungen, die
als soziale Dienstleistungen bereitgestellt werden, wie Schulen oder
Krankenhäuser. Solche Normen sind allerdings meist nicht gesetz-
lich festgelegt, sondern ergeben sich einerseits aus einem zwar zeit-
bedingten, aber meist jeweils ziemlich einmütigen Urteil über ihre
Angemessenheit, andererseits aber auch aus staatlichen Richt-
linien, die ihre Wirkung vor allem dadurch entfalten, daß ihre
Beachtung Voraussetzung für finanzielle Förderung ist.

5.1.6 Freiflächen

Die vierte große Kategorie von raumbeanspruchenden Elementen
in der Stadt sind die Freiflächen, und auch hier fanden wir schon
– mit der Erwähnung der Spiel- und Sportplätze – eine Überschnei-
dung mit der vorherigen Kategorie der zentralen Einrichtungen.
Unter Freiflächen in diesem Sinne werden nicht die landwirtschaftlich genutzten Flächen oder die Wälder außerhalb der städtischen
Bebauungszone verstanden, sondern diejenigen Flächen, deren Nutzung in unmittelbarem Zusammenhang mit den aus der städtischen
Siedlung selbst erwachsenen Bedürfnissen steht – also außer den erwähnten Spiel- und Sportplätzen auch sonstige Grünanlagen und
Parks, Dauerkleingärten, Zelt- und Badeplätze sowie Friedhöfe. Daß
solche Flächen neben ihrer funktionellen Bedeutung für die Bedürf-
nisse der Stadt auch wichtige stadtklimatische und ökologische
Wirkungen ausüben können, liegt auf der Hand. Ihre zweckmäßige
Anordnung im Stadtgefüge ist also von besonderer Bedeutung.
Der Anteil dieser Flächenkategorie am besiedelten Stadtgebiet ist
sehr unterschiedlich und weitgehend durch die topographische
Ausgangssituation geprägt. Für Spiel- und Sportplätze hat der
„Goldene Plan“ der Deutschen Olympischen Gesellschaft mit der
Forderung von fünf Quadratmetern je Einwohner eine gewisse nor-
mative Bedeutung erhalten; insgesamt dürften die Freiflächenwerte
in den meisten Städten zwischen fünfzehn und dreißig Quadratmetern je Einwohner liegen.

Damit sind die großen Kategorien für flächenhafte Nutzungen erfaßt; der Blick auf die Verbindungssysteme zwischen diesen Flächen zeigt allerdings, daß deren Raumansprüche sich nicht allein auf die netzartigen Elemente von Straßen, Bahnen und Leitungen beschränken, sondern sich auch auf einzelne zu ihrer Funktionsfähigkeit erforderliche flächenhafte Bereiche wie Straßenbahn- und Omnibusdepots, Kraftwerke und Umspannanlagen, Wasserbehälter und Abwasserreinigungsanlagen erstrecken.

5.1.7 Verkehrs- und Versorgungsflächen

Die Verkehrsflächen haben sich im Laufe der letzten Jahrzehnte immer weiter differenziert; während die Straße in der vorindustriellen Stadt nicht nur Anlieger- und Durchgangsverkehr vereinte, sondern zudem noch Gelegenheit für Warenangebot, Kinderspiel und Aufenthalt zu bieten pflegte, wird heute eine deutliche Trennung zwischen solchen Straßen angestrebt, die allein der Erschließung von Gebäuden oder sonstigen Einrichtungen dienen, und solchen, die ausschließlich oder in erster Linie den Verkehr von Stadtteil zu Stadtteil oder gar von Stadt zu Stadt aufnehmen sollen. Auch bei Fußwegen finden wir entsprechende Differenzierungen: den Wohnweg, der von einer Fahrstraße aus Wohngebäude erschließt, den unabhängig vom Fahrverkehr geführten Fußweg, der etwa zur Schule oder zum Ladenzentrum führt, und die innerstädtischen Fußgängerzonen, die – meist in den letzten Jahrzehnten angelegt – die Anziehungskraft der Einkaufsbereiche erhöhen sollen. Dem Radwegesystem wird heute wieder mehr Aufmerksamkeit geschenkt, nachdem es lange Zeit durch die vorrangige Sorge für das Auto stark in den Hintergrund gedrängt worden war. Auch diese Art von Wegen finden wir einerseits in den Fahrstraßen parallel zur Autofahrbahn, andererseits als unabhängig von den Autostraßen geführte Radwege.

Der Schienenverkehr spielt für die meisten Städte oberhalb einer Einwohnergrenze von etwa 100 000 Einwohnern eine wichtige Rolle für das öffentliche Nahverkehrssystem; soweit er vorher in kleineren Städten bestand, ist er in der Regel, wie auch in einigen größeren Städten, durch den Omnibusverkehr ersetzt worden. Bis zur Stadtgröße von etwa einer halben Million Einwohnern bleibt der Schienenverkehr meist ebenerdig; in der Regel haben größere Städte – und auch einige kleinere – die Straßenbahn zumindest im

Stadtkern unter die Erde gebracht oder zusätzliche U-Bahn-Linien eingerichtet; Berlin und Hamburg haben – wie andere europäische Millionenstädte – die ebenerdige Straßenbahn ganz abgeschafft und stützen sich allein auf ein durch Omnibusse ergänztes U- und S-Bahn-Netz.

Die Betrachtung der Verkehrsflächen wäre allerdings unvollständig ohne einige Bemerkungen über ihre Nutzung, also über den Stadtverkehr in seiner Gesamtheit. Eine kritische Auseinandersetzung mit dem Verkehr erfordert zunächst einige analytische Überlegungen. Der Verkehr läßt sich auf unterschiedliche Weise betrachten und gliedern. Die nächstliegende ist die Gliederung nach den Verkehrsmitteln: Fußgänger, Fahrrad, Kraftfahrzeug – individuell für Personen und Lasten sowie im öffentlichen Nahverkehr –, Schienenbahn, Wasserfahrzeug. Eine andere wichtige Betrachtungsweise bezieht sich auf die Anlässe für die Verkehrsbewegungen: Berufsverkehr, Wirtschaftsverkehr, Einkaufsverkehr, durch Freizeit- und Erholungswünsche ausgelöster Verkehr.

Für die Überlegungen zur Verkehrsführung ist noch eine andere Gliederung wichtig: die Unterscheidung in
– Binnenverkehr, der im betrachteten Stadtgebiet Ursprung und Endpunkt hat, ohne dessen Grenzen zu überschreiten;
– Ziel- und Quellverkehr, der, von außen kommend, im Gebiet sein Ziel findet oder der, hier entstehend, es verläßt und
– Durchgangsverkehr, der das Gebiet auf dem Wege zwischen einer außerhalb gelegenen Quelle und einem gleichfalls außerhalb gelegenen Ziel durchquert.

Während man sich lange bemüht hatte, die Verkehrsanlagen entsprechend der erwarteten Verkehrsnachfrage auszubauen und damit insbesondere dem individuellen Kraftfahrzeugverkehr mit Stadtautobahnen und Parkhäusern entgegenzukommen, hat in letzter Zeit die Auffassung mehr Gewicht gewonnen, gerade diese Verkehrsart mit ihrem großen Flächenanspruch und ihren starken Störwirkungen zugunsten anderer zurückzudrängen und dem Autofahrer keine weiteren Angebote zu machen („Wer Tauben füttert, lockt Tauben an"). Dementsprechend tritt neben die Förderungsmaßnahmen für den öffentlichen Personennahverkehr nun auch eine restriktive Politik hinsichtlich des Straßenausbaues und der Parkplatzbereitstellung im Stadtkern mit dem Ziel, den 'modal split', das Verhältnis zwischen der Personenbeförderung im motorisierten Individualverkehr und im öffentlichen Personennahverkehr, zugunsten des letzteren zu verändern. Auch der

„Rückbau" von heute als zu großzügig geltenden Straßen hat bereits begonnen. Der Großteil der Versorgungsleitungen pflegt im öffentlichen Straßenraum untergebracht zu sein; gelegentlich mag es gesonderte Trassen – teils auch auf privatem Grund – für Fernwärme- oder Ferngasleitungen geben. Eine Sonderrolle spielen indessen die Hochspannungs-Freileitungen, unter denen gewisse Baubeschränkungen bestehen; sie stellen allerdings im bebauten Stadtgebiet eine Ausnahme dar und haben auch hier im Grunde keine Daseinsberechtigung mehr; auch die optische Beeinträchtigung im Stadtbild legt es nahe, Hochspannungsleitungen im Baubereich der Stadt grundsätzlich zu verkabeln und im öffentlichen Straßenraum zu führen. Die Vielzahl der unterirdisch geführten Leitungen mit ihren verschiedenen Trägerinstitutionen – Post, Energieversorgungsunternehmen, städtische Werke – zwingt zu Koordinierung im unterirdischen Bereich und setzt auch gewisse Mindestgrenzen für die Breite öffentlicher Wege; auch Baumpflanzungen im Straßenraum müssen auf den für die Leitungen benötigten Raum Rücksicht nehmen.

Damit sind die wesentlichen raumbeanspruchenden Elemente der Stadt aufgeführt; einige siedlungsbedingte Nutzungen sind allerdings in den dargestellten Kategorien noch nicht erfaßt: Lagerplätze etwa, Mülldeponien und Abfallbeseitigungsanlagen, militärische Einrichtungen oder – in den dafür jeweils in Betracht kommenden Städten – Hafenanlagen, Bergbaueinrichtungen oder Kurbereiche.

5.1.8 Zur räumlichen Verknüpfung der Nutzungen

Dieser Überblick mag zunächst genügen, um zu verdeutlichen, daß eine enge Beziehung zwischen den vielfältigen Tätigkeitsmustern in einer Stadt und ihrem Flächennutzungsgefüge besteht, ohne daß dies jedoch in einem einfachen Schema seinen Niederschlag finden könnte. Hier hat offenbar das Mißverständnis in der Interpretation der „funktionalen" Stadt gelegen: als könne den in der Charta von Athen 1933 aufgeführten Tätigkeiten Wohnen, Arbeiten, Erholung und Bildung, Verkehr jeweils ein ganz bestimmter räumlicher Bereich zugewiesen werden, so daß sich aus dem Tätigkeitsablauf zugleich das Modell der räumlichen Ordnung ergäbe.

TÄTIG-KEITEN FLÄCHEN	WOHNEN	ARBEITEN	VERSORGEN M. GÜTERN U. LEISTUNGEN	BILDUNG	ERHOLUNG	ORTSVER-ÄNDERUNG
WOHN-FLÄCHEN	■	■	■	■	■	■
ARBEITS-FLÄCHEN	■	■	■	■	■	■
ZENTRALE STANDORTE	■	■	■	■	■	■
FREI-FLÄCHEN	■	■	■	■	■	■
VERKEHRS-FLÄCHEN	■	■	■	■	■	■
VERSORGUNGS-FLÄCHEN			Leitungstrassen weitgehend in Verkehrsflächen; eigene Flächen nur für Wasserturm, Kläranlage, Umspannwerk usw.			

Tafel 5: Zuordnung von Tätigkeiten und Flächen.

Geht man jedoch von einer Stadtgliederung aus, die zunächst mit den sehr allgemeinen oben dargelegten Kategorien arbeitet, so ergibt sich einmal eine Unterteilung zwischen Bauflächen und Freiflächen und zum anderen eine Heraushebung der Standorte für Gemeinbedarfseinrichtungen und andere „zentrale" Funktionen innerhalb der Bauflächen. Die übrigen Bauflächen lassen sich dann als ein Spektrum interpretieren, das vom reinen Wohnbereich, in dem aber immer noch beispielsweise der freie Schriftsteller seinen Arbeitsplatz hat, bis zum reinen Gewerbegebiet, in dem immer noch einige Hausmeister wohnen mögen, reicht. Zur Vereinfachung könnte man eine Zweiteilung in Wohnbereiche (in unterschiedlichsten Mischungsgraden mit nichtstörenden Arbeitsstätten) und Arbeitsstättenbereiche (deren nachteilige Wirkungen das Wohnen in unmittelbarer Nähe ausschließen) vornehmen. Die Kombination dieser vier Hauptflächenkategorien mit den Haupttätigkeitsfeldern in der Stadt – Wohnen, Arbeiten, Versorgung mit Gütern und Leistungen, Bildung, Erholung, Ortsveränderung – ist in Tafel 5 dargestellt; sie macht deutlich, wie intensiv die Verflechtungen dieser

Bereiche in der Stadt sind und wie wichtig es deshalb ist, ihnen Rechnung zu tragen.

Das kann nicht mit einer großflächigen, schematischen Trennung geschehen – aber es kann auch nicht, wie gelegentlich propagiert, unter Aufhebung aller Nutzungsvorschriften im Sinne einer beliebigen Mischung vor sich gehen. Was sich aus dieser Situation an Grundsätzen für die Planung ableiten läßt, wird im folgenden Abschnitt erörtert.

5.2 Stadtstrukturplanung

Der vorangegangene Abschnitt hatte das Stadtgefüge mit seinen unterschiedlichen Elementen und deren vielfältigen Verknüpfungen zum Gegenstand – im Sinne einer Beschreibung dessen, was wir in der Stadt der Gegenwart allenthalben vorfinden. Aber diese vorgefundene Wirklichkeit ist nicht immer zufriedenstellend: Mißstände verlangen nach Abhilfe, Idylle werden durch Veränderungstendenzen bedroht, Altes ist den heutigen Ansprüchen nicht mehr angemessen. Von der öffentlichen Hand wird erwartet, daß sie Mißständen abhilft, Fehlentwicklungen vorbeugt, daß sie also plant.

Im ersten Kapitel wurde dargelegt, daß solche Planung sich im wesentlichen auf zwei Ebenen vollzieht: auf der einer sinnvollen Ordnung der städtischen Nutzungsstruktur und auf der der städtebaulichen Gestaltung. Dabei setzen die strukturellen Überlegungen beim Gesamtzusammenhang des Stadtgefüges ein und führen bis hin zu der Einordnung einzelner Gebäude als Nutzungselemente in die jeweilige Stadtteilstruktur; auch Fragen der Stadtgestalt reichen vom Gesamtbild der Stadt bis zur Durchformung städtebaulicher Teilräume.

So sollen in den beiden folgenden Abschnitten diese beiden Aspekte planerischer Einflußnahme, die Strukturplanung und die Stadtgestaltung, in ihren wesentlichen Inhalten dargestellt werden. Auch hier aber geht es noch überwiegend um allgemeine Grundsätze und Überlegungen; ihre konkrete Ausformung erhalten sie an den jeweils anstehenden praktischen Aufgaben, die sich in drei große Komplexe gliedern lassen: Neuentwicklung, Umgestaltung und Bewahrung. Ihnen sind die letzten Abschnitte dieses Kapitels gewidmet.

Zunächst indessen gilt es die Fragen, die sich bei der Strukturplanung stellen, zu analysieren und logisch zu gliedern. Wenn es dabei also um die räumliche Organisation von Flächen verschiedener Nutzungen und um ihre Verbindung mit Verkehrs- und Versorgungssystemen geht, so ist zunächst zu klären, um welche Kategorien von Nutzungen es sich handelt und wie diese unter Entwurfsgesichtspunkten zu gliedern oder auch zusammenzufassen sind. Entsprechendes gilt für die Verkehrs- und Versorgungssysteme.

In einem zweiten Schritt ist zu ermitteln, mit welchem Flächenaufwand für die verschiedenen Nutzungen zu rechnen ist und aus welchen Quellen diese quantitativen Angaben stammen. Zum Teil nämlich handelt es sich dabei um normative Wertungen eines „angemessenen" Flächenaufwandes, zum anderen Teil um Ergebnisse eines marktbedingten Wechselspiels von Angebot und Nachfrage. Beiden überlagert sich heute als weiterer Gesichtspunkt das im Baugesetzbuch verankerte Ziel einer wünschenswerten Beschränkung der Inanspruchnahme weiterer Bauflächen unter ökologischen Gesichtspunkten.

Nach dem Flächenbedarf sind die Standortansprüche und die Frage nach den Grundsätzen einer sinnvollen Zuordnung unterschiedlicher Nutzungsbereiche zueinander zu klären; diese beiden Aspekte sind insofern eng miteinander verknüpft, als die Standortansprüche sich einerseits auf die Infrastrukturausstattung, andererseits auf die räumliche Beziehung zu anderen Nutzungen zu richten pflegen; selten nur geht es dabei um naturräumliche Bedingungen als Standortvoraussetzung.

Unter Berücksichtigung dieser Gesichtspunkte lassen sich nun Modellvorstellungen entwickeln, die jeweils für einzelne Teilbereiche oder auch für das Gesamtgefüge der Stadt den gewählten Bedingungen der Zuordnung gerecht werden sollen. Sobald solche Modellvorstellungen über abstrakte Grundsätze hinaus realitätsnah gestaltet werden sollen, ist auch der Blick auf die Größenordnungen von Flächen, von Einwohnerzahlen oder von Arbeitsplätzen erforderlich; damit kommt die jahrhundertealte Diskussion über die optimale Stadtgröße zwangsläufig ins Blickfeld.

Allen diesen Überlegungen ließe sich entgegenhalten, daß die städtebauliche Theorie sich in den letzten Jahrzehnten deutlich von solchen konkreten Modellvorstellungen und der ihnen anhaftenden „Rezeptartigkeit" entfernt habe. Dies trifft zwar zu, aber es entwertet den Versuch nicht, die Vereinbarkeit der verschiedenen Ansprüche an die geordnete Umwelt zumindest in einer beispielhaften Darstellung nachzuweisen. Man kann im Gegenteil sagen, daß die Zurückdrängung solcher Überlegungen zu einer Abstraktion der Planungsgrundsätze geführt hat, die der Planungspraxis nicht förderlich ist.

Was zunächst die Fragen der Nutzungskategorien angeht, so sind natürlich unterschiedliche Grade der Differenzierung möglich. So steht beispielsweise dem runden Dutzend der in der Baunutzungsverordnung aufgeführten Flächenkategorien in den meisten Zonungsvorschriften der Vereinigten Staaten eine etwa doppelt so große Anzahl von Gebietstypen gegenüber. Sucht man zunächst die Bestandteile einer möglichst elementaren Gliederung zu klären, so bieten sich die Kategorien an, die im vergangenen Abschnitt aufgeführt wurden: Wohnstätten, Arbeitsstätten, Bildungseinrichtungen, Gelegenheit zum Einkaufen, zu Kommunikation, zu Entspannung und Vergnügungen. Man könnte noch weiter vereinfachen und die gesamten Bereiche außer Wohnen und Arbeiten unter dem Oberbegriff derjenigen Einrichtungen zusammenfassen, an deren guter Erreichbarkeit an einem zentral gelegenen Standort ein öffentliches Interesse besteht. Daß damit durchaus verschiedenartige Elemente zusammengefaßt werden, entspricht nur der städtebaulichen Wirklichkeit, in der es ja gerade die Vielfalt der an zentralen Standorten angesiedelten Einrichtungen ist, welche die Anziehungskraft solcher Zentren auszumachen pflegt.

Nun zeigt sich schon auf den ersten Blick, daß hier Überschneidungen mit der Kategorie der Arbeitsstätten bestehen. Einrichtungen mit zentralen Standortansprüchen können zugleich Arbeitsstätten von erheblichem Umfang sein – so beispielsweise das Rathaus oder das Warenhaus. Diese Feststellung legt es nahe, die Arbeitsstätten mit dem Blick auf ihre Flächen- und Standortansprüche in die beiden großen Kategorien der sekundären und der tertiären Arbeitsstätten zu gliedern, also in Industrie- und Gewerbeflächen einerseits, in Flächen für Handels- und Büronutzungen andererseits.

Die Wohnnutzung als weitere und in der Regel ausgedehnteste Flächennutzung in der Stadt bietet keinen unmittelbaren Ansatz zu einer qualitativen Unterteilung, wenn es auch sehr ausgeprägte Unterschiede im quantitativen Flächenanspruch gibt. Bei den Freiflächen wiederum bietet sich eine klare Differenzierung nach den spezifischen Nutzungsarten an, etwa als Sport- und Spielflächen, als Grünanlagen, Friedhöfe oder Kleingärten, um einige wichtige Kategorien zu nennen.

Den Freiflächen kommt im Stadtgefüge ohne Zweifel eine unersetzliche Rolle zu; indessen könnte man die Frage stellen, ob die verschiedenen baulichen Nutzungen tatsächlich jeweils auf getrennte Flächen verwiesen werden sollten oder ob nicht eine weitgehende Mischung möglich und erstrebenswert sei. Gelegentlich ist darauf hingewiesen worden, daß gerade in der Mischung der Nutzungen ein Teil spezifisch städtischer Qualitäten liege. Indessen sind solcher Mischung deutlich Grenzen gesetzt: einmal unter dem Blickwinkel der Umweltqualität, also vor allem des Schutzes der Wohnungen gegen störende oder schädliche Immissionen, zum andern auch durch den Mechanismus der Bodenpreisbildung, der je nach der Zahlungsfähigkeit der verschiedenen Nutzer zu einer differenzierten Nutzungsverteilung führt. Und selbst wenn man in einem Gedankenmodell den Bodenpreis als Allokationsfaktor ausschlösse, würde sich eine ähnliche Differenzierung der Nutzungen aus funktionellen Gründen anbieten.

Im übrigen sollte man, wenn man von Mischung und Trennung der Funktionen in der Stadtplanung spricht, zwischen den verschiedenen Maßstabsebenen differenzieren. Betrachtet man etwa die Verträglichkeit von Arbeitsstätten mit dem Wohnen, so gibt es einige, die ohne Probleme im gleichen Haus untergebracht werden können wie eine Arztpraxis oder das Büro eines Steuerberaters; andere können im gleichen Baublock mit Wohngebäuden liegen wie kleine oder mittlere Bürogebäude oder Läden, wieder andere in geringer Entfernung – im nächsten Baublock oder auf der anderen Straßenseite wie etwa geräuscharme Gewerbebetriebe. Erst die stark emittierende Industrie oder Betriebe mit großem Verkehrsaufkommen verlangen schärfere Trennung und größere Abstände. Zur Beschreibung dieser Unterschiede hat sich der Begriff der „Körnung" durchgesetzt, mit dem also der Größenmaßstab von Flächen homogener Nutzung charakterisiert wird.

Bei den netzartigen Strukturelementen handelt es sich in erster Linie um Verkehrsflächen. Auf die Differenzierung zwischen Straße und Schiene und auf die Stufung des Straßennetzes nach den Verkehrsarten und den Transport- bzw. Erschließungsfunktionen wurde im vorigen Abschnitt hingewiesen. Das gleiche gilt für die Differenzierung der Versorgungseinrichtungen und ihrer wesentlichen Flächenansprüche; es sei daran erinnert, daß das Netz der Versorgungsleitungen in aller Regel im öffentlichen Verkehrsraum Aufnahme findet und daß es nur durch einzelne flächenhafte Elemente wie Klärwerke oder Umspannanlagen ergänzt werden muß.

5.2.1 Flächenansprüche der einzelnen Nutzungen

Welchen Anteil an der Grundfläche der Stadt eine Nutzung
einnimmt, hängt einerseits von ihrem Gesamtanspruch an baulichen und sonstigen Anlagen ab, andererseits jedoch auch von der
Intensität der Nutzung, die in der Regel im Maß der baulichen Ausnutzung ihren Niederschlag findet. Je intensiver ein Grundstück
genutzt werden kann, um so weniger Bedarf besteht für die Inanspruchnahme weiterer Flächen. Da zugleich meist wirtschaftliche
Gründe auf eine intensive Nutzung hinwirken, hat es die Stadtplanung immer als wichtige Aufgabe angesehen, Obergrenzen für
das Maß der Nutzung zu setzen, um Mißständen vorzubeugen.
Solche Mißstände konnten einerseits in der Überausnutzung des
Grundstücks selbst zu Lasten der Bewohner und der Nachbarn liegen, andererseits aber auch in der Überlastung der für das Grundstück vorgesehenen Erschließungseinrichtungen. Diesen Tendenzen
zur Überausnutzung mußte vor allem im Mietshausbau und in
der gewerblichen Entwicklung entgegengewirkt werden. So ist ein
wesentlicher Teil des Flächenbedarfs in der Stadt durch solche nor-
mativen Festsetzungen, wie sie in rechtlichen Vorschriften liegen,
bedingt; auch für öffentliche Einrichtungen wie Schulen oder
Krankenhäuser gibt es Richtwerte, die in ähnlicher Weise wirken.
Daneben gibt es jedoch auch Flächenansprüche etwa für Einfamilienhäuser oder für großflächige Gewerbebetriebe, denen es nicht
unbedingt um Ausschöpfung der maximalen Ausnutzungsgrenzen
geht, sondern die sich den zusätzlichen Raum auf dem Grundstück als Beitrag zur Wohnqualität oder als Reservefläche etwas
kosten lassen. Dies wurde lange Zeit im Sinne einer Auflockerung
des Stadtgefüges positiv bewertet, und erst in den letzten Jahrzehnten bereitet der damit verbundene umfangreiche Landverbrauch
Sorgen.
Die verschiedenen Faktoren, die den Flächenanspruch für die
Wohnnutzung in der Stadt beeinflussen, wurden im Abschnitt 5.1
erläutert; für die Strukturplanung ist dabei vor allem die Zahl der
Einwohner je Flächeneinheit von Bedeutung. Diese läßt sich zwar
rechtlich nicht fixieren, steht aber natürlich in enger Beziehung zur
rechtlich faßbaren Bebauungsdichte, deren Obergrenze jeweils
durch die Geschoßflächenzahl fixiert wird. Das Bindeglied ist hier
der Geschoßflächenanteil je Einwohner; er darf nicht mit dem
Wohnflächenanteil verwechselt werden, der nur die (Netto-)Wohn-
fläche erfaßt, während die (Brutto-)Geschoßfläche sich auf das Ge-

bäudeaußenmaß bezieht, also Mauern, Treppenhäuser und sonstige Nichtwohnflächen miteinbezieht.

Jener Geschoßflächenanteil nun hat sich in den letzten Jahrzehnten ständig erhöht, bedingt teils durch das gehobene Anspruchsniveau, teils auch durch die Veränderung der Familienstruktur; mit sinkenden Haushaltsgrößen steigt wegen der in jeder Wohnung erforderlichen Wirtschafts- und Sanitärräume zwangsläufig der Flächenanteil je Person. So muß man heute mit etwa 35–40 qm Bruttogeschoßfläche je Person rechnen, also bei der höchstzulässigen Geschoßflächenzahl von 1,2 für mehrgeschossige Wohnbauten mit einer Wohndichte von maximal 300 bis 350 Einwohnern. In Gebieten mit reinen Einfamilienhäusern, Kettenhäusern oder Gartenhofhäusern – häufig als „verdichteter Flachbau" bezeichnet – lassen sich Einwohnerdichten von 120 bis 150 Einwohnern je Hektar Nettobauland erzielen. In Gebieten mit freistehenden Einfamilienhäusern sinkt die Dichte auf etwa die Hälfte dieser Werte ab.

Noch weniger scharf lassen sich Dichtewerte für Arbeitsstätten ermitteln – einerseits wegen der großen Vielfalt unterschiedlicher Ausgangssituationen mit Büros, Werkstätten und Fabriken, andererseits auch deshalb, weil die Wirtschaftsstruktur und in ihr die Flächenanteile je Beschäftigten zur Zeit in erheblicher Bewegung sind; die Tendenz zur Automation hat durchweg zur Vergrößerung der Flächenanteile je Arbeitsplatz geführt. Für die einzelne Arbeitsstätte ist natürlich der Anteil an Betriebsfläche je Beschäftigten am ehesten faßbar und auch am aufschlußreichsten; für die Strukturplanung wären dagegen gewisse verallgemeinernde Einsichten hilfreich. Sie können jedoch nur recht grob skizziert werden; legt man beispielsweise die rechtliche Obergrenze für Bürobauten (Geschoßflächenzahl 2,4) zugrunde, so kann man bei rund 25 qm Geschoßfläche je Büroarbeitsplatz mit etwa 10 qm Grundstücksfläche je Beschäftigten rechnen. In großen Industriewerken indessen entfallen heute auf einen Beschäftigten manchmal mehrere 100, in Ölraffinerien mehrere 1000 qm. Der Flächenanteil je Einwohner, den die Arbeitsplätze in einer Stadt in Anspruch nehmen, kann deshalb höchst unterschiedlich sein, je nach der Zusammensetzung der Wirtschaftssektoren, der Betriebsstruktur und natürlich auch dem Saldo der beruflichen Ein- und Auspendler.

Wesentlich leichter dagegen lassen sich die ungefähren Flächenanteile für Gemeinbedarfseinrichtungen und für öffentliche Freiflächen abschätzen, weil sie durchweg eine unmittelbare Beziehung zur Einwohnerzahl haben. Das gleiche gilt in der Regel für Ver-

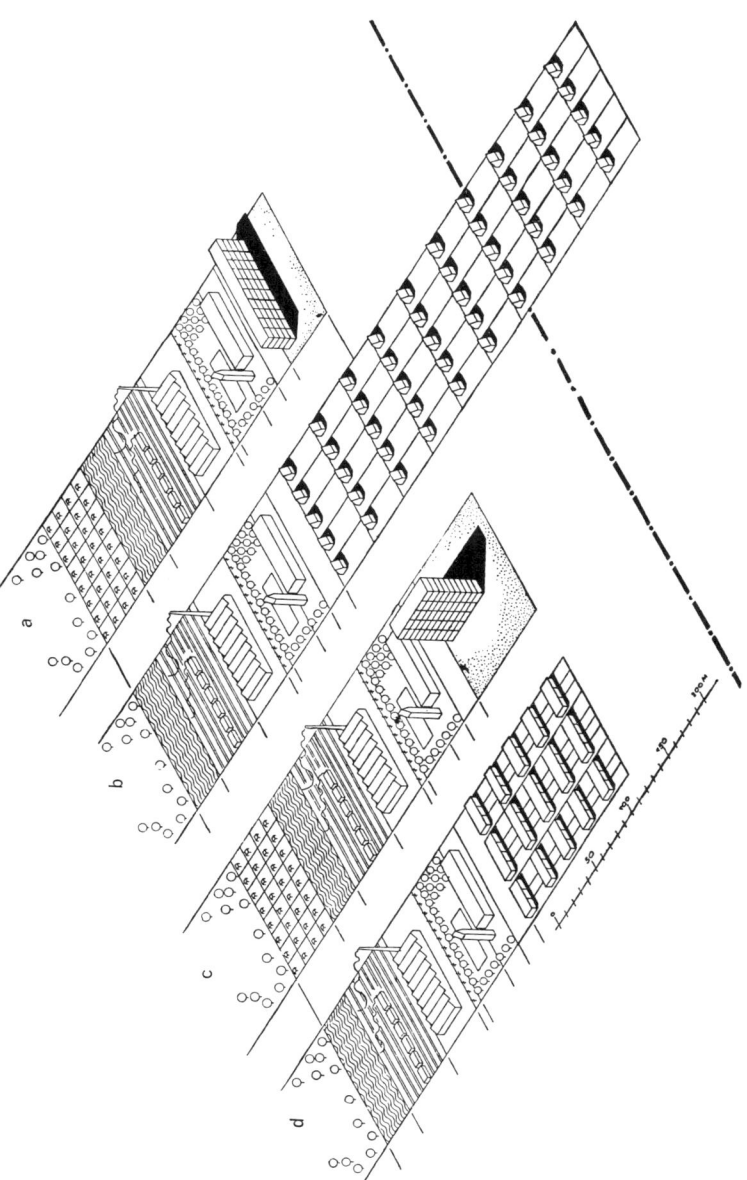

Abb. 17: Flächenansprüche nach Göderitz, Rainer, Hoffmann, 1957.
Die Flächenanteile je Einwohner und damit die Ausdehnung der Stadt variieren mit der Form der Wohnbebauung, wobei für Geschoßwohnungen zusätzlich Kleingärten vorgesehen sind. Die übrigen Nutzungsarten werden als konstant angenommen.

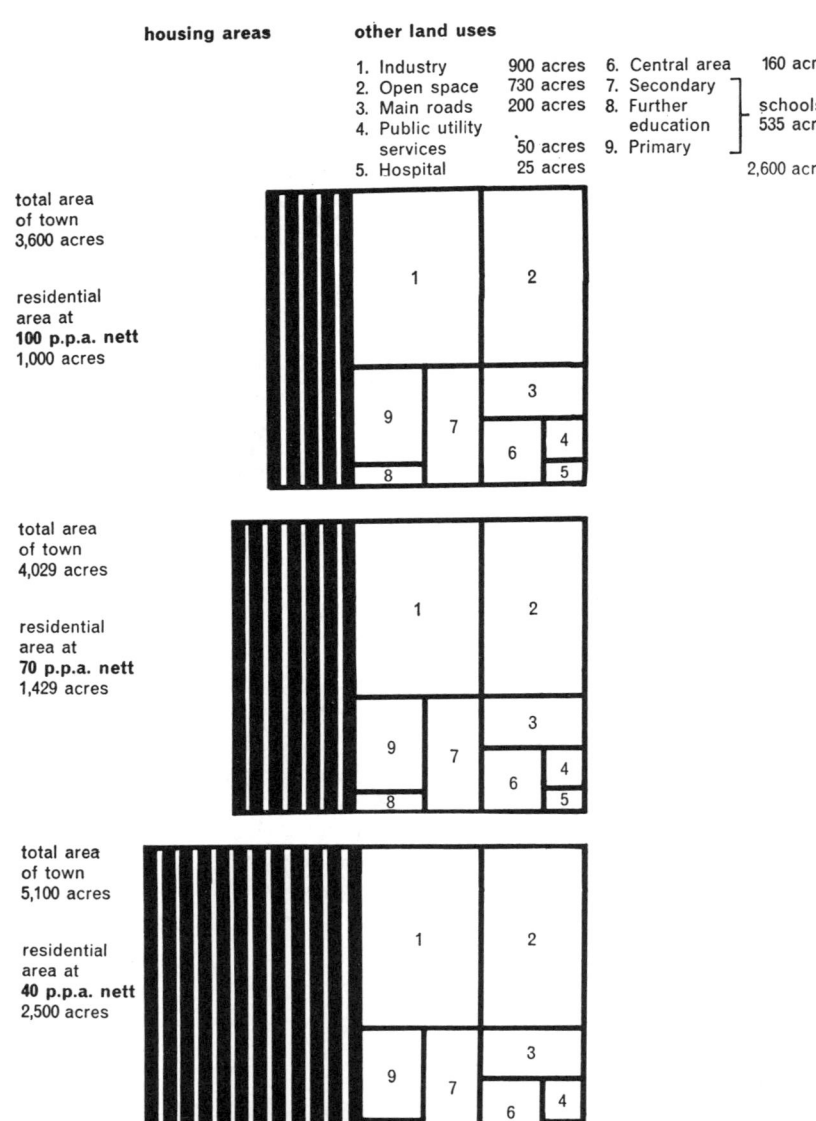

housing areas   **other land uses**

1. Industry	900 acres	6. Central area 160 acres
2. Open space	730 acres	7. Secondary ⎤
3. Main roads	200 acres	8. Further ⎥ schools
4. Public utility		education ⎥ 535 acres
services	˙50 acres	9. Primary ⎦
5. Hospital	25 acres	2,600 acres

total area
of town
3,600 acres

residential
area at
100 p.p.a. nett
1,000 acres

total area
of town
4,029 acres

residential
area at
70 p.p.a. nett
1,429 acres

total area
of town
5,100 acres

residential
area at
40 p.p.a. nett
2,500 acres

Abb. 18: Alternativen der Flächenansprüche für die neue Stadt Hook, 1961.
Die Wohndichte – auch hier als einzige Variable angesetzt – bestimmt die
Gesamtstadtfläche zwischen den Extremen von rund 1450 und 2060 ha.

kehrsflächen, wenn man außergewöhnliche Flächenansprüche wie
Flughäfen oder große Rangierbahnhöfe, welche die Durchschnitts-
werte für die davon betroffenen Städte stark verändern würden,
außer acht läßt.

Mehrere Untersuchungen in der städtebaulichen Literatur der
letzten Jahrzehnte kommen in weitgehender Übereinstimmung zu
dem Ergebnis, daß für das Siedlungsgebiet der Stadt – also die von
den erwähnten Nutzungen erfaßten Flächen ohne Landwirtschaft,
Wald und Ödland – insgesamt etwa 200–250 qm je Einwohner zur
Verfügung stehen sollten; in sehr grober Näherung könnte man
davon etwa 40–50 % für Wohnflächen, 15–25 % für Arbeitsflächen,
5–10 % für Gemeinbedarf und je etwa 10–15 % für Freiflächen und
Verkehr ansetzen.

5.2.2 Gegenseitige Zuordnung
der verschiedenen Nutzungen

Zu den deutlichsten Ansatzpunkten einer Kritik an der neueren
Stadtentwicklung gehört seit langem das ungeordnete Nutzungsge-
füge, das zu Versorgungsmängeln, langen Wegen und ungenügen-
der Erreichbarkeit wichtiger Einrichtungen führe. Will man dieser
Kritik durch sinnvolle Zuordnung der Nutzungsbereiche begegnen,
so empfiehlt es sich, zunächst die wünschenswerte Zuordnung
der verschiedenen Nutzungen und die dieser entgegenstehenden
Hindernisse zu untersuchen.

1. Beziehung Wohnstätte – Arbeitsstätte. – Offenkundig ist die
räumliche Beziehung von Wohnstätten und Arbeitsstätten eines der
Zentralprobleme für das „Funktionieren" der Stadt als ökonomi-
sches Gefüge – ähnlich wie man die Zuordnung von Wohnungen
und Freiflächen seit dem Ende des 19. Jahrhunderts als einen wichtigen Indikator für die soziale Qualität der großstädtischen Umwelt gesehen hat. Wenn also aus der wirtschaftlichen wie aus der
sozialen Entwicklung heraus die unmittelbare räumliche Verknüpfung von Wohn- und Arbeitsstätte im gleichen Gebäude nur noch
in Ausnahmefällen möglich und sinnvoll erscheint, so kann eine beliebige, ungeordnete Verteilung von Wohn- und Arbeitsstätten
doch offenbar erhebliche Probleme aufwerfen. Ihre zweckmäßige
Zuordnung ist deshalb seit langer Zeit ein wichtiges Anliegen der
Planung. Dabei steht meist eine räumliche Verteilung der Arbeits-

stätten im Vordergrunde, die eine Zuordnung der Wohnstätten für
die dort Beschäftigten jeweils in Fußgängerentfernung – ein bis
höchstens zwei Kilometer – möglich macht. Maßgebend dafür
ist in erster Linie die Absicht, den Berufsverkehr mit Kraftwagen
und öffentlichen Verkehrsmitteln möglichst zu reduzieren und
durch diese Verringerung der Spitzenbelastung eine gleichmäßigere
Beanspruchung und damit auch wirtschaftlichere Bemessung des
Verkehrsnetzes zu bewirken.

Indessen wird dieses Ziel einer unmittelbaren Zuordnung von
Wohn- und Arbeitsstätten, so einleuchtend es auf den ersten Blick
erscheinen mag, der heutigen Wirklichkeit nicht gerecht. Freizü-
gigkeit und Mobilität bezüglich des Arbeitsplatzes gehören zum
Wesen einer lebendigen Wirtschaft und lassen sich nicht ohne
Nachteile nennenswert einschränken; andererseits kann nicht
erwartet werden – auch nicht bei weiterer Lockerung des Wohnungs-
marktes –, daß jedem Arbeitsplatzwechsel eine Verlegung der Wohnung mit allen damit normalerweise verknüpften, überwiegend
unbequemen sozialen Konsequenzen folgt. Indessen gilt auch diese
Feststellung nicht uneingeschränkt; für gewisse Gruppen der Bevölkerung bleibt die räumliche Nähe des Arbeitsplatzes deshalb
wichtig, weil ihre Mobilität begrenzt ist. Das trifft beispielsweise in
aller Regel bei einer Halbtagstätigkeit der Hausfrau zu. Schon unter diesem Gesichtspunkt ist eine gewisse Streuung der Arbeitsstät-
tenstandorte über das Stadtgebiet anzustreben. Damit wird zugleich dem Ziel Rechnung getragen, während des Berufsverkehrs
zu einer möglichst günstigen Auslastung des Verkehrsnetzes in den
verschiedenen Richtungen zu gelangen und die Unwirtschaftlich-
keit eines fast ausschließlich in eine Richtung zielenden Stoßver-
kehrs zu Arbeitsbeginn und Arbeitsschluß abzubauen.

2. Beziehung Wohnstätte – zentrale Standorte. – Eine umfassende Versorgungsmöglichkeit des Stadtbewohners mit den erforderlichen Gütern und Dienstleistungen gehörte von jeher zu den
besonderen Anziehungspunkten der Stadt, insbesondere der Großstadt. Die Konzentration einer großen Zahl von Menschen und
damit einer großen Nachfrage nach Gütern erlaubt ihrerseits die
Vorhaltung eines umfangreichen und vielfältigen Angebots durch
den Handel. Der ideale Standort für Geschäfte ist naturgemäß der
Ort günstigster Erreichbarkeit, das Stadtzentrum. Aber nur in der
Kleinstadt ist dieses Zentrum noch für alle Einwohner zu Fuß zu
erreichen; schon in der Mittelstadt wird ein einziger Standort für

alle zentralen Funktionen nicht ausreichen, in der Großstadt wird
man geradezu ein System zentraler Standorte entwickeln müssen,
um den Ansprüchen an gute Versorgungsmöglichkeit gerecht zu
werden. Als Pionierleistung auf diesem Gebiet gelten die Überlegungen, die in den vierziger Jahren für die Erweiterung Stockholms
angestellt wurden und zu der hierarchischen Gruppierung von
regionalem Zentrum (Großstadtkern), Stadtteilzentren und Nachbarschaftszentren führten. Seither gehört eine Stufung der Zentren
nach ihrer Bedeutung zum festen Bestand aller stadtstrukturellen
Überlegungen. Allerdings kann man nur für die unterste Kategorie
einer solchen Zentrenhierarchie, nämlich das Nachbarschaftszentrum, damit rechnen, daß es für seine potentiellen Besucher bequem zu Fuß erreicht werden kann. Daraus ergibt sich die Notwendigkeit, alle Zentren höherer Ordnung gut an das Verkehrssystem
– vor allem an das des öffentlichen Nahverkehrs – anzuschließen.
Natürlich sind auch die kleineren Zentren als Brennpunkte des
Publikumsverkehrs in besonderem Maße geeignet, zugleich diejenigen Haltepunkte des öffentlichen Nahverkehrs aufzunehmen,
die den Wohngebieten dienen. Auf die räumliche Verteilung der
Zentren wird bei der Erörterung der Modellvorstellungen für die
Stadtstruktur noch einmal zurückzukommen sein.

3. Beziehung Wohnstätte–Freifläche. – Die räumliche Beziehung
von Wohnstätten zu Freiflächen hat schon in den Diskussionen des
19. Jahrhunderts über die Stadtentwicklung eine wichtige Rolle gespielt; gerade die Zurückdrängung der Natur durch die Stadt und
der Freiflächenmangel in ihrem Inneren stellten einen Hauptansatzpunkt der Kritik dar. So gehörte die Erreichbarkeit von Grünflächen in zumutbarer Entfernung von jeder Wohnung schon früh
zu den Zielen eines sozial orientierten Städtebaues; das Bemühen
um generell anwendbare Lösungen für diese Aufgabe hat maßgeblich
zu der Entwicklung von Modellvorstellungen für die Stadtstruktur
beigetragen.
Dabei ergibt sich fast zwangsläufig eine maßstäbliche Differenzierung der Grünflächen, die der erwähnten Zentrenhierarchie
nicht unähnlich ist: die relativ bescheidene Grünanlage in geringer
Entfernung von jeder Wohnung für Kinderspiel und Abendspaziergang, der größere Freiflächenkomplex mit Spiel- und Sportflächen
oder des Großstadions. Auch für Friedhofsanlagen strebt man
meist – zumindest in Großstädten – eine gewisse Dezentralisierung
an. Für Kleingärten ist eine breite Streuung über das Stadtgebiet

wünschenswert, um kurze Wege zwischen ihnen und den Wohnungen zu ermöglichen. Dabei ist zu bedenken, daß die Nachfrage nach Kleingärten vor allem von Bewohnern der Geschoßwohnungen ausgehen wird, auch wenn der Kleingarten heute weniger zum Gemüseanbau und mehr als „grünes Zimmer" zur Erholung genutzt wird.

4. Sonstige räumliche Beziehungen zwischen Bau- und Freiflächen. – Den verbleibenden räumlichen Beziehungen, die nicht die Wohnstätten betreffen, ist ein vergleichsweise geringeres Gewicht beizumessen, obwohl auch sie nicht ganz ohne Bedeutung sind. Vor allem der Bezug von Arbeitsstätten zu zentralen Einrichtungen ist offenkundig von Interesse; sowohl für den Weg zwischen Wohnung und Arbeitsplatz als auch für die Arbeitspausen kann die enge Beziehung zwischen Arbeitsstätten und Standorten zentraler Einrichtungen ein Positivum darstellen. Auf die Vorzüge einer vielseitigen Benutzung von Zentren, wenn Arbeitsstätten in unmittelbarer Nähe liegen, wird in der Literatur mehrfach hingewiesen.

Andererseits ist klar, daß die Standorte in Zentrumsnähe, die für Arbeitsstätten herangezogen werden, für Wohnungen ganz oder teilweise – je nach dem möglichen Mischungsgrad mit Arbeitsstätten – ausfallen und damit die Zahl der im günstigen Einzugsbereich des Zentrums ansässigen Bewohner vermindern. Soweit also derartige Arbeitsstätten nicht ihrerseits zugleich von zentraler Bedeutung sind oder ihrem Wesen nach zwingend auf die räumliche Nähe zu solchen zentralen Einrichtungen angewiesen sind, wird das Für und Wider im Einzelfall abgewogen werden müssen; generelle Regeln, welcher Nutzung der Vorzug zu geben sei, lassen sich nicht aufstellen.

Demgegenüber ist der Bezug von Freiflächen zu Arbeitsstätten und zu Zentren offenbar weniger wichtig. Am ehesten kommt er noch dort ins Blickfeld, wo bestimmte Freiflächen zentrale Bedeutung besitzen, wie etwa das Hauptstadion einer Stadt, das eine gute Einbindung in das öffentliche Nahverkehrsnetz verlangt. Von solchen spezifischen Problemen abgesehen, dürfte aber dieser Beziehungskomplex bei den Erwägungen zur strukturellen Ordnung an letzter Stelle rangieren.

5. Beziehung Bauflächen – Verkehrssystem. – Verkehr und Flächennutzung hängen aufs engste zusammen; Art und Maß der Nutzung sind die entscheidenden Bestimmungsfaktoren für das

Verkehrsaufkommen in den verschiedenen Bereichen der Stadt. Wohngebiete erfahren ihre Hauptbelastung in den Berufsverkehrsspitzen, in Geschäfts- und Gewerbegebieten überwiegt häufig der Wirtschaftsverkehr, Erholungsbereiche und Sportstätten ziehen am Wochenende den meisten Verkehr auf sich.

Für das Straßenverkehrsnetz hat sich dementsprechend eine Differenzierung herausgebildet, die im vorigen Abschnitt bereits dargestellt wurde: Trennung von Erschließungs- und Transportfunktion der Straßen, Stufung vom nur begehbaren über den befahrbaren Wohnweg zur Erschließungsstraße und weiter zur Sammelstraße, die den Ziel- und Quellverkehr eines Gebietes dem Netz der Hauptverkehrsstraßen zuführt; diese dienen allein dem Transport und besitzen keine Erschließungsfunktion. Für den Stadtkern gelten ähnliche Grundgedanken; auch er soll vom Durchgangsverkehr freigehalten werden. Indessen müssen seine Erschließungsstraßen meist auf die Anforderungen von Wirtschafts-, Einkaufs- und Berufsverkehr ausgerichtet und deshalb leistungsfähiger sein als in Wohngebieten.

Der Straßenbau der Nachkriegszeit war zunächst durch eine zunehmende Perfektionierung des auf flüssigen Verkehrsablauf gerichteten Ausbaustandards gekennzeichnet. Indessen hat man in der letzten Zeit mit den „Empfehlungen für die Anlage von Erschließungsstraßen"[4] eine Rückkehr zu weitaus bescheideneren Ansprüchen vollzogen. So geht man beispielsweise nicht mehr davon aus, daß im Wohngebiet zwei Lastwagen einander im Fünfzig-Kilometer-Tempo begegnen, sondern mutet ihnen ein Passieren im Schrittempo zu. In die gleiche Richtung zielen die Bemühungen um die Gestaltung der Erschließungsstraßen als „Mischflächen", die der Autofahrer ohne Bevorzugung mit dem Fußgänger und dem Radfahrer teilen soll (Abb. 19).

Außerhalb dieser Erschließungsbereiche werden Fuß- und Radwege teils parallel zu den Fahrbahnen von Sammelstraßen, vorzugsweise aber ganz eigenständig zu führen sein, wenn dies die Situation irgend erlaubt. Die Herrschaft des Fußgängers über die Hauptgeschäftsstraßen, mit einzelnen zaghaften Versuchen in den fünfziger Jahren eingeleitet, ist heute in Stadtzentren allgemein akzeptiert; in Nebenzentren setzt sie sich offenbar langsamer durch. Zu beachten sind dabei natürlich stets die Nebenwirkun-

---

[4] Empfehlungen für die Anlage von Erschließungsstraßen, Forschungsgesellschaft für Straßen- und Verkehrswesen, Köln 1985.

	Einsatzgrenzen			Querschnittskizze	Straßenführung							
Begegnungsfall	Verkehrsstärke (Spitzenstunde)	angestrebte Höchstgeschwindigkeit		(Klammerwerte: Mindestmaße bei beengten Verhältnissen)	erwünschte Abschnittlänge	Versatztyp	Einengungstyp	Teilaufpflasterungstyp	Schwellen	weitere Überquerungshilfen	Wendeanlagentyp	Haltestellenbuchten
4	5	6		7	8	9	10	11	12	13	14	15
–	Kfz/h	km/h			m							
Bus/Bus	≤ 1000	40... ...50			≤ 100	–	5,50 kurz	–	–	FBT FU	–	+ (–
Lkw/Lkw	≤ 800	30... ...40			50... ...100	–	4,00[10] lang 4,00 kurz	≤ 1:25	–	FBT FU FGÜ	7	–
Lkw/Lkw	≤ 400	30... ...40			50 ... 100	Lkw/ Pkw	4,00[1] lang 3,00 kurz	≤ 1:25	–	–	6 5 (4)	–
Pkw/Pkw Lkw/R	≤ 200	≤ 30			50	Lkw/ Lkw	3,00 kurz	≥ 1:10	+	–	4 3 (2) (1)	–
Pkw/Pkw (Lkw/Lkw)	≤ 150	≤ 30			50	Pkw/ Pkw	3,00 kurz vert.	–	–	–	4 3 (2) (1)	–

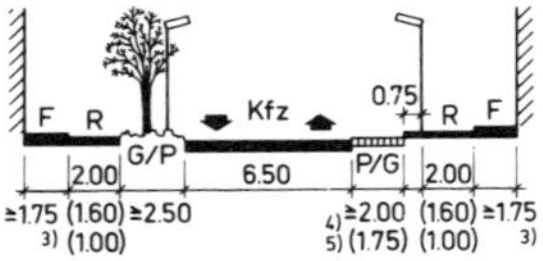

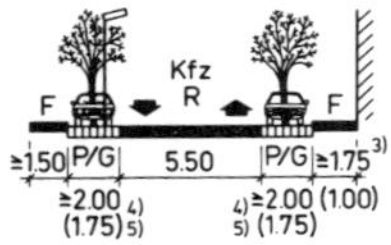

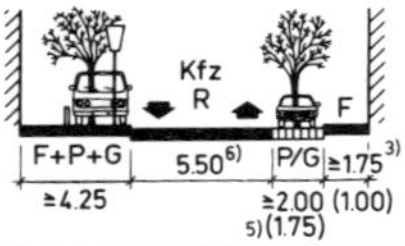

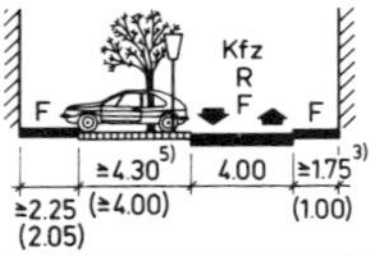

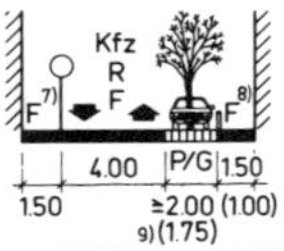

Legende   P   Parkstreifen/Parkbucht
F   Fußgänger   FBT   Fahrbahnteiler
R   Radfahrer   FU   Furt mit Lichtsignalanlage
G   Grünstreifen   FGU   Fußgängerübergang

Abb. 19: Entwurfselemente nach EAE (Empfehlungen für die Anlage von Erschließungsstraßen).

gen, die sich aus solchen Umgestaltungsmaßnahmen ergeben, etwa die Verdrängung des Autoverkehrs oder der Parker in bisher ungestörte Randzonen; mangelnde Vorsorge in dieser Hinsicht kann manche an sich sinnvolle Maßnahme diskreditieren. Für den Fußgänger ist es im übrigen wichtig, ihm nicht allein derartige „Oasen", sondern ein zusammenhängendes und möglichst ungefährdetes Wegenetz in der Stadt anzubieten.

Eine zentrale Rolle für die Funktionsfähigkeit des Stadtgefüges spielt der öffentliche Nahverkehr in seinen verschiedenen Ausprägungen: als niveaufrei geführter Schienenverkehr (S- und U-Bahn, auch als unterirdisch geführte Straßenbahn), als auf Normalniveau und meist im Straßenraum geführter Schienenverkehr (Straßenbahn) oder als Busverkehr im öffentlichen Straßenraum. Hier sind allerdings besondere Vorkehrungen notwendig, z. B. eigene Busspuren oder sogar eigene Bustrassen, um den öffentlichen Nahverkehr vor den Stauerscheinungen des Individualverkehrs zu bewahren und damit seine Anziehungskraft zu stärken.

Die früher verbreitete Auffassung, im öffentlichen Verkehrsnetz werde „gebrochener", also auf Umsteigen angewiesener Verkehr nicht angenommen, hat sich durchweg nach Einführung eines „Verkehrsverbundes", also einheitlicher Tarife, als unzutreffend erwiesen. Wichtig dabei ist allerdings die Abstimmung der Verkehrsfrequenzen, denn Wartezeiten pflegen die Vorzüge des öffentlichen Nahverkehrs in den Augen potentieller Kunden stark einzuschränken.

Was die Netzbildung des öffentlichen Nahverkehrs angeht, so soll sie dichtbesiedelte Bereiche möglichst gut erfassen; die Verkehrsplanung strebt in der Regel Durchmesserlinien durch das ganze Stadtgebiet an, die sich normalerweise im Stadtkern verknüpfen. Linienverknüpfungen außerhalb des Stadtkerns bieten meist günstige Ansatzpunkte für die Entwicklung von Nebenzentren. Da das Hauptverkehrsstraßennetz außerhalb der Innenstadt möglichst entfernt von den dicht bebauten Bereichen, vor allem von Wohngebieten, geführt werden sollte, empfiehlt es sich häufig, den Bus oder gegebenenfalls die Straßenbahn nicht auf solchen Hauptverkehrsstraßen, sondern auf Nebenstraßen oder auch auf eigener Trasse zu führen.

5.2.3 Modelle für die Strukturplanung

Mit der wachsenden Einsicht in die Zusammenhänge der städtischen Umwelt und in die Vielfalt der an sie zu stellenden Anforderungen mußte sich der Gedanke aufdrängen, modellhafte Konzepte für die Stadtstruktur zu entwickeln und an ihnen die Vereinbarkeit der verschiedenartigen Ansprüche zu prüfen. Sieht man von den Idealstadtmodellen der Renaissance und anderen Vorläufern aus vorindustrieller Zeit ab, so setzen diese Versuche im letzten Jahrzehnt des vorigen Jahrhunderts ein (mit Fritsch und Howard; vgl. Abschnitt 2) und finden mit dem Ende der sechziger Jahre einen – zumindest vorläufigen – Abschluß.

Als Ausgangspunkt steht zunächst die Anordnung der Freiflächen, dann das Verkehrssystem und später die räumliche Anordnung des Zentrensystems im Vordergrund; anfangs beschränken sich die Modelle häufig auf einen oder zwei dieser Teilaspekte; erst seit der Jahrhundertmitte werden durchweg alle drei zusammengeführt.

Einige dieser Modellvorstellungen führen gleichsam eine „fertige" Stadt vor und erscheinen deshalb statisch. Bei den meisten spielt aber gerade die Auseinandersetzung mit dem Stadtwachstum eine wichtige Rolle. Hier wird eines der Hauptprobleme struktureller Planung deutlich: einerseits den Entwicklungs- und Veränderungsprozessen Rechnung zu tragen und andererseits darauf zu sehen, daß die jeweils erreichten Zwischenzustände ausgewogen und funktionsfähig sind. Unter diesem Blickwinkel wächst den Gliederungselementen, den Bausteinen des Stadtgefüges, eine erhebliche Bedeutung zu; auf sie wird deshalb noch einzugehen sein.

Der Grundgedanke der Freiflächensicherung für die wachsende Stadt führte zunächst zum Konzept des Grüngürtels, eines auf Dauer gegen Bebauung zu schützenden ländlichen Freiraums um die Stadt, der durch das Stadtwachstum nicht beansprucht, allenfalls übersprungen werden darf: der „Wald- und Wiesengürtel" um Wien und die 'green belt'-Politik der britischen Stadtplanung gehören zu den konkreten Auswirkungen dieses Gedankens. Diesem Modell wurde das Konzept der aus dem Landschaftsraum bis in die Stadt hineinreichenden Grünkeile entgegengesetzt, das schon von Fritsch 1896 angedeutet, aber erst später klar ausgeprägt wurde.[5] Ihm entspricht ein Wachstum der Siedlungsfläche in den zwischen diesen Keilen liegenden Bereichen, also in der Form strahlenförmig

---

[5] So bei Möhring, Eberstadt und Petersen; vgl. Fußnote 3 in Kap. 4.

vom Zentrum ausgehender Siedlungsbänder. Es leuchtet ein, daß
damit sowohl für den Grünzusammenhang als auch für die verkehr-
liche Erschließung der Siedlungsflächen günstigere Voraussetzungen zu gewinnen sind als beim Grüngürtel – jedenfalls dann, wenn
dieser vom Stadtwachstum übersprungen wird. So liegt der Gedanke der Grünkeile zwischen Siedlungsbändern heute vielen
konkreten Planungen zugrunde.

Auch für ein weiteres Stadtkonzept spielt der Bezug zur freien
Landschaft eine wesentliche Rolle: für das Modell der „Bandstadt",
das von einer in der Tiefe begrenzten Siedlungsentwicklung beiderseits eines Verkehrsbandes (Straße und Schiene) ausgeht. Meist ist
dieses Modell kombiniert mit dem Gedanken, auf der einen Seite
des Verkehrsbandes die Wohnstätten, auf der anderen die Arbeitsstätten anzuordnen und damit eine enge räumliche Zuordnung
ohne wechselseitige Beeinträchtigung zu erreichen.[6] Als Vorzug
wurde zugleich die beliebige Ausdehnungsmöglichkeit entlang des
Bandes gesehen, ohne daß damit die Beziehung der bestehenden
Stadtteile zum Freiraum beeinträchtigt würde, wie dies bei der
konzentrischen Ausdehnung der Stadt mit ihrem üblichen ringför-
migen Wachstum zwangsläufig eintritt (Abb. 5 u. 24).

Es ist kennzeichnend, daß die Modellvorstellungen der ersten
Jahrhunderthälfte noch kaum Bezug zu einer irgendwie gearteten
Zentrenstruktur aufweisen – mit Ausnahme allerdings des Konzeptes von Howard, der seine neu zu gründenden „Gartenstädte" als
Entlastung der wachsenden Großstädte, als Dezentralisierungsmo-
dell verstand und dabei nicht nur ein Stadtzentrum, sondern auch
sechs Stadtteile ('wards') mit zugeordneten zentralen Einrichtungen vorsah[7]. Das mag man als Vorläufer eines Konzeptes ansehen,
das in den zwanziger Jahren in den Vereinigten Staaten als „Nachbarschaftseinheit" entwickelt wurde: ihm entsprach in der Charta
von Athen die „Wohneinheit zweckmäßiger Größe" und in deutschen Planungen dieser Zeit die „Siedlungszelle" oder „Stadtzelle",
die allerdings im „Dritten Reich" in den Dienst parteipolitischer
Disziplinierung gestellt werden sollte.

Bis in die sechziger Jahre hinein spielte dieses Konzept eine

---

[6] Nikolai A. Miljutin, Sozgorod, Moskau/Leningrad 1930. Englische
Übersetzung: Sotsgorod, Cambridge, Mass. 1974. Ludwig Hilberseimer,
„The New City", Chicago 1944. Ludwig Hilberseimer, Entfaltung einer
Planungsidee, Berlin/Frankfurt/Wien 1963.
[7] Ebenezer Howard, a. a. O.

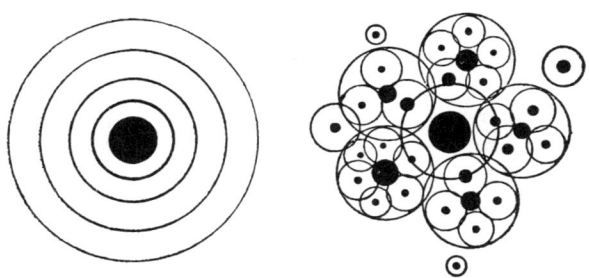

Abb. 20: Konzentrisches und dezentralisiertes Stadtsystem nach Bardet, 1945.

beherrschende Rolle in der Strukturplanung: eine Gruppierung von Wohnungen in räumlicher Zuordnung zu einem „Nachbarschaftszentrum", das Läden, Schule und weitere Gemeinschaftseinrichtungen enthalten sollte. Vom Durchgangsverkehr befreit, als räumlich begrenzter Bereich auch noch einer einheitlichen Gestaltung zugänglich, schien die Nachbarschaftseinheit zugleich in funktionaler und ästhetischer Hinsicht einen idealen „Baustein" der Stadt zu bilden, mit dem sich zugleich das Stadtwachstum in „Quantensprüngen" steuern ließ. Einige Befürworter wollten derartige Stadtbereiche zugleich zu eigenständigen Selbstverwaltungseinheiten machen und erwarteten von ihnen einen neuen Ansatz zur Gemeinschaftsbildung in der als „anonym" und „bindungslos" beurteilten Großstadtgesellschaft; Kritikern dagegen mißfiel gerade das „antistädtische" Element in diesem Konzept.

Auch wenn man diesen ideologischen Aspekt ganz beiseite läßt, haben die funktionalen Grundgedanken, nämlich Zuordnung zu Gemeinschaftseinrichtungen mit kurzen Wegen und Ausschließung von Durchgangsverkehr, auch noch heute ihre Berechtigung; nur haben sich die Bezugsgrößen wie Wohndichte, Kinderanzahl, Schulsysteme und Einzelhandelsstruktur inzwischen so stark verändert, daß die quantitativen Überlegungen, die auf etwa 5000 bis 8000 Einwohner für einen solchen Stadtbereich zielten, nicht mehr stimmen und inzwischen so weit divergieren, daß dies Konzept, wenn überhaupt, dann sehr viel flexibler angewandt werden muß als früher.

Ein breiter Konsens besteht bezüglich der nächstgrößeren Gruppierung, die sich auf ein Stadtteil- oder Stadtbezirkszentrum mit umfangreicherem Ladenbesatz, Gymnasium und entsprechenden Verwaltungseinrichtungen bezieht. Hier geht man von etwa 30000

bis 60000 Einwohnern aus. Eine Reihe stadtstruktureller Untersuchungen kommt zu dem Ergebnis, daß in dieser Größenordnung
ein günstiger Einzugsbereich für eine größere Anzahl öffentlicher
Einrichtungen liegt.[8]
Diese Modellvorstellung einer durch die Zentrenhierarchie
bestimmten Stadt, in Deutschland meist als „gegliederte und aufgelockerte Stadt"[9] bezeichnet, fand ihre exemplarische Verwirklichung in den „New Towns", die ab 1946 bis etwa 1960 in Großbritannien gegründet wurden (Abb. 21 u. 22). Die späteren Gründungen folgen anderen Prinzipien.

Das Modell der „gegliederten und aufgelockerten Stadt" bleibt in
dieser Ausprägung flächenhaft zusammengefaßt; die Nachbar-
schaften sind zwar durch kleinere Grünzüge, die Stadtteile durch
größere getrennt, in denen auch die Hauptverkehrsstraßen verlaufen, aber insgesamt bleibt die vom Siedlungsraum beanspruchte
Fläche relativ kompakt. Eine Weiterentwicklung kann man in dem
Modell der „Regionalstadt" von Hillebrecht sehen[10], in dem über
die so gegliederte Stadtfläche hinaus Siedlungsachsen, durch
Schnellbahnen erschlossen, ins Umland ausgreifen und in regionalen Nebenzentren, also Kleinstädten in etwa 20 km Entfernung, ihr
Ende finden. Bei diesem Modell hat die Struktur Hannovers offenbar in gewissem Umfange Pate gestanden; es hat aber auch deutlich
auf die Entwicklungskonzepte anderer Großstädte wie Hamburg
und München eingewirkt (Abb. 25).

Sucht man die Modellvorschläge systematisch zu ordnen, so lassen
sie sich auf die Grundformen von punktförmiger Konzentration,
bandförmiger Entwicklung und flächenhafter Ausbreitung zurückführen, die auf verschiedene Weisen kombiniert sind. Dem Modell
der konzentrierten Stadt entspricht dabei das Radialsystem der
Straßen, dem der Bandstadt ein lineares System, das gegebenenfalls
auch aus mehreren parallelen Verkehrsbändern bestehen kann, und
der flächenhaften Ausdehnung ein Rastersystem, wie es in der
zweiten Jahrhunderthälfte auch mehreren Stadtgründungen, z. B.
Chandigarh in Indien und Milton Keynes in England, zugrunde
gelegt wurde. Kennzeichnend für das Rastersystem ist es, daß es die
Standortgunst nicht wie das Radialsystem an einer Stelle konzen-

[8] Göderitz, Rainer, Hoffmann, a. a. O.; Ministry of Housing and Local
Government, Central Lancaster Study for a City, London 1967.
[9] Göderitz, Rainer, Hoffmann, a. a. O.
[10] Rudolf Hillebrecht, Städtebau und Stadtentwicklung, a. a. O.

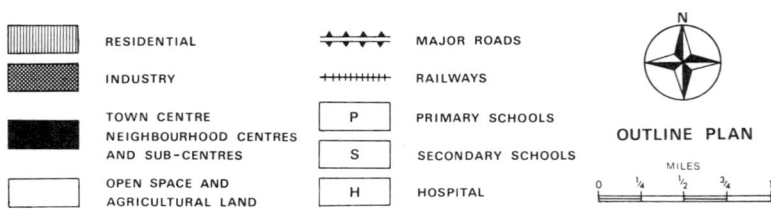

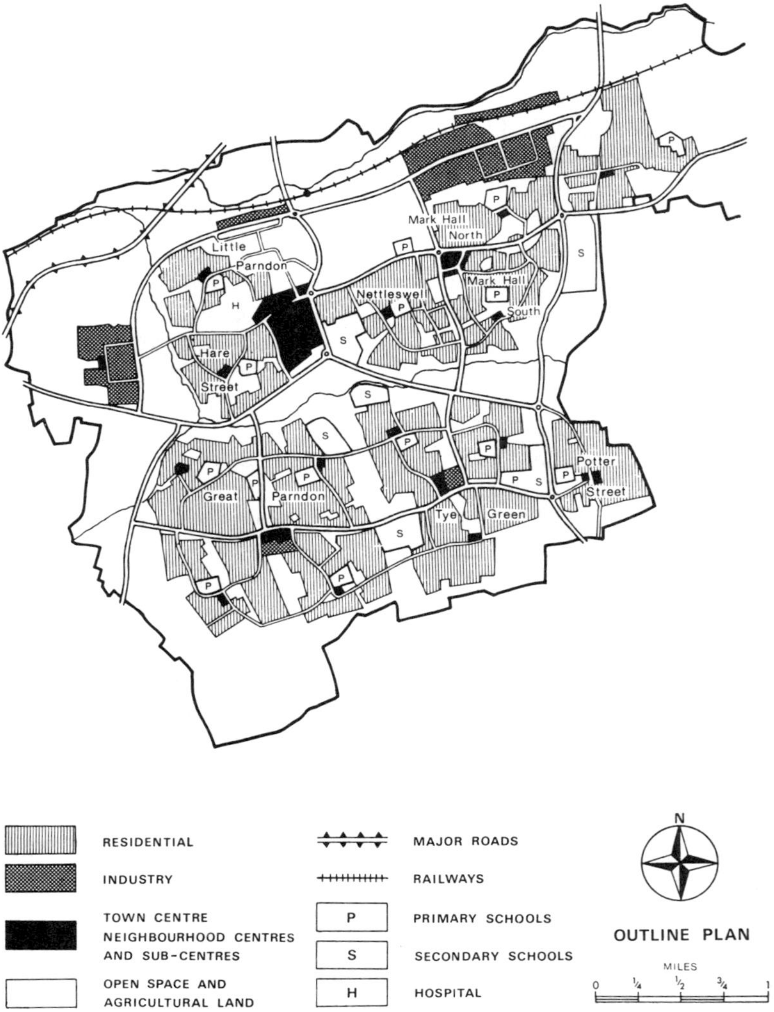

RESIDENTIAL

INDUSTRY

TOWN CENTRE
NEIGHBOURHOOD CENTRES
AND SUB-CENTRES

OPEN SPACE AND
AGRICULTURAL LAND

MAJOR ROADS

RAILWAYS

P   PRIMARY SCHOOLS

S   SECONDARY SCHOOLS

H   HOSPITAL

N

OUTLINE PLAN

MILES
0   ¼   ½   ¾   1

Abb. 21: Flächennutzungsmodell der neuen Stadt Harlow, 1947.

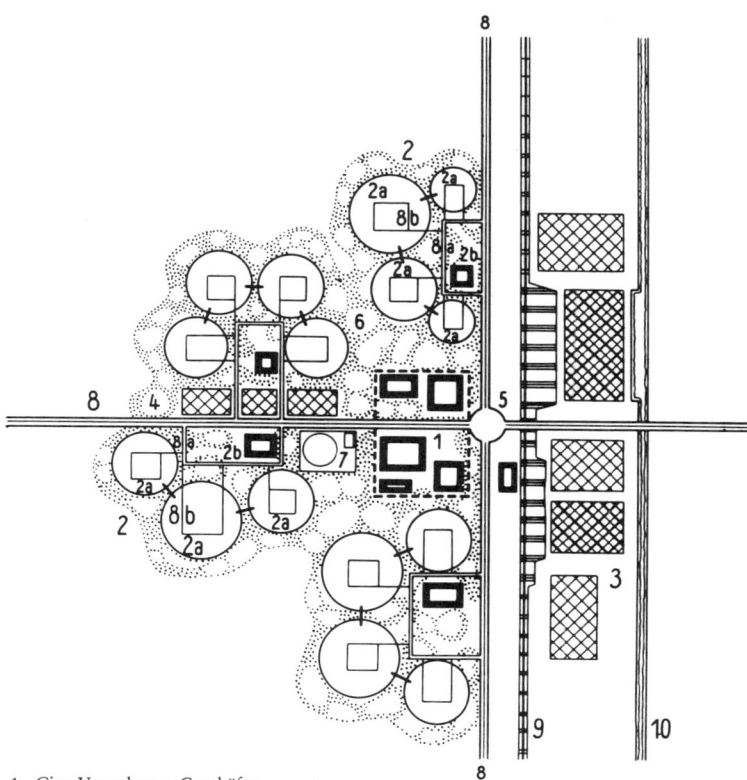

1. City, Verwaltung, Geschäfte
2. Nachbarschaft, 2a Wohnbereich, 2b Nachbarschaftsschwerpunkt
3. Industrie und Gewerbe
4. Kleingewerbe zwischen Nachbarschaft und Hauptverkehrsstraße
5. Hauptverkehrsknoten
6. Erholungsflächen und Grünverbindungen
7. Sportgebiet
8. Hauptverkehrsstraße, 8a Sammelstraße, 8b Anliegerstraße
9. Eisenbahn
10. Schiffahrtskanal

*Abb. 22: Gliederungskonzept der „gegliederten und aufgelockerten Stadt"
nach Göderitz, Rainer, Hoffmann, 1957.*

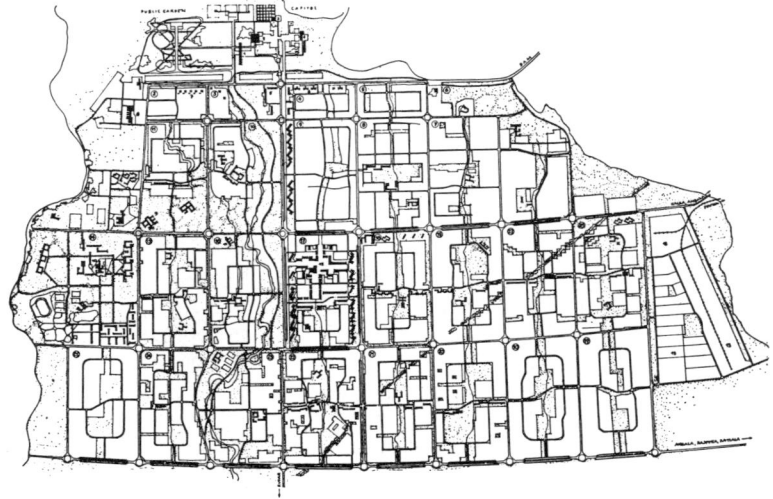

Abb. 23: Gesamtplan von Chandigarh, 1951.

triert, sondern gleichmäßig verteilt; die darin liegende Flexibilität bietet zweifellos gewisse Vorzüge. Tatsächlich läßt sich auch beobachten, daß in den letzten Jahrzehnten die Systeme großstädtischer Hauptverkehrsstraßen jedenfalls im Kernbereich der Städte weitgehend vom radialen auf ein Rastersystem umgestellt wurden. Andererseits findet die ursprünglich gegebene Flexibilität bald ihre Grenzen, nachdem die wesentlichsten Standorte für Zentren und sonstige wichtige Einrichtungen fixiert sind; es ist gut denkbar, daß dann die sehr unterschiedliche Ausnutzung des Straßennetzes zu Veränderungen des Systems führen könnte (Abb. 23 und 26).

Mit dem Begriff der Flexibilität ist indessen ein wichtiges Stichwort gefallen; die Entwicklung der letzten Jahrzehnte mit ihren zahlreichen Änderungen in den Voraussetzungen und Zielen der Planung hat die Zeitbedingtheit solcher Modellvorstellungen deutlich gemacht und eine gewisse Skepsis ihnen gegenüber begründet. Die wachsende Einsicht in die Komplexität des Stadtgefüges einerseits und in die bestimmende Rolle der örtlichen Gegebenheiten und Potentiale andererseits lassen solche generalisierenden Modellvorstellungen in den Hintergrund treten. Sie können zwar noch als theoretische Konstrukte, als idealtypische Darstellung von Stadtplanungsgrundsätzen dienen, aber schwerlich konkret die Entwick-

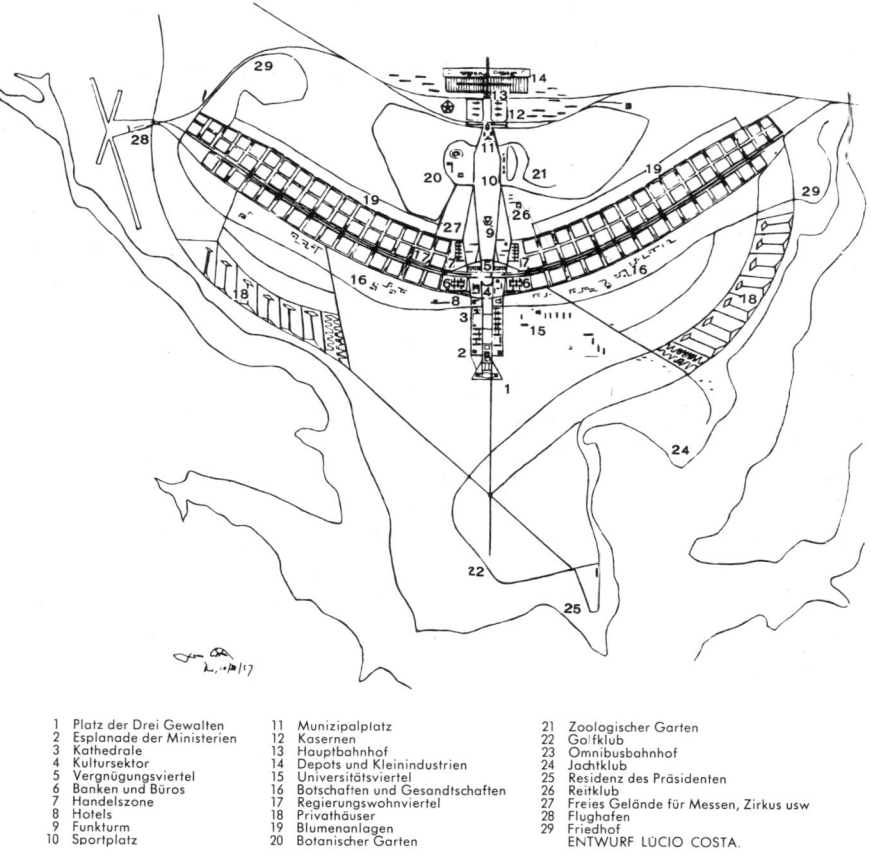

Abb. 24: Gesamtplan von Brasilia, 1958.

lung lenken. Die Auseinandersetzung mit der realen Situation wird zu einer Art ortsspezifischen Mosaiks der Flächennutzungen führen, in das gewiß einige der in den Modellkonzepten ausgeformten Planungsgrundsätze Eingang finden. So wird ein solches Nutzungsmosaik nicht aus beliebig kombinierbaren, „gleichwertigen" Einzelflächen bestehen können, sondern eine deutliche Grundstruktur aufweisen müssen, die in erster Linie durch die Standorte der Zentren und das Verkehrssystem – insbesondere das des öffentlichen Nahverkehrs – bestimmt wird.

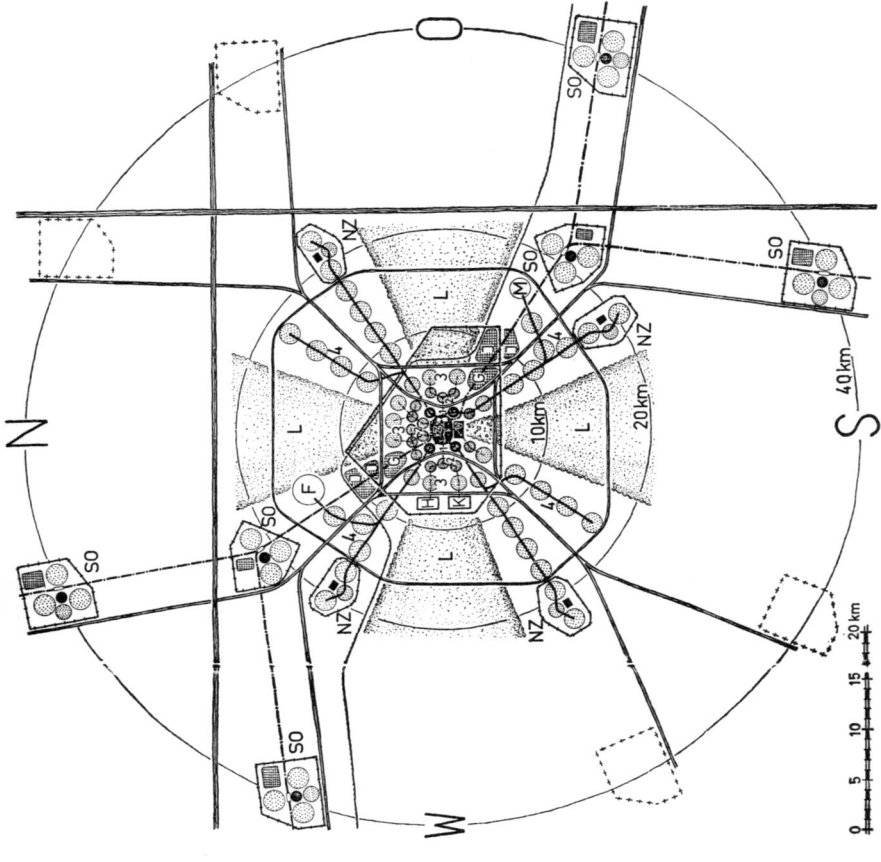

1. Flächennutzung

Zentrum der Stadtregion
Verwaltung und öffentl. Dienste — Z
Hochschulen — V
Krankenhäuser — H
Messe – Ausstellungsgelände — K
Flughafen — M
Landschaft – — F
  in der Stadt: Erholung, Sport. — L
  außerhalb: Landwirtschaft, Wald,
  Moor, Flußauen.
Nebenzentren
Selbständige Zentrale Orte — NZ
Wohnflächen je 30 000 Einw. — SO
  i. M. 450 E/ha netto
  i. M. 350 E/ha netto
  i. M. 250 E/ha netto

Gewerbe und Industrie — G J
Bundesautobahn
Bundesstr. und Stadtschnellwege
Landstraßen I. Ordnung
Bundesbahn
Schnellbahn – oberirdisch
Schnellbahn – unterirdisch
Straßenbahn
Wasserstraße
Stadtgrenzen

2 Bevölkerung

1– Ausweitung des Zentrums – Verlust an
  Wohnflächen – Umwandlung in Geschäfts-
  gebiet.
2– Zentrumsnahe Wohngebiete in der Stadt –
  ca. 450 000 Einw. mit Straßenbahnanschluß.
3– Wohngebiete am Stadtrand in der Stadt –
  ca. 240 000 Einw. mit Straßenbahn- und
  120 000 Einw. mit Schnellbahnanschluß.
4– Wohnbauschwerpunkte außerhalb d. Stadt
  mit Schnellbahnanschluß – ca. 1,11 Mio.
  Einw.

Einwohner der Stadtregion in der 20-km-Zone:
  mit Straßenbahnanschluß   ca. 690 000 E.
  mit Schnellbahnanschluß   ca. 1 230 000 E.
                                = ca. 1 920 000 E.

(ohne landwirtschaftliche Bevölkerung).

Stadtplanungs- u. Vermessungsamt Hannover
  im April 1962

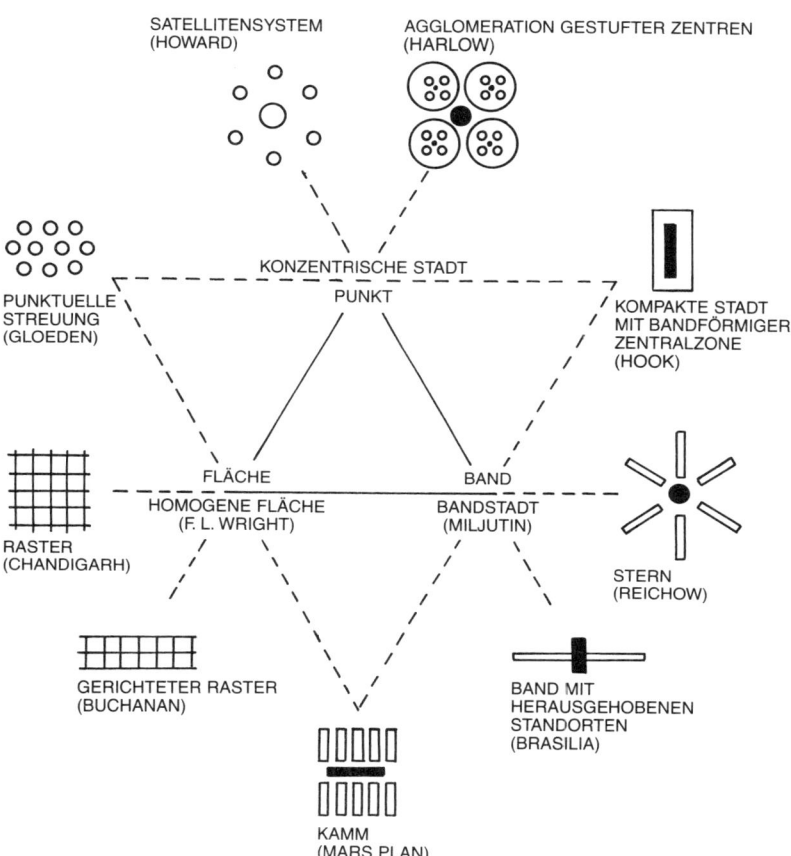

Tafel 6: Typologie der Strukturmodelle.

Zu diesem Grundsatz könnte man einige weitere anführen, die zumindest einen gewissen Anhaltspunkt bei der Erarbeitung der Planungskonzeption bieten können, die dem jeweiligen Ort angemessen ist. Zu ihnen gehören mit einiger Sicherheit:

– Eine Wohndichte, welche einerseits eine angemessene Versorgung durch solche Zentren (die in der Regel mit wachsender Dichte verbessert wird), andererseits ein hohes Maß an Wohnqualität (das in der Regel mit wachsender Dichte sinkt) ermöglicht.

– Eine Einordnung der Arbeitsstätten in das Stadtgefüge, die ihren

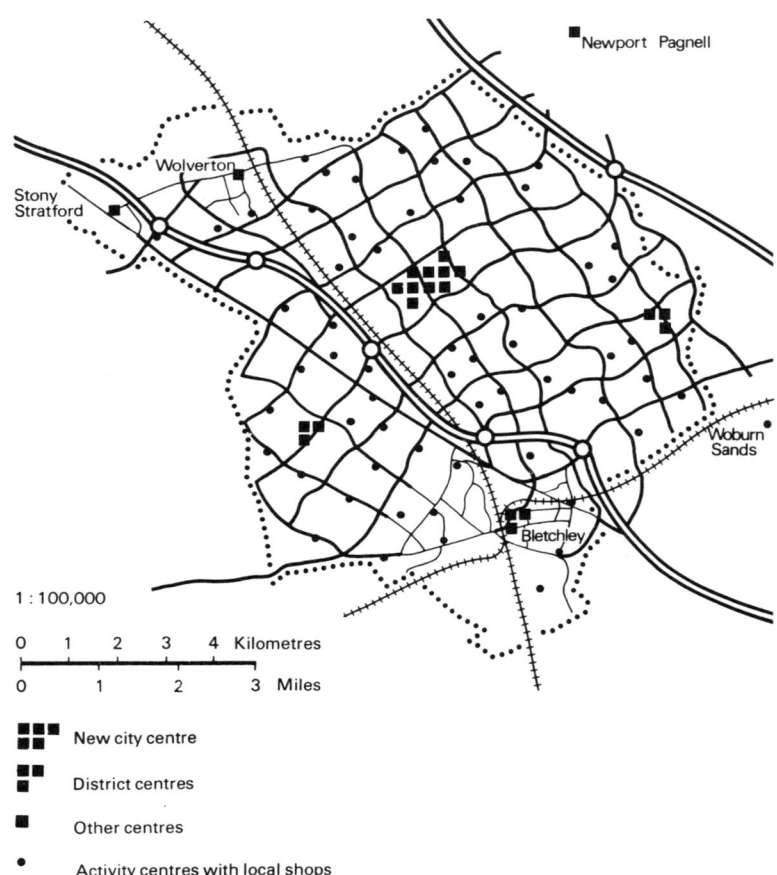

Abb. 26: Strukturmodell für Milton Keynes, 1970.

unterschiedlichen Störwirkungen (Emissionen, Verkehrsaufkommen, Flächenausdehnung) differenzierend Rechnung trägt
und die zugleich einer einseitigen Gerichtetheit der Berufsver-
kehrsströme im Verkehrsnetz entgegenwirkt.

– Eine Gliederung des Siedlungsgebietes durch Grün- und Freiflächen, die mehr an topographischen Gegebenheiten, an ökologischen Qualitäten und an den Erholungsbedürfnissen der
Bewohner als an dem Ziel einer schematischen Trennung von
Baugebieten orientiert ist.

– Ein Verkehrsnetz, das den funktionalen Forderungen eines großstädtischen Ballungsraumes ebenso gerecht wird wie der Erfüllung des Bedürfnisses nach Wahlmöglichkeiten im Stadtgefüge.
Dabei soll das Netz des öffentlichen Nahverkehrs Bereiche
hoher Nutzungsdichte möglichst direkt erreichen, während die
Hauptverkehrsstraßen mindestens von dichten Wohngebieten
Abstand halten sollten.

– Ein Erschließungssystem der Teilgebiete, das den Forderungen
nach Verträglichkeit des Erschließungsverkehrs mit den Ansprüchen an Wohnqualität auf geeignete Weise (Mischflächenausbau;
Abfangen des Kraftverkehrs am Wohngebietsrand u. ä.) Rechnung
trägt.

– Eine Betonung der ortsspezifischen Elemente, also der Individualität und Unverwechselbarkeit, des „genius loci": ein Aspekt,
der von der Strukturplanung zur Stadtgestaltung überleitet.

5.3 Stadtgestaltung

Die Stadtgestalt als optischer Zusammenklang der Stadt in ihrer
Gesamtheit ist seit frühesten Zeiten in bildlichen Darstellungen
festgehalten, aber auch in schriftlichen Zeugnissen beschrieben
worden – Babylon und Jerusalem, die „Messingstadt" im arabi-
schen Märchen, Tenochtitlan vor der Eroberung durch Cortez, die
Städte auf spätmittelalterlichen Altarbildern, die Stiche von Merian:
alles dies macht deutlich, wie sehr die Stadt als gemeinschaftliche
bauliche Leistung und zugleich als spezifisch geprägter Lebensraum den Betrachter immer wieder beeindruckt, ja fasziniert hat.
Waren die meisten Städte bis ins 19. Jahrhundert hinein für den
Besucher noch von außen, vom „flachen Lande" her als Ganzes zu
erfassen, so ist inzwischen der Größenmaßstab verändert: Stadtgestalt als Ganzes ist kaum noch ablesbar, außer vielleicht von be-

sonders günstigen Blickpunkten aus: von einem nahen Berg wie in
Graz oder über eine vorgelagerte Wasserfläche wie in Lindau.
Allerdings gibt es wohl in jeder Stadt Bereiche, in denen sich das
individuelle Stadtbild gleichsam im Ausschnitt auf charakteristische
Weise darstellt, so daß solche Ansichten häufig für das Ganze
stehen: der Blick auf die Hamburger Innenstadt von der Lom-
bardsbrücke oder der Münchner Marienplatz mit altem und neuem
Rathaus, überragt von den Türmen der benachbarten Kirchen.

In vielen Fällen mag es gerade bei historisch geprägten Stadt-
bildern offenbleiben, inwieweit sie Ergebnis bewußter Gestaltung
sind und inwieweit sich historische Zufälle mit bestimmten Ordnungsprinzipien überlagerten und damit zu einer besonders ein-
prägsamen, unverwechselbaren Stadtgestalt geführt haben. Jedenfalls war es in der Regel früher nicht anders als bei der heutigen
Planung auch: die eigentliche Gebäudegestaltung war der Entscheidung des privaten Bauherrn und seines Architekten überlassen;
die Stadtplanung vermochte nur auf die Gruppierung der Gebäude
und die Verteilung der Baumassen Einfluß zu nehmen.

Stadtgestaltung ist also eine gleichsam mehrschichtige Tätigkeit:
die Stadtplanung setzt mit den allgemeinen Bindungen für die
Flächennutzung bereits die ersten Pflöcke für die künftige gestalterische Entwicklung: Gewerbegebiete haben andere Gestaltmerkmale als Wohngebiete; Gebiete hoher Nutzungsdichte haben in
aller Regel weniger Spielraum für die Wahl der Baumassen als
solche niedriger Dichte und erfahren damit auch gestalterische Vorgaben. Umgesetzt allerdings in unmittelbar rechtswirksame Pläne
werden solche Überlegungen erst, wie bereits dargelegt, mit dem
Bebauungsplan, und hier besteht nun ein relativ breites Spektrum
der Festsetzungsmöglichkeiten für die Grundstücksausnutzung,
das von genauer Anweisung für Stellung, Abmessungen und Dachneigung des Baukörpers bis zu einem weitgehend „gestaltneutra-
len" Plan reicht, bei dem lediglich das abstrakte Nutzungsmaß
– also beispielsweise drei Kubikmeter Baumasse je Quadratmeter
Grundstücksfläche – festgesetzt wird und es dem Nutzer überlassen bleibt, wie er diese Baumasse auf dem Grundstück anordnet.
Dies ist beispielsweise ein gängiges Verfahren für neu zu erschlie-
ßende Gewerbegebiete, da ohne Kenntnis des Betriebes und seiner
spezifischen Produktions-, Lager- und Transportbedingungen jede
Anweisung für eine bestimmte Gebäudeverteilung sich als Zwangs-
jacke für den Betrieb erweisen könnte; Fragen der Ästhetik pflegen
hier in den Hintergrund zu treten.

Dagegen wird in einem Wohngebiet oder in einem Bereich mit Zentrumsaufgaben der Wunsch nach einer ansprechenden räumlichen Gestaltung wie auch der nach Sicherung guter Belichtung und Besonnung für die Wohnungen eine weitaus größere Rolle spielen und weitergehende Bindungen in der Stellung und den Ausmaßen der Baukörper nahelegen. Ähnliches gilt für Situationen, in denen Neubauten in einen vorhandenen Baubestand eingefügt werden sollen – vor allem wenn dieser auf bestimmte Weise historisch geprägt ist; in solchen Fällen ist in aller Regel die weitgehend durch den Plan zu sichernde Rücksichtnahme auf den Gebäudemaßstab für die Einordnung wichtiger als die architektonische Einzelform.

Dabei stellt sich natürlich die Frage, welche Ziele mit der Gestaltung erstrebt werden sollen. Hier lassen sich mehrere Anliegen unterscheiden: zunächst ein allgemein ästhetisches, also das Bemühen um eine ansprechende Gestaltung von Baumassen und baulich gefaßten Außenräumen. Wie dies allerdings im einzelnen zu erreichen sei, ist im Laufe der Zeit sehr unterschiedlich beurteilt worden.

Ein weiterer wichtiger Aspekt der Stadtgestalt ist ihre Orientierungswirkung für den Stadtbewohner, ihr Beitrag also zur Vertrautheit mit dem Ort und zur Bewußtmachung der räumlichen Zusammenhänge und Beziehungen. Dieses Gebiet ist vor allem durch die Arbeiten von Kevin Lynch erschlossen worden, dem wir eine Anzahl einleuchtender Kategorien zur Erfassung der Stadtgestalt verdanken (vgl. Abschnitt 3.2).

Schließlich kann man vor allem in letzter Zeit feststellen, daß bei Gestaltungsfragen der Wunsch nach Individualität, nach Unverwechselbarkeit des Stadtbildes eine große Rolle spielt – im Gegensatz also zu Tendenzen der Typisierung und der Vereinheitlichung, wie sie von den zwanziger bis zu den sechziger Jahren im Vordergrund standen.

Im Laufe der Zeit hat es nun zahlreiche Versuche gegeben, Regeln für die Gestaltung sowohl des Einzelgebäudes als auch des städtebaulichen Gefüges aufzustellen. Die Architekturtheorie geht dabei zunächst von den Proportionen der Gebäude und ihrer Einzelelemente wie Tore, Fenster, Risalite, Gesimse aus; für den Städtebau ist es vor allem das Wechselspiel zwischen den Gebäuden selbst und dem von ihnen umschlossenen oder begrenzten Raum. Dabei lassen sich drei wesentliche Gegensatzpaare nachweisen, die das Spannungsfeld der Gestaltung bestimmen:
– der Gegensatz zwischen einer Auffassung des Baukörpers als

eines nach seinen spezifischen Bedürfnissen gestalteten, freiplastischen Elements einerseits
und einer Betonung des städtebaulichen Raumes andererseits, den die Baukörper jeweils mit der ihm zugewandten Front bilden und dem gegenüber sie keine eigenständige gestalterische Bedeutung besitzen;
– der Gegensatz zwischen einer streng geometrischen, meist auf rechtwinkligen Koordinaten fußenden baulichen Ordnung einerseits
und einer auf unregelmäßiger, lockerer, gleichsam informeller Gruppierung der Gebäude beruhenden Gestaltungsweise andererseits, die jedoch der gleichen sorgfältigen Überlegungen bedarf wie die erste; der englische Ausdruck 'studied irregularity' macht das deutlich;
– der in erster Linie im Wohnungsbau wirksame Gegensatz zwischen relativ wenigen großmaßstäblichen, vielgeschossigen Bauten, meist von individueller Prägung einerseits
und zahlreichen kleinmaßstäblichen Bauten andererseits, die häufig nach rhythmisch (oder auch schematisch) wiederkehrenden Mustern angeordnet sind.

Alle diese Gestaltungsrichtungen haben im Laufe der Zeit ihre Befürworter gefunden, die mit beredten Worten ihre Prinzipien verfochten haben; am bekanntesten geworden sind wohl die Kritik Camillo Sittes an dem geometrischen Schematismus seiner Zeit und die gegen Sitte gerichtete Polemik Le Corbusiers, der hier den „krummen Weg der Esel" propagiert sah, während der Mensch erst mit dem Ziehen von Geraden in die Kultur eintrete.[11]

So erhellend solche Dispute in mancher Hinsicht sein können – auch wegen der apodiktischen Strenge, mit der gewisse Standpunkte vertreten werden –, so führen sie doch zu keinem abschließenden Ergebnis, weil es offensichtlich auf diesem Gebiet nicht nur einen einzigen gültigen Kanon gibt. Wohl finden wir zu bestimmten Zeiten einen weitgehenden Konsens über die angemessenen Gestaltungsgrundsätze, wie er sich etwa in der Beurteilung von Wettbewerbsergebnissen niederschlagen mag; aber ebenso deutlich verändern sich die Beurteilungsmaßstäbe im Zeitablauf, so daß auch einem städtebaulichen Entwurf wie dem eines Gebäudes meist leicht anzusehen ist, aus welcher Zeit er stammt.

[11] Le Corbusier, Städtebau, Stuttgart 1929, S. 9f. Original: L'urbanisme, Paris 1924.

Solche Veränderungen der Gestaltungsauffassung schließen natürlich nicht aus, daß man die ästhetische Qualität, die den Entwürfen und Kompositionen früherer Zeiten innewohnt, durchaus anerkennt. In der Regel sind sie um so unumstrittener, je weiter die Zeit zurückliegt, um die es dabei geht. Die unmittelbare Vergangenheit wird meist kritischer beurteilt, und man hat kaum Skrupel, ihre Ergebnisse umzuformen – bis sie dann zeitlich weit genug entfernt, vielleicht auch selten genug geworden sind, um sich wieder einer gewissen nostalgischen Sympathie zu erfreuen oder gar unter Denkmalschutz gestellt zu werden.

In der städtebaulichen Literatur finden sich gelegentlich einige Gestaltungsregeln, die zwar keinen Anspruch auf wissenschaftliche Unanfechtbarkeit erheben können, deren Kenntnis aber doch in manchen Fällen hilfreich sein kann. So hat Wetzel auf die Bedeutung des „Visierbruchs" hingewiesen; er empfiehlt, bei einer Änderung der Längsneigung einer Straße zugleich eine Richtungsänderung vorzunehmen, da insbesondere eine konkave Straße bei schnurgerader Führung unbefriedigend wirkt.[12] Schumacher stellt fest, daß, je regelmäßiger ein Platz im Grundriß sei, um so höhere Ansprüche an die Einheitlichkeit der ihn umfassenden Architektur gestellt würden.[13] Sitte betont die Vorzüge der gekrümmten Straße vor allem für die Bauten auf der konkaven Seite, die damit besser zur Geltung kommen;[14] die wenig befriedigende Wirkung der gleichsam „wegrutschenden" konvexen Wand findet man in vielen Fällen dadurch vermieden, daß diese Wand gestaffelt oder mit vorspringenden Risaliten gegliedert oder auch vollständig in senkrecht zur Straße stehende Baukörper – in Zeilen also – aufgegliedert ist. Auch die Empfehlung, bei bewegtem Gelände dessen Konturen durch die Staffelung der Gebäudehöhe zu verstärken, die höchsten Gebäude also an der höchsten Stelle anzuordnen, und nicht etwa zu verwischen, gehört zu diesen gestalterischen Handwerksregeln, die hier wenigstens erwähnt werden sollten.

Indessen hat die Einsicht in die Relativität gestalterischer Regeln offenbar dazu geführt, daß einfache Gegenüberstellungen von „falscher" und „richtiger" Gestaltung, wie es sie noch in der ersten Jahrhunderthälfte gab, unter den heutigen Veröffentlichungen

---

[12] Heinz Wetzel, Wandlungen im Städtebau, Stuttgart 1942, S. 20.
[13] Fritz Schumacher, Vom Städtebau zur Landesplanung und Fragen städtebaulicher Gestaltung, Tübingen 1949, S. 39.
[14] Camillo Sitte, a. a. O., S. 145 ff.

Abb. 27: Raumfolge in der Stadt nach Gordon Cullen, „Townscape".

nicht mehr zu finden sind; es scheint, daß gerade die intensivere
analytische Auseinandersetzung mit den Regeln gestalterischer
Wirkung solchen Vereinfachungen den Boden entzogen hat.

Immerhin können wahrnehmungspsychologische Erfahrungen
gewisse Anhaltspunkte vermitteln; zu ihnen gehört die Erkenntnis,
daß Interesse und Gefallen an der sichtbaren Umwelt zunächst mit
zunehmender Vielfalt der Reize wachsen, nach Erreichen eines Hö-
hepunktes aber scharf abfallen: weder Monotonie noch Chaos wird
als angenehm empfunden, vielmehr ein Mittelbereich vielfältiger,
aber noch verarbeitbarer Eindrücke. Hier läßt sich eine Parallele zu
der alten Formel der Ästhetik finden, nach der Schönheit sich als
„Ordnung in der Vielfalt" darstelle.

Eine weitere These wahrnehmungspsychologischer Art geht dahin, daß es bei der Stadtgestaltung darauf ankomme, mit der visuel-
len Ordnung der zu durchschreitenden Räume Erwartungen zu
wecken, jedoch dann von ihnen abzuweichen. Werden nämlich die
Erwartungen erfüllt, etwa indem das gleiche Gestaltungsprinzip auf
größeren Strecken durchgehalten und wiederholt wird, so entsteht
der Eindruck der Monotonie; werden dagegen von vornherein keine
Vorstellungen einer Ordnung geweckt, weil kein solches Prinzip in
der Vielfalt der Eindrücke ablesbar ist, und läßt auch im weiteren
Verlauf des Erlebens die bauliche Umwelt kein Ordnungsprinzip
erkennen, so entsteht der Eindruck des Chaos. In die gleiche Richtung weist die Erkenntnis, daß eine großzügige, klare, auf den
ersten Blick ablesbare bauliche Ordnung – wie sie etwa von Le Corbusier propagiert wurde – relativ schnell erfaßt wird und dann an
Interesse verliert; das gleiche trifft für sich wiederholende Raumfolgen zu, da der am ersten Beispiel gewonnene Eindruck ständig
wiederkehrt. In solchen Fällen fehlen Überraschungsmomente,
Mehrdeutigkeiten einer Situation in dem Sinne, daß man eben nicht
gleich ablesen kann, um welche Ordnungsprinzipien es sich handelt, sondern zu ihrer Entdeckung in neue Räume hineingelockt
wird: wer je durch den historischen Kern einer italienischen Stadt
– Verona etwa oder Siena oder Venedig – gestreift ist, wird sofort
Beispiele für solche Mehrdeutigkeitssituationen mit der Verheißung
von räumlichen Überraschungen vor Augen haben. Auf der anderen
Seite ist die Überfülle der Eindrücke, das Fehlen eines ablesbaren
oder doch vermutbaren Ordnungsprinzips nicht minder unbefriedigend, so daß also auch hier das richtige Maß in der Mitte liegt.[15]

[15] Amos Rapoport und Robert Kantor, Complexity and Ambiguity in

Diese Erkenntnisse machen zugleich klar, daß die Qualität der Stadtgestalt nicht eigentlich im Sinne eines statischen „Bildes" erlebt wird, sondern in erster Linie als Abfolge von Eindrücken in der Bewegung. Dabei spielt die Geschwindigkeit des Betrachters natürlich eine entscheidende Rolle. Einer der großen Reize, die von historisch geprägten Städten auszugehen pflegen, ist die relative Kleinmaßstäblichkeit der jeweils mit einem Blick erfaßten Räume, also die verhältnismäßig schnelle und deshalb für den Fußgänger anregende, Interesse weckende Abfolge der durchschrittenen Räume, während die breiten Straßen schon des Absolutismus eher auf die Geschwindigkeit der Equipage bemessen waren. Typisch dafür ist die Ludwigstraße in München, die wohl auch der flüchtige Besucher kennt; sie ist deutlich auf das Fahrzeug oder den schnellen Reiter bezogen und in ihrer optischen Wirkung nicht sehr fußgängerfreundlich. Hat man auf dem Wege nach Norden den Odeonsplatz hinter sich, so ist das Raumgefüge bis zur Universität verhältnismäßig monoton, und da es auch auf der Erdgeschoßebene an kleinmaßstäblichen Ablenkungen mangelt, wird die Strecke als lang empfunden – länger jedenfalls als ein entsprechendes Stück auf der nördlich anschließenden Leopoldstraße, die im Profil ähnlich, aber im Maßstab der Erdgeschoßebene viel differenzierter ist. Die heute zur Fußgängerzone gewordene alte Ost-West-Verbindung durch den Stadtkern dagegen vereint beide Vorzüge: ein sehr abwechslungsreiches Raumgefüge, in das zudem noch weitere Wahrzeichen der Stadt optisch hineinwirken, und eine große Vielfalt der Erdgeschoßzone.

Ein Hilfsmittel, sich der Raumwirkungen bei Neuplanungen zu vergewissern, ist das dreidimensionale Modell, wenn man nicht der Versuchung erliegt, es nur von oben anzuschauen und sein Urteil auf den so gewonnenen Eindruck zu gründen. In Wahrheit soll das Modell dazu dienen, sich der Wirkung aus der Perspektive des Fußgängers zu vergewissern, und wenn man dazu kein Endoskop oder ein anderes geeignetes Spiegelinstrument zur Verfügung hat, muß man seine Vorstellungskraft entsprechend anspannen.

Ein Blick auf die rechtlichen Möglichkeiten zur Beeinflussung der Gestaltung zeigt, daß die rein städtebaulichen Werkzeuge sich auf die Festsetzung der genauen Lage der Baukörper und ihrer

Environmental Design, Journal of the American Institute of Planners, XXXIII, 1987. Deutsch: Komplexität und Ambivalenz in der Umweltgestaltung, Stadtbauwelt 26, 1970, S. 114.

Dimensionen bis hin zur Dachneigung beschränken. Für die Rechtsmaterie der Baugestaltung dagegen ist der Landesgesetzgeber zuständig; die entsprechenden Regelungen finden sich in der Landesbauordnung. Gleichwohl können solche Gestaltungsvorschriften etwa über Baumaterialien, Farbgebung, Sockelausbildung, Anbringung von Fensterläden und dergleichen in den Bebauungsplan übernommen werden, denn gemäß § 9, Absatz 4 des Baugesetzbuches können „die Länder . . . durch Rechtsvorschriften bestimmen, daß auf Landesrecht beruhende Regelungen in den Bebauungsplan als Festsetzungen aufgenommen werden können . . .".

Entsprechende Vorschriften können auch als „Gestaltungssatzungen", unmittelbar auf Landesrecht gegründet, von der Gemeinde erlassen werden, ohne daß es dazu eines Bebauungsplanes bedarf. Doch sollte man damit sparsam umgehen; gute Gestaltung läßt sich schwerlich in rechtliche Regelungen fassen und durch Rechtsvorschriften sichern. Normalerweise sollten sich also Gestaltungssatzungen auf wenige grundsätzliche Regelungen wie Dachdeckung, Außenwandmaterial, Zulässigkeit von Dachfenstern oder -gauben beschränken. Anders kann es in historisch geprägten Gebieten aussehen; hier mag es in Sonderfällen gerechtfertigt sein, auch Vorschriften etwa über Fensterformate oder über das Verhältnis von Wandfläche und Öffnung zu erlassen. Aber dies sollte jeweils sehr genau geprüft werden, denn damit kann natürlich auch eine der Situation auf eigenständige Weise entsprechende schöpferische Leistung unterbunden werden.

Zu erwähnen ist schließlich noch die mit dem Baugesetzbuch neu geschaffene Möglichkeit, in städtebaulichen Erhaltungsgebieten (§ 172) die Errichtung baulicher Anlagen dann zu versagen, „wenn die städtebauliche Gestalt des Gebiets durch die beabsichtigte bauliche Anlage beeinträchtigt wird". Diese Vorschrift erlaubt es offensichtlich, über die reine „Verunstaltungsabwehr", auf die sich das übliche Baugenehmigungsverfahren beschränken muß, hinausgehende Anforderungen zu stellen. Da sie erst seit Juli 1987 in Kraft ist, können noch keine ausreichenden Erfahrungen vorliegen.

5.4 Stadtgründung und Stadterweiterung

Stadtstrukturplanung und Stadtgestaltung sind gleichsam die beiden Pole, zwischen denen sich das weite Feld stadtplanerischer Tätigkeit ausspannt. Innerhalb dieses Feldes zeichen sich nun zahlreiche Einzelaufgaben der Stadtplanung ab, die sich grob in drei große Bereiche unterteilen lassen:
- zum einen die vollständige Neuplanung von Stadtteilen oder ganzen Städten, aber auch von kleineren Neubaugebieten;
- zum zweiten die Veränderung und Umformung bestehender Städte und Stadtteile, die von großflächigem Abbruch und Neubau bis zur Modernisierung von Einzelgebäuden reicht (Abschnitt 5.5);
- zum dritten die Bewahrung bestimmter Stadtbereiche, die in der Regel nur zu erreichen ist, wenn es gelingt, die auf Veränderung drängenden Wirtschaftskräfte von ihnen fernzuhalten (Abschnitt 5.6).

Im folgenden soll kurz auf die Unterschiede in der Arbeitsweise der Planung eingegangen werden, die sich bei solchen verschiedenartigen Aufgaben ergeben.

Stadtgründung, Planung neuer Städte auf jungfräulichem Boden ist eine Aufgabe, für welche die Geschichte viele Beispiele bietet; an ihnen läßt sich besonders deutlich ablesen, welche Grundvorstellungen städtischer Ordnung jeweils gültig waren. Auch in der zweiten Hälfte unseres Jahrhunderts gab es eine ganze Reihe von Stadtgründungen: spektakuläre Neuplanungen wie für Brasiliens neue Hauptstadt Brasilia oder Chandigarh, das als Hauptstadt der indischen Provinz Punjab gegründet wurde, aber auch die Neuanlage von Städten zur Verbesserung der Siedlungsstruktur, vor allem zur Entlastung großstädtischer Ballungsgebiete, wie in Großbritannien.

In Deutschland weist das 19. Jahrhundert mehrere Stadtgründungen auf, so etwa Wilhelmshaven als preußischer Kriegshafen an der Nordseeküste oder Ludwigshafen am Rhein als industrielle Gründung: Wolfsburg und Salzgitter sind durch Industriewerke bedingte Gründungen des „Dritten Reiches", während nach dem Krieg neue Städte nur in Einzelfällen, also nicht als Niederschlag einer umfassenden Siedlungsstrukturpolitik gegründet wurden; Sennestadt und Hochdahl waren jeweils als Entlastungsorte in einem großstädtischen Siedlungsbereich konzipiert. Espelkamp, Traunreut und einige andere Orte entsprangen aus dem Gedanken, eine für andere Zwecke (die der Munitionslagerung) geschaffene

Infrastruktur, also ein ausgedehntes Straßennetz, zu nutzen. Wulfen war als neue Bergmannsstadt am Rande des sich nach Norden vorschiebenden Kohleabbaus aus dem Ruhrgebiet vorgesehen, blieb aber weit hinter den bei der Gründung maßgebenden Erwartungen zurück.

Die Pläne für Stadtneugründungen sind als Dokumente der Planungsgeschichte vor allem deshalb interessant, weil sie den jeweiligen Stand der Überlegungen darüber widerspiegeln, wie eine Stadt zu strukturieren und zu gestalten sei. Indessen können diese Überlegungen auch zu gleicher Zeit in ganz verschiedene Richtungen gehen, wie die um die Jahrhundertmitte entwickelten Konzeptionen für Chandigarh und Brasilia mit aller Deutlichkeit zeigen; hier stehen sich ein flächiges Rasternetz mit scheinbar beliebiger Ausdehnungsmöglichkeit und eine Bandstadtkonzeption mit einer herausgehobenen Mittelachse gegenüber. Ein besonders aufschlußreiches Kapitel für den Wandel städtebaulicher Konzepte im Zeitablauf stellt die Entwicklung der britischen „New Towns" dar, die zunächst in den fünfziger Jahren vollständig dem Konzept einer hierarchisch gegliederten, aufgelockerten Stadtstruktur entsprachen (vgl. Abschnitt 5.2), während um 1960 die kompakten Strukturen für Cumbernauld und Hook – diese Stadt entstand allerdings nur auf dem Papier – entwickelt wurden. Ihnen folgten dann um die Mitte der sechziger Jahre die großflächigen, mehr auf Flexibilität und unterschiedliche Interpretierbarkeit zielenden Modelle, wie sie in den Entwürfen für South Hampshire, Central Lancaster und Milton Keynes zum Ausdruck kommen.

Noch deutlicher stellen sich solche unterschiedlichen Konzeptionen bei den Planungen für Stadterweiterungen dar, die ja zahlenmäßig weitaus bedeutender sind als Stadtneugründungen. Hier handelt es sich also jeweils um kleinere Gebiete, bei denen von vornherein neben der strukturellen Ordnung auch eine gestalterische Leitvorstellung sichtbar wird. Die dem ›Grundriß der Stadtplanung‹ entnommene Zusammenstellung von Plänen (Abb. 27–32) für solche Erweiterungsgebiete läßt erkennen, daß einerseits jeweils zu gleicher Zeit und bei durchaus vergleichbaren Bauprogrammen sehr unterschiedliche Funktions- und Gestaltungskonzepte nebeneinander entwickelt und verwirklicht werden, während andererseits im Zeitablauf gewisse Schwerpunktverschiebungen ablesbar sind, die natürlich auch auf technische, wirtschaftliche und soziale Veränderungen zurückgehen, aber nicht allein durch diese erklärbar sind.

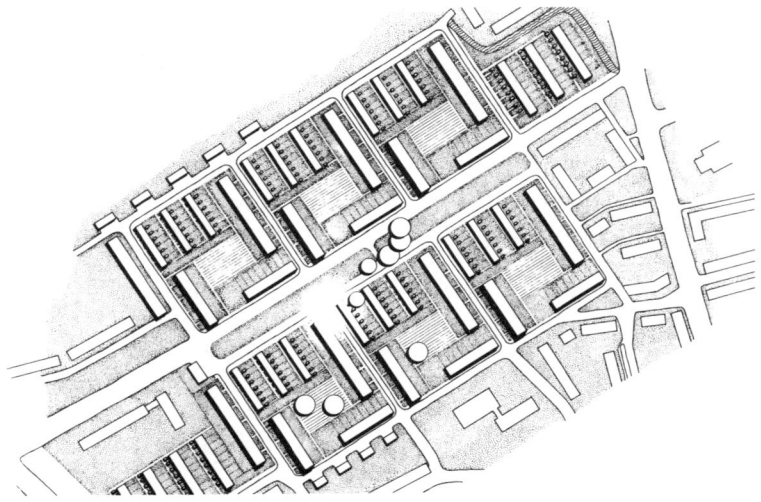

Abb. 28: Wohngruppen in Hengelo/Niederlande, 1956.

Die allgemeinen Überlegungen zur Struktur und Gestalt, die in solche Neuplanungen einfließen, sind in den beiden vorangegangenen Abschnitten erörtert worden; im konkreten Planentwurf für ein bestimmtes Baugebiet müssen sie dann auf die jeweiligen örtlichen Gegebenheiten bezogen und sinnvoll angewandt werden. Spengelin spricht im ›Grundriß der Stadtplanung‹ sehr zutreffend von einer Überlagerung der „Regeln der Kunst" mit den „Regeln des Ortes".[16]
Auf dieser Grundlage kann natürlich ein Plan für ein Neubaugebiet im Stadtplanungsamt von den dort tätigen Fachleuten erarbeitet oder auch an ein privates Planungsbüro zur Bearbeitung übergeben werden; indessen ist es eine alte Erfahrung, daß der einzelne Entwerfer sich schnell auf ein ihm plausibel scheinendes Konzept festlegt und dann große Schwierigkeiten hat, die Vielfalt der sich bietenden anderen Möglichkeiten zu erfassen und abzuwägen. Anders ausgedrückt: soll der Plan tatsächlich aus einem Auswahlvorgang zwischen alternativen Handlungsmöglichkeiten erwachsen, so ist es wichtig, einen Überblick über die verschiedenen möglichen

[16] Friedrich Spengelin, Ordnung der Stadtstruktur, in: Akademie für Raumforschung und Landesplanung (Hrsg.), Grundriß der Stadtplanung, Hannover 1983, S. 358.

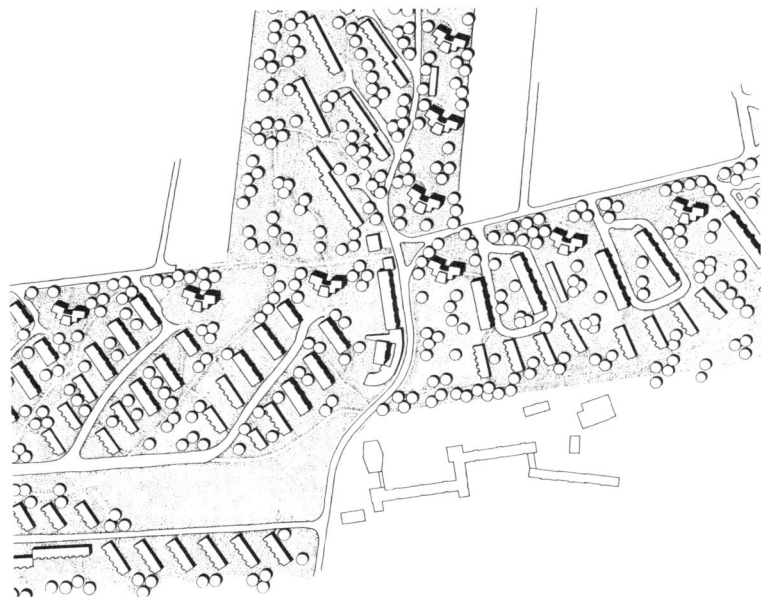

Abb. 29: Lockere Zeilenbebauung in Hamburg-Hohnerkamp, 1953.

Lösungen der gestellten Aufgabe zu gewinnen. Ein bewährtes Mittel hierzu ist der städtebauliche Wettbewerb, also die Einholung von Entwürfen für eine bestimmte planerische Aufgabe, die anonym eingereicht und beurteilt werden – meist im Sinne eines offenen Wettbewerbes, an dem sich alle im Ausschreibungsgebiet ansässigen Architekten und Planer beteiligen können, seltener als „beschränkter" Wettbewerb unter eigens eingeladenen Teilnehmern.

Ein solcher Wettbewerb ist ein geeigneter Weg zur Auswahl der besten Lösung, wenn ein genau formuliertes Programm vorliegt und die aus der Umgebung oder aus gesamtplanerischen Überlegungen erwachsenden Bindungen präzisiert sind, wenn also feste Grundlagen für eine Vergleichbarkeit der Entwürfe bestehen. Deshalb bietet sich für ein solches Wettbewerbsverfahren vor allem der städtebauliche Entwurf auf der Ebene des Bebauungsplanes an, auf der Straßen, Baukörper und Bepflanzungen verbindlich festgesetzt werden können (vgl. Abschnitt 4.2).

Komplexere Aufgaben, etwa für Stadterneuerungskonzepte, Rahmenpläne oder Flächennutzungspläne, sind mit so vielen ver-

Abb. 30: Wohngruppen in Frankfurt-Nordweststadt, 1961.

schiedenen Aspekten der Stadtentwicklung verknüpft, daß die
zwangsläufig isolierte Arbeit des anonymen Wettbewerbsteilnehmers
allzu leicht in die Irre geht. Für solche Fälle hat sich statt dessen ein
anderes Verfahren zur Gewinnung von Planungsalternativen bewährt und deshalb weite Verbreitung gefunden: das sogenannte
Gutachterverfahren, bei dem mehrere Planungsbüros parallel zueinander Entwürfe erarbeiten, wie im Abschnitt 3.4 bereits ausgeführt (S. 89).

Wie die Planung einer neuen Stadt, so wird auch die eines größeren Neubaugebietes mit strukturellen Überlegungen beginnen:
Nutzungsverteilung nach Art und Maß, Standorte für zentrale Einrichtungen und Grundzüge der Baustruktur und der Baumassen-
ordnung; Erschließungssystem mit Hauptstraßen und wichtigen

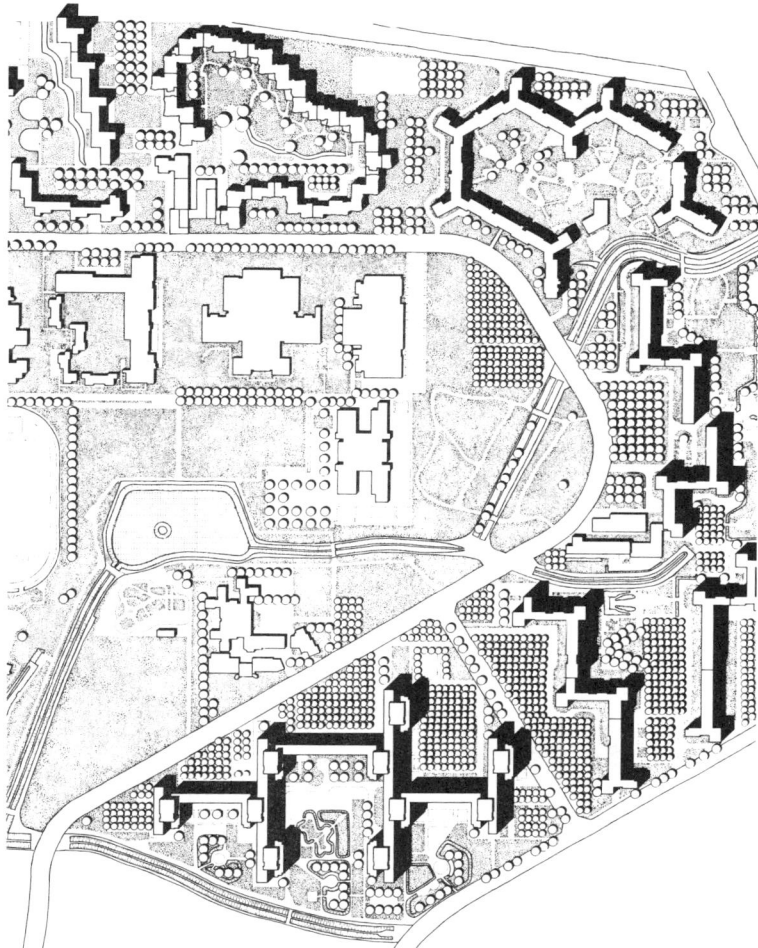

Abb. 31: *Großbaukörper in Berlin, Märkisches Viertel, 1963.*

Fußwegen, Führung des öffentlichen Nahverkehrs, Ausstattung mit Freiflächen, Sport- und Spielplätzen. Darüber hinaus gilt es die Konsequenzen für das Stadtgefüge in seiner Gesamtheit zu bedenken: zusätzliche Inanspruchnahme benachbarter Schulen, Auswirkungen auf das System des öffentlichen Nahverkehrs, Anschluß an die Kanalisation mit vermehrter Belastung der Kläranlage, zusätzlicher Energiebedarf und vieles andere.

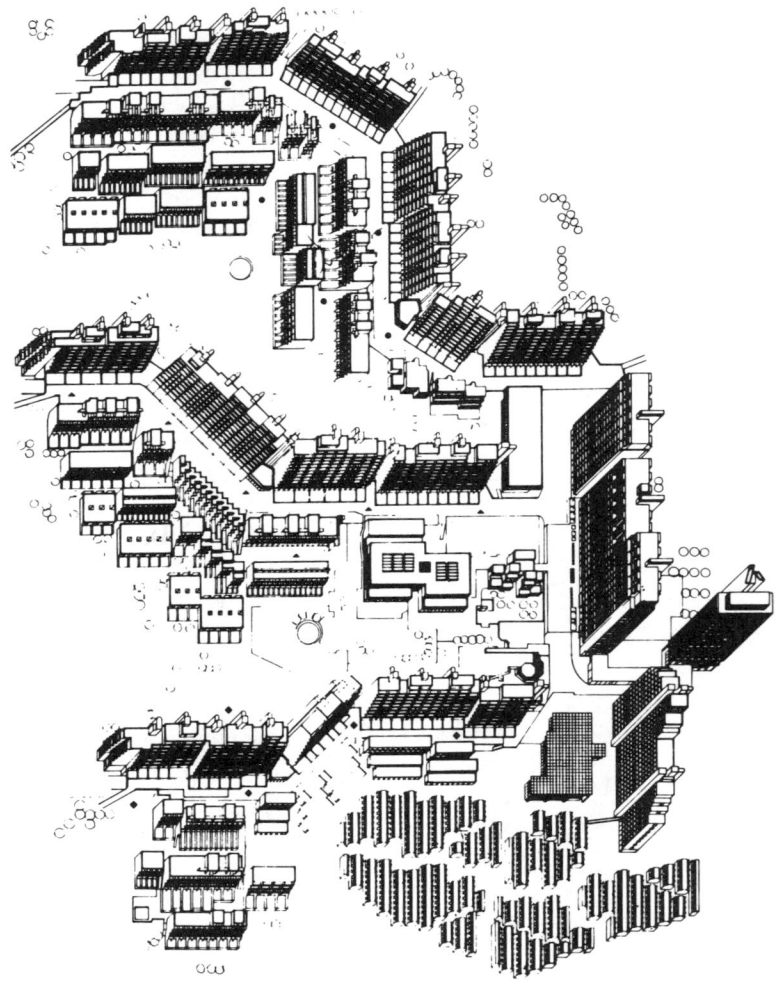

Abb. 32: Terrassenartige Gruppierung im Olympischen Dorf, München, 1968.

Erst nach solchen Grundsatzerklärungen kann der Entwurf für das Neubaugebiet in seinen Einzelheiten konkreter ausgeformt und in Bebauungspläne umgesetzt werden. Hier geht es dann um den funktionalen und den gestalterischen Zusammenhang und Zusammenklang von Baukörperform und -anordnung, Raumgestalt und Erschließungssystem, die auf vielfältige Weise miteinander ver-

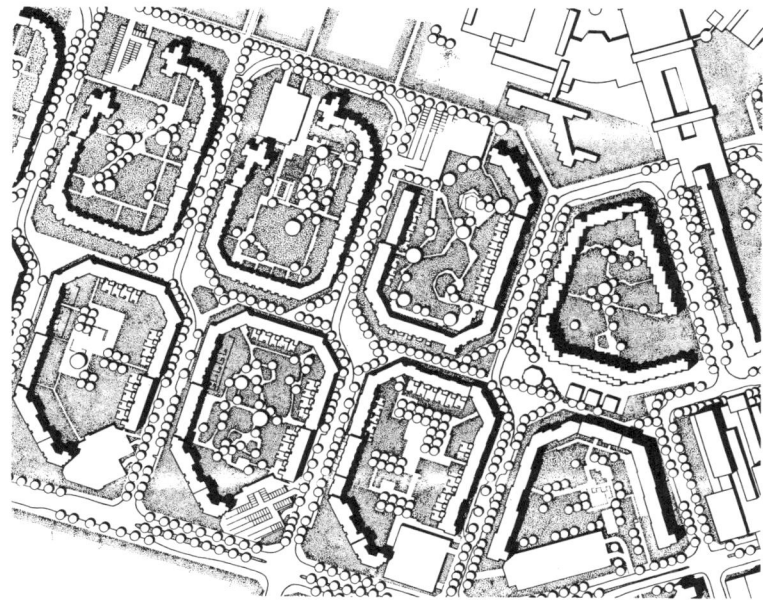

Abb. 33: Hofbildung in Hamburg-Steilshoop, 1968.

knüpft und voneinander abhängig sind. Dabei wird man natürlich stets berücksichtigen müssen, daß die Ausführung des Planes in der Hand sehr unterschiedlicher Bauherren und Architekten liegen kann; dementsprechend wird zu entscheiden sein, wieviel Freiheit der Bebauungsplan für den individuellen gestalterischen Ausdruck lassen und wieviel Bindungen er im Blick auf die Ordnung des Gesamtgebietes enthalten sollte.

Große Neuplanungen dieser Art, wie sie sich etwa aus dem Bevölkerungs- und Wirtschaftswachstum der sechziger Jahre ergeben haben, bieten einerseits eine faszinierende Fülle von Entwicklungs- und Gestaltungsmöglichkeiten, werfen aber andererseits auch zahlreiche Probleme auf. Neue Städte und größere Neubaugebiete stellen eine zunächst unvertraute Umgebung für eine vielleicht sehr heterogene Bevölkerungsgruppierung dar, die nur langsam in sie hineinwachsen kann. Erst schrittweise kann sich in solchen Gebieten ein Netz sozialer Beziehungen und damit auch sozialer Kontrolle bilden; die mangelnde Pflege mancher Neubaugebiete bis hin zum ausgesprochenen Zerstörungsdrang belegt dies.

Hinzu kommt, daß die Gestalt großer, gleichsam aus „einem Guß" entstandener Baugebiete fast immer ein Element der Monotonie, der ermüdenden Wiederholung gleichartiger Eindrücke in sich birgt; dies läßt sich offenbar oberhalb gewisser Größenordnungen kaum vermeiden. Dies trägt wohl dazu bei, daß die „Trabantenstadt" – eine von den Medien ebenso hartnäckig wie unzutreffend verwendete Bezeichnung für größere neue Stadtteile ohne jede städtische Eigenständigkeit – meist ein negatives Image hat, weil man sie an der Differenziertheit und der Patina alter Baugebiete zu messen pflegt.

Besser angenommen werden in der Regel kleinteilige Stadterweiterungen, die sich sozial an bestehende Stadtgebiete anlehnen können und gestalterisch überschaubar bleiben. Sie dürften für die nähere Zukunft die Regel sein, da angesichts der Bevölkerungsentwicklung für großflächige Ausweitungen kaum Bedarf besteht. Diese Erwägung hat offenbar auch dazu geführt, im neuen Baugesetzbuch das Rechtsinstrument des „Entwicklungsbereichs" nur noch für bereits angelaufene Maßnahmen gelten zu lassen und für die Zukunft zu streichen. Dieses Instrument war 1971 mit dem Städtebauförderungsgesetz geschaffen worden, um die Schaffung oder umfassende Erweiterung von Orten oder Ortsteilen durch darauf zugeschnittene bodenrechtliche Maßnahmen zu erleichtern.

5.5 Stadterneuerung und Stadtumbau

5.5.1 Geschichtliche Wurzeln der Stadterneuerung

Städte befinden sich immer im Wandel: Gebäude werden verändert oder durch Neubauten ersetzt; Nutzungen erweitern sich oder schrumpfen, neue kommen hinzu; Verkehrswege werden verbreitert, umgebaut oder neu geschaffen. Über Jahrhunderte hinweg haben sich solche Veränderungen vollzogen – meist schrittweise in Gestalt vieler Einzelmaßnahmen, manchmal auch als umfassende Veränderungen, ausgelöst etwa durch Brandkatastrophen und die damit geschaffene Möglichkeit, eine größere Fläche neu zu gestalten. Die Geschichte des Städtebaues kennt zahlreiche Beispiele dafür, so die Neugestaltung des Göppinger Stadtgrundrisses nach dem Brand von 1782 oder die Neuplanung der Hamburger Innenstadt 1842, gleichfalls nach einem Großbrand; auch die Veränderungen nach den Zerstörungen des Zweiten Weltkrieges gehören in diese Kategorie.

Auf einer anderen Ebene dagegen liegen diejenigen Maßnahmen, die auf eine Um- oder Neugestaltung bebauter Gebiete gerichtet sind, wobei die Motive sehr unterschiedlich sein können. So mag es der Wunsch sein, Platz für repräsentative Gebäude zu schaffen, wie dies etwa beim Bau der Uffizien in Florenz im 16. Jahrhundert der Fall war, oder das Streben nach besseren Verkehrsverbindungen und besserer militärischer Kontrolle, das der Neugestaltung von Paris um die Mitte des 19. Jahrhunderts zugrunde lag. Auch spielen politisch-wirtschaftliche Gründe eine Rolle, wie sie vor etwa hundert Jahren in Hamburg zum Abbruch Tausender von Wohnungen zugunsten des neu zu bauenden Freihafens führten.

Nun gibt es aber auch Situationen, in denen nicht derartige Anstöße von außen zu einer Neugestaltung führen, sondern das dringende Bedürfnis, Mängel der Gebäude und ihrer städtebaulichen Anordnung und Gruppierung zu beheben. Hierfür gibt es aus früher Zeit wenig Beispiele, vielleicht deshalb, weil solche Verbesserungen von Fall zu Fall durch den Eigentümer vorgenommen wurden, oder weil die früher häufigen Brände ohnehin zum Neubau zwangen.

Die Notwendigkeit zu solchen Maßnahmen zeichnete sich in Deutschland in der zweiten Hälfte des 19. Jahrhunderts ab, in der das Stadtwachstum zu starker baulicher Verdichtung und zu hygienischen Mißständen geführt hatte; Choleraepidemien in mehreren Städten hatten dem Ruf nach Abhilfe Nachdruck verliehen. Aus dem französischen Begriff des «assainissement» wurde zunächst die „Assanierung" als Bezeichnung für solche Abhilfemaßnahmen abgeleitet; nach der Jahrhundertwende pflegte man meist von „Sanierung" zu sprechen.

Als Gegenstand solcher Sanierungsmaßnahmen galten nun zunächst in erster Linie die vorindustriellen Bauten ohne sanitäre Einrichtungen und ohne Wasserversorgung; der Abbruch solcher Gebäude, wenn auch gelegentlich von wehmütigen Betrachtungen begleitet, wurde in der Regel als notwendiger Tribut an den Fortschritt gefördert oder zumindest hingenommen. Gleichwohl finden sich in den drei wichtigen Büchern über Städtebau, die im 19. Jahrhundert in deutscher Sprache erschienen sind, nämlich Baumeisters ›Stadterweiterungen in technischer, baupolizeilicher und wirtschaftlicher Beziehung‹, Sittes ›Der Städte-Bau nach seinen künstlerischen Grundsätzen‹ und Stübbens ›Der Städtebau‹, noch keine ausdrücklichen Hinweise auf die Sanierung von Baugebieten. Erst in der 1907 veröffentlichten zweiten Auflage seines Buches nimmt sich Stübben dieses Themas an: „Es gibt auch zahlreiche Baulichkeiten, Winkelgassen und Ortsteile, gesundheitswidrig und verkehrswidrig, welche nicht bloß keine Schonung verdienen, sondern dem alsbaldigen Abbruch zu überweisen sind, um Luft, Licht und Verkehr aufgrund neuer Straßen- und Blockpläne den Bewohnern zuzuführen.“ [17]

Um die gleiche Zeit allerdings läßt sich schon ein wachsendes Interesse an der Erhaltung solcher vorindustrieller Bebauung – wie sie offenbar mit Stübbens Ausführungen gemeint ist – erkennen; es geht Hand in Hand mit einer zunehmenden Kritik an der Gründerzeitstadt. Das erste Jahrzehnt des zwanzigsten Jahrhunderts ist durch ein deutliches Umdenken gekennzeichnet und damit der gegenwärtigen Situation nicht unähnlich: Was in den letzten zwanzig bis dreißig Jahren gebaut worden war, erschien plötzlich sowohl unter dem Blickwinkel der städtebaulichen Ordnung als auch unter dem der architektonischen Ausprägung als verfehlt und verwerflich.

Dementsprechend änderten sich die Prioritäten der Sanierung: Nun betrachtete man die inzwischen natürlich auch seltener gewordenen Gebäude aus der vorindustriellen Zeit im Grundsatz als schützenswert, während die nach 1850 entstandene Bebauung zur Zielscheibe der Kritik wurde und weithin als sanierungsbedürftig galt, auch wenn die Diskussionen darüber noch Theorie blieben. Während sich in Hamburg im Zuge eines Sanierungsprogramms, das durch die Choleraepidemie von 1892 ausgelöst worden war, die letzten Abbruchmaßnahmen in den „Gängevierteln“ vollzogen und Platz schufen für Bürohäuser wie das Chilehaus und das Ballinhaus, aber auch für neue Arbeiterwohnungen in der sogenannten Neustadt, zeigten sich andernorts die ersten Bemühungen um „Altstadtgesundung“ in historisch geprägten Stadtkernen. In den dreißiger Jahren führten sie zu – gewiß auch zum Teil politisch motivierten – umfangreichen Sanierungen etwa in Braunschweig, Kassel und Frankfurt am Main, bei denen es um Teilabbrüche und Blockauskernungen unter Erhaltung der wertvollen historischen Bauten ging. Die 1904 gegründete Zeitschrift ›Der Städtebau‹, inzwischen infolge der Wirtschaftskrise zu einer Beilage zu Wasmuths Monatsheften für Baukunst geschrumpft, wies in den späten dreißiger Jahren zwei Themenschwerpunkte auf: einerseits den verordneten

---

[17] Joseph Stübben, Der Städtebau, 2. Aufl., Stuttgart 1907, S. 237.

NS-Repräsentationsstädtebau, andererseits sachliche und weitgehend unideologische Diskussionen über Sanierungsbedürfnisse und Sanierungsmaßnahmen. Auch die Akten des Münchner Hochbauamtes verzeichnen aus dem Jahre 1939 die ersten Untersuchungen über zwei sanierungsbedürftige Innenstadtgebiete.

Zugleich wird damit eine Veränderung im Grundverständnis der Stadtplanung sichtbar, die sich im ersten Jahrhundertdrittel vollzogen hatte: War Stadtplanung zunächst als Stadterweiterung verstanden worden – wie dies im vorigen Abschnitt dargelegt wurde –, so wurde nun deutlich, daß sich mit der Stadterweiterung, also dem Wachstum der Stadt an ihren Rändern, zugleich auch im bisher bebauten Teil der Stadt erhebliche Veränderungen abzuspielen pflegten. Einen Beleg dafür findet man in dem Titel des ersten ausschließlich der Stadterneuerung gewidmeten Buches von Schilling ›Innere Stadterweiterung‹ [18], einer Wortprägung, die sich aus der damals noch gängigen Bezeichnung „Stadterweiterung" für Stadtplanung erklärt. Der Autor beschreibt dabei das Phänomen der Konzentration von Büronutzungen im Stadtkern („City-Bildung") mit den daraus folgenden Verdrängungserscheinungen; 1925 veröffentlicht eine Gruppe amerikanischer Wissenschaftler – Park, Burgess und McKenzie, Zentralfiguren der Chicago School of Sociology – ein Buch unter dem Titel ›The City‹ [19], in dem die Gesetzmäßigkeiten solcher Verdrängungsprozesse und die daraus resultierenden wirtschaftlichen Anreize zur Slumbildung durch Vernachlässigung und Verwahrlosung der Gebäude dargestellt werden. 1942 publiziert der Schweizer Architekt Hans Bernoulli, der in den dreißiger Jahren auch in Berlin gebaut hatte, eine Schrift, ›Die organische Erneuerung unserer Städte‹ [20], in der er die Übernahme des städtischen Bodens in öffentliches Eigentum und die Ausgabe von Erbbaurechten vorschlägt; dabei sollen die Erbbaurechte für ein bestimmtes Quartier jeweils gleichzeitig auslaufen, um damit die Möglichkeit zu einer vollständigen Neustrukturierung zu bieten – ein Rezept für großflächigen Abbruch und Neubau par excellence. Ihm liegt die Überlegung zugrunde, daß nach Ablauf einer solchen Erbbauperiode von etwa achtzig Jahren die Bausubstanz und die

[18] Otto Schilling, Innere Stadterweiterung, Berlin 1921.
[19] Robert E. Park, Ernest W. Burgess und Richard D. McKenzie, The City, Chicago 1923.
[20] Hans Bernoulli, Die organische Erneuerung unserer Städte, Basel 1942.

Stadtstruktur so veraltet sein würden, daß beide einer umfassenden Neukonzeption bedürften.

Nach 1945 wurden zunächst alle derartigen Gedankengänge unter dem Druck der Wohnungsnot zurückgestellt, doch blieb die Aufgabe im Bewußtsein der Planenden. So begannen schon ab 1960 Sanierungsüberlegungen Gestalt anzunehmen; in einzelnen Städten wurden auch solche Maßnahmen mit kommunalen Mitteln durchgeführt.

Die Zielvorstellungen solcher Sanierungsmaßnahmen entsprachen dem zu jener Zeit gültigen Leitbild der gegliederten und aufgelockerten Stadt; Beispiele großflächigen Strukturwandels in kriegszerstörten Gebieten – vom Constructa-Block in Hannover über die Holtenauer Straße in Kiel bis zum Hansaviertel in Berlin – galten als Vorbilder für die künftige Umgestaltung der gründerzeitlich bebauten Gebiete. Die gleiche Tendenz zeigte sich in England, z. B. beim Neuaufbau des Stadtteils Lansbury im Osten Londons, der beim Festival of Britain 1951 als Musterbeispiel für britische Stadterneuerung vorgestellt wurde.

Eine spezifische Entwicklung vollzog sich in den Vereinigten Staaten, wo großflächige Slum-Sanierungen weitgehend durch kommunalwirtschaftliche Überlegungen zur Erhöhung der lokalen Steuerkraft ausgelöst wurden; die dadurch verursachte Verdrängung der Bewohner, für deren Unterbringung kaum Vorsorge getroffen wurde, löste unter sozialen Gesichtspunkten heftige Kritik aus. Jane Jacobs prangerte in ihrem Buch ›Tod und Leben großer amerikanischer Städte‹ das vollständige Abräumen von Sanierungsgebieten als sozial und wirtschaftlich nicht vertretbar an. Sie legte überzeugend dar, welche Rolle alte Gebäude gerade für die Aufrechterhaltung des Wirtschaftsgefüges und der Bewohnerstruktur spielen und welche sozialen Härten ihr Abbruch mit sich bringen kann.[21]

In der Bundesrepublik Deutschland setzten kurz nach Verabschiedung des Bundesbaugesetzes erste Überlegungen über gesetzliche Regelungen für Sanierungsmaßnahmen ein; sie hatten sich schon insofern angekündigt, als nach dem Bundesbaugesetz im Flächennutzungsplan Gebiete mit städtebaulichen Mißständen kenntlich zu machen waren. Ein erster Ansatz zur Gesetzgebung unter Bundesminister Lücke scheiterte am Bundesfinanzminister, der keine Bundesmittel für die Abdeckung der unrentierlichen Kosten

21 Jane Jacobs, a. a. O.

bereitstellen zu können meinte; erst im vierten Anlauf wurde das Gesetz 1971 vom Bundestag verabschiedet.

Das Städtebauförderungsgesetz war noch bestimmt vom Grundgedanken der sechziger Jahre, in denen es konzipiert wurde: nach der Lösung des quantitativen Problems wurde die Verbesserung der Wohnqualität zum neuen Ziel; die menschenunwürdige Gründerzeitstadt sollte zügig durch Neubauten ersetzt werden, was zugleich dazu beitragen sollte, die Kapazität der Bauindustrie und der Bauträger auszulasten. Zeilenbau anstelle der Blockstruktur, fließende Grünräume anstelle der Korridorstraße, freiplastische Baukörper anstelle geschlossener Räume – so sah das Grundmodell für die Stadterneuerung aus. So wie man das zerstörte Hansaviertel durch eine völlig neue Struktur ersetzt hatte, so sollte es auch künftig bei Sanierungsmaßnahmen gehalten werden. Eine erste abweichende Überlegung finden wir in den frühen sechziger Jahren in Berlin: Werner Marchs und Ilse Balgs Vorschläge zur Sanierung einiger Blöcke in Kreuzberg zielten auf eine „erhaltende Erneuerung" – zwar mit Abbruch der Hintergebäude, aber unter weitgehender Bestandssicherung auch für die im Blockinneren ansässigen Betriebe.

Der Kritik an der Flächensanierung boten sich mehrere Ansatzpunkte, wobei der soziale wohl zunächst im Vordergrund stand. Es wurden billige Wohnungen vernichtet, um teuren Platz zu machen, aber der quantitative Ausgleich kann nicht darüber hinwegtäuschen, daß hier der Teilmarkt der preisgünstigen Wohnungen eingeengt, der der aufwendigen erweitert wurde. Erst später kam ein ästhetisches Argument hinzu: der Monotonie der Neubebauung wurde die Individualität, der spezifische, wenn auch etwas skurrile Charakter der Gründerzeitbebauung mit Stuck, Putten und Karyatiden gegenübergestellt. Auch die städtebaulichen Ordnungsprinzipien der Gründerzeit wurden wiederentdeckt. Die einst geschmähte Korridorstraße gewann wieder Reputation als eine Art von Raum, den man der mehr oder minder unverbindlichen und zufälligen Anordnung von freiplastischen Baukörpern vorzog.

So war es im wesentlichen eine Neubewertung des überkommenen Baubestandes unter sozialen und ästhetischen Gesichtspunkten, welche die Flächensanierung in den Stadtquartieren des 19. Jahrhunderts als Lösungsweg für die dort sich stellenden Probleme in Frage stellte. Die neue Antwort hieß „erhaltende Erneuerung" – ein Konzept, in dem sich das Bemühen um die Erhaltung, Modernisierung und Verbesserung alter Bauten mit dem Bestreben vereinte, auch das Stadtgefüge, das Straßennetz und die Blockstruktur nicht radikal, sondern allenfalls partiell in besonders problematischen Bereichen zu verändern. Diese Auffassung hat sich seit der Mitte der siebziger Jahre allgemein in der Stadtplanung durchgesetzt, und auch hier haben wir es mit einem Wandel zu tun, der sich in den meisten europäischen Ländern fast gleichzeitig abzeichnete.

5.5.2 Stadterneuerung und Stadtumbau heute

Was die inhaltlichen Probleme der Stadterneuerung angeht, so läßt sich ein deutlicher Unterschied zwischen der Großstadt einerseits, der Klein- und Mittelstadt andererseits erkennen. Städtebauliche Mißstände und damit Erneuerungsbedürftigkeit liegen für diese beiden Stadtkategorien auf verschiedenen Gebieten und erfordern unterschiedliche Strategien.

Die Großstadt weist in der Regel kaum noch vorindustrielle Bausubstanz auf, und wenn diese nur einigermaßen wertvoll ist, steht sie unter Denkmalschutz; nur in Ausnahmefällen stellt sie noch ein Sanierungsproblem dar. Die Hauptsorgen der Großstadt liegen vielmehr bei den Gründerzeitvierteln mit ihren Gemengelagen und ihrem hohen Überbauungsgrad. Auch die Wiederaufwertung der lange verpönten Blockstrukturen, auch die Bemühungen um „Standortsicherung" für Gewerbebetriebe in der Gemengelage führen nicht an der Tatsache vorbei, daß hier unübersehbare Nachteile bestehen, die von der Wohnungsorientierung über die Stellplatzprobleme bis zum Freiflächenmangel und zu störenden Immissionen reichen. Aus derartigen Altbaugebieten, die häufig eng den Stadtkern umgeben, ziehen heute meist die jüngeren, finanziell leistungsfähigeren Haushalte weg mit dem Resultat einer bedenklichen sozialen Segregation. So gehört es durchweg zu den wichtigsten städtischen Planungszielen, solche Gebiete durch erhaltende Erneuerung wieder attraktiv zu machen, und in dieser Hinsicht sind einige eindrucksvolle Erfolge erreicht worden. Allerdings mußten dabei neben die Modernisierung von Altbauten auch Teilabbrüche, Neubauten, Neugestaltung der Freiflächen und Einfügung von Tiefgaragen treten, wenn die Situation wirklich grundlegend verbessert werden sollte. Dabei spielt übrigens auch die Tatsache mit, daß die Wohnungsgrundrisse des 19. Jahrhunderts mit ihrer additiven Gruppierung von Räumen für manche heutigen Wohnbedürfnisse – etwa von Wohngemeinschaften – besser geeignet sind als die auf bestimmte Familienstrukturen funktional zugeschnittenen Wohnungen der letzten Jahrzehnte.

Auch eine andere Gebietskategorie dürfte für die Großstädte in absehbarer Zeit Erneuerungsprobleme aufwerfen: die weiter vom Stadtkern entfernten, meist niedrig bebauten Erweiterungsgebiete der Jahrhundertwende und des ersten Jahrhundertdrittels im „Gartenstadttypus", wenn man diese Bauweise mit ihren Reihen-, Gruppen- und Doppelhäusern vereinfachend so nennen darf. Auch diese Bauten nähern sich schon einem ehrwürdigen Alter, und auch hier stellt sich die Frage, ob man am Ende ihres ökonomischen Lebens die gleiche Grundstruktur des Siedlungsgefüges beibehalten sollte. Vielfach sind deutliche Tendenzen zur Verdichtung erkennbar, die allerdings dringend eines ordnenden Konzeptes bedürfen.

In Klein- und Mittelstädten ist das Erneuerungsbedürfnis meist anders gelagert. Es tritt vor allem in den Stadtkernen auf und ergibt sich aus der Kollision von historischer Struktur und vorindustrieller Bausubstanz mit den Verkehrs- und Nutzungsansprüchen der Gegenwart. Meist stammt der Baubestand hier im Gegensatz zu großstädtischen Kernen noch aus vorindustrieller Zeit und galt deshalb schon lange als erhaltenswert. Hinzu kommt, daß bauliche Mißstände in der Regel eher punktuell gestreut als flächenhaft konzentriert auftreten, so daß das Werkzeug des Städtebauförderungsgesetzes, das ja ursprünglich auf eine Heraushebung bestimmter Gebiete aus dem übrigen Stadtbereich durch räumlich und zeitlich begrenzte Sonderregelungen gerichtet war, sich hier – bis zur Novellierung vor einigen Jahren – nur bedingt anwenden ließ.

Das bedeutet, daß man in der Klein- und Mittelstadt in aller Regel punktuelle Stadterneuerung im Sinne von Anstoßmaßnahmen für einen Prozeß der schrittweisen Selbsterneuerung einsetzen kann. Im Grunde muß es ja das Ziel von Erneuerungsmaßnahmen sein, ein Stadtgebiet in den Stand zu setzen, sich künftig selbst zu erneuern – durch Instandhaltungs- und Erneuerungsmaßnahmen der Eigentümer, ohne daß es dazu öffentlicher Initiative und öffentlicher Unterstützung bedürfe. Es soll also gleichsam ein Nachholbedarf befriedigt werden, der dann dem Sanierungsgebiet die gleiche Ausgangssituation verschafft wie einem „gesunden" Stadtgebiet.

Das ist sicher ein überzeugender Gedanke, dort nämlich, wo man die Grundstruktur eines Gebietes als langfristig tragfähig für die erwünschte Entwicklung beurteilt und deshalb keine Veränderung ins Auge fassen will. Diese Ausgangslage ist allerdings nicht immer gegeben – vor allem nicht unter großstädtischen Verhältnissen. Es gibt immer wieder Fälle, in denen im Interesse der ausgewogenen Gesamtstruktur Teilgebiete in ihrer Nutzung und im Charakter ihrer Bebauung verändert werden müssen.

Das führt uns zum Problem des strukturellen Entwicklungskonzeptes für die Stadt und zu dessen zentraler Bedeutung für die Erneuerungsplanung. Das Städtebauförderungsgesetz – und unverändert das neue Baugesetzbuch – statuiert zwei grundsätzliche Ausgangssituationen für ein Sanierungserfordernis: einerseits das Zurückbleiben des Gebietes hinter den allgemeinen Anforderungen an gesunde Wohn- und Arbeitsverhältnisse, andererseits die Nichterfüllung von Aufgaben, die einem Gebiet nach seiner Lage und Funktion obliegen. Diese beiden Sachverhalte sind in unterschiedlichem Maße objektivierbar: die Qualität der Wohn- und Arbeitsverhältnisse kann durch bestimmte Indikatoren (beispielsweise Wohndichte, Belichtung, Wohnungsausstattung, konstruktive Sicherheit, Freiflächenanteil) erfaßt und an den „allgemeinen Anforderungen" gemessen werden, soweit man sich über deren Inhalte und Normen einig ist. Die Art der Aufgaben, die ein Gebiet erfüllen soll, hängt jedoch entscheidend von der Planungskonzeption ab; sie wird dem Gebiet eher zugewiesen, als daß sie ihm nach objektiven Kriterien „obläge". Sie sind demzufolge also unterschiedlicher Interpretation und alternativer Willensbildung zugänglich.

Dabei empfiehlt es sich, eine begriffliche Unterscheidung zu treffen, wie sie im ›Grundriß der Stadtplanung‹ [22] vorgeschlagen wird: „Stadterneuerung" als Kennzeichnung einer Verbesserungs- und Sanierungstätigkeit, die auf die Erhaltung der Nutzung des jeweiligen Stadtgebietes gerichtet ist; „Stadtumbau" als Bezeichnung für eine Veränderung im Stadtgefüge, die zugleich auch auf Ersatz der ursprünglichen Nutzung durch eine neue – etwa Wohnen durch Büros – zielt.

Geht man nun den beiden obengenannten Sanierungskriterien und ihrer Vereinbarkeit weiter nach, so stellt sich heraus, daß sie kausal wenig miteinander zu tun haben: auch bei einwandfreien Wohnverhältnissen kann ein Gebiet in der Erfüllung der Aufgaben erheblich beeinträchtigt sein, die ihm nach seiner Lage und Funktion obliegen, dann nämlich, wenn sich seit seiner Entstehung das Strukturgefüge der Stadt so wesentlich verändert hat, daß ein sol-

---

[22] Hanns Adrian, Stadterneuerung und Stadtumbau, in: Akademie für Raumforschung und Landesplanung (Hrsg.), Grundriß der Stadtplanung, Hannover 1983, S. 480 f.

ches Gebiet neue Funktionen, z. B. die eines zentralen Standortes, übernehmen muß. Allerdings wird heutzutage die Planung in aller Regel versuchen, in solchen Fällen die stadtstrukturelle Entwicklung anders zu lenken, um den politischen Schwierigkeiten einer solchen Umwandlung aus dem Wege zu gehen, aber ignorieren kann sie derartige Ansprüche sicher nicht. Sie müßte in einem solchen Falle die Aufgaben, die dem betreffenden Gebiet im Stadtgefüge hätten zugewiesen werden sollen, dann an anderer Stelle erfüllen, wenn die Gesamtentwicklung der Stadt keinen Schaden leiden soll.

Analog dazu kann ein Gebiet schlechte Wohn- und Arbeitsverhältnisse aufweisen, ohne im übrigen Funktionsschwächen zu zeigen; ja, es gibt sogar Situationen, in denen man nur sehr ungern eine Sanierung einleitet, weil die fast unvermeidlichen Verdrängungsprozesse zu Rückwirkungen auf andere Stadtteile und damit zu stadtstrukturellen Folgen führen, deren Nachteile den Vorzügen der Sanierung zumindest die Waage halten könnten.

Man kann also in der Praxis die Aspekte der Stadtstruktur und der gebietsspezifischen Wohn- und Arbeitsverhältnisse nicht trennen, sondern muß sie im Zusammenhang sehen. Das bedeutet, daß man sich im Grunde bei allen baulichen und Nutzungsänderungen – mögen sie auf Privatinitiative zurückgehen oder durch Sanierungsplanung ausgelöst sein – über die stadtstrukturellen Konsequenzen Rechenschaft geben muß. Denn die Ziele der Stadterneuerung erschöpfen sich ja nicht in der Beseitigung von Schwächen und Mißständen, sondern sie müssen positiv und konkret formuliert werden und zugleich in ein Gesamtkonzept der Stadtentwicklung eingebunden sein. Eingebunden: das heißt nicht etwa deduktiv allein aus einem solchen Konzept abgeleitet, sondern gewiß auch auf eine gründliche Auseinandersetzung mit dem Potential dieses Gebietes, mit seinen spezifischen baulichen und sonstigen Qualitäten, mit seiner Leistungsfähigkeit im Rahmen der Gesamtstadt gestützt.

Dabei kann es zu erheblichen Konflikten kommen, die nicht nur zwischen den speziellen Erneuerungs- oder Umbauwünschen des Investors und den von der Stadt vertretenen öffentlichen Belangen entstehen können, sondern auch zwischen den verschiedenen von der Stadt selbst zu verfolgenden Zielen. Diese Ziele lassen sich in der Regel in drei Kategorien gliedern:
– die Verbesserung der Lebensverhältnisse für die in diesem Gebiet wohnenden und arbeitenden Menschen;

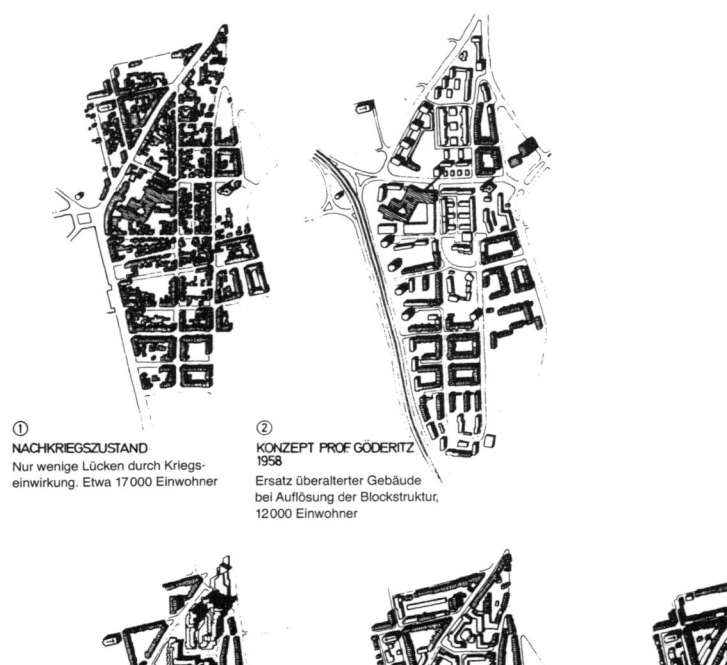

① **NACHKRIEGSZUSTAND**
Nur wenige Lücken durch Kriegs-
einwirkung. Etwa 17 000 Einwohner

② **KONZEPT PROF GÖDERITZ
1958**
Ersatz überalterter Gebäude
bei Auflösung der Blockstruktur,
12 000 Einwohner

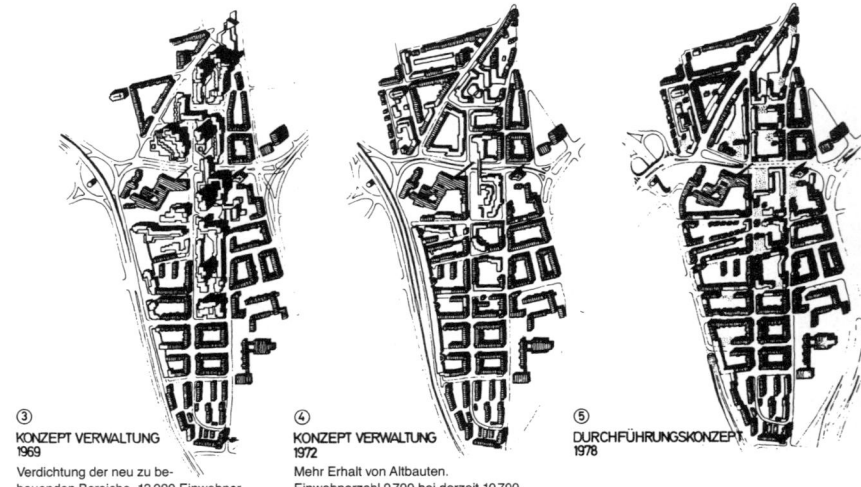

③ **KONZEPT VERWALTUNG
1969**
Verdichtung der neu zu be-
bauenden Bereiche, 13 000 Einwohner

④ **KONZEPT VERWALTUNG
1972**
Mehr Erhalt von Altbauten.
Einwohnerzahl 9 700 bei derzeit 10 700

⑤ **DURCHFÜHRUNGSKONZEPT
1978**

Abb. 34: Konzeptentwicklung für Hannover-Linden Süd.

- die Verbesserung von wirtschaftlichen Funktionen und alltäglichen Lebensabläufen;
- die Verbesserung von Bausubstanz, Stadtgestalt und Stadtstruktur, wobei es ein breites Spektrum zwischen weitgehender Erhaltung und Bestandspflege einerseits und vollständigem Ersatz durch Neubauten andererseits gibt.

Die ersten beiden Ziele entsprechen den erwähnten gesetzlichen Sanierungstatbeständen, das dritte ist einerseits Mittel zur Erreichung der ersten beiden, andererseits indessen vor allem dann ein Ziel mit gewichtiger Eigendynamik, wenn Erhaltung von Substanz und Struktur erstrebt wird (vgl. Abschnitt 5.6).

In einigen Fällen scheint es gelungen zu sein, Stadterneuerung allen diesen Anliegen dienstbar zu machen, aber die Erfahrung hat mehrfach gezeigt, daß diese Ziele keineswegs immer miteinander vereinbar sind, daß z. B. eine funktionell dringend notwendig erscheinende Ausweitung der Verkehrsflächen zu Lasten der Wohnqualität geht; der Wunsch nach Erhaltung der Bevölkerung am gleichen Standort und damit nach Sicherung niedriger Mieten mag dringend wünschenswerte funktionelle Verbesserungen ausschließen. Besonders leicht kommt es zu Widersprüchen zwischen dem Wunsch nach Verbesserungen, die zugleich Veränderung bedeuten, und dem Ziel der Bewahrung des Bestehenden, das in Abschnitt 5.6 näher behandelt wird. Die Abbildung 34 verdeutlicht beispielhaft die Veränderungen, die das Sanierungskonzept für einen bestimmten Stadtbereich im Laufe zweier Jahrzehnte erfahren hat. Zu ihnen hat neben dem Wandel der planerischen Leitvorstellungen auch der unmittelbare Einfluß der betroffenen Bewohner beigetragen.

Eine weitere Aufgabe für den Stadtumbau, die ihr volles Gewicht in naher Zukunft gewinnen wird, erwächst aus dem Strukturwandel der Wirtschaft und der Schrumpfung der Bevölkerung; brachfallende Industrieflächen und leerstehende Wohnungen stellen Gefahren, aber auch Chancen für die künftige Stadtentwicklung dar.

5.5.3 Rechtsgrundlagen und Verfahren
städtebaulicher Sanierung

Die dargestellten Eingriffe der öffentlichen Hand in die Stadtentwicklung finden ihre Rechtfertigung letzten Endes dadurch, daß eine Stadterneuerung aus eigener Kraft der Grundeigentümer, gleichsam als stetiger Regenerationsprozeß, nicht zustande kommt.

Das kann verschiedene Gründe haben, so die bereits erwähnte Notwendigkeit, im gesamtstädtischen Interesse Nutzungsänderungen vorzusehen, Straßen umzugestalten oder auf andere Weise „Stadtumbau" zu betreiben. Aber auch wenn keine Nutzungsänderung geboten ist, kann der Anstoß zu einer Verbesserung des Gebietes aus eigener Kraft ausbleiben. So kann ein altes Wohngebiet mit hoher Baudichte für die Eigentümer einen wesentlich höheren Ertrag bringen, als er aus einer verbesserten Wohnsituation mit einer aufgelockerten Bebauung oder gar mit vollständigen Neubauten zu erwirtschaften wäre, ganz abgesehen von der Amortisierung der Kosten für Abbruch und Neubau. In solchen Fällen fehlt also für den Eigentümer ein wirtschaftlicher Anreiz für Erneuerungsmaßnahmen; in einem anderen Falle könnte die Erneuerung, etwa auf einen Baublock bezogen, sich rentieren, aber dies bedürfte dann eines gemeinsamen Vorgehens aller Eigentümer, das häufig freiwillig nicht zustande kommt.

So liegen die Grundgedanken der gesetzlichen Regelungen für Sanierungsaufgaben in der Bundesrepublik einerseits in einer Übernahme der unrentierlichen Kosten durch die öffentliche Hand, andererseits in der Zusammenfassung des Eigentümerwillens innerhalb des neu zu ordnenden Gebietes. Neben diesen beiden Gesichtspunkten schlagen sich noch zwei weitere Grundsatzüberlegungen in den gesetzlichen Sanierungsbestimmungen nieder: einerseits soll die Neugestaltung „zügig" erfolgen, damit die Bewohner nicht zu lange auf einer Baustelle leben müssen; zum anderen sollen Werterhöhungen, die durch die Sanierung entstehen und die sich ja als „Erwartungswerte" bereits bei der Aussicht auf Sanierung zu bilden pflegen, nicht den Privateigentümern zugute kommen, sondern der Gemeinde, die mit ihren Maßnahmen und ihrem Mitteleinsatz die Werterhöhung herbeigeführt hat. Hier handelt es sich um ein zentrales Problem des Bodenrechts, auf das im anderen Zusammenhang schon eingegangen wurde (siehe Abschnitt 4.1); in der Neufassung des Baugesetzbuches von 1987 wird die Möglichkeit geschaffen, auf solche „Ausgleichsbeträge" dann zu verzichten, wenn die durch die Sanierung bewirkte Erhöhung des Bodenwertes geringfügig ist und der für die Erhebung des Ausgleichsbetrages notwendige Verwaltungsaufwand in keinem Verhältnis zu den möglichen Einnahmen steht (§ 155).
Was die Sicherung einer zügigen Durchführung angeht, so wur-

den in ihrem Interesse beim Erlaß des Städtebauförderungsgesetzes die „Gebote", nämlich Abbruchgebot, Baugebot, Modernisierungsgebot, neu geschaffen; sie wurden später in das Bundesbaugesetz, dann auch in das Baugesetzbuch übernommen. Der Ablauf eines Sanierungsverfahrens vollzieht sich üblicherweise in einer Reihe von Schritten:

1. *Vorbereitende Untersuchungen (§ 141).* In dem für Sanierungsmaßnahmen in Betracht kommenden Stadtbereich werden „vorbereitende Untersuchungen" vorgenommen, „um Beurteilungsunterlagen zu gewinnen über die Notwendigkeit der Sanierung, die sozialen, strukturellen und städtebaulichen Verhältnisse und Zusammenhänge sowie die anzustrebenden allgemeinen Ziele und die Durchführung der Sanierung im allgemeinen". Dabei soll auch „die Einstellung und Mitwirkungsbereitschaft der Eigentümer, Mieter, Pächter und anderer Nutzungsberechtigten im Untersuchungsbereich zu der beabsichtigten Sanierung" ermittelt werden; die Gemeinde soll hierzu Vorschläge entgegennehmen. Diese Untersuchungen sollen sich auch auf nachteilige Auswirkungen erstrecken, die sich für die von der beabsichtigten Sanierung unmittelbar Betroffenen in ihren persönlichen Lebensumständen, im wirtschaftlichen oder sozialen Bereich voraussichtlich ergeben werden. Die Gemeinde ist verpflichtet, Vorstellungen zu entwickeln und mit den Betroffenen zu erörtern, wie nachteilige Auswirkungen möglichst vermieden oder gemildert werden können.

Zu dem Komplex der Vorbereitungen gehört auch die Unterrichtung der Träger öffentlicher Belange, deren Aufgabenbereich durch die Sanierung berührt werden kann, und die Einholung entsprechender Stellungnahmen.

2. *Förmliche Festlegung des Sanierungsgebiets (§ 142).* Auf der Grundlage der vorbereitenden Untersuchungen wird dann das förmlich festzulegende Sanierungsgebiet abgegrenzt, wobei natürlich auch die jeweilige finanzielle Leistungsfähigkeit der Gemeinde unter dem Blickwinkel einer zügigen Durchführung berücksichtigt werden muß. Die Gemeinde beschließt die förmliche Festlegung als Satzung, also mit dem Gewicht eines Ortsgesetzes. Dies ist deshalb wichtig, weil sich eine Reihe von Rechtsfolgen daran knüpft. Sie beziehen sich vor allem auf den Grundstücksverkehr, in den die Gemeinde in stärkerem Maße eingreifen kann als unter normalen Verhältnissen. Hierzu gehört auch ein Vorkaufsrecht der Ge-

meinde, das allerdings dann nicht ausgeübt werden kann, wenn der
Eigentümer sich verpflichtet, sein Grundstück den Zielen und Zwek-
ken der Sanierung entsprechend zu nutzen. Das gleiche gilt für die
Ausübung des gemeindlichen Grunderwerbsrechtes, das für gewisse Fälle im Sanierungsgebiet besteht. Die auf diese Weise erwor-
benen Grundstücke muß die Gemeinde jedoch wieder veräußern,
soweit sie nicht für öffentliche Zwecke benötigt werden.

Zu den Rechtsfolgen der förmlichen Festlegung gehört ferner die
Möglichkeit, bauliche und sonstige Maßnahmen auf den Grundstücken zu untersagen, wenn sie die Sanierung wesentlich erschweren oder dem Sanierungszweck zuwiderlaufen würden. Ferner hat
die Gemeinde das Recht, bestehende Miet- oder Pachtverhältnisse
aufzuheben, wenn dies für den Abruch von Gebäuden im Zuge der
Sanierung notwendig ist; für die Bereitstellung von Ersatzraum
muß dabei Sorge getragen werden (§ 144).

3. *Ordnungsmaßnahmen (§ 147).* Nach entsprechenden Vorbereitungen kann dann die Gemeinde oder der von ihr beauftragte
Sanierungsträger an die baulichen und sonstigen Veränderungen
des Gebietes gehen: den Abbruch von hierfür vorgesehenen Gebäuden, die Bodenordnung, um einen für die vorgesehene Bebauung
zweckmäßigen Grundstückszuschnitt zu schaffen, den Neubau
von Straßen, Wegen und sonstigen Erschließungsanlagen. Bei den
Beratungen über die Formulierung des Städtebauförderungsgesetzes, die bereits in den sechziger Jahren begannen, stand noch die
Vorstellung im Vordergrund, der Normalfall der Sanierung werde
sich als weitgehender Abbruch alter Bausubstanz und Ersatz durch
Neubau unter Veränderung der Baustruktur vollziehen – also etwa
im Sinne der Umwandlung von rings umbauten Blöcken in eine
offene Gruppierung von Zeilen oder freistehenden Baukörpern.

Folgerichtig mußten hierfür Bebauungspläne aufgestellt und auf
deren Grundlage die verschiedenen Instrumente der Ordnungsmaßnahmen eingesetzt werden. Inzwischen jedoch gehören solche
„Kahlschlagsanierungen" zu den Ausnahmen; der Regelfall ist die
Modernisierung vorhandener Häuser, verbunden mit dem Abbruch einzelner Gebäude, die entweder im Interesse von Belichtung und Freiflächengewinn weichen müssen oder in einem so
schlechten Zustand sind, daß anstelle einer Modernisierung nur ein
Neubau an gleicher Stelle in Betracht kommt. In solchen Fällen
kann häufig auf die Aufstellung eines Bebauungsplanes und auf
eine neue Bodenordnung durch Umlegung verzichtet werden, weil

das Gefüge nicht wesentlich verändert wird. Diese Überlegungen
haben dazu geführt, im Jahre 1984 ein „vereinfachtes Verfahren"
möglich zu machen, bei dem auf die Forderung nach einem Bebauungsplan verzichtet wird.

Dieser Schritt stellt auch insofern eine
Erleichterung dar, als sich häufig erst im Laufe eines Sanierungsverfahrens – etwa durch die Aufgabe eines Betriebes oder durch An-
siedlungsmöglichkeiten bestimmter Investoren – Möglichkeiten für
die sinnvolle Ordnung des Gebietes ergeben, die zu Beginn nicht
zu übersehen waren und deshalb in einem dann aufgestellten Bebauungsplan kaum hätten Niederschlag finden können.

4. *Baumaßnahmen (§ 148).* Zu den Baumaßnahmen gehören in
erster Linie die Neubebauung, die Modernisierung und Instandsetzung baulicher Anlagen im Sanierungsgebiet; gleichfalls dazuge-
rechnet wird die Errichtung von Ersatzbauten, Ersatzanlagen und
durch die Sanierung bedingten Gemeinbedarfs- und Folgeeinrich-
tungen, unabhängig davon, ob sie im Sanierungsgebiet oder außerhalb errichtet werden.

Die öffentlichen Mittel zur Förderung der Sanierung setzten sich
bis zum Inkrafttreten des Baugesetzbuches 1987 für jedes Sanierungsvorhaben aus Mitteln des Bundes, des Landes und der Gemeinde zusammen – in der Regel jeweils zu einem Drittel. Auf Betreiben der Länder ist mit dem Baugesetzbuch die Mitfinanzierung
durch den Bund entfallen; wie sich diese von der Praxis sehr skeptisch aufgenommene Änderung bewähren wird, ist noch offen.
Nach den bisherigen Regelungen konnten Sanierungsförderungs-
mittel zur Deckung der Kosten für die Vorbereitung der Sanierung,
für die Ordnungsmaßnahmen und für Modernisierung und Instandsetzung sowie für Grunderwerb eingesetzt werden; für Baumaßnahmen waren gewisse Einschränkungen gegeben. Da diese
Bestimmungen im Baugesetzbuch entfallen sind, werden an ihre
Stelle Regelungen der einzelnen Länder treten müssen.

5. *Abschluß der Sanierung (§ 162).* Als Grundsatz gilt, daß nach
Durchführung der Sanierungsmaßnahmen die Sanierungssatzung
aufgehoben und damit die rechtliche Sonderstellung des förmlich
festgelegten Sanierungsgebietes beendet wird. Die Satzung ist auch
aufzuheben, wenn die Sanierung sich als undurchführbar erweist
oder aus anderen Gründen aufgegeben wird; dies kann auch für
Teile des förmlich festgelegten Sanierungsgebiets vorgenommen
werden. Ein weiteres Element der Flexibilität ist dadurch gegeben,

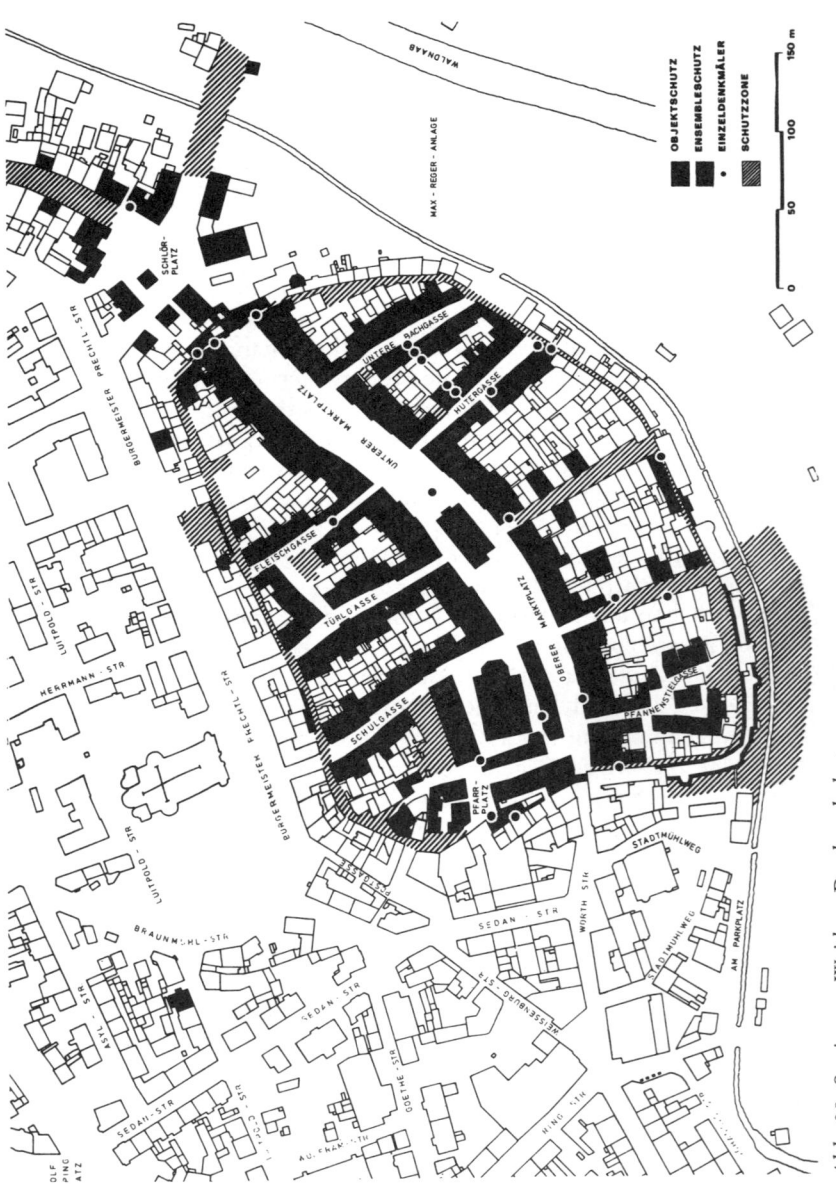

Abb. 35: Sanierung Weiden: Denkmalschutz.

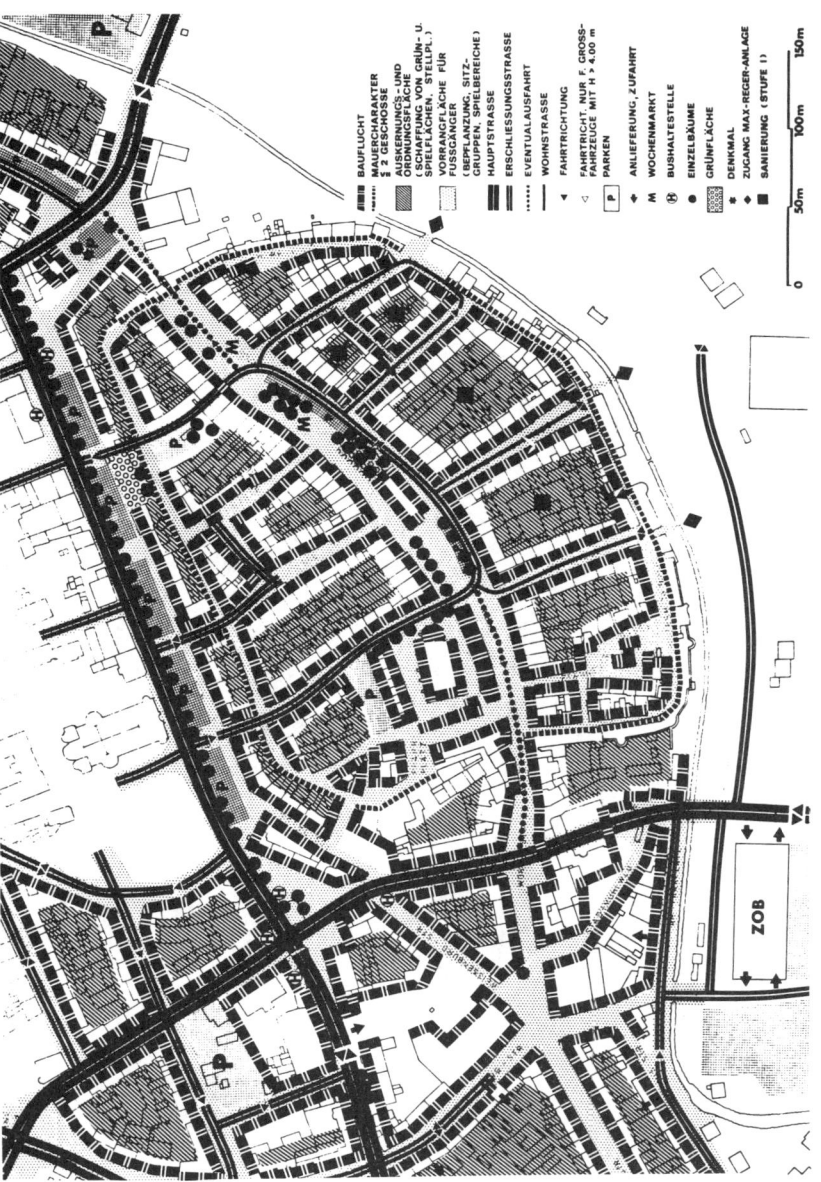

Abb. 36: Sanierung Weiden: Entwicklungskonzept.

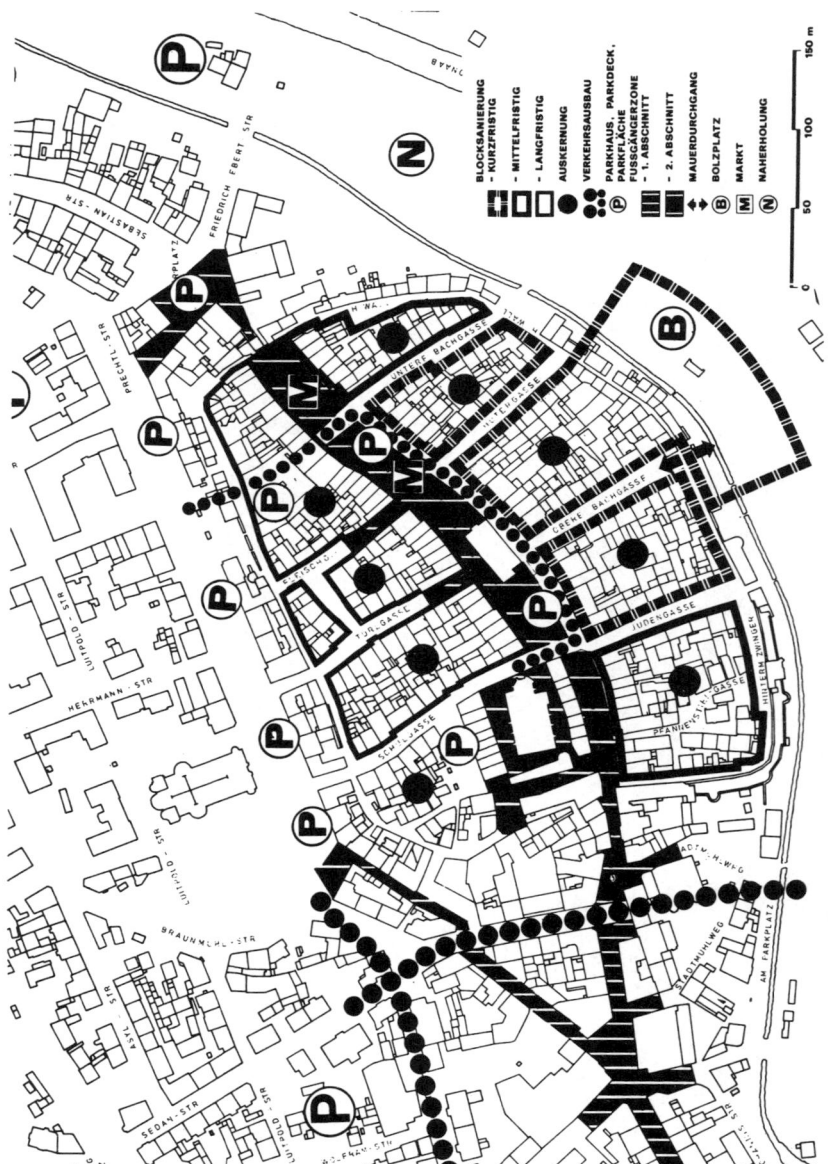

Abb. 37: Sanierung Weiden: Maßnahmenprogramm.

daß die Gemeinde bereits vor der förmlichen Aufhebung der Sanierungssatzung „die Durchführung der Sanierung für einzelne Grundstücke durch Bescheid an die Eigentümer für abgeschlossen erklären (kann), wenn die den Zielen und Zwecken der Sanierung entsprechende Bebauung oder sonstige Nutzung oder die Modernisierung oder Instandsetzung auch ohne Gefährdung der Ziele und Zwecke der Sanierung zu einem späteren Zeitpunkt möglich ist". Die Abbildungen 35 bis 37 verdeutlichen einige Schritte eines solchen Sanierungsverfahrens, so Abbildung 35 die Erfassung des denkmalgeschützten Bestandes im Zuge der vorbereitenden Untersuchungen, Abbildung 36 die Darstellung des Sanierungskonzeptes im Sinne eines „informellen" Planes und die Abbildung 37 die Zusammenstellung der wichtigsten Maßnahmen zur Verwirklichung des Sanierungskonzeptes.

Es wird sich zeigen, ob die dargestellten Grundsätze und Instrumente der städtebaulichen Sanierung auch für die künftigen Aufgaben der Stadtentwicklung ausreichen, denn sowohl die politischen Grundsatzerklärungen als auch die Tagespraxis richten sich auf eine Abkehr von der ungehemmten Expansion der Stadt, welche die letzten anderthalb Jahrhunderte bestimmt hat, und auf eine deutliche Beschränkung der Inanspruchnahme neuen Grund und Bodens. Das aber bedeutet, daß sich die notwendigen strukturellen Veränderungen im wesentlichen innerhalb des bebauten Stadtgebietes vollziehen müssen und nur wenig Ausweichmöglichkeiten in das unbebaute Umland haben. Das Bedürfnis nach Werkzeugen zur Erleichterung innerstädtischer Umnutzungen wird gegenwärtig sehr deutlich: viele große Industriebetriebe geben erhebliche Teile ihrer bisherigen Flächen auf, die damit theoretisch für eine Neustrukturierung des Stadtgefüges nutzbar gemacht werden können. Ob diese Möglichkeit in der Praxis auch ergriffen wird, hängt ebensosehr vom geeigneten Instrumentarium wie von der Bereitschaft der Gemeinde ab, es einzusetzen. Wenigstens scheint es so, daß Stadtumbau und Stadterneuerung in Zukunft den Großteil dessen ausmachen werden, was als Stadtplanung bezeichnet zu werden pflegt.

5.6 Bewahrung und Bestandspflege

Im vorigen Abschnitt wurde schon angedeutet, daß Stadterneuerung mindestens im Verständnis der achtziger Jahre nicht mehr ausschließlich auf Veränderung des Bestandes und seine Anpassung an neue Leitvorstellungen zielt, sondern in zunehmendem Maße auch auf seine Bewahrung und Pflege. Das ist für den Städtebau zwar keine ganz neue, aber doch bisher nur selten in den Vordergrund gerückte Aufgabe. Im Grundsatz ist Stadtplanung immer in erster Linie als Mittel gesehen worden, notwendige Veränderungen in geordnete Bahnen zu lenken. Das aber hieß auch schon früher manchmal, sie an solchen Gebäuden und Stadtbereichen vorbeizulenken, die man für erhaltenswürdig hielt. Dabei hat man bald erkannt, daß der Schlüssel zur Erhaltung darin besteht, eine angemessene Nutzung zu finden; die Geschichte lehrt, daß im allgemeinen nur solche Gebäude überdauert haben, die genutzt worden sind, wenn auch vielleicht in ganz anderem Sinne als dem ihrer ursprünglichen Zweckbestimmung.

Tatsächlich gibt es ja auch zahlreiche Gebäudetypen, für deren ursprüngliche Nutzung kein Bedürfnis mehr besteht – von feudalen Schlössern über mittelalterliche Kornhäuser bis zu Wind- und Wassermühlen. Hier findet die gelegentlich von denkmalpflegerischer Seite vorgetragene These, man solle historische Bauten möglichst ihrer ursprünglichen Nutzung wieder zuführen, keinen Anknüpfungspunkt mehr, aber auch in manchen anderen Fällen ist sie nicht anwendbar. In einem mittelalterlichen Wohngebäude mag eine Wohnnutzung heute entweder nicht mehr zumutbar sein, beispielsweise wegen mangelnder Belichtung, Besonnung und Belüftung oder übergroßer Raumtiefen, oder, wie bei gotischen Patrizierhäusern nach Art des Runtinger-Hauses in Regensburg, allenfalls noch durch einen Mäzen zu bezahlen sein, den man indessen nicht immer findet.

Daß Bewahrung in der gegenwärtigen Situation einen so hohen Stellenwert besitzt wie kaum je zuvor, hat offenbar mehrere Gründe. Dabei sind die auf den ersten Blick einleuchtenden praktisch-wirtschaftlichen nicht einmal die wichtigsten: Erhaltung von noch nutzbarer Bausubstanz verursacht zwar im allgemeinen weniger Aufwendungen als Abbruch und Neubau, aber in den meisten Fällen waren es gerade wirtschaftliche Erwägungen, die dem Eigentümer den Ersatz alter Bürohäuser, alter Warenhäuser oder alter Produktionsstätten durch jeweils neue nahegelegt haben. Etwas anders sieht dies für Wohnbauten aus, aber auch hier sind es eher soziale Gründe als privatwirtschaftliche Erwägungen der Eigentümer, die für die Erhaltung alter Bausubstanz sprechen: die Tatsache nämlich, daß mit dem Abbruch von Altbauten das Angebot preisgünstiger Wohnungen für die wirtschaftlich schwächeren Bevölkerungskreise bedenklich eingeengt und damit für sie eher eine Verschlechterung als eine Verbesserung der Wohnverhältnisse ausgelöst würde.

Noch augenfälliger werden die sozialen Gründe dort, wo es darum geht, die Bewohner eines Gebietes vor Verdrängung durch andere, wirtschaftlich kräftigere Nutzungen zu schützen, wie dies in vielen Städten durch den Erlaß von Vorschriften gegen die „Zweckentfremdung" von Wohnungen durch geschäftliche oder gewerbliche Nutzungen unternommen worden ist.

Daneben gibt es offenbar ausgeprägte emotionale Gründe, deren Gewicht im Zeitablauf allerdings nicht immer gleich bleibt – in einer fortschrittsgläubigen Zeit ist es geringer als in einer Zeit, deren Stimmung durch die Sorge vor einer ungewissen Zukunft geprägt wird. Dann nämlich werden die Veränderungen der vertrauten Umwelt in aller Regel eher als Verlust denn als Gewinn gesehen, zumal das Neue fast zwangsläufig weniger örtliche Besonderheit aufweist als das Alte. Entwicklungen in der Bautechnik und Tendenzen der architektonischen Gestaltung verbreiten sich schnell weltweit; Funktionen, denen die Bauten dienen sollen, verlieren immer mehr an lokal bedingter Ausprägung: Hotels und Supermärkte sehen in Athen nicht anders aus als in Stockholm und kaum anders als in Bangkok. Dies alles trägt zu einer Vereinheitlichung der Formensprache bei, die seit der Mitte des vorigen Jahrhunderts immer wieder aus kulturkritischer Sicht beklagt wird.

Gewiß kann man das auch als einen fast zwangsläufigen Ausdruck der Annäherung von Lebensweisen und Gesellschaftsformen in der heutigen Welt interpretieren, aber in einer Zeit, in der offensichtlich eine Rückbesinnung auf regionale und örtliche Ausdrucksformen einen hohen Stellenwert besitzt, ist das kein überzeugendes Argument. Heute steht vielmehr das Bemühen im Vordergrund, durch eben diese Betonung städtischer Individualität und Unverwechselbarkeit dem Bürger eine Identifizierung mit seiner Stadt und seiner spezifischen Wohnumwelt zu ermöglichen oder zu erleichtern, wohl auch mit dem Ziel, dadurch in ihm zugleich das Verantwortungsgefühl für diese seine Umwelt zu stärken.

Nun kann Bewahrung des Bestehenden natürlich nicht zu einem absoluten Prinzip erhoben werden, denn dann würde sie in eine museale Erstarrung münden. Für notwendige Veränderungen und Erneuerungen muß also Raum bleiben, ohne daß bestehende Qualitäten der Stadt aufs Spiel gesetzt werden sollten. Diese Überle-

gung führt dazu, daß man sich über eine gewisse Rangordnung des
Bewahrungswürdigen klar werden muß, und dies wiederum verlangt eine Auseinandersetzung mit den verschiedenen Maßstabsebenen in der Stadt, auf denen sich das Bewahrenswerte jeweils
unterschiedlich darstellt. Solche Maßstabsebenen erstrecken sich
vom Einzelgebäude bis zum Stadtgefüge in seiner Gesamtheit, und
sie lassen sich je nach Stadtgröße und Stadtcharakter weiter
differenzieren: vom Einzelgebäude zur Gebäudegruppe, dem
„Ensemble", und weiter über den Zuschnitt und die Folge städtebaulicher Räume bis hin zur Prägung ganzer Stadtteile durch
bestimmte Struktur- oder Gestaltprinzipien. Eine besondere Rolle
kommt in diesem Zusammenhang meist dem historischen Stadtkern
zu, in dem sich Stadtgeschichte in besonderer Dichte zu spiegeln
pflegt.

Aber auch der Stadtkern gliedert sich in aller Regel in Elemente
unterschiedlicher Bedeutung: Einzelgebäude oder Gebäudegrup-
pen von hoher künstlerischer Qualität, großer geschichtlicher Bedeutung und erheblichem Symbolwert stehen neben solchen von
minderem Rang, die aber gleichwohl wichtige Beiträge etwa zur
Definition der Gestalt charakteristischer Straßen- oder Platzräume
leisten. Im Gegensatz zu den erstgenannten, die natürlich auch
normalerweise als Baudenkmale geschützt sind, könnten sie durch
Neubauten ersetzt werden, sofern diese den gleichen oder gar einen
besseren Beitrag zur Wahrung des städtebaulichen Gefüges und seiner Gestalt liefern. Andere Straßenzüge des Stadtkerns mögen auch
als Räume ohne ausgeprägte Qualität sein, und hier könnten dann
am ehesten notwendige bauliche und funktionale Veränderungen
ansetzen.

Vermutlich ließe sich bei einer geschichtlichen Untersuchung der
historischen Stadtkerne zeigen, daß auch früher schon ähnlich verfahren wurde. In diesen Brennpunkten des Geschäftslebens und
der städtischen Machtentfaltung ist im Laufe der Jahrhunderte die
Bausubstanz auf dem gleichen Grundstück meist mehrfach verändert und ersetzt worden, sofern es sich nicht um Großbauten besonderer Bedeutung handelte. So haben sich Stadtkernbereiche aus
vorindustrieller Zeit zumindest in Großstädten meist nur dann
erhalten, wenn sich das wirtschaftliche und administrative Zentrum
verlagert hat, so daß diese historisch geprägten Bereiche nicht mehr
dem Druck auf intensivere Grundstücksnutzung ausgesetzt waren.
In den Klein- und Mittelstädten dagegen war solcher Druck nicht
in gleichem Maße wirksam, so daß hier der Anteil alter Bausub-

stanz höher, der Standort des historischen Zentrums auch der des heutigen zu sein pflegt. Dementsprechend hat sich auch der Stadtgrundriß – eines der wichtigsten historischen Zeugnisse – hier meist über die Jahrhunderte mit nur geringen Veränderungen erhalten. Aber auch in Großstädten mit ihrer dynamischen Entwicklung weist der Grundriß des Stadtkerns häufig eine überraschende Kontinuität auf; München und Lübeck mögen als zwei besonders deutlich ausgeprägte Beispiele dienen.

In den bebauten Gebieten außerhalb des Stadtkerns sind die Veränderungskräfte meist geringer, aber auch hier müssen die Ziele und die Prioritäten einer auf Bewahrung und Bestandspflege gerichteten Politik sorgsam bedacht werden. Hier überlagern sich in der Regel soziale und gestalterische Motive der Bewahrung: meist geht es darum, Wohnanlagen der ersten Jahrhunderthälfte oder kleingewerbliche Mischgebiete mit bestimmten sozialen Funktionen und gestalterisch-atmosphärischen Qualitäten gegen den Einbruch gebietsfremder Nutzungen und damit gegen die meist in ihrem Gefolge auftretenden Verdrängungswirkungen zu sichern. So betreibt die Freie und Hansestadt Hamburg seit den frühen siebziger Jahren einen „Milieuschutz", mit dem „über den Denkmalschutz hinaus . . . solche Bauten, Baugruppen, Straßen, Plätze und Ortsteile erhalten und gleichzeitig modernem Wohnen erschlossen werden . . ., die wegen ihrer geschichtlichen, künstlerischen oder städtebaulichen Bedeutung dazu beitragen, Hamburgs unverwechselbares Bild zu bewahren und gleichzeitig die Anziehungskraft der Stadt zu erhöhen"[23].

In einem „Milieuschutzbericht" aus dem Jahre 1985 werden 75 solcher „Milieugebiete" aufgeführt, die zu je etwa einem Viertel aus Siedlungsbauten der 20er und 30er Jahre und aus älteren dörflichen Anlagen bestehen; die andere Hälfte setzt sich aus sieben weiteren Kategorien zusammen, unter ihnen beispielsweise Gründerzeitquartiere sowie Fischer- und Lotsensiedlungen. In der Erläuterung heißt es: „Milieuschutz ist weniger streng als Denkmalschutz. Für den Milieuschutz ist die unveränderte Erhaltung bestimmter Objekte nicht das eigentliche Ziel, es kommt vielmehr auf die Bewahrung der städtebaulichen Eigentümlichkeit im Ganzen an. Das kann auch über Neubauten geschehen. Es gibt kein Milieuschutzgesetz in der Art des Denkmalschutzgesetzes. Der Milieuschutz

[23] Baubehörde Hamburg, Landesplanungsamt (Hrsg.): Milieuschutzbericht, 1985, S. 1.

bedient sich je nach der Art des Milieugebietes der Instrumente der Stadtplanung, der Bauordnung, des Landschaftsschutzes und der Stadtbildpflege."[24] Dies mag als Beispiel für ähnliche Bestrebungen in vielen anderen Städten stehen. Weitgehend übertragbar auf andere Städte sind auch die Probleme, die im Hamburger „Milieuschutzbericht" angesprochen sind: rechtliche und finanzielle Durchsetzungsschwierigkeiten, aber auch die Notwendigkeit, die wünschenswerte Erhaltung einer baulichen Situation gegen die Ansprüche an Wohnqualität und Erholungsmöglichkeiten abzuwägen. „Der Milieuschutz ... findet seine Grenze dort, wo er mit Qualitätsanforderungen von noch größerer Bedeutung für die Betroffenen unvereinbar wird." Hier liegt tatsächlich ein zentrales Problem jeder Bewahrungsstrategie: sie darf nicht eine sozial und stadtwirtschaftlich bedenkliche Situation verfestigen, sondern sie muß offen für Verbesserungen sein. Dabei wird immer wieder das Problem auftauchen, wie denn neue oder veränderte Nutzungen reibungslos in einem Stadtquartier untergebracht werden können, dessen bauliche Substanz und dessen räumliches Gefüge bewahrt werden sollen. Gewiß lassen sich einige dieser Ansprüche auch – manchmal sogar überraschend gut – in alten Gebäuden befriedigen, vor allem deshalb, weil diese weniger genau auf bestimmte Funktionen zugeschnitten zu sein pflegen als viele moderne Bauten. Darin liegt übrigens kein Gegensatz zu der These, daß die Form der Funktion folge; es ist vielmehr gleichsam ihre Kehrseite: die Funktion wählt aus gegebenen Formen solche aus, in denen sie sich ohne große Schwierigkeiten einnisten kann.

Dementsprechend liegt eines der wirksamsten Mittel der Stadterhaltung darin, für die zu bewahrenden Gebäude eine Nutzung zu finden, die ihnen angemessen ist und ihre Unterhaltung auf lange Sicht auch wirtschaftlich zu sichern vermag. Hier kann auch im Einzelfalle einmal eine Rechtfertigung dafür liegen, heruntergekommene, aber erhaltenswerte Gebäude nicht für ihre bisherigen Bewohner, sondern für zahlungskräftigere Nutzer herzurichten, um damit ihren „Liebhaberwert" der Erhaltung dienstbar zu machen. Eine allgemeine Politik der „Luxussanierung" – im englischen Sprachgebrauch 'gentrification' genannt – ist allerdings unter sozialen Gesichtspunkten abzulehnen.

Aber nicht immer wird eine „Umnutzung" in dem dargelegten

---

[24] Ebenda, Anlage Senatsbericht, S. 5.

Sinne die Lösung bieten. Dann pflegt sich die Frage zu stellen, ob man bauliche Veränderungen – bis hin zu Abbruch und Neubau – im erhaltenswerten Stadtgefüge hinnehmen will. Die Antwort darauf wird davon abhängen, inwieweit man solche Veränderungen als mit dem zu bewahrenden Bestand als verträglich ansieht – und dies vielleicht nicht einmal in erster Linie hinsichtlich ihrer architektonischen Gestaltung, sondern vor allem in ihrem baulichen Maßstab und in ihren Auswirkungen auf den Verkehr und auf die umgebenden Nutzungen. Stadterhaltung und Bestandspflege muß die Struktur der Stadt ebenso ins Blickfeld nehmen wie ihre Gestalt.

Betrachtet man die im Abschnitt 5.5 genannten unterschiedlichen Ziele der Stadterneuerung, die sich auf die Verbesserung der Lebensverhältnisse für die Bewohner, der wirtschaftlichen Funktionen und der Bausubstanz beziehen, so schränkt sich für den Fall einer konsequenten Bewahrungspolitik das letztgenannte Ziel ein auf die weitgehende Erhaltung von Gebäuden und Stadtgefüge; zumindest bleiben erhebliche Änderungen außer Betracht. Das macht die Planungsaufgabe, jene drei Ziele miteinander in Einklang zu bringen, nicht leichter. Bewahrung bedeutet häufig eine Zurückdrängung von Entwicklungskräften, die unter anderen Gesichtspunkten sehr wohl Förderung verdienten.

Welche Instrumente stehen nun der Stadt für eine Politik der Bewahrung und der Bestandspflege zur Verfügung? Zunächst kann sie sich natürlich die Bestimmungen des staatlichen Denkmalschutzes zunutze machen (vgl. Abschnitt 4.4), wobei insbesondere den Regelungen über den Schutz baulicher Gesamtanlagen (Ensembleschutz) für Altstädte oder auf andere Weise einheitlich geprägte Baugebiete erhebliche Bedeutung zukommt. Darüber hinaus gibt es seit 1976 als Bestandteil des Planungsrechtes die Möglichkeit, „in einem Bebauungsplan oder durch sonstige Satzung Gebiete (zu) bezeichnen, in denen

1. zur Erhaltung der städtebaulichen Eigenart des Gebiets aufgrund seiner städtebaulichen Gestalt,
2. zur Erhaltung der Zusammensetzung der Wohnbevölkerung oder
3. bei städtebaulichen Umstrukturierungen"

die Genehmigung für Abbrüche, Änderungen und Nutzungsänderungen von baulichen Anlagen versagt werden kann. Interessant ist dabei, daß neben den ersten, im engeren Sinne „städtebaulichen" Grund zwei sozialpolitische treten: ein „Verdrängungsschutz" der Wohnbevölkerung etwa gegenüber einer Luxussanierung oder dem

Eindringen von Büronutzungen, sowie eine Regelung, die bei Stadtumbaumaßnahmen einen sozialgerechten Ablauf, vor allem eine angemessene Unterbringung der betroffenen Bewohner, sichern soll (§§ 172–174). Von diesem Instrument wird offenbar in wachsendem Maße Gebrauch gemacht. Mit der Neuregelung im Baugesetzbuch wird zusätzlich die Möglichkeit geboten, in den Erhaltungsgebieten nach Ziffer 1 auch Neubauten strenger zu prüfen und ihre Genehmigung dann zu versagen, „wenn die städtebauliche Gestalt des Gebiets durch die beabsichtigte bauliche Anlage beeinträchtigt wird" (vgl. Abschnitt 5.3). Weitere unmittelbare Rechtshandhaben stehen nicht zur Verfügung. Mittelbar kann der Anreiz zur Veränderung dadurch verringert werden, daß in Bebauungsplänen die bestehenden Baukörper rechtlich genau fixiert werden, aber eine solche Vorschrift kann nicht verhindern, daß Gebäude abgebrochen und an ihrer Stelle Neubauten mit dem gleichen Bauvolumen errichtet werden. Das gleiche gilt für das Werkzeug der Gestaltungssatzung (vgl. Abschnitt 5.3); mit ihr können zwar die Gestaltmerkmale des Bestandes festgeschrieben werden, aber auch ein diese Merkmale übernehmender Neubau ist damit nicht auszuschließen.

Zu den wichtigsten Voraussetzungen einer Bewahrungspolitik gehört aber eine konsequente planerische Strategie, die auf eine Steuerung der städtischen Entwicklungskräfte in der Weise zielt, daß ihre verändernde Wirkung von empfindlichen Gebieten, die bewahrt werden sollen, ferngehalten wird. So hat in Hamburg das Bemühen um die Erhaltung des historischen Stadtbildes mit der beherrschenden Wirkung von fünf Kirchtürmen und dem Rathausturm im alten Stadtkern zu dem Entschluß beigetragen, ein ganz neues Baugebiet für die üblicherweise auf die Innenstadt orientierten großen Bürobauten zu erschließen; sie hätten sonst den Maßstab des historischen Stadtkerns gesprengt, wie dies am Beispiel des Unilever-Hochhauses deutlich wird. Entscheidend für den Erfolg ist also, daß neben restriktiven Mitteln zur Verhinderung unerwünschter Veränderungen auch Alternativen für die Entfaltung solcher Entwicklungskräfte an anderer Stelle eröffnet werden. Auch in anderen Städten gab es vergleichbare Entscheidungen – so etwa in Paris mit dem Ausbau des Geschäftszentrums «La Défense» oder in Neapel mit dem neuen «Centro Direzionale» außerhalb des alten Stadtkerns.

Damit wird deutlich, daß eine Bewahrungsstrategie in der Stadt ganzheitlich gesehen und angegangen werden muß; sie kann nur gelingen, wenn zugleich Raum für Veränderung offengehalten oder geschaffen wird. Insofern wäre es wohl ein Mißverständnis, wollte man annehmen, daß eine Politik der Stadterhaltung einfacher sei und weniger Planung erfordere als die Aufgaben der Stadterweiterung und der Stadterneuerung, die in den vergangenen Jahrzehnten im Vordergrunde standen. Eher ist das Gegenteil der Fall: sie erfordert wenn nicht mehr Planung, so zumindest eine differenziertere, flexiblere, die Entwicklungen schärfer beobachtende, schneller auf sie reagierende Planung.

Die optimistische, dem Neuen zugewandte Haltung der fünfziger und sechziger Jahre erscheint unter heutigen Beurteilungsmaßstäben häufig als rücksichtslos gegenüber den Anliegen der Stadterhaltung; indessen ist wohl auch die heutige Situation mit ihrer extremen Hinwendung zur Vergangenheit atypisch – eine Reaktion auf eine Zeit, in der allzu viele und allzu schnelle Veränderungen der Umwelt vor sich gingen und so viel Vertrautes zerstörten, daß die Aussicht auf die Fortsetzung solcher Entwicklung vielen unheimlich erschien. Auch wenn man die sichtbare Kontinuität der städtischen Entwicklung für einen Wert hält, muß man diese extreme Scheu vor dem Neuen nicht teilen. Auch in Zukunft werden unsere Städte weiter einem Veränderungsdruck ausgesetzt sein, der mehr oder minder starke Anpassungen des baulichen Gefüges verlangt.

Es ist nicht zu erwarten, daß sich alle Anpassungen auf der Grundlage heutiger Infrastruktur, heutiger Grundstücksgrenzen und heutiger Gebäudeformen vollziehen können. Gewiß werden, wie dargelegt, bei einer geschickten stadtstrukturellen Gesamtplanung die Veränderungstendenzen in manchen Stadtteilen so gezügelt werden können, daß man mit Bestandspflege, erhaltender Erneuerung und Objektsanierung auskommt; für die historisch besonders wertvollen Stadtteile ist eine solche Politik in jedem Falle geboten.

Demgegenüber wird es voraussichtlich manche weitergehenden Veränderungsbedürfnisse geben, die einen teilweisen oder vollständigen Ersatz von Gebäuden und Infrastruktur und damit die Umgestaltung größerer Bereiche erforderlich machen. So steht zu vermuten, daß künftig neben einer auf die Erhaltung von wertvollen Elementen der Stadtstruktur und des Baubestandes gerichteten Politik der Bewahrung von Fall zu Fall auch die umfassende Neuordnung städtischer Teilgebiete eine nicht zu unterschätzende Rolle spielen wird. Wie auf vielen anderen Gebieten der Stadtplanung, so kann es hier kein allgemeingültiges Rezept, keine simple Falsch-Richtig-Polarität geben. Die spezifische Ausgangssituation, der besondere Charakter der Stadt, die Wünsche der Bewohner, die verfügbaren Mittel – das alles führt zu jeweils unterschiedlichen Konstellationen der Probleme und damit auch zu individuellen, differenzierten Lösungsansätzen.

Literatur zu Kapitel 5

Akademie für Raumforschung und Landesplanung (Hrsg.): Grundriß der Stadtplanung. Hannover 1983.

Akademie für Raumforschung und Landesplanung (Hrsg.): Zur Ordnung der Siedlungsstruktur. Hannover 1974.

Borchard, K.: Orientierungswerte für die städtebauliche Planung, Flächenbedarf, Einzugsgebiete, Folgekosten. Institut für Städtebau und Wohnungswesen der Deutschen Akademie für Städtebau und Landesplanung. München 1974.

Braam, W.: Stadtplanung: Aufgabenbereich, Planungsmethodik, Rechtsgrundlagen. Düsseldorf 1987.

Buchanan, C.: Verkehr in Städten (Buchanan-Report). Essen 1964.

Bundesministerium für Raumordnung, Bauwesen und Städtebau (Hrsg.): Sanierung historischer Stadtkerne im Ausland. Bonn 1975.

Bundesministerium für Raumordnung, Bauwesen und Städtebau (Hrsg.): Stadtgestalt und Denkmalschutz im Städtebau. Bonn 1981.

Dahlhaus, J.; D. Marx: Flächenbedarf und Kosten von Wohnbauland, Gemeinbedarfseinrichtungen, Verkehrsanlagen und Arbeitsstätten. Hannover 1968.

Keller, H.; A. Schneider: Grundlagen der Garten- und Freiraumplanung. Berlin 1974.

Köpple, M.; W. Schwantes: Stadterneuerung in Klein- und Mittelstädten. Stuttgart 1977.

Krämer, K. (Hrsg.): Plätze–Freiflächen–Wohnumfeld. Stuttgart 1984.

Krause, K. J.: Grundsätze städtebaulicher Gestaltung. Band 1–4. Dortmund 1978–79.

Lynch, K.: Das Bild der Stadt. Berlin 1965.

Müller, W.: Städtebau – Technische Grundlagen. 2. Auflage, Stuttgart 1974.

Richter, G.: Handbuch Stadtgrün, Landschaftsarchitektur im städtischen Freiraum. München, Wien, Zürich 1981.

Schumacher, F.: Vom Städtebau zur Landesplanung und Fragen städtebaulicher Gestaltung. Tübingen 1951.

6. ZUKUNFTSPERSPEKTIVEN DER STADTPLANUNG

6.1 Veränderungen der Rahmenbedingungen

Stadtplanung reagiert einerseits auf aktuelle Probleme, wie sie sich in der politischen Perspektive der jeweiligen Gegenwart darstellen. Aber Stadtplanung sucht andererseits auch künftigen Problemen vorausschauend zu begegnen, soweit sie sich heute erkennen lassen. Was wir nämlich über die Zukunft zu wissen meinen, sind im Grunde nur Vermutungen, die sich auf Extrapolation, auf Verlängerung jeweils registrierter Gegenwartstendenzen stützen. Allerdings lassen sich dabei Vorstellungen entwickeln, wie sich die erkennbaren Tendenzen künftig verknüpfen und welche neuen Bedingungen für die räumliche Entwicklung sie damit schaffen könnten.

Eine allgemeine Betrachtung derartiger Veränderungstendenzen legt eine grobe Gliederung in vier Bereiche nahe:

- Veränderungen in der Zahl, der Zusammensetzung und der räumlichen Verteilung der Bevölkerung,
- Veränderungen des Wirtschaftsgefüges infolge neuer Produktionsmethoden, sich wandelnder Nachfrage und veränderter Standortpräferenzen der Wirtschaft,
- neue technische Möglichkeiten im Bereich der Raumgestaltung oder Raumüberwindung, etwa bei Baumethoden, Transportmitteln oder Nachrichtenübermittlung,
- veränderte Bewertung der verschiedenen Bereiche, die für Lebensweise und Lebensqualität bestimmend sind; Arbeitsformen, Freizeit, Umweltqualität und ähnliche Aspekte.

Am deutlichsten ist seit den frühen siebziger Jahren der Bevölkerungsrückgang, der gegenwärtig in erster Linie in der Schrumpfung des Anteils Jugendlicher an der Gesamtbevölkerung sichtbar wird und erst nach der Jahrtausendwende zu einem scharfen Abfall der Gesamteinwohnerzahl führen dürfte. Diese Entwicklung schlägt sich schon heute im Leerstehen von Kindergärten und Schulen nieder; für die Zukunft muß damit gerechnet werden, daß die meisten Städte in einen immer stärkeren Konkurrenzkampf um Einwohner eintreten werden, um ihre Infrastruktureinrichtungen und ihre

Wirtschaftskraft zu erhalten. Dabei steht zu erwarten, daß sich die Schrumpfung der Bevölkerung in den verschiedenen Teilen des Bundesgebietes nicht gleichmäßig vollzieht. Es ist mit Binnenwanderungen zu rechnen, die maßgeblich durch die künftig sich bietenden Erwerbsmöglichkeiten bestimmt sein dürften. Hier verknüpft sich der Aspekt der Bevölkerungsentwicklung mit dem der Wandlungen in der Wirtschaftsstruktur, die in den entwickelten Industrieländern seit Jahrzehnten einerseits durch ein beständiges Wachstum des tertiären Sektors mit einer entsprechenden Schrumpfung des primären und des sekundären Sektors, andererseits innerhalb der Industrie durch einen Rückgang der Schwerindustrie zugunsten der Elektronik und Chemie gekennzeichnet ist. Hinzu kommt die infolge fortschreitender Automation weiterhin steigende Arbeitsproduktivität, deren Gegenstück die strukturelle Arbeitslosigkeit in einem seit der Jahrhundertmitte unbekannten Ausmaß darstellt. Bei vielen Gelegenheiten werden die in dieser Situation liegenden Probleme diskutiert, Visionen einer neuen Klassengesellschaft – geteilt in Privilegierte mit Arbeit und Unterprivilegierte ohne Arbeit – dargestellt oder Vorschläge zur Wiedereingliederung der Arbeitslosen gemacht, etwa durch zu schaffende Arbeitsplätze in der Umweltpflege. Ob und wie diese Probleme gelöst werden, dürfte von erheblichem Einfluß auf die räumliche Entwicklung sein, ohne daß die räumliche Planung selbst dazu nennenswerte Beiträge liefern könnte.

Zentraler noch für die Stadt- und Landesplanung ist die Frage, ob es gelingt, die Produktionsmethoden in Landwirtschaft und Industrie sowie den Schadstoffausstoß von Kraftwerken und Transportmitteln so zu verändern, daß die von diesen Quellen ausgehenden massiven Umweltschädigungen abgebaut werden. Hier hat sich im industriellen Bereich – auch unter dem Einfluß spektakulärer Umweltkatastrophen – zumindest schon ein Bewußtsein der Dringlichkeit gebildet, während die Landwirtschaft noch weithin an der Fiktion festzuhalten scheint, daß die üblichen landwirtschaftlichen Produktionsformen nicht umweltschädlich seien, obwohl Erosionsgefährdung, Überdüngung und Bodenverfestigung allenthalben das Gegenteil belegen.

Inwieweit sich hier Änderungen durchsetzen, wird gewiß zum Teil auch von der Entwicklung technischer Verbesserungen abhängen, aber in weit höherem Maße durch politische Entscheidungen bedingt sein, die ihrerseits erst dann zu erwarten sind, wenn die Politik mit einer positiven Resonanz bei den Wählern rechnet.

Insofern spielt die Bewußtseinsbildung in der Öffentlichkeit eine ausschlaggebende Rolle; wie sie von den Politikern eingeschätzt wird, zeigt das wachsende Gewicht, das alle Parteien in den Wahlkampagnen der letzten Jahre den Umweltfragen beigemessen haben.

Daneben darf man nicht übersehen, daß es einen weiteren sehr gewichtigen Faktor der Umweltbedrohung gibt: die Art und Weise, in der die gegenwärtige Gesellschaft einen großen Teil ihrer wachsenden Freizeit verbringt. Das Ausmaß, in dem der Skisport die Natur in den Alpen beeinträchtigt, gilt längst als bedrohlich; in vielen Seen leidet der natürliche Schilfgürtel unter dem Bade- und Surfbetrieb; Campingplätze verursachen Wunden in der Landschaft: so trägt die Anziehungskraft der Natur den Keim der Zerstörung in sie hinein.

Inwieweit Bau- und Verkehrstechnik wesentliche Impulse für eine veränderte Ordnung und Gestaltung der Umwelt auslösen werden, ist schwer überschaubar. Um die in den sechziger Jahren so beliebten Visionen neuer technischer Möglichkeiten ist es still geworden; die hochtechnisierten Stadtstrukturen unter Plastikkuppeln zur Klimaregulierung sind ebensowenig der Verwirklichung näher gekommen wie die Einrichtung von Systemen computergesteuerter automatischer Kabinentaxis zur Bewältigung des Stadtverkehrs. Auf beiden Gebieten ist gegenwärtig nicht mit revolutionären Veränderungen allein aus der technischen Entwicklung heraus zu rechnen, allenfalls mit evolutionären Verbesserungen.

Was dagegen Erwartungen einer revolutionären Wirkung ausgelöst hat, sind die Veränderungen im Bereich der Telekommunikation, die Möglichkeiten von Tele-Shopping bis zur Tele-Heimarbeit; weithin vermutet man Rückwirkungen auf den Berufsverkehr, der zurückgehen werde, und auf die Siedlungsstruktur, die angesichts verringerter Standortbindungen wegen der neuen, von räumlicher Nähe unabhängig machenden Kommunikationsmöglichkeiten noch diffuser werden könne. Das mag tendenziell stimmen, dürfte aber in der Praxis doch nur beschränkte Auswirkungen haben. Auch bei der Einführung der Elektrizitätsversorgung einerseits, des Telefons andererseits hat man die Gründe für die städtische Siedlungsform schwinden sehen; dennoch ist sie dadurch nicht geschwächt worden. Einer Ausuferung der Siedlung stünden heute zudem gewichtige umweltpolitische Gründe entgegen, so daß die Ausschöpfung der technischen Möglichkeiten nicht sinnvoll erschiene.

Das ist offenbar tatsächlich ein Kennzeichen der heutigen Situation, das dem Aufstiegsprinzip der westlichen Industriegesellschaft – der Ausschöpfung der jeweils gefundenen technischen Möglichkeiten – Grenzen setzt: nicht alles, was die Technik an Handlungsspielraum bietet, ist sinnvoll oder lebensbereichernd – selbst wenn es kurzfristig gewinnbringend oder machtpolitisch verwertbar ist. Aber die Grenzlinie zu ziehen, erfordert eine moralische Anstrengung, auf welche die Steuerungsmechanismen der heutigen Gesellschaft offenbar nicht eingerichtet sind. Man kann nur hoffen, daß die Lehren, die sich aus der wachsenden Gefährdung und Beeinträchtigung unserer natürlichen Lebensgrundlagen aufdrängen, noch rechtzeitig zum Umdenken zwingen.

6.2 Veränderungen der Planungsaufgaben

Sucht man nach den Schlußfolgerungen, welche die räumliche Planung aus den dargestellten Entwicklungstendenzen zu ziehen hat, so steht wohl an erster Stelle die Einsicht, daß es auf absehbare Zeit kein Einwohnerwachstum in der Bundesrepublik Deutschland geben wird, so daß die Stadtplanung ihre jahrzehntelange Ausrichtung auf die Ausdehnung der Bauflächen, die Verbreiterung von Straßen, auf Stadterweiterung und Stadtwachstum wird ändern müssen. Diese Einsicht trifft sich mit der verbreiteten Überzeugung, daß ein solches Wachstum im bisherigen Tempo auch nicht mehr vertretbar sei, weil es zu schwerwiegenden Beeinträchtigungen der natürlichen Lebensgrundlagen und der Umweltqualität führen müsse. Diese Überzeugung wird verstärkt durch die Anschauung vieler heute als negativ empfundener Planungsergebnisse der expansiven sechziger und frühen siebziger Jahre; dies hat zu einem Wertewandel beigetragen, der noch im Fluß ist und der, wenn nicht alles täuscht, der Qualität der Umwelt einen wesentlich höheren Rang verschaffen wird, als sie ihn bisher besaß.
So vollzieht sich heute allenthalben eine neue Ausrichtung der Stadtplanung: auf den verschiedensten Wegen bemüht sie sich, zu dem beizutragen, was man heute gern ebenso anspruchsvoll wie unscharf als „Humanisierung" der Stadt bezeichnet, und auch wenn es darin einige Modeerscheinungen geben mag – etwa in der „Stadtbildpflege" –, so ist doch zu erwarten, daß diese Grundtendenz auf absehbare Zeit vorherrschen wird. Man wird sich also weiter um Förderung von Fußgänger- und Fahrradverkehr, Ver-

besserung des Wohnumfeldes, Verkehrsberuhigung, Schaffung von
Fußgängerbereichen in den Zentren und auch in den Nebenzentren
bemühen, und man wird weiter auf eine „ökologische" Stadtplanung bedacht sein, die heute zwar in aller Munde, aber noch wenig
konkretisiert ist.

Wohl gibt es für den unmittelbaren Wohnbereich zahlreiche
Ansätze zur Nutzung von Sonnenenergie und allgemein zur Ener-
gieeinsparung, zur Verringerung des Frischwasserverbrauchs, zur
Verstärkung des Pflanzenwuchses, aber auf der Ebene des Stadt-
quartiers und der Stadt insgesamt fehlt es noch an Forschungsergeb-
nissen, die unmittelbar in Planungsmaßnahmen umsetzbar wären.
Gewiß gibt es Erkenntnisse über die ökologischen Nachteile der
Bodenversiegelung durch asphaltierte oder dicht gepflasterte Flächen oder über den Beitrag von Einfamilienhausgärten zum
Schutze der Artenvielfalt der heimischen Tierwelt, um die es in der
ausgeräumten landwirtschaftlichen Produktionsfläche meist sehr
schlecht bestellt ist. Aber es wäre beispielsweise wichtig zu wissen,
ob unter ökologischen Gesichtspunkten eine bestimmte Einwohnerzahl besser in einer lockeren Bebauung mit viel Grünflächen
oder in einer dichten Bebauung auf vielleicht nur einem Drittel
oder Viertel dieser Fläche untergebracht würde, die dann aber
infolge der notwendigen Straßen und Tiefgaragen fast vollständig
versiegelt sein müßte. Vermutlich wird dies aber kaum generell,
sondern jeweils nur mit Bezug auf eine spezifische örtliche Situation zu ermitteln sein. Ähnliches gilt für das Stadtklima, für das es
wohl allgemeingültige Beobachtungen gibt, dessen planerische Berücksichtigung aber stets auf die Kenntnis der örtlichen Gegebenheiten wie Kaltluftentstehung, Ventilationsbahnen und Vegeta-
tionsauswirkung angewiesen sein wird. Man geht sicher nicht fehl
in der Annahme, daß zumindest ein Schwerpunkt künftiger Forschung für die Stadtplanung auf dem Gebiet der ökologischen Verträglichkeit von Planungs- und Baumaßnahmen mit der Umwelt
liegen wird.

In diesen Zusammenhang gehört auch das Problem der Abfallbe-
seitigung; Mülldeponien, Müllverbrennungs- und Müllkompostie-
rungsanlagen haben ihre liebe Not, mit den wachsenden Abfallbergen
fertig zu werden, und ohne Zweifel wird man in absehbarer Zeit
genötigt sein, schon der Abfallentstehung entgegenzuwirken. Die
vergleichsweise Sorglosigkeit, mit der man noch in der ersten Jahrhunderthälfte dem Boden die schwersten Belastungen durch Gift-
stoffe in Müllkippen und auf industriellen Betriebsgrundstücken

zugemutet hat, ist einer wachsenden Sorge vor dem Problem der
„Altlasten" – ein Wort, das man in den meisten Lexika noch vergeblich suchen wird und mit dem eben diese Schädigungen des Bodens
gemeint sind – gewichen. So scheint sich langsam die Einsicht
durchzusetzen, die Ernst F. Schumacher in das Bild gekleidet hat,
man habe die Umwelt allzu lange als regelmäßiges „Einkommen"
angesehen, während sie in Wahrheit aufzehrbares „Kapital" sei.[1]

Die Veränderungen in der Wirtschaft führen zu neuen quantitativen und qualitativen Flächenansprüchen der Betriebe – Flächenfrei-
gaben auf der einen, neue Standorte auf der anderen Seite. Darin
steckt ein beträchtliches Potential für Strukturveränderungen in der
Stadt, das die Stadtplanung nur dann wird nutzen können, wenn
sie sich gründlich mit den in Betracht kommenden Entwicklungsmöglichkeiten auseinandergesetzt hat und schnell reagieren kann.

Bei der Beurteilung dieses Aspektes wird man sich darüber klar
sein müssen, daß in einer Phase der Bevölkerungsschrumpfung
andere Regeln gelten als während des Wachstums. Die Städte werden
alle verfügbaren Mittel einsetzen, um ihre Einwohnerzahl zu halten
und damit in ausgeprägte Konkurrenzsituationen kommen. Das
bedeutet vermutlich in erster Linie eine Konkurrenz um Arbeitsplätze, und als Mittel dazu Konkurrenz auf kulturellem Gebiet
oder allgemeiner auf dem der Stadtqualität. Das bedeutet aber
zugleich, daß Betriebe, die Arbeitsplätze mitbringen, eine starke
Verhandlungsposition gegenüber der Stadt haben, was Standortwahl und Flächenansprüche angeht; schon jetzt gibt es eine ganze
Reihe von Betrieben in bester landschaftlicher Lage, die den Beleg
für solche Durchsetzungskraft liefern.

Dem Wohnen in der Stadt wird die besondere Aufmerksamkeit
der Stadtplanung gehören müssen. Mit der Qualität und der individuellen Ausprägung des Wohnens kann gewiß ein wesentlicher Beitrag zum Wohlbefinden des Städters geleistet werden, kann sicher
auch ein Teil seiner Freizeitaktivität an den Wohnbereich gebunden
und damit die Inanspruchnahme der Landschaft und der Autostraßen
wohl auch in gewissem Umfange reduziert werden. Dazu gehören
auch wohnungsnahe Freiflächen; wenn im Interesse ihrer Gewinnung anderswo neues Bauland geschaffen werden soll, so muß das
bei sorgfältiger Planung ökologisch keinen Verlust bedeuten.

---

[1] Ernst Fritz Schumacher, Small is Beautiful, London 1973. Deutsch:
Die Rückkehr zum menschlichen Maß. Alternativen für Wirtschaft und
Technik. Reinbek b. Hamburg 1977.

Die Gestaltung der Wohnbereiche ist heute durch eine eigentümliche Tendenz zur Illusion gekennzeichnet – zur Illusion des Kleinteiligen, des geschichtlich Gewachsenen, des Anheimelnden; offenbar weil man die Realität der Massengesellschaft und der vielfältigen Verflechtungen nicht auch noch im Gebauten gespiegelt sehen möchte. Ob das wirklich eine tragfähige Tendenz ist oder als Fluchtversuch nur in eine Art Disneyland führt, ist vielleicht noch nicht zu beurteilen. Planung wie öffentliches Bewußtsein sollten aber vor Verfälschungen der gesellschaftlichen Wirklichkeit auf der Hut sein.

Eine sehr wichtige Aufgabe der künftigen Planung liegt bei der sorgfältigen Disposition über die Infrastruktur, deren Instandhaltung heute schon in vielen Städten erhebliche Sorgen bereitet. Hier wird es in Zukunft darauf ankommen, vorausschauend auf die zu erwartende Verringerung der Nachfrage zu reagieren und je nach der Situation Ausbau, Erneuerung oder Rückbau ins Auge zu fassen.

6.3 Neue Werkzeuge der Stadtplanung?

Das Rechtsinstrumentarium der Stadtplanung ist entwickelt worden, um Wachstum und Ausdehnung zu steuern. Für die Lenkung von Schrumpfungs- und Rückbaumaßnahmen ist es nicht konzipiert, kann allerdings mit einem Teil seiner Instrumente auch diesen Zwecken dienen. Auf einzelne Schwächen der Bauleitpläne ist schon im Abschnitt 3.5 hingewiesen worden; zu ihnen gehört eine gewisse Schwerfälligkeit des Planungsverfahrens, die sich gegenüber den künftigen Aufgaben der „Innenentwicklung", also des Stadtumbaues, besonders negativ auswirken dürfte.

Ohne Zweifel verlangt „Innenentwicklung" nicht weniger, sondern mehr Planung, verglichen mit der Praxis der Stadterweiterung, aber auch eine andere Art von Planung, zugleich genereller und detaillierter, vor allem flexibler auf sich bietende Möglichkeiten eingehend, als dies das übliche Bauleitplanverfahren hergibt. Langfristige Stadtentwicklungskonzepte werden keineswegs überflüssig, aber zu ihrer Umsetzung bedürfte es eher einer Art von „Raum-Management" als des schwerfälligen Rechtsetzungsverfahrens.

Für die Planungspraxis wird es wichtig sein, „veränderungsträchtige" Gebiete frühzeitig zu erkennen und – vorzugsweise wohl mit dem Hilfsmittel des nicht rechtswirksamen Rahmenplanes – Klarheit über die wünschenswerte Steuerung solcher Veränderungen zu gewinnen.

6.4 Skeptischer Ausblick

Alle generellen Stadtplanungsüberlegungen pflegen von der Vorstellung einer harmonischen oder doch zur Harmonie strebenden Gesellschaft auszugehen; die ihnen zugrundeliegende Tendenz zum sozialen Ausgleich und die Vorstellung eines Dienstes am Wohl der Allgemeinheit führt leicht zu einer Unterbewertung der sozialen Konflikte in der Stadt und ihrer Rückwirkung auf die Planung. Zudem rechnet alle Stadtplanung mit dem gutwilligen Bürger und nicht mit dem Gesetzesbrecher. Daß das technische Mittel der Tiefgarage, daß sogar der Erholungsraum der Grünanlage zur Stätte der Unsicherheit werden könnte, ist erst allmählich zur Kenntnis genommen worden; in den USA gibt es sogar eine auf Sicherheit vor Überfällen zielende Entwurfslehre für Wohnanlagen. Aber hier stoßen wir an Grenzen dessen, was die planerische Sorge für die Stadt als Lebensraum leisten kann: zerfallende Gesellschaftsstrukturen wird keine räumliche Planung zusammenbinden können.

Zum Abschluß sei noch einmal die eingangs angestellte Überlegung aufgegriffen, daß ein wesentlicher Teil der Widersprüchlichkeiten, die uns in der Stadt und in der Stadtplanung begegnen, nicht allein durch widerstreitende Interessen verschiedener Gruppen, sondern auch durch unterschiedliche Forderungen verursacht werden, die der einzelne in seinen verschiedenen „Rollen“, in denen er den Raum der Stadt benutzt, an diese Umwelt stellt.

Der Hoffnung, eine dem Menschen optimal angemessene Umwelt sowohl in der Natur als auch vor allem in der Stadt schaffen zu können, stehen elementare Wesenszüge des Menschen entgegen: seine Undeterminiertheit, seine Neugierde, seine Rastlosigkeit. Das bedeutet offenbar, daß die Umwelt und in ihr die Stadt ein Maximum an Wahlmöglichkeiten bieten, möglichst wenig determiniert, möglichst weitgehend für ihre Benutzer interpretierbar und adaptierbar sein sollte. Dies ist ein offenkundiger Widerspruch zu der Starre einmal getätigter Investitionen in Stein, Beton und Stahl.

Das ist eine wichtige Einsicht, denn sie macht klar, daß es fruchtlos wäre, darauf zu hoffen, es könnte der Stadtplanung irgendwann einmal gelingen, eine konfliktfreie Umwelt zu schaffen, in der jeder seine Bedürfnisse unbeeinträchtigt erfüllt finden könnte. Wir werden weiter mit solchen widersprüchlichen Forderungen zu leben haben und uns weiter um Abwägung der verschiedensten Belange und um möglichst gerechte Lösungen bemühen müssen, die sehr häufig Kompromisse sein werden.

Im Rahmen solcher Abwägungsprozesse werden wir uns immer wieder aufs neue mit dem auseinandersetzen müssen, was wir als die Forderungen unserer Zeit empfinden, und immer wieder aufs neue nach geeigneten Wegen suchen müssen, diesen Forderungen in der Ordnung und Gestaltung unserer Umwelt Rechnung zu tragen. Wie nahe wir diesem Ziel jeweils kommen, wird zwar auch von der fachlichen Kompetenz der Planenden ebenso wie von unseren technischen und wirtschaftlichen Möglichkeiten abhängen, aber mehr noch von dem Gewicht, das die Gesellschaft dieser Aufgabe bei der Wahl ihrer politischen Prioritäten und Wertmaßstäbe beimißt.

Literatur zu Kapitel 6

Friedrichs, J. (Hrsg.): Die Städte in den achtziger Jahren. Opladen 1985.

Henckel; Nopper; Rauch: Informationstechnologie und Stadtentwicklung. Stuttgart/Berlin/Köln 1984.

Schumacher, E. F.: Die Rückkehr zum menschlichen Maß. Reinbek b. Hamburg 1977.

Schwarz, K. (Hrsg.): Die Zukunft der Metropolen. Aufsätze zur Ausstellung. Berlin 1984.

EXKURS:
TÄTIGKEITSFELDER UND AUSBILDUNGSGÄNGE
IN DER STADTPLANUNG

Da die Stadtplanung ihrem Wesen nach eine Aufgabe der Gemeinden ist, arbeitet die Mehrheit der praktisch tätigen Stadtplaner innerhalb der städtischen Bauverwaltung, in den größeren Städten also innerhalb eines selbständigen Stadtplanungsamtes (vgl. Abschnitt 4.3).

In der staatlichen Verwaltung sind Stadtplaner vor allem im Rahmen der Kommunalaufsicht tätig, also bei der Prüfung und Genehmigung der gemeindlichen Bauleitpläne, daneben auch in staatlichen Stellen, die für die finanzielle Förderung städtebaulicher Maßnahmen zuständig sind. In Bayern sind zudem bei den Bezirksregierungen Ortsplanungsstellen mit staatlichem Personal eingerichtet, die den Gemeinden für die Ausarbeitung von Bauleitplänen zur Verfügung stehen; sie werden in erster Linie von kleineren Gemeinden in Anspruch genommen, die kein eigenes Fachpersonal anstellen können.

Die gleiche Aufgabe kann natürlich auch von freiberuflich tätigen Planern oder Planungsbüros wahrgenommen werden, ähnlich der Heranziehung privater Architekten für gemeindliche Bauvorhaben. Ein Unterschied liegt allerdings darin, daß ein Bauvorhaben zu einem bestimmten Zeitpunkt abgeschlossen ist, während eine gemeindliche Gesamtplanung kontinuierliche Weiterbearbeitung verlangt. Dem tragen manche Gemeinden heute schon dadurch Rechnung, daß sie den Planer, der beispielsweise einen Flächennutzungsplan für die Gemeinde erarbeitet hat, auch nach dessen Abschluß längerfristig zur Beratung heranziehen.

Schließlich ist nicht zu vergessen, daß es eine Fülle öffentlicher, gemeinnütziger und privater Institutionen gibt, die sich stadtplanerische Sachkenntnis zunutze machen möchten und dies mindestens zum Teil dadurch bewerkstelligen, daß sie Stadtplaner in ihre Dienste nehmen; dies trifft etwa für gemeinnützige Wohnungsbaugesellschaften, aber auch für privatwirtschaftliche Unternehmen größeren Umfanges zu.

Nun vermittelt dieser Begriff des „Stadtplaners" den Eindruck einer ganz einheitlichen Prägung und Qualifikation der auf diesem Feld Tätigen, aber das trifft nur bedingt zu. Schon die dargestellte Differenzierung der Planungsaufgaben legt ja auch entsprechend verschiedenartige Arbeitsschwerpunkte nahe. Je größer das Amt oder auch das freie Planungsbüro, um so weiter kann die aufgabenbezogene Differenzierung gehen. Flächennutzungsplanung und Infrastrukturplanung sind überwiegend flächen- und funktionsbezogen. Die Stadtentwicklungsplanung muß den Verknüpfungen mit vielen anderen Arbeitsbereichen der Stadtverwaltung Rechnung tragen, während die Bebauungsplanung in aller Regel eine deutliche Beziehung zur dreidimensionalen Gestaltung, also zur Architektur aufweist. So können hier durchaus unterschiedliche Arbeitsschwerpunkte gebildet werden, wenn auch bei allen Beteiligten ein gemeinsames planerisches Grundverständnis gegeben sein muß.

Spätestens zu Beginn unseres Jahrhunderts erkannte man, daß das hier geforderte Tätigkeitsspektrum von keiner der traditionellen Disziplinen vollständig abgedeckt ist, und man hat deshalb nach Abhilfemöglichkeiten gesucht. Soweit man in der ersten Jahrhunderthälfte an eine besondere Ausbildung für den Stadtplaner dachte, hatte man ein Nachdiplomstudium im Auge, das Architekten und Ingenieure gleichermaßen ansprechen sollte. Hierfür hatte es Ansätze schon um 1910 an der Technischen Hochschule Berlin-Charlottenburg mit den „Städtebaulichen Vorträgen" und 1924 an der Technischen Hochschule Dresden mit einer ähnlichen Veranstaltung gegeben. In diesem Sinne sprach sich auch noch 1956 ein Gutachten zur Fragen der städtebaulichen Ausbildung aus. Daß es sich beim Stadtplaner – wie beim Architekten – um einen Ingenieur, einen Techniker im weiteren Wortsinne, handeln müsse, schien eindeutig; seine Sachkompetenz lag bei den Mitteln und Methoden, mit denen Umwelt verändert, entwickelt, gestaltet werden kann. Es kam offenbar darauf an, diese Mittel jeweils sinnvoll einzusetzen, im Sinne eines Handelns auf der Grundlage von Ordnungskonzepten, für deren Erarbeitung es des „Ingeniums", jener namengebenden Qualität des Ingenieurs, bedarf.

Um die Mitte der sechziger Jahre kam auch in der Bundesrepublik Deutschland die Frage einer eigenständigen Planerausbildung ins Blickfeld, die es in den angelsächsischen Ländern schon seit den späten vierziger Jahren gab. Im Rahmen der Dortmunder Hochschulgründung wurde 1969 ein solcher Studiengang eingerichtet, als dessen Ziel bezeichnet wurde, „den Studenten frühzeitig in eine Denkweise einzuführen, die bisher keine der bestehenden Studienrichtungen zu vermitteln vermag. Architektur und Ingenieurwesen sind auf das Werk, nicht auf den Vorgang der Lenkung ausgerichtet, wie er für die Planung im Vordergrunde stehen muß; die Sozialwissenschaften blicken vor allem auf die Analyse, nicht auf die Synthese, auf die der Planer bei der Entscheidungsvorbereitung angewiesen ist." Was den Ablauf des Studienganges angeht, so wurde vorgesehen, „zunächst in die allgemeinen Zusammenhänge zwischen Raum, Gesellschaft und Wirtschaft einzuführen, ehe Einzelheiten der Planungstechnik ins Blickfeld kommen und eine Spezialisierung etwa in die Richtungen der Landesplanung oder Bauleitplanung einsetzt". Inzwischen gibt es weitere Studiengänge – so in Berlin, Hamburg, Kaiserslautern und Oldenburg, die sich mit unterschiedlichen Schwerpunkten der Ausbildung des Raumplaners bzw. Stadtplaners widmen; auf eine Darstellung von weiteren Einzelheiten kann hier verzichtet werden.

Alle diese Studiengänge sind relativ jung, so daß ihre Absolventen erst zu einem geringen Prozentsatz in verantwortliche Stellungen innerhalb der Planung aufgerückt sind. Die Mehrzahl dieser Stelleninhaber kommt von der Architektur her, und nach wie vor bieten die Architektur-Ausbildungsgänge der Technischen Universitäten mit ihrem differenzierten Lehrangebot durchweg die Möglichkeit zu einer Vertiefung auf dem Gebiet der Stadtplanung, die den Absolventen befähigt, sich in die praktische Arbeit eines Stadtplanungsamtes einzugliedern, ohne daß ein allzu großer Nachholbedarf bestünde.

Auch die Ingenieurfakultäten der Technischen Universitäten bieten in der Regel eine Vertiefung auf dem Gebiet der Stadt- und Verkehrsplanung an, bei der Fragen der technischen Infrastruktur ebenso wie solche der Verkehrsplanung und -lenkung im Vordergrunde stehen.

Der Gedanke des „Aufbaustudiums", eines Studienangebotes für Hochschulabsolventen mit abgeschlossener Fachausbildung, ist in der Bundesrepublik Deutschland in Karlsruhe und München, in der Schweiz in Zürich verwirklicht worden; hier richtet es sich in erster Linie auf die Ausbildung des „Raumplaners", in Karlsruhe stehen die „Regionalwissenschaften" mit einem deutlichen nationalökonomischen Schwerpunkt im Vordergrund; das Münchner Aufbaustudium ist in erster Linie auf die Stadtplanung zugeschnitten.

Zu erwähnen ist schließlich die Ausbildung für den „höheren bautechnischen Verwaltungsdienst", die unter der Verantwortung der Bundesländer steht und neben dem Nachwuchs für die staatliche

Bauverwaltung auch die Vorbereitung auf entsprechende kommunale Tätigkeiten im Auge hat. In der Regel wird auch für kommunale Beamtenstellen auf dem Gebiet des Planens und Bauens der erfolgreiche Abschluß einer solchen Referendarausbildung gefordert. Hier ist in den sechziger Jahren neben den traditionellen „Hochbaureferendar" auch der „Städtebaureferendar" getreten. Diese Ausbildung setzt ein abgeschlossenes Universitätsstudium der Architektur oder in den meisten Bundesländern auch der Raumplanung voraus und dauert in der Regel zwei Jahre; sie schließt mit der „Zweiten Staatsprüfung" ab, mit der der Titel – unterschiedlich in den Bundesländern – eines Regierungsbaumeisters oder Regierungsbauassessors verliehen wird. Dem jungen Architekten oder Raumplaner, der eine verantwortliche Stellung auf diesem Gebiete anstrebt, ist die Absolvierung einer solchen Referendarausbildung anzuraten; selbst wenn er weder in den Staatsdienst noch in den kommunalen Dienst geht, werden ihm die dabei gewonnenen Einsichten in den Verwaltungsapparat auch für eine Tätigkeit als freier Planer hilfreich sein.

PERSONENVERZEICHNIS

(ohne die nur in den Literaturlisten genannten Autoren)